Letmathe
Umweltbezogene Kostenrechnung

Umweltbezogene Kostenrechnung

von

Dr. Peter Letmathe

Verlag Franz Vahlen München

Die Deutsche Bibliothek – CIP-Einheitsaufnahme

Letmathe, Peter:
Umweltbezogene Kostenrechnung / von Peter Letmathe. –
München : Vahlen, 1998
  ISBN 3 8006 2261 0

ISBN 3 8006 2261 0

© 1998 Verlag Franz Vahlen GmbH, München
Satz: DTP-Vorlagen des Autors
Druck: C. H. Beck'sche Buchdruckerei Nördlingen
Bindung: Großbuchbinderei Monheim
Gedruckt auf säurefreiem, alterungsbeständigem Papier
(hergestellt aus chlorfrei gebleichtem Zellstoff)

Vorwort

Umweltbezogene Kosten fallen nicht nur für Umweltschutzmaßnahmen an, sondern mit zunehmender Tendenz auch für die logistische Handhabung, die Behandlung, die Überwachung und die Dokumentation sowie die umweltgerechte Entsorgung von Rückständen der Produktion. Häufig werden die dadurch entstehenden Kosten in der Kostenrechnung pauschal als Gemeinkosten verteilt, ohne daß sie den verursachenden Sachverhalten zugerechnet werden.

Mit Hilfe einer umweltbezogenen Kostenrechnung sollen die Unternehmen in die Lage versetzt werden, die umweltbezogenen Kosten systematisch zu erfassen und verursachungsgerecht zu verrechnen. Dadurch erhöht sich zum einen der Informationsgehalt der Kostenrechnung, und zum anderen können Anreize für die Kostenverantwortlichen geschaffen werden, die von ihren Verantwortungsbereichen ausgehenden Umweltwirkungen zu verringern. Durch ein umweltbezogenes Verrechnungspreissystem, das auf Opportunitätskostenkalkülen basiert, läßt sich die Steuerung der Umweltwirkungen weiter verbessern. Damit trägt eine umweltbezogene Kostenrechnung dazu bei, den Einfluß der Umweltwirkungen auf die Erreichung der betrieblichen Ziele zu ermitteln, den Umfang der Umweltwirkungen im Sinne der betrieblichen Ziele zu beeinflussen und durch die gezielte Verringerung von Umweltwirkungen letztlich die Ressourcenproduktivität zu erhöhen.

In diesem Buch wird ein theoretisch fundiertes Konzept vorgestellt, das es ermöglicht, die bestehende Kostenrechnung gezielt um umweltbezogene Kosten zu erweitern. Für diesen Zweck ist zunächst das Mengengerüst der Umweltwirkungen in Form von Stoff- und Energieströmen zu erfassen. Für Planungszwecke bietet sich eine Erweiterung der vorhandenen Stücklisten an, die neben den benötigten Einsatzmaterialien auch die von einem Produktionsfaktor, Prozeß oder Produkt ausgelösten Umweltwirkungen enthalten. Dadurch läßt sich der mengenmäßige Anfall der Umweltwirkungen nicht nur planen, sondern auch den verursachenden Faktoren, Prozessen und Produkten zurechnen. Durch dieses Vorgehen können mit Hilfe der umweltbezogenen Kostenrechnung Gemeinkosten abgebaut und die Informationsgrundlagen für betriebliche Entscheidungen verbessert werden.

Die vorgeschlagene umweltbezogene Kostenrechnung ist bewußt so konzipiert, daß sie in der Unternehmenspraxis angewendet werden kann. Hierfür ist es nicht notwendig, ein vollständig neues Kostenrechnungssystem einzuführen. Es reicht vielmehr aus, die bestehende Kostenrechnung um umweltbezogene Sachverhalte zu erweitern. Je nach Ausbaustufe der umweltbezogenen Kostenrechnung soll es sukzessive ermöglicht werden, weitgehend alle umweltbezogenen Kosten systematisch ihren Verursachern zuzurechnen. Insgesamt wird durch eine umweltbezogene Kostenrechnung eine informatorische Basis geschaffen, mit deren Hilfe sich nicht nur Kostensenkungen realisieren lassen, sondern auch die Einhaltung von rechtlichen Rahmenbedingungen und die Erreichung der betrieblichen Ziele unterstützt werden. Darüber hinaus können die im Rahmen der umweltbezogenen Kostenrechnung erfaßten Informationen auch für andere Teilbereiche des betrieblichen Umweltmanagements und die Umweltberichterstattung genutzt werden.

Das Buch wendet sich an Studenten und Wissenschaftler in Universitäten und Forschungseinrichtungen, die an neueren Entwicklungen des internen Rechnungswesens sowie der betrieblichen Umweltökonomie interessiert sind. Für den Praktiker, der die Einführung einer umweltbezogenen Kostenrechnung plant, bieten insbesondere die Kapitel zwei und vier zahlreiche Vorschläge zur mengenmäßigen Erfassung und Bewertung der betrieblichen Umweltwirkungen.

Bedanken möchte ich mich bei all jenen, die mich in der Entstehungs- und Veröffentlichungsphase dieses Buches maßgeblich unterstützt haben. An erster Stelle ist meine akademische Lehrerin, Frau *Prof. Dr. Marion Steven*, zu nennen, die zum Gelingen der Arbeit durch ihre Anregungen, ihre stete Diskussionsbereitschaft und eine intensive Betreuung beigetragen hat. Weitere wertvolle Anregungen habe ich von Herrn *Prof. Dr. Christoph Lange* erhalten, der das Korreferat für diese als Dissertation an der Universität GH Essen angenommene Arbeit übernommen hat.

Für die zahlreichen konstruktiven Diskussionen und das kritische Lesen meiner Arbeit bin ich Frau *Dr. Kerstin Bruns*, Frau *Auguste Lamers*, Herrn *Dipl.-Ök. Lars Otterpohl* und Herrn *Dipl.-Kfm. Christoph Vogelsang* zu großem Dank verpflichtet. *Herrn Dipl.-Vw. Hermann Schenk* vom Vahlen Verlag danke ich für die unkomplizierte Zusammenarbeit bei der Herausgabe des Buches. Meiner Familie danke ich für die verständnisvolle Unterstützung während des gesamten Entstehungszeitraums sowie für den insbesondere in der Endphase der Arbeit geduldig ertragenen Verzicht auf gemeinsame Freizeit.

Peter Letmathe

Inhaltsverzeichnis

Vorwort V

Abbildungsverzeichnis XI

Tabellenverzeichnis XIII

Einleitung und Aufbau des Buches 1

1. Begriffliche und konzeptionelle Grundlagen einer umweltbezogenen Kostenrechnung 5
   1.1 Definitionen und Abgrenzungen 5
      1.1.1 Kosten, Kostentheorie und Kostenrechnung 5
      1.1.2 Emissionen, Umweltwirkungen, Umweltbelastungen und Umwelt-
           schutzleistungen 10
      1.1.3 Kosten des Umweltschutzes und der Umweltwirkungen 13
   1.2 Umweltschutz im Zielsystem der Unternehmung 15
      1.2.1 Gewinnmaximierung als Oberziel 15
      1.2.2 Umweltschutz als eigenständiges Ziel 18
      1.2.3 Schwerpunkte des heutigen und künftigen Umweltmanagements 21
   1.3 Berücksichtigung von Umweltwirkungen in der Kostenrechnung 22
      1.3.1 Umweltbezogene Kostenrechnung als Grundlage für betriebliche
           Entscheidungen 22
      1.3.2 Stellung der umweltbezogenen Kostenrechnung im Unternehmen 24
      1.3.3 Stellung der umweltbezogenen Kostenrechnung im Rechnungswesen 29
      1.3.4 Integration der umweltbezogenen Kostenrechnung in die betriebliche
           Kostenrechnung 32
   1.4 Bisherige Ansätze zur Konzeption einer umweltbezogenen Kostenrechnung ... 35
      1.4.1 Integrierte Ansätze zur Erfassung der Umweltschutzkosten 35
      1.4.2 Umwelt-Budget-Rechnung nach WAGNER / JANZEN 38

    1.4.3 Weitere Ansätze 41

    1.4.4 Ansatzpunkte zur Weiterentwicklung 44

  1.5 Zusammenfassung 46

2. Mengenmäßige Erfassung von Umweltwirkungen und deren Einfluß auf die natürliche Umwelt 47

  2.1 Umweltwirkungen des betrieblichen Leistungsprozesses 47

    2.1.1 Umweltwirkungen der Beschaffung 50

    2.1.2 Umweltwirkungen der Produktion 52

    2.1.3 Umweltwirkungen des Absatzes 55

    2.1.4 Beseitigung und Recycling der Produktionsrückstände 56

  2.2 Mengenmäßige Erfassung der betrieblichen Umweltwirkungen in Stoff- und Energiebilanzen 58

    2.2.1 Begriff und Arten von Stoff- und Energiebilanzen 58

    2.2.2 Entstehungsgerechte Zuordnung der Umweltwirkungen durch Umweltstücklisten 60

      2.2.2.1 Faktor-, prozeß- und produktbezogene Umweltwirkungen 60

      2.2.2.2 Umweltstücklisten der Faktoren, Prozesse und Produkte 63

      2.2.2.3 Entscheidungen auf der Basis von Umweltstücklisten 68

  2.3 Auswirkungen von Umweltbelastungen auf den Zustand der ökologischen Systeme 69

    2.3.1 Einflußfaktoren der ökologischen Schadenshöhe 69

    2.3.2 Ökologische Bewertungsverfahren 71

      2.3.2.1 Qualitative Bewertungsverfahren 73

      2.3.2.2 Quantitative, nicht-monetäre Bewertungsverfahren 75

    2.3.3 Ökologische Schadensverläufe 81

  2.4 Zusammenfassung 85

3. Kostentheoretische Bewertung der betrieblichen Umweltwirkungen 87

  3.1 Monetäre Bewertung der Umweltwirkungen 87

    3.1.1 Notwendigkeit der monetären Bewertung 88

    3.1.2 Darstellung des Bewertungsproblems 90

    3.1.3 Anforderungsprofil an die Bewertung von Umweltwirkungen 92

3.2 Ansätze zur direkten Bewertung der Umweltwirkungen 93
  3.2.1 Volkswirtschaftliche Bewertungsansätze und Marktpreisansatz 93
  3.2.2 Pagatorische Bewertung der Umweltwirkungen 97
3.3 Integration von Umweltwirkungen in die neoklassische Produktions- und
    Kostentheorie 101
  3.3.1 Minimalkostenkombination und gewinnmaximale Ausbringungsmenge 105
  3.3.2 Mengenmäßige Begrenzung der Umweltwirkungen 106
    3.3.2.1 Mengenrestriktionen bei einer oder mehreren Umwelt-
             wirkungsarten 107
    3.3.2.2 Begrenzung der Umweltwirkungen durch eine maximale
             Schadenshöhe 112
    3.3.2.3 Begrenzung der Umweltwirkungen durch Kennzahlen 113
  3.3.3 Umweltschutz als Oberziel 119
    3.3.3.1 Nicht-monetäre Nebenbedingungen 120
    3.3.3.2 Monetäre Nebenbedingungen 122
    3.3.3.3 Kombination von Umweltschutz- und anderen Zielen durch
             Kennzahlen 124
  3.3.4 Ergebnisse 125
3.4 Weitere Einflußfaktoren der betrieblichen Umweltwirkungen 126
  3.4.1 Kosten von umweltbezogenen Risiken 126
  3.4.2 Berücksichtigung der Nachfrage umweltorientierter Kundensegmente .. 129
  3.4.3 Dynamische Analysen 134
3.5 Anforderungen an eine umweltbezogene Kostenrechnung 136

4. Ansätze zur Erfassung und Bewertung von Umweltwirkungen in einer entscheidungsorientierten Kostenrechnung 139

4.1 Vorgaben für eine umweltbezogene Kostenrechnung 140
  4.1.1 Umweltschutzphilosophie, Umweltziele und Umweltprogramm 140
  4.1.2 Berücksichtigung der rechtlichen Rahmenbedingungen 143
  4.1.3 Berücksichtigung der Interessen der Anspruchsgruppen 144
4.2 Informationswirtschaftliche Voraussetzungen einer umweltbezogenen
    Kostenrechnung 147
  4.2.1 Erfassung des Mengengerüsts 147
  4.2.2 Verursachungsgerechte Zurechnung von Umweltwirkungen 153
  4.2.3 Berücksichtigung von zeitlichen Verwerfungen 154
  4.2.4 Konzept zur ökologischen Bewertung 156

4.3 Praktische Ermittlung von umweltbezogenen Verrechnungspreisen 163
   4.3.1 Koordination der betrieblichen Umweltwirkungen 163
      4.3.1.1 Funktionen von umweltbezogenen Verrechnungspreisen........... 164
      4.3.1.2 Koordinationsmechanismen 166
      4.3.1.3 Wahl des optimalen Koordinationsmechanismus 170
   4.3.2 Verrechnungspreise für Umweltschutzleistungen................................. 172
   4.3.3 Verrechnungspreise einzelner Umweltwirkungsarten........................... 175
   4.3.4 Simultane Bestimmung eines umweltbezogenen Verrechnungs-
       preissystems 182
      4.3.4.1 Konzeptionelle Vorgehensweise 182
      4.3.4.2 Verrechnungspreise bei einer Produktstückliste 186
      4.3.4.3 Verrechnungspreise bei mehreren Produktstücklisten 193
   4.3.5 Intraperiodische Anpassung des Verrechnungspreissystems 200
4.4 Verrechnung der bewerteten Umweltwirkungen in der Kostenarten-,
   Kostenstellen- und Kostenträgerrechnung 202
4.5 Handlungsempfehlungen zur Einführung einer umweltbezogenen Kosten-
   rechnung 206

5. Zusammenfassung und Ausblick 209

Symbolverzeichnis 213

Literaturverzeichnis 221

Sachwortverzeichnis 241

Abbildungsverzeichnis

Abb. 1:	Die Ermittlung der Kosten des betrieblichen Leistungsprozesses in der Produktions- und Kostentheorie	9
Abb. 2:	Systematik umweltbezogener Kosten	14
Abb. 3:	Schwerpunkte des heutigen Umweltmanagements	21
Abb. 4:	Schwerpunkte des künftigen Umweltmanagements	22
Abb. 5:	Betriebliche Kosten der Umweltwirkungen	23
Abb. 6:	Ergänzung einer konventionellen Controllingkonzeption um ökologische Daten und Instrumente	26
Abb. 7:	Optimales Umweltinformationsniveau unter Berücksichtigung neuerer Entwicklungen	28
Abb. 8:	Umweltbezogene Kostenrechnung im Rechnungswesen	31
Abb. 9:	Mengen- und Wertgerüst verschiedener Teilbereiche des Rechnungswesens	32
Abb. 10:	Ermittlung und Verrechnung von Umweltschutzkosten	37
Abb. 11:	Vorgehen der Umwelt-Budget-Rechnung	40
Abb. 12:	Konzeption einer umweltbezogenen Kostenrechnung	45
Abb. 13:	Betrieblicher Transformationsprozeß	48
Abb. 14:	Der betriebliche Leistungsprozeß	49
Abb. 15:	Umweltwirkungen der Beschaffung	51
Abb. 16:	Umweltwirkungen der Produktion	53
Abb. 17:	Umweltwirkungen des Absatzes	55
Abb. 18:	Mengenbilanzierung der betrieblichen Umweltwirkungen	59
Abb. 19:	Umweltstückliste eines Produktionsfaktors	63
Abb. 20:	Umweltstückliste eines Prozesses	64
Abb. 21:	Umweltstückliste eines Produkts	66
Abb. 22:	Arten von Bewertungsverfahren	72
Abb. 23:	Einfache Produktlinienmatrix	74
Abb. 24:	Verlauf der Äquivalenzkoeffizientenfunktion	78

Abb. 25: Typischer Schadensverlauf einer Umweltwirkung..................................82

Abb. 26: Schadensfunktion bei globalen Umweltbelastungen................................83

Abb. 27: Ermittlung des wohlfahrtsoptimierenden Preises einer Umweltwirkung......94

Abb. 28: Gewinnmaximierung bei gegebener Abgabenhöhe für eine Umweltwirkung...95

Abb. 29: Bedeutung verschiedener Datenlieferanten für die Erfassung der mengenmäßigen Stoff- und Energieströme..150

Abb. 30: Erfassung und Bewertung betrieblicher Umweltwirkungen....................157

Abb. 31: Quellen zur Bewertung der betrieblichen Umweltwirkungen..................158

Abb. 32: Verrechnung und Bewertung von betrieblichen Umweltschutzleistungen.173

Abb. 33: Ermittlung des Verrechnungspreises einer Umweltwirkungsart...............179

Abb. 34: Programmablaufplan zur Ermittlung von Verrechnungspreisen bei mehreren Stücklisten...198

Abb. 35: Verrechnungssystematik für betriebliche Umweltwirkungen..................205

Tabellenverzeichnis

Tab. 1: Beispiele für umweltbezogene Kosten 14

Tab. 2: Grundpositionen zur Integration von Umweltwirkungen in die Kostenrechnung 35

Tab. 3: Verlauf der Schadensfunktion einer Umweltwirkungsart 84

Tab. 4: Umweltschutzleitbilder in Umweltberichten 141

Tab. 5: Beispiele für Umweltziele und Umweltschutzmaßnahmen 142

Tab. 6: Bedeutung verschiedener Anspruchsgruppen 145

Tab. 7: Stoßrichtungen einer umweltbezogenen Kostenrechnung 155

Tab. 8: Ausgewählte Referenzfunktionen des CML-Konzepts 162

Tab. 9: Bewertung der Umweltwirkungen bzw. Umweltschutzleistungen in Abhängigkeit von deren Knappheit und der Unternehmensorganisation ... 171

Tab. 10: Kosten eines Abfallstoffs bei Eigen- bzw. Fremdentsorgung 181

Einleitung und Aufbau des Buches

Der Umweltverbrauch des Menschen ist seit dem Beginn des Industriezeitalters stetig angestiegen.[1] Heute werden sowohl die Grenzen der Assimilationsfähigkeit der Natur bezüglich der aufzunehmenden Schadstoffe als auch die vertretbaren Entnahmegeschwindigkeiten der regenerierbaren und nicht regenerierbaren Ressourcen überschritten. Dadurch verschlechtern sich nicht nur der Zustand der ökologischen Systeme und die Lebensbedingungen der Menschen, Tiere und Pflanzen. Langfristig führt diese Wirtschaftsweise auch zu einer Einschränkung der Produktionsmöglichkeiten und hat damit negative Konsequenzen für die materielle Güterversorgung. Daher werden in den letzten Jahren zunehmend Möglichkeiten einer nachhaltigen Entwicklung, eines Sustainable Development, diskutiert, bei der die derzeitige Umweltnutzung drastisch reduziert werden soll.

Diese Entwicklung hat dazu geführt, daß in der betrieblichen Umweltökonomie als Teilbereich der Betriebswirtschaftslehre zunehmend ökologische Fragen berücksichtigt werden.[2] Die betriebliche Umweltökonomie beschäftigt sich mit Fragen des Umweltschutzes und der Integration von Umweltwirkungen in betriebliche Entscheidungen. Es sollen Konzepte entwickelt werden, die es den Unternehmen erleichtern, sowohl den umweltrechtlichen Rahmenbedingungen als auch den umweltbezogenen Interessen der Anspruchsgruppen gerecht zu werden. Eine wichtige Rolle spielt in diesem Zusammenhang der Erhalt der Wettbewerbsfähigkeit der Unternehmen in Anbetracht der Kosten von durchgeführten bzw. unterlassenen Umweltschutzmaßnahmen. Ein wesentliches Instrument zur Abschätzung der Wirtschaftlichkeit betrieblichen Handelns ist die Kosten- und Leistungsrechnung. Dieses Rechenwerk hat die Aufgabe, die in der Vergangenheit angefallenen Kosten zu erfassen (Dokumentationsfunktion) und Abweichungen bezüglich der Sollvorgaben zu ermitteln (Kontrollfunktion). Von mindestens ebenbürtiger Bedeutung ist ihre entscheidungsvorbereitende Funktion, also die Lieferung von Wirtschaftlichkeitsrechnungen für geplante betriebliche Maßnahmen (Planungsfunktion). Die Umsetzung der Planung verlangt schließlich eine Steuerung im Sinne der getroffenen Entscheidungen. Hier kann die Kostenrechnung, z.B. durch Verrechnungspreise, wichtige Anreize setzen (Verhaltenssteuerung).[3]

Die Planungsfunktion der Kostenrechnung beschränkt sich in der Regel auf die Lieferung von Kostendaten für taktische und operative Entscheidungen, während strategische Entscheidungen, z.B. Standortentscheidungen, Investitionsentscheidungen etc.,

---

[1] Vgl. Meadows / Meadows / Randers (1992), S. 35ff.
[2] Vgl. Seidel / Pott (1993), S. 1ff.
[3] Vgl. zu den Funktionen der Kostenrechnung z.B. Schweitzer / Küpper (1995), S. 38ff., sowie Zimmermann (1996), S. 4ff.

mit Hilfe von Sonderrechnungen getroffen werden, in die neben quantitativen Daten auch qualitative Gesichtspunkte Eingang finden. Dieses Vorgehen ist solange vertretbar, wie die Daten, auf denen taktische und operative Entscheidungen beruhen, dazu führen, daß die strategischen Vorgaben angemessene Berücksichtigung finden. Divergenzen zwischen den kurz- und langfristigen Interessen eines Unternehmens können entstehen, wenn anfallende Kosten oder Nutzen den zugrunde liegenden Sachverhalten nicht verursachungsgerecht zugeordnet werden.

Im Rahmen der vorliegenden Arbeit werden Möglichkeiten und Grenzen der Berücksichtigung von betrieblichen Umweltwirkungen und von Umweltschutzmaßnahmen in der Kosten- und Leistungsrechnung aufgezeigt. Hierbei steht eine entscheidungsorientierte Sichtweise im Vordergrund, also die Abwägung, wie das betriebliche Handeln unter Einbeziehung der relevanten Umweltwirkungen und bei einer gegebenen Zielsetzung optimal zu gestalten ist. Die Komplexität der betrieblichen Umweltbeziehungen erschwert die Ermittlung von Kosten- und Erlösdaten wesentlich. Dies trifft insbesondere auf die indirekten Kosten bzw. Erlöse des Umweltschutzes zu. Als Beispiel sind Marktchancen und -risiken von Produkten zu nennen, bei denen der Umweltschutz eine relevante Produkteigenschaft ist. Da solche Aspekte an Bedeutung gewinnen, erscheinen konventionelle Kostenrechnungssysteme, die wesentliche umweltbezogene Kosten- und Erlöseffekte außer acht lassen, als modifizierungsbedürftig. Es werden daher Wege aufgezeigt, wie Umweltwirkungen und der Umweltschutz durch kostentheoretische Ansätze fundiert und mit vertretbarem Aufwand in die Kosten- und Leistungsrechnung integriert werden können.[4] Diese Vorgehensweise bestimmt auch den Aufbau der vorliegenden Arbeit:

- Im *ersten Kapitel* werden die benötigten Definitionen und Abgrenzungen, mögliche Zielsetzungen des Unternehmens hinsichtlich des Umweltschutzes, die Stellung der umweltbezogenen Kostenrechnung im Unternehmen sowie bisherige Ansätze zur Umweltkostenrechnung erörtert.

- Im *zweiten Kapitel* erfolgt die Analyse des betrieblichen Leistungsprozesses und der davon ausgehenden Umweltwirkungen. Darauf aufbauend werden Überlegungen zum Mengengerüst und zur ökologischen Bewertung dieser Wirkungen angestellt.

- Im *dritten Kapitel* werden betriebliche Umweltwirkungen in produktions- und kostentheoretische Modelle integriert und die aus den Umweltwirkungen resultierenden Implikationen für das betriebliche Entscheidungsverhalten herausgearbeitet. Es wird untersucht, inwiefern die Kosten und der Gewinn von der Art der einbezogenen Umweltziele, den rechtlichen Rahmenbedingungen und den Interessen der Anspruchsgruppen abhängen. Am Schluß des Kapitels werden Anforderungen an eine umweltbezogene Kostenrechnung formuliert, die dazu beitragen sollen, die theoretischen Erkenntnisse für die betriebliche Praxis nutzbar zu machen.

---

[4] Vgl. hierzu Weber (1996), S. 927ff.

- Beim *vierten Kapitel* stehen pragmatische Ansätze im Vordergrund, die auf der Basis des zuvor entwickelten Anforderungsprofils eine problemgerechte Ergänzung und Modifikation bereits bestehender Kostenrechnungssysteme erlauben. Zunächst wird erläutert, welche Vorgaben eine umweltbezogene Kostenrechnung benötigt, um die Konsequenzen der Umweltwirkungen für die Erreichung betrieblicher Ziele richtig abzubilden. Anschließend werden die informationswirtschaftlichen Voraussetzungen einer umweltbezogenen Kostenrechnung dargelegt, die neben der Erfassung des Mengengerüsts der Umweltwirkungen auch deren verursachungsgerechte Zurechnung und ökologische Bewertung erfordern. Auf der Grundlage dieser Informationen werden die Umweltwirkungen monetär bewertet. Die umweltbezogenen Kosten werden abschließend im Rahmen der Kostenarten-, Kostenstellen- und Kostenträgerrechnung verrechnet.

- Im *fünften Kapitel* werden die wesentlichen Ergebnisse zusammengefaßt und mögliche Ansatzpunkte für Weiterentwicklungen der umweltbezogenen Kostenrechnung, insbesondere hinsichtlich ihres Stellenwerts für die betrieblichen Entscheidungsprozesse, aufgezeigt.

1. Begriffliche und konzeptionelle Grundlagen einer umweltbezogenen Kostenrechnung

Die Berücksichtigung des Umweltschutzes in betrieblichen Entscheidungen wird durch eine möglichst exakte Bewertung der vom Unternehmen ausgehenden Umweltwirkungen erleichtert. Dazu bedarf es eines Kostenbegriffs, der in der Lage ist, im Rahmen von kostentheoretischen Betrachtungen Entscheidungsprozesse im Unternehmen zu erklären, und der im Rahmen von Kostenrechnungssystemen zur Erreichung betrieblicher Ziele beitragen kann. Daher werden in Abschnitt 1.1 zunächst die notwendigen Begriffsklärungen so vorgenommen, daß die inhaltlichen Möglichkeiten, eine umweltbezogene Kostenrechnung auszugestalten, nicht unnötig eingeschränkt werden. Abschnitt 1.2 befaßt sich mit der Stellung des Umweltschutzes im Zielsystem der Unternehmung. In Abschnitt 1.3 werden Wege erörtert, eine Umweltkostenrechnung in die betrieblichen Planungs- und Kontrollsysteme einzugliedern und in die Kostenrechnung zu integrieren. Abschnitt 1.4 erläutert bisher in der Literatur dargestellte Ansätze zur Umweltkostenrechnung und zeigt die Ansatzpunkte für das hier vorgelegte Konzept auf.

1.1 Definitionen und Abgrenzungen

1.1.1 Kosten, Kostentheorie und Kostenrechnung

Unter *Kosten* versteht man den bewerteten Verzehr von Gütern und Dienstleistungen zum Zwecke der betrieblichen Leistungserstellung einer Ausbringungsmengeneinheit bzw. einer Periode.[1]

Dieser *wertmäßige Kostenbegriff*, der auf SCHMALENBACH zurückgeht, orientiert sich an Bewegungen im Realgüterbereich, die durch die erfolgenden Güterzugänge sowie durch den Verzehr von Gütern gemessen werden. Die *Ermittlung der Mengenkomponente* gibt Auskunft über die Art und die Menge der eingesetzten Güter, die durch ihre Bewertung zu Kosten werden.[2] Als Güter sind hier nicht nur rein physische Einsatzfaktoren zu betrachten, sondern auch Dienstleistungen sowie sonstige immaterielle Vermögensgegenstände.[3] Ein Gut wird in diesem Sinne in erster Linie als Träger von Werten – nicht als reale Erscheinung – angesehen.[4] Die Mengenkomponente als Grundlage für die spätere Bewertung ergibt sich durch den Verzehr eines Gutes, d.h.

---

[1] Vgl. Schmalenbach (1963), S. 6, sowie Kistner (1993a), S. 5f., und Kosiol (1964), S. 19ff.
[2] Vgl. Heinen (1985), S. 58ff.
[3] Vgl. Plinke (1997), S. 24.
[4] Vgl. Heinen (1985), S. 61.

die Kosten entstehen zeitgleich mit dem Einsatz im betrieblichen Leistungsprozeß. Die hierfür zugrunde zu legenden Kosten werden dem Leistungsobjekt bzw. der Periode zugerechnet, für das bzw. in der der entsprechende Verzehr erfolgt. Hierdurch werden alle nicht-betriebsbedingten, periodenfremden sowie außerordentlichen Güterverzehre, bei denen kein unmittelbarer *Leistungs- bzw. Periodenbezug* erkennbar ist, nicht den betrieblichen Kosten zugerechnet. Der wertmäßige Kostenbegriff umfaßt also implizit die verursachungsgerechte Verrechnung der anfallenden Kosten auf ihre jeweiligen Leistungsobjekte bzw. Perioden.

Weiter erfolgt die *Bewertung der Güterverzehre*, um sie miteinander vergleichbar zu machen. Aus Sicht des Unternehmers ist der Wert eines Gutes durch den Beitrag gegeben, den es zur Erreichung der betrieblichen Zielsetzungen leistet.[5] Obwohl es nicht zwingend aus der obigen Definition hervorgeht und außerdem von der betrachteten Zielsetzung abhängt, hat es sich als sinnvoll erwiesen, die Bewertung von Gütern in Geldeinheiten vorzunehmen.[6]

Der wertmäßige Kostenbegriff wird kritisiert[7], weil er die willkürliche Bewertung des Güterverzehrs ermögliche. Die Gleichsetzung von subjektiven Nutzenvorstellungen bzw. Zielsetzungen des Entscheidungsträgers mit der Willkür der Kostenfestsetzung ist jedoch nur dann zutreffend, wenn die Bewertungsmethodik nicht offengelegt wird oder keine klare Definition der Zielsetzungen erfolgt.[8] Dadurch würde die Möglichkeit entfallen, die monetäre Bewertung eines Gutes intersubjektiv zu überprüfen. Die wissenschaftliche Forderung nach intersubjektiver Nachprüfbarkeit der in der Kostenrechnung getätigten Wertansätze darf also keinesfalls mit der Forderung nach intersubjektiv gültigen Kostenhöhen verwechselt werden.[9] Letztere kann es schon aufgrund der Erkenntnis der subjektiven Wertlehre, daß Nutzenfunktionen grundsätzlich nur für einzelne Individuen gültig sind, nicht geben.[10]

Selbst wenn man die Zielsetzung eines Unternehmens als die aggregierte Nutzenfunktion der Anteilseigner – herbeigeführt durch die Abstimmung der Einzelinteressen – ansieht[11], muß doch davon ausgegangen werden, daß sich diese Funktion nur im Ausnahmefall mit der aggregierten Nutzenfunktion eines anderen Unternehmens bzw. ei-

---

[5] Schneeweiß (1993), S. 1033ff., betont in diesem Zusammenhang die Lenkungsfunktion der wertmäßigen Kosten.

[6] Diese Sichtweise vertreten schon Schmalenbach (1963), S. 145, sowie u.a. Freidank (1997), S. 8, Heinen (1985), S. 75ff., Hummel / Männel (1986), S. 73ff., Kilger (1987), S. 23, und Koch (1958), S. 355f. Außerdem wird erst dadurch die Abgrenzung vom psychologischen Kostenbegriff möglich, der von Vertretern der Grenznutzenschule geprägt wurde; vgl. Koch (1958), S. 357ff., und Zimmermann (1996), S. 12.

[7] Vgl. hierzu Riebel (1994), S. 409ff., der aufgrund der Kritik am wertmäßigen Kostenbegriff den entscheidungsorientierten Kostenbegriff formuliert. Als Vertreter des pagatorischen Kostenbegriffs sind Koch (1958), S. 355ff., sowie Fettel (1959), S. 567ff., und Seischab (1952), S. 19ff., zu nennen. Einen Überblick über die Diskussion um den Kostenbegriff geben Heinen (1985), S. 83ff., und Vodrazka (1992), S. 19ff.

[8] Vgl. Adam (1970), S. 38.

[9] Vgl. Kloock / Sieben / Schildbach (1993), S. 28ff.

[10] Vgl. zur subjektiven Wertlehre u.a. Roscher (1918), S. 9ff., und Walras (1954).

[11] Wobei zu beachten ist, daß es eine gerechte Aggregation individueller Präferenzen nur unter ganz bestimmten Bedingungen geben kann; vgl. hierzu Bamberg / Coenenberg (1996), S. 205ff.

ner anderen Institution deckt. Aus den genannten Gründen führen allgemeingültige, unternehmensübergreifende Wertansätze zur Fehlallokation von Ressourcen innerhalb des Unternehmens. Dies trifft insbesondere bei knappen Faktoren zu, deren Verteilung mit Hilfe dafür geeigneter Koordinationsinstrumente erfolgen sollte.

Infolge dieser Überlegungen scheiden sowohl der auf Koch zurückgehende pagatorische Kostenbegriff als auch der entscheidungsorientierte Kostenbegriff von Riebel als Basis für eine monetarisierte Wertmessung eines Gutes aus:

- Der *pagatorische Kostenbegriff*[12] orientiert sich ausschließlich an zu zahlenden Entgelten. Die Bewertung der Güter mit ihren reinen Anschaffungskosten, also letztlich mit ihren Marktpreisen, ist problematisch, wenn das betreffende Gut aus Sicht des Unternehmens knapp ist, also nicht in der erwünschten Menge beschafft werden kann. In diesem Fall würden die Verfechter des wertmäßigen Kostenbegriffs das Gut mit seinen Opportunitätskosten bewerten, d.h. mit dem in Geldeinheiten bewerteten Nutzenentgang, der dadurch entsteht, daß dieses Gut nicht seiner besten alternativen Verwendung zugeführt wird.[13] Außerdem sind Abweichungen vom Anschaffungspreis sinnvoll, wenn der Einsatz eines Gutes Folgewirkungen – beispielsweise aufgrund der Schadstoffbelastungen der Umwelt, die bei der Bearbeitung des Gutes auftreten – nach sich zieht, die nicht unmittelbar der Anschaffung zuzurechnen sind. Solche Kostenwirkungen können zu einer relativen Verschiebung der Vorteilhaftigkeit von Gütern führen, die nicht mit Anschaffungspreisen bewertet werden. Da die betrieblichen Zielsetzungen im Rahmen der pagatorischen Kostenermittlung nur unzureichend einbezogen werden, führt die Bewertung mit Marktpreisen zwar zu „künstlich objektivierten" Kostengrößen, ermöglicht es aber nicht, den für den Entscheidungsträger relevanten, also subjektiven Wert in der Kostenrechnung anzusetzen. Gerade hinsichtlich der zu untersuchenden Umweltwirkungen, für die häufig überhaupt keine Preise existieren, ist eine rein pagatorische Bewertung des betrieblichen Güterverzehrs daher nicht ausreichend.

- Der *entscheidungsorientierte Kostenbegriff* nach Riebel ist folgendermaßen definiert:[14]

„Kosten sind die durch die Entscheidung über das betrachtete Objekt ausgelösten zusätzlichen – nicht kompensierten – Ausgaben (Auszahlungen)."

Auch dieser Kostenbegriff orientiert sich einseitig an den von einem Objekt ausgelösten Zahlungen, so daß damit nicht-monetäre Zielsetzungen nicht berücksichtigt werden können. Dadurch können z.B. Verschlechterungen des Unternehmensimages infolge umweltschädigenden Verhaltens, die häufig Umsatzeinbußen nach sich ziehen, nicht erfaßt werden.

---

[12] Vgl. Koch (1958), S. 361ff.
[13] Vgl. zum Opportunitätskostenbegriff Adam (1970), S. 35ff.
[14] Vgl. Riebel (1994), S. 427.

Aufgrund der vorangegangenen Diskussion ist allein der wertmäßige Kostenbegriff von Schmalenbach geeignet, um die Umweltwirkungen betrieblichen Handelns im Rahmen einer umweltbezogenen und entscheidungsorientierten Kostenrechnung zu berücksichtigen. Dieser Kostenbegriff bietet genügend Spielraum, um die oben genannten Anforderungen zu erfüllen. Zum einen ist er flexibel genug, um unterschiedliche Zielsetzungen erfassen zu können. Zum anderen bietet sich durch die weitgehend frei wählbare Bewertungsmethodik die Möglichkeit, auch Unsicherheit unter Berücksichtigung gegebener Risikopräferenzen sowie längerfristige, d.h. dynamische Kostenwirkungen zu erfassen und in die Bewertung betrieblicher Sachverhalte aufzunehmen. Um die geltenden Gesetzmäßigkeiten zu untersuchen, erweist es sich als zweckmäßig, kostentheoretische Überlegungen der kostenrechnerischen Bewertung von Umweltwirkungen voranzustellen:

Die *Kostentheorie* untersucht die Abhängigkeit zwischen bestimmten Einflußgrößen und den daraus resultierenden Kosten.[15] Die Kostentheorie betrachtet in der Regel keine auf realen Daten basierenden Einzelprobleme; es geht vielmehr um die Ermittlung systematischer Aussagen und Zusammenhänge zwischen den betrieblichen Leistungen und den anfallenden Kosten.[16] Entsprechend der obigen Kostendefinition wird ein Mengen- und Wertgerüst zur Kostenerfassung benötigt.

Das Mengengerüst liefert die Produktionstheorie, die den funktionalen Zusammenhang zwischen dem mengenmäßigen Faktoreinsatz und dem mengenmäßigen Output untersucht. Die dabei ermittelten Gesetzmäßigkeiten werden durch die Produktionsfunktion beschrieben.[17]

Das Gegenstück in der Kostentheorie ist die Kostenfunktion, die angibt, welche Kosten bei wirtschaftlicher Leistungserstellung für eine bestimmte Outputmenge entstehen. Hier erfolgt die Bewertung des in der Produktionstheorie ermittelten mengenmäßigen Inputs in Geldeinheiten. Auf diese Weise können Inputs, die sonst in verschiedenen Dimensionen gemessen werden, zu einer Kostengröße aggregiert werden.[18] In Abbildung 1 werden einige in verschiedenen betrieblichen Funktionen anfallende Inputs und die daraus resultierenden Kosten exemplarisch dargestellt. Es wird deutlich, daß zunächst das Mengengerüst erhoben werden muß, bevor die einzelnen Güterverbräuche bewertet werden können.

Die von der Kostentheorie erarbeiteten Erklärungs- und Entscheidungsmodelle sind in der Regel nicht unmittelbar auf praktische Entscheidungsprobleme anwendbar. Dies liegt zum einen daran, daß in diesen Modellen nicht alle Aspekte, die für eine Entscheidung relevant sind, in ausreichendem Maße erfaßt werden können. Zum anderen stehen in der Praxis häufig Daten, die zur Lösung eines solchen Modells benötigt werden, entweder gar nicht oder nur mit unzureichender Genauigkeit zur Verfügung. So

---

[15] Vgl. Gutenberg (1983), S. 344ff.
[16] Vgl. Kistner (1993a), S. 30.
[17] Vgl. Kistner / Steven (1996), S. 60ff., sowie Laßmann (1958).
[18] Vgl. Küpper (1992), S. 40ff.

dürfte es wohl kaum ein Unternehmen geben, das seine Produktionsfunktion so spezifizieren kann, daß daraus die Kostenfunktion ableitbar ist. Selbst wenn die Bestimmung der zugrunde liegenden Funktionsverläufe möglich wäre, würden in den Modellen zahlreiche Nichtlinearitäten auftreten. Solche Modelle können aufgrund der Erkenntnisse der Komplexitätstheorie im Regelfall nur an sehr kleinen Problemstellungen mit geringem Datenumfang gerechnet werden.[19] In der Praxis ist eine solche Datenreduktion zumeist nicht möglich bzw. nicht sinnvoll. Da der Rechenaufwand vieler Verfahren exponentiell mit dem Datenumfang ansteigt, ist ihr Einsatz häufig nicht operational. Deshalb werden in konventionellen Kostenrechnungssystemen fast ausschließlich lineare Verläufe zugrunde gelegt, obwohl dadurch die entstehenden Kosten lediglich approximiert werden können. Dieses Vorgehen hat sich in der Praxis bewährt und wird in der wissenschaftlichen Literatur kaum in Frage gestellt. Das Prinzip, Nichtlinearitäten zu linearisieren, sollte daher nicht ohne zwingende Gründe durchbrochen werden. Es bedarf somit einer entsprechenden Komplexitätsreduktion der kostentheoretischen Modelle, um die resultierenden Erkenntnisse auch für praktische Anwendungen zugänglich zu machen.

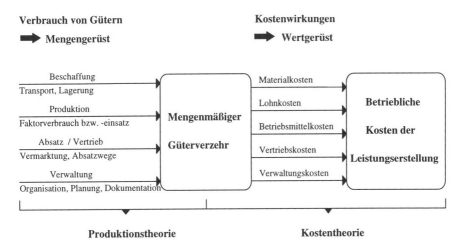

Abb. 1: Die Ermittlung der Kosten des betrieblichen Leistungsprozesses in der Produktions- und Kostentheorie

An dieser Stelle setzt die *Kostenrechnung* mit ihrer Aufgabe an, Kosteninformationen für taktische und operative Planungszwecke sowie für die anschließende Kostenkontrolle zu liefern. Dabei sollten die Erkenntnisse der Kostentheorie mit vertretbarem Aufwand so genutzt werden, daß die theoretische Fundierung und die inhaltliche Qualität der zu liefernden Informationen nicht verlorengehen. Das damit verbundene heuristische Vorgehen hat den Vorteil, daß der methodische und rechnerische Aufwand

---

[19] Vgl. Bachem (1980), S. 827ff.

zur Beurteilung von betrieblichen Sachverhalten verringert wird. Nachteil dieser Aufwandsverringerung ist allerdings, daß ein gewisser Grad an Suboptimalität der Ergebnisse in Kauf genommen werden muß.

1.1.2 Emissionen, Umweltwirkungen, Umweltbelastungen und Umweltschutzleistungen

Ein *ökologisches System* ist ein biologisches System, das durch das Struktur- und Funktionalbeziehungsgefüge (Wirkungsnetz) zustande kommt, das zwischen den Organismen untereinander und zu ihrer unbelebten Umwelt besteht.[20] Die Gesamtheit der ökologischen Systeme wird im folgenden als *natürliche Umwelt* angesehen.

Bei ökologischen Systemen handelt es sich um offene Systeme, bei denen Austauschbeziehungen zwischen dem System und der Systemumwelt bestehen. Da es nur selten sinnvoll ist, das ökologische System der Erde als Ganzes zu betrachten, wird man sich in der Regel auf die Untersuchung von möglichst präzise in räumlicher und sachlicher Hinsicht abgegrenzten Teilsystemen beschränken. Ein solches Teilsystem bezeichnet man als Subsystem des übergeordneten Systems, das übergeordnete System heißt Obersystem. Eine räumliche Abgrenzung liegt bei der Unterscheidung zwischen lokalen, regionalen und globalen Ökosystemen vor. Bei der Einteilung des ökologischen Systems in die irdische Atmosphäre, die Hydrosphäre und die Lithosphäre erfolgt die sachliche und räumliche Abgrenzung durch die Umweltmedien, in denen die Austauschprozesse stattfinden. Zwischen den verschiedenen Subsystemen bestehen Systembeziehungen.[21]

Die natürliche Umwelt stellt Ressourcen zur direkten Befriedigung der menschlichen Bedürfnisse und für die Produktion von Gütern zur Verfügung. Des weiteren nimmt sie Rückstände (Emissionen) von Produktion und Konsum auf.[22]

Während der Gesetzgeber laut § 3 Abs. 3 des Bundes-Immissionsschutzgesetzes unter Emissionen „die von einer Anlage ausgehenden Luftverunreinigungen, Geräusche, Erschütterungen, Licht, Wärme, Strahlen und ähnliche Erscheinungen"[23] versteht, wird der Emissionsbegriff in dieser Arbeit weiter gefaßt:

Eine *Emission* ist die Beeinträchtigung des Zustandes der natürlichen Umwelt aufgrund des Ausstoßes von festen, flüssigen sowie gasförmigen Schadstoffen bzw. aufgrund von energetischen oder akustischen Störungen durch Produktions- und Konsumvorgänge.[24]

---

[20] Vgl. Schubert (1991), S. 18.
[21] Vgl. Seiffert (1992), S. 113ff.
[22] Vgl. Steven (1991), S. 512.
[23] Vgl. Gesetz zum Schutz vor schädlichen Umwelteinwirkungen durch Luftverunreinigungen, Geräusche, Erschütterungen und ähnliche Vorgänge (Bundes-Immissionsschutzgesetz) von 1990.
[24] Vgl. Katalyse (1993), S. 205.

1.1 Definitionen und Abgrenzungen

Außerdem kann der Zustand der natürlichen Umwelt auch durch die Entnahme von Rohstoffen beeinträchtigt werden. Die Stärke der Beeinträchtigung wird zum einen durch die Entnahmetätigkeit selbst und zum anderen durch die Verringerung des entsprechenden Rohstoffvorkommens beeinflußt.

Umweltwirkungen sind alle Eingriffe in die ökologischen Systeme, die von der Gesellschaft als schutzwürdig befundene Aspekte des Zustandes der natürlichen Umwelt betreffen.

Positive Umweltwirkungen lösen erwünschte Zustandsänderungen der ökologischen Systeme aus. Als Beispiele können die Aufforstung von Wäldern sowie die Reduktion oder Umwandlung von Schadstoffen in weniger umweltbelastende Stoffe genannt werden. Negative Umweltwirkungen führen zu unerwünschten Änderungen der ökologischen Systeme. Beispiele sind die Abgabe von Schwermetallen oder luftverunreinigenden Emissionen an die natürliche Umwelt. Negative Umweltwirkungen gehen von allen umweltbelastenden Produktions- und Konsumvorgängen aus.

Die folgenden Ausführungen beschränken sich weitgehend auf negative Umweltwirkungen. Prinzipiell sind die vorgestellten Ansätze auch auf positive Umweltwirkungen übertragbar. Eine Umweltwirkung wird durch die Menge des Stoffs gemessen, der Träger dieser Umweltwirkung ist. So lassen sich beispielsweise durch Angabe der emittierten Menge an Kohlendioxid Rückschlüsse auf die davon ausgehenden Verstärkungen des Treibhauseffekts ziehen.[25] Eine Umweltwirkungsart kann auch verschiedene Umweltprobleme betreffen, z.B. tragen FCKW sowohl zur Verstärkung des Treibhauseffekts als auch zur Verringerung der Ozonschicht in der Atmosphäre bei.[26]

In diesem Zusammenhang können direkte und indirekte Umweltwirkungen unterschieden werden:

- *Direkte Umweltwirkungen* gehen unmittelbar von einem betrachteten Produktionsprozeß oder einem Produkt aus. Ein Beispiel sind die Emissionen, die ein Produktionsprozeß verursacht.

- *Indirekte Umweltwirkungen* sind vor- oder nachgelagerten Produktionsstufen oder dem Konsum und der Entsorgung der Produkte zuzurechnen. Sie gehen nicht unmittelbar von dem betrachteten Produktionsprozeß oder Produkt aus. Sie stehen jedoch in einer eindeutigen Kausalitätsbeziehung zu dem Prozeß oder Produkt. Beispiele für vorgelagerte Umweltwirkungen sind die Stoff- und Energieströme, die durch die Erzeugung der in der Produktion eingesetzten elektrischen Energie ausgelöst werden. Je nach der Art der Erzeugung des Stroms können Kohlendioxid und Schwefeldioxid entstehen. Beim Atomstrom wird Uran eingesetzt. Nachgelagerte Umweltwirkungen resultieren aus der Nutzung der Produkte, z.B. die Betriebsstoffe und Abgase während der Nutzung eines Autos. Weitere nachgelagerte Umweltwir-

---

[25] Vgl. Houghton (1997) und Buchholz (1993), S. 115ff.
[26] Vgl. Nisbet (1994), S. 90 und 99ff.

kungen können durch die Entsorgung der Produktionsabfälle ausgelöst werden, z.B. Dioxine bei der thermischen Verwertung der Abfälle.

Durch Umweltwirkungen können auch sonst nicht berücksichtigte Stoffe und Energien, die mit der Unternehmenstätigkeit in Zusammenhang stehen, erfaßt werden. Sie gehen somit über das normalerweise im Unternehmen erfaßte Mengengerüst hinaus.

Ähnlich wie die eingesetzten Produktionsfaktoren können auch Umweltwirkungen knapp sein, wenn sie aufgrund von rechtlichen Vorgaben oder aufgrund von freiwilligen Umweltzielen des Unternehmens mengenmäßigen Beschränkungen unterliegen. Ein Beispiel sind Grenzwerte des Immissionsschutzes, die nur den Ausstoß einer bestimmten Menge einer Umweltwirkungsart erlauben. Bei einem freiwilligen Umweltziel legen die Unternehmen, z.B. im Rahmen der EG-Ökoaudit-Verordnung, selbst quantitative Obergrenzen für den Verbrauch oder den Anfall bestimmter Umweltwirkungen fest.

Die Knappheit von Umweltwirkungen kann durch *Umweltschutzleistungen* verringert werden. Unter Umweltschutzleistungen werden hier diejenigen Tätigkeiten und Prozesse verstanden, deren Ziel darin besteht, betriebliche Umweltwirkungen zu vermeiden, zu verringern, zu behandeln oder zu verwerten. Darunter fallen insbesondere die Leistungen von additiven Umweltschutztechniken, die in den Bereichen der Abwasserreinigung, der Luftreinhaltung, der Abfallbehandlung, der Altlastensanierung, der Energieeinsparung und der Lärmbekämpfung eingesetzt werden.[27] Überdies können Umweltwirkungen auch durch den Einsatz von integrierter Umweltschutztechnik vermieden oder verringert werden. Integrierte Umweltschutztechniken sind der eigentlichen Produktion nicht nachgeschaltet; sie führen vielmehr zu einer Veränderung des Herstellungsprozesses der Produkte.[28] Sie tragen dazu bei, daß sowohl die Produktivität erhöht als auch Umweltwirkungen verringert werden können.

Eine *Umweltbelastung bzw. ein Umweltschaden*[29] liegt vor, wenn eine Beeinträchtigung der ökologischen Systeme nicht nur von kurzfristiger, sondern von nachhaltiger unerwünschter Art ist, wenn also die Assimilations- bzw. die Regenerationsfähigkeit der natürlichen Umwelt nicht ausreicht, eine Umweltwirkung ohne längerfristig schädigenden Einfluß auf den Systemzustand zu verkraften. Umweltbelastungen führen somit zu einer Überforderung der Selbstregulationsmechanismen der natürlichen Umwelt.[30] In diesem Sinn wird auch von ökologischer Knappheit gesprochen.[31] Des weiteren stellen im Kontext dieser Arbeit Gesundheitsbeeinträchtigungen von Menschen, die durch die Umweltwirkungen von Unternehmen entstehen, ebenfalls Umweltbelastungen dar.

---

[27] Vgl. Steven (1994a), S. 57ff., und Steven (1995a), S. 475ff.
[28] Vgl. Dyckhoff / Rüdiger / Souren (1994), S. 15ff., Haasis (1994) sowie Lange (1978), S. 193ff.
[29] Vgl. hierzu auch Baumann / Schiwek (1996), S. 6ff.
[30] Vgl. Schubert (1991), S. 491f.
[31] Vgl. Günther (1994), S. 3ff., und Müller-Wenk (1978), S. 36ff.

Problematisch an der obigen Definition der Umweltbelastung ist die Festlegung, welche Veränderungen des Systemzustands der natürlichen Umwelt als positiv bzw. negativ empfunden werden, da dies grundsätzlich von der Werthaltung des einzelnen bzw. der Gesellschaft abhängig ist.[32] Es kann jedoch nicht Gegenstand dieser Arbeit sein, darüber zu diskutieren, welche Werthaltungen als richtig oder falsch anzusehen sind bzw. wie diese Werthaltungen in der Realität tatsächlich ausgeprägt sind. Daher bleibt lediglich der Verweis auf die sehr umfangreiche Literatur zur Umweltethik[33] sowie auf empirische Erhebungen zum Umweltbewußtsein der Bevölkerung[34].

1.1.3 Kosten des Umweltschutzes und der Umweltwirkungen

Bei den betrieblichen umweltbezogenen Kosten lassen sich wie folgt zwei grundsätzliche *Kostenkategorien* unterscheiden:

- *Kosten der Umweltwirkungen* werden von einer tatsächlich angefallenen Umweltwirkungsart verursacht. Dazu zählen Gebühren für zu entsorgende Abfälle und Kosten für die Behandlung von Produktionsrückständen. In diesem Zusammenhang sind auch die Kosten der internen Handhabung der Umweltwirkungen, wie die Sortierung und Sammlung von Abfällen, zu berücksichtigen. Zusätzlich verursachen die Umweltwirkungen Gemeinkosten, z.B. im Rahmen ihrer Dokumentation und Überwachung durch die Umweltschutzbeauftragten. Neben diesen internen Kosten der Umweltwirkungen fallen zusätzlich externe Kosten für Umweltbelastungen an, die von der Gesellschaft getragen werden.

- *Kosten des Umweltschutzes* können als bewerteter Güterverzehr für den betrieblichen Umweltschutz zur Erstellung der betrieblichen Leistung pro Periode definiert werden.[35] Sie fallen für Umweltschutzleistungen an. Für die Verrechnung der Kosten von additiven Umweltschutztechnologien sollten deren tatsächlich erbrachte Leistungen möglichst genau erfaßt werden. Bei integrierten Technologien ist es nur mit willkürlichen Kunstgriffen möglich, den Anteil der Umweltschutzkosten an den Gesamtkosten zu bestimmen. Aus diesem Grund beschränkt sich z.B. die amtliche Statistik auf Kosten, die ausschließlich auf additiven Umweltschutz zurückzuführen sind. Letztlich ist es für die Unternehmen auch zweitrangig, ob angefallene Kosten dem Umweltschutz oder der Produktion zuzurechnen sind, wenn die Gesamtkosten insgesamt niedrig sind. Bei Kostenstellen, die ausschließlich dem Umweltschutz dienen, und die Leistungen für mehrere Kostenstellen erbringen, sollten die Kosten der erbrachten Umweltschutzleistungen allerdings ihren tatsächlichen Verursachern zugerechnet werden. Nur so kann für die empfangenden Stellen ein Anreiz geschaf-

---

32 Vgl. Dyckhoff (1994), S. 65 ff.
33 Vgl. z.B. Jonas (1984), Mayer-Tasch (1991a) und (1991b), Birnbacher (1986), Seifert / Pfriem (1989) und Wagner (1990), S. 295ff., und (1997), S. 22ff.
34 Vgl. Kaas (1993), S. 29ff., und (1994), S. 93ff., und Stender-Monhemius (1995), S. 35ff.
35 In Anlehnung an Roth (1992), S. 107.

14   *1. Begriffliche und konzeptionelle Grundlagen einer umweltbezogenen Kostenrechnung*

fen werden, die Umweltwirkungen, die die Umweltschutzleistung erfordern, künftig zu vermeiden.

In der Abbildung 2 wird die Systematik und die Einteilung der umweltbezogenen Kosten verdeutlicht. In Tabelle 1 sind Beispiele für Kosten des Umweltschutzes und für die Kosten des betrieblichen Umweltschutzes gegeben.

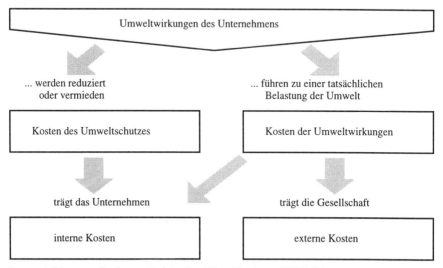

In enger Anlehnung an: Bundesumweltministerium / Umweltbundesamt (1996), S. 44

Abb. 2: Systematik umweltbezogener Kosten

Tab. 1: Beispiele für umweltbezogene Kosten

Beispiele für umweltbezogene Kosten			
Belastungsart	**Kosten des Umweltschutzes**	**Kosten der Umweltwirkungen**	
		interne Kosten	externe Kosten
Abfall	Kosten für innerbetriebliches Recycling	Deponiegebühren	Bodenbelastung durch Dioxine und Schwermetalle
Abwasser	Kosten der innerbetrieblichen Abwasserbehandlung	Einleitegebühren inklusive Starkverschmutzerzuschlägen	verschlechterte Qualität der Oberflächengewässer
Abluft	Kosten der Filterung von Abluft	Derzeit keine, zukünftig eventuell durch CO_2-Abgabe	schlechtere Qualität der Luft

In enger Anlehnung an: Bundesumweltministerium / Umweltbundesamt (1996), S. 44

Während Umweltschutzkosten in erster Linie auf die Vermeidung von Umweltwirkungen und den daraus resultierenden Umweltschäden abzielen, fallen die Kosten der Umweltwirkungen für die Beseitigung oder die Verringerung der potentiellen Schäden der tatsächlich entstandenen Umweltwirkungen an. Es kann allerdings davon ausgegangen werden, daß die Unternehmen nur einen Teil dieser Kosten tragen, der andere Teil wird in Form von externen Effekten an die Gesellschaft weitergegeben.[36] Die externen Kosten sind um so höher, je weniger Umweltbelastungen bei den Unternehmen internalisiert werden. Einige Autoren führen in diesem Zusammenhang den ökologieorientierten Kostenbegriff ein, der sich additiv aus den wertmäßigen und den externen Kosten des Umweltschutzes zusammensetzt.[37]

1.2 Umweltschutz im Zielsystem der Unternehmung

1.2.1 Gewinnmaximierung als Oberziel

Das Ziel der *Gewinnmaximierung* wird in zahlreichen betriebswirtschaftlichen Modellen als Oberziel unternehmerischen Handelns postuliert.[38] Dies hängt mit der theoretischen Überlegung zusammen, daß die Gewinnmaximierung einen effizienten Verbrauch von Produktionsfaktoren impliziert. Außerdem ist die Gewinnmaximierung eine in der Realität überwiegend zu beobachtende Verhaltensweise von Unternehmern. Es dient also einerseits als Erklärung empirischer Verhaltensweisen, kann aber andererseits im Rahmen von Modellen zur Entscheidungsunterstützung auch dazu beitragen, Entscheidungsträgern Anhaltspunkte für optimales Verhalten zu geben.

Das Ziel der Gewinnmaximierung bedarf allerdings hinsichtlich seiner Ausgestaltung weiterer Konkretisierungen. So spielt der betrachtete Zeithorizont eine wichtige Rolle. In der Literatur werden die kurz- und die langfristige Gewinnmaximierung unterschieden.[39] Prinzipiell wäre es wünschenswert, Gewinne langfristig zu maximieren. Dahinter verbirgt sich die Annahme, daß sich der Wert eines Unternehmens maximieren läßt, wenn alle künftigen Zahlungsüberschüsse bzw. Cash Flows auf den Gegenwartszeitpunkt abdiskontiert werden. Eine Operationalisierung dieses Prinzips wird mit Hilfe der Discounted Cash Flow-Methode bzw. der Ertragswertmethode vorgenommen.[40] Bei einer solchen Vorgehensweise ergeben sich jedoch folgende Probleme:[41]

1. Zum einen stellt sich das Problem des *Nutzenvergleichs* von Einkommen bzw. dem Konsum von Gütern zu verschiedenen Zeitpunkten, welches oft durch den Einsatz von Diskontierungsfaktoren gelöst wird. Der Einsatz von Diskontierungs-

---

[36] Vgl. Bundesumweltministerium / Umweltbundesamt (1996), S. 44, sowie Schreiner (1990), S. 202.
[37] Vgl. Heinen / Picot (1974), S. 345ff., Schreiner (1990), 199ff., Roth (1992), S. 115ff., Günther (1994), S. 220ff., und Piro (1994), S. 30ff.
[38] Vgl. z.B. Albach (1994) sowie Kals (1993), S. 49.
[39] Vgl. Wöhe (1996), S. 124.
[40] Beide Methoden werden bei Schmidt (1995), S. 1088ff., dargestellt und miteinander verglichen.
[41] Vgl. Schmidt / Terberger (1996), S. 46ff.

faktoren birgt aber das Problem in sich, daß dadurch die Handlungsmöglichkeiten in späteren Perioden bzw. zukünftiger Generationen und damit deren erzielbarer Nutzen in der Gegenwart niedriger eingeschätzt wird als der Nutzen jetzt.[42]

2. Das zweite Problem ist durch die *Unsicherheit* gekennzeichnet, die für weiter in die Zukunft gerichtete Daten zunimmt. Dies erfordert nicht nur den Einsatz einer aufwendigen Datenerhebung und Methodik, die in der Lage sein müssen, diese Unsicherheit angemessen zu verarbeiten, sondern auch die Formulierung von Risikopräferenzen bezüglich der verschiedenen Ergebnisausprägungen einzelner Handlungsalternativen. Der Faktor „Unsicherheit" hat wegen der schwer abschätzbaren langfristigen Auswirkungen von Umweltbelastungen eine hohe Bedeutung für den Umweltschutzbereich. Selbst bei einer präventiv ausgerichteten betrieblichen Umweltschutzstrategie ist es schwierig, die künftige Entwicklung der Umweltpolitik zu antizipieren, da diese von der jeweiligen politischen Konstellation, der Stimmungslage der Bevölkerung und den Medien abhängig ist. In diesem Bereich ist allerdings Besserung zu erwarten, da der Umweltschutz z.B. in der neuen EG-Ökoaudit-Verordnung in zunehmendem Maße institutionalisiert sein wird[43] und weil auch die staatliche Umweltpolitik erkannt hat, daß Umweltschutz aufgrund der zunehmenden wirtschaftlichen Relevanz für die betroffenen Unternehmen plan- und kalkulierbar sein muß.

3. Ein weiteres Problem stellt sich durch die *Umsetzung* der Zielvorgaben in die Praxis, da das Unternehmen als Institution ja nicht selbst Entscheidungen trifft, sondern die in einem Unternehmen beschäftigten Personen, z.B. das Management. Diese Personen verfolgen aber häufig eigene (kurzfristige) Ziele, die nicht kompatibel zu betrieblichen Zielsetzungen sein müssen.[44] In diesem Zusammenhang bietet die Principal-Agent-Theorie Lösungsansätze an.[45]

Aus den angesprochenen Gründen beschränken sich viele Unternehmen auf kurzfristige Planungshorizonte, d.h. sie nutzen nur einen Teil der relevanten Informationen für die Entscheidungsfindung. Im Vergleich zur langfristigen Gewinnmaximierung erhält man mit diesem Vorgehen suboptimale Ergebnisse, wenn zum einen aufgrund kurzfristigen Kalküls strategische Vorgaben der Unternehmensführung nur unzureichend berücksichtigt werden und zum anderen, wenn nach dem Planungshorizont für das Entscheidungsproblem relevante Datenänderungen zu erwarten sind. Dieses Verhalten ist aus Sicht des Umweltschutzes nicht wünschenswert, wenn Investitionen in den be-

---

[42] Steven (1992), S. 126f., spricht in diesem Zusammenhang von statischer versus dynamischer Effizienz. Hampicke (1991), S. 140f., sieht durch die pauschale Nutzendiskontierung in den Wirtschaftswissenschaften fundamentale ethische Prinzipien und auch die Rationalitätsannahme verletzt.
[43] Ein Einführung in die Inhalte der als EG-Ökoaudit-Verordnung bezeichneten EG-Verordnung 1836/93 geben Keller/Lück (1996), Löbel/Schörghuber (1997), Schulz/Schulz (1994), S. 305ff., und Zenk (1995).
[44] Vgl. Gutenberg (1983), S. 466.
[45] Die Behandlung der Principal-Agent-Theorie kann hier nicht weiter diskutiert werden. Für die weitere Vertiefung sei hier auf Jensen/Meckling (1976), S. 305ff., Grossman/Hart (1983), S. 7ff., Rogerson (1985), S. 1357ff., und Jewitt (1988), S. 1177ff. verwiesen. Ein ähnlich gelagerter Ansatz geht auch auf Laux (1979) zurück, der verschiedene Modelle zur Maximierung des Delegationswerts entwickelt hat.

trieblichen Umweltschutz lange Amortisationsdauern haben. Außerdem können zwischen den vom Unternehmen verursachten Umweltbelastungen und den daraus resultierenden Kostenwirkungen – beispielsweise im Altlastenbereich – erhebliche zeitliche Verwerfungen liegen.

In der betrieblichen Praxis stellt die Kostenrechnung Kostendaten für planerische Zwecke bereit, während durch die einzelnen Planungsabteilungen bzw. das Controlling neben weiteren quantitativen Daten zusätzlich qualitative Daten erhoben werden, damit auch Gesichtspunkte Berücksichtigung finden, die nicht direkt in Form von Kosten oder Erlösen erfaßt werden können. Inkompatibilitäten zwischen der strategischen sowie der taktischen und operativen Planung eines Unternehmens können auftreten, wenn im strategischen Bereich, z.B. im Rahmen von Investitionsentscheidungen, übergreifende qualitative Aspekte berücksichtigt werden, während bei taktischen und operativen Planungsaufgaben nur auf die quantitativen Daten der Kostenrechnung zurückgegriffen wird.[46] Dies kann zur Konsequenz haben, daß das entsprechende Investitionsprojekt nicht im Sinne der gegebenen Zielsetzung genutzt wird.[47] Gerade im Umweltbereich spielen die qualitativen Gesichtspunkte aber eine wichtige Rolle. Zur Lösung dieses Problems bieten sich verschiedene Möglichkeiten an:

- Ein formaler Abgleich zwischen strategischer und taktisch-operativer Planung wird dadurch erzielt, daß auch bei der strategischen Planung nur quantitative Daten einbezogen werden. Dieses Vorgehen ist in der Regel aufgrund der Suboptimalität der daraus resultierenden Entscheidungsempfehlungen nur sinnvoll, wenn die nicht berücksichtigten qualitativen Daten von geringer Relevanz sind.

- Eine Möglichkeit ist die Erweiterung der bei taktischen und operativen Planungsaufgaben verwendeten Methodik um qualitative Aspekte. Dadurch wird bei Einzelentscheidungen eine Abwägung zwischen qualitativen und quantitativen Daten erforderlich. Da hierfür kaum auf EDV-Anwendungen zurückgegriffen werden kann, erweist sich dieses Vorgehen bei der Vielzahl der zu treffenden Entscheidungen als zu aufwendig.

- Schließlich können qualitative Daten durch geeignete Schätzverfahren bzw. aufgrund der Kenntnis von theoretischen Zusammenhängen hinsichtlich ihrer Auswirkungen auf die betrieblichen Zielsetzungen berücksichtigt werden. Damit verbunden ist die Monetarisierung von bisher rein qualitativen Aspekten. Dies hat den Vorteil, daß die Abwägung zwischen quantitativen und qualitativen Aspekten nicht nur implizit oder gar nicht erfolgt. Der Entscheidungsträger ist vielmehr gezwungen, seine Entscheidungsgrundlagen offenzulegen. So können auch bisher nicht erfaßte Umweltwirkungen, die eine wirtschaftliche Bedeutung haben, in die betriebli-

---

[46] Vgl. Hoitsch (1997), S. 39ff. und S. 62ff., zum unterschiedlichen Informationsbedarf der strategischen und operativen Planung.
[47] In einem solchen Fall kann man von einer strategisch-operativen Planungshierarchie sprechen. Die Lösung solcher Planungsprobleme wird bei Schneeweiß (1994), S. 161ff., diskutiert.

che Kostenrechnung integriert werden. Ein Problem stellt allerdings die Gefahr von Fehlspezifizierungen von qualitativen Daten bis hin zur bewußten Manipulation dar.

Insgesamt erscheint die Quantifizierung wichtiger qualitativer Aspekte als sinnvollste Möglichkeit, einen Abgleich zwischen strategischer und taktisch-operativer Planung zu erzielen. Dabei müssen nicht alle qualitativen Daten monetarisiert werden, es reicht vielmehr aus, wenn ein geeignetes System an Vorgaben, z.B. einzuhaltende Kennzahlen, dazu führt, daß auch bisher nicht beachtete Sachverhalte in der Planung erfaßt werden.

Im folgenden wird davon ausgegangen, daß das Ziel der langfristigen Gewinnmaximierung verfolgt wird, wobei auf die Setzung geeigneter kurzfristiger Zwischenziele in Abschnitt 3.4.3 noch näher eingegangen wird. Qualitative Aspekte sind in diesem Kontext so zu quantifizieren, daß die für Faktorarten und Produktionsprozesse anzusetzenden Verrechnungspreise dazu führen, daß der Leistungsprozeß im Sinne der betrieblichen Zielsetzung gelenkt wird.[48]

1.2.2 Umweltschutz als eigenständiges Ziel

Neben dem Gewinnziel werden in der Literatur eine Reihe von weiteren unternehmerischen Zielsetzungen genannt[49], beispielsweise Umsatzmaximierung, Marktanteilsmaximierung, Sozialziele, Umweltziele und Maximierung des Unternehmerprestiges. Im Kontext dieser Arbeit ist das Ziel, die natürliche Umwelt zu schonen, besonders interessant für die folgenden Ausführungen.[50]

In der Realität läßt sich beobachten, daß das Umweltschutzziel von den betroffenen Entscheidungsträgern sowohl explizit als Zielsetzung genannt als auch verfolgt wird. So ergab eine Umfrage der Forschungsgruppe Umweltorientierte Unternehmensführung, daß der Umweltschutz zwar nur bei 18,1 Prozent der Unternehmen zu den fünf wichtigsten Unternehmenszielen gehört, daß er aber wesentlichen Einfluß auf den Erreichungsgrad der als wichtig erachteten Ziele haben kann.[51] Es ist also zu untersuchen, welche Zielbeziehungen für die gemeinsame Verfolgung des Umweltschutz- und Gewinnziels sowie weiterer Ziele relevant sind:[52]

- Bei einer *komplementären Zielbeziehung* fördert die Zielerreichung des einen Ziels auch die Zielerreichung des anderen Ziels.

- Bei *Zielindifferenz* können beide Ziele unabhängig voneinander verfolgt werden, da eine Veränderung des Zielerreichungsgrads eines Ziels keinen Einfluß auf den Zielerreichungsgrad des anderen Ziels hat.

---

[48] Vgl. Kals (1993), S. 52.
[49] Vgl. Wöhe (1996), S. 124ff., und Meffert / Kirchgeorg (1993), S. 35ff.
[50] Vgl. Meuser (1995), S. 17ff., und Strebel (1980), S. 74ff.
[51] Vgl. Günther (1994), S. 72ff., und Umweltbundesamt (1991), S. 201ff.
[52] Vgl. Laux (1982), S. 66f.

- Bei einer *konfliktären oder konkurrierenden Zielbeziehung* führt eine Verbesserung des Zielerreichungsgrads bei einer Zielsetzung zu einer Verschlechterung des Zielerreichungsgrads des anderen Ziels.

Bezüglich des Gewinn- und des Umweltschutzziels sind sowohl Zielkomplementaritäten als auch Zielkonkurrenz möglich:[53]

- *Partielle Zielkomplementaritäten* liegen immer dann vor, wenn den Kosten von Umweltschutzmaßnahmen mindestens gleich hohe Erlöse bzw. Kostensenkungen, z.B. aus einem verbesserten Unternehmensimage, einer erhöhten Mitarbeitermotivation oder durch Ressourceneinsparungen, gegenüberstehen.

- Werden die partiellen Zielkomplementaritäten vom Unternehmen voll ausgeschöpft, so führen darüber hinausgehende Maßnahmen zur *Zielkonkurrenz* von Umweltschutz und Gewinn, da der Grenznutzen häufig einen degressiven Verlauf hat, während zum anderen die Grenzkosten für die weitere Vermeidung von Umweltbelastungen zunehmen. Insbesondere die völlige Vermeidung von Umweltbelastungen führt in der Regel zur Einstellung der Produktion und damit auch zur Unmöglichkeit der Gewinnerzielung. Die Konkurrenz zwischen dem Umweltschutz und dem Gewinnziel ist oft auch bei Umweltschutzvorschriften gegeben, die für das Unternehmen häufig mit hohen Kosten, aber mit keinem direkten Nutzen verbunden sind.

Wenn das Umweltschutzziel neben dem Ziel der Gewinnmaximierung sowie weiteren Zielen verfolgt wird, so ist abzuwägen, welche Ziele vorrangig verfolgt werden bzw. mit welcher Gewichtung unterschiedliche Ziele in das Entscheidungskalkül einfließen. Das *Umweltschutzziel* kann folgende Stellung im Zielsystem des Unternehmens haben:

1. Nach der Position des Umweltschutzziels in der *Zielhierarchie* können nachstehende Ausprägungen unterschieden werden:

    a) Beim Umweltschutz als *Unterziel* werden Umweltschutzmaßnahmen nur durchgeführt, wenn sie zur Erhöhung des Zielerreichungsgrads der Oberziele beitragen. Ist Gewinnmaximierung Oberziel, so würden freiwillige Umweltschutzmaßnahmen nur durchgeführt, wenn dadurch Kostensenkungen oder Erlössteigerungen realisiert werden können.

    b) Ist Umweltschutz ein *Nebenziel*, das gleichzeitig mit anderen Zielsetzungen verfolgt wird, so ist es erforderlich, eine Abstimmung der Ziele vorzunehmen, wenn Konkurrenzbeziehungen zwischen den einzelnen Zielen gegeben sind.[54]

    c) Umweltschutz als *Oberziel* ist in der Praxis sehr selten anzutreffen, da eine konsequente Minimierung der Umweltbelastungen im Regelfall mit der Einstellung

---

[53] Coenenberg / Baum / Günther / Wittmann (1994), S. 85f., haben in einer Befragung ermittelt, daß 53 % aller Unternehmen einen positiven Zusammenhang zwischen Umweltschutz und Wettbewerbsfähigkeit sehen, wohingegen 61 % eine Zielkonkurrenz zwischen dem Umweltschutz und dem Gewinnziel empfinden.

[54] Vgl. zur Methodik bei Mehrzielentscheidungen Bamberg / Coenenberg (1996), S. 43ff., sowie Laux (1982), S. 84ff.

der Unternehmenstätigkeit verbunden ist. Denkbar wäre allerdings, daß eine Minimierung der Umweltbelastungen unter der Bedingung erfolgt, daß ein gegebener Mindestgewinn erzielt wird.

2. Nach der *Höhe der Präferenz* hinsichtlich des Umweltschutzziels sind zu nennen:

a) Beim Umweltschutz als *Satisfizierungsziel* werden die vom Unternehmen ausgehenden Umweltbelastungen durch eine festgelegte Grenze beschränkt, die nicht überschritten werden darf. Solche Grenzen können aufgrund von internen Überlegungen festgesetzt werden, oder sie sind durch die geltenden rechtlichen Rahmenbedingungen, z.B. Immissionsgrenzwerte der TA Luft, extern vorgegeben. Satisfizierungsziele können auch in Bezug zu anderen Größen formuliert werden, also beispielsweise eine maximale Höhe an Umweltbelastungen pro Umsatzeinheit.

b) Die *Minimierung der Umweltbelastungen* ist aufgrund der Argumentation in 1c) nur sinnvoll, wenn entweder weitere Satisfizierungsziele zu beachten sind oder ein Bezug zu betrieblichen Leistungen hergestellt wird, z.B. die Minimierung der Umweltbelastungen pro Endprodukteinheit.

Aus der Stellung des Umweltschutzziels im betrieblichen Zielsystem läßt sich die *Umweltschutzstrategie* ableiten:[55]

- Bei einer *passiven Umweltschutzstrategie* wird Umweltschutz nur betrieben, weil das umweltpolitische Ordnungsrecht es verlangt oder um den Druck durch Medien, Kreditgeber, Kunden sowie weitere Interessengruppen zu mindern. Dieses reaktive Verhaltensmuster läßt sich nur dann mit der betrieblichen Zielsetzung vereinbaren, wenn der Umweltschutz lediglich ein Unterziel und kurzfristige Gewinnmaximierung das Oberziel ist oder die vom Unternehmen ausgehenden Umweltbelastungen vernachlässigbar klein sind.

- Bei einer *aktiven Umweltschutzstrategie* versucht das Unternehmen, die sich durch den Umweltschutz bietenden Chancen zu nutzen und die Risiken auf ein vertretbares Maß zu senken. Eine solche Strategie geht einher mit der Ausnutzung von Kostensenkungspotentialen durch Umweltschutz, mit der Antizipation von Änderungen des Umweltrechts, mit der Nutzung innovativer Umweltschutztechniken sowie der Minderung von Störfall- und Haftungsrisiken.

Da Unternehmen mit einer passiven Umweltschutzstrategie die betrieblichen Umweltwirkungen nicht als eine wichtige steuerungsrelevante Größe ansehen, werden sie Umweltbezüge in ihrer Kostenrechnung nur soweit erfassen, wie damit unmittelbar zurechenbare Kosten verbunden sind. Da dies aber auch in traditionellen Kostenrechnungen der Fall ist, beschränken sich die folgenden Ausführungen auf die Betrachtung von Unternehmen mit aktiver Umweltschutzstrategie.

---

[55] Vgl. hierzu Steven (1994a), S. 51f., und Roth (1992), S. 36ff.

1.2.3 Schwerpunkte des heutigen und künftigen Umweltmanagements

Die Tendenz, die betrieblichen Umweltwirkungen verstärkt auch in kaufmännischen Planungsbereichen zu berücksichtigen, zeigte sich bei einer Befragung zur Umweltberichterstattung. Insgesamt wurden 116 Unternehmen befragt, wovon 77 Unternehmen Aussagen zu ihren heutigen und künftigen Schwerpunkten ihres Umweltmanagements gemacht haben. Davon stammen 16 Unternehmen aus dem Dienstleistungsgewerbe, 15 Unternehmen aus der Grundstoffindustrie, 16 Unternehmen aus dem Investitionsgütergewerbe, 10 Unternehmen aus dem Verbrauchsgütergewerbe, 10 Unternehmen aus der Nahrungs- und Genußmittelindustrie und 1 Unternehmen aus dem Baugewerbe. 2 Unternehmen konnten nicht zugeordnet werden.[56]

Während zur Zeit noch 53 Prozent der Unternehmen ihren Schwerpunkt im technischen und nur 32 Prozent im wirtschaftlichen Bereich sehen, erwarten sie in den nächsten Jahren eine Verlagerung in den wirtschaftlichen Bereich. Künftig werden die Schwerpunkte mit 47 Prozent vorwiegend im wirtschaftlichen Bereich liegen, der technische Bereich wird dagegen nur noch 36 Prozent ausmachen. Eine gleichbleibend niedrige Bedeutung hat der rechtliche Bereich mit 15 bzw. 17 Prozent.

Diese Entwicklung wird durch den geplanten Ausbau von betriebswirtschaftlichen Instrumenten, die Umweltwirkungen explizit einbeziehen, unterstützt. So wollen 82 Prozent der Unternehmen ihr Umweltmanagementsystem weiter ausbauen. 64 Prozent wollen Umweltwirkungen verstärkt auch in ihrer Kostenrechnung berücksichtigen. Aus diesen Ergebnissen läßt sich ableiten, daß die Umweltwirkungen der Unternehmen zunehmend als eine Größe angesehen werden, die die Erreichung der betrieblichen Ziele beeinflußt. Die heutige und künftige Ausgestaltung des Umweltmanagements kann den Abbildungen 3 und 4 entnommen werden.

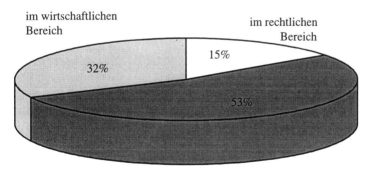

Abb. 3: Schwerpunkte des heutigen Umweltmanagements

---

[56] Die Umfrage wird ausführlich bei Steven / Schwarz / Letmathe (1997), S. 127ff., dargestellt.

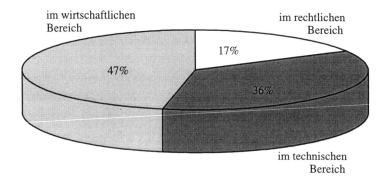

Abb. 4: Schwerpunkte des künftigen Umweltmanagements

1.3 Berücksichtigung von Umweltwirkungen in der Kostenrechnung

1.3.1 Umweltbezogene Kostenrechnung als Grundlage für betriebliche Entscheidungen

Umweltwirkungen können sowohl direkte als auch indirekte Konsequenzen für den Zielerreichungsgrad und im besonderen für die Kosten haben. *Direkte Kostenwirkungen* sind beispielsweise gegeben, wenn eine Abgabe für eine bestimmte Umweltbelastung zu zahlen ist oder Kosten für eine Investition anfallen, die ausschließlich für Umweltschutzzwecke getätigt wird. Bei *indirekten Wirkungen* ist eine solche pagatorische Bewertung nicht möglich, da die anfallenden Kosten nicht in ihrer exakten Höhe einer bestimmten angefallenen oder vermiedenen Umweltbelastung zugeordnet werden können. Beispiele hierfür sind die Kosten des Betriebsbeauftragtenwesens für den Umweltschutz und die Kosten aufgrund gestörter Beziehungen zu den Aufsichtsbehörden, die häufigere Kontrollen und strengere Auflagen zur Folge haben können.

Unter einer *umweltbezogenen Kostenrechnung* wird in diesem Kontext eine modifizierte Kostenrechnung verstanden, die sowohl die direkten als auch die indirekten Kosten von Umweltwirkungen bei vertretbarem Aufwand verursachungsgerecht erfaßt sowie deren Auswirkungen auf die Erreichung der betrieblichen Ziele berücksichtigt. Damit sollen zum einen die Informationsgrundlagen für betriebliche Entscheidungen verbessert werden und zum anderen die bestehenden Inkompatibilitäten zwischen der strategischen und der taktisch-operativen Planungsebene reduziert werden.

Die Umsetzung dieser Vorgaben erfordert ein insgesamt vierstufiges Vorgehen (vgl. hierzu Abbildung 5):

1.3 Berücksichtigung von Umweltwirkungen in der Kostenrechnung

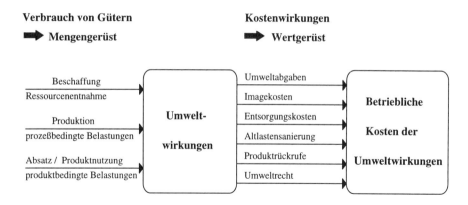

Abb. 5: Betriebliche Kosten der Umweltwirkungen

1. Zunächst muß ermittelt werden, welche Umweltwirkungen vom Unternehmen ausgehen. In der Regel wird man auf solche Wirkungen vor allem in den güterwirtschaftlichen Bereichen stoßen, also in der Beschaffung, beim Absatz und insbesondere in der Produktion. Es ist festzuhalten, wo potentielle Umweltwirkungen anfallen und welcher Art diese sind.

2. Im zweiten Schritt ist der mengenmäßige Anfall dieser Umweltwirkungen zu bestimmen. Für Kontrollzwecke ist es erforderlich, in der Vergangenheit angefallene Umweltwirkungen zu erfassen, während für Plandaten zukünftige Wirkungen zu schätzen sind. Dieser Schritt umfaßt insbesondere die Durchführung von Umweltrisikoanalysen für störfallbedingte Umweltwirkungen sowie eine Aufstellung über Umweltwirkungen, die beim normalen Betriebsablauf zu erwarten sind.

3. Bei der Bestimmung des Wertgerüsts sind den Umweltwirkungen die von ihnen ausgehenden Kosten anzulasten. Dies ist insbesondere bei indirekten Kostenwirkungen schwierig, da der mit einer Umweltwirkungsart verbundene Kostenanfall zumeist nur mit Hilfe mehrstufiger Kausalketten bestimmt werden kann. So setzt z.B. die Analyse von Umweltbelastungen, die zu einer Verschlechterung des Unternehmensimages führen, voraus, daß die Implikationen für das Verhalten der Anspruchsgruppen und die daraus resultierenden Kosten untersucht werden.

4. Im letzten Schritt erfolgt die möglichst verursachungsgerechte Zurechnung der anfallenden bewerteten Umweltwirkungen zum jeweiligen Objekt (Kostenart, Kostenstelle, Kostenträger). Die resultierenden Bewertungssätze können nach entsprechender Aufbereitung für regelmäßige Kontroll- oder Planungszwecke eingesetzt werden.

Ein Vergleich der Abbildungen 1 und 5 zeigt die Analogie zwischen der Kostenermittlung im Rahmen von „traditionellen" Kostenrechnungssystemen und den Kosten von Umweltwirkungen auf. Allerdings umfaßt die Abbildung 5 zusätzlich die Nutzung und Entsorgung der Produkte sowie die sich daraus ergebenden Umweltwirkungen. Beispielsweise können gesetzliche Rücknahmeverpflichtungen zu Kosten führen, deren Höhe von der Entsorgungsfreundlichkeit des Produkts abhängt.

Mit Hilfe einer umwelt- und entscheidungsorientierten Kostenrechnung lassen sich im Sinne der obigen Definition mehrere Einzelzwecke verfolgen, auf die im Verlauf dieser Arbeit noch genauer eingegangen wird:[57]

- Erfassung des Zusammenhangs zwischen betrieblichen Umweltwirkungen und den damit verbundenen Kosten
- Systematische Ermittlung von umweltbezogenen Kostensenkungspotentialen
- Plankostenermittlung in bezug auf geplante Umweltschutzmaßnahmen (Entscheidungsvorbereitung)
- Kostenkontrolle in bezug auf bereits durchgeführte Umweltschutzmaßnahmen (Kontrollfunktion)
- Steuerung der anfallenden Umweltwirkungen (Koordinations- und Lenkungsfunktion)
- Berücksichtigung von kurz- und langfristigen Kosten betrieblicher Umweltwirkungen auch in taktischen und operativen Planungsbereichen

1.3.2 Stellung der umweltbezogenen Kostenrechnung im Unternehmen

Die gestiegene Bedeutung des Umweltschutzes in der Politik, bei Kaufentscheidungen sowie bei weiteren Interessengruppen hat zu einer höheren Komplexität des Unternehmensumfeldes geführt, der von vielen Unternehmen nur verzögert Rechnung getragen wird. Die Gründe sind in einem teilweise fehlenden Problembewußtsein sowie in der nicht aufgabengerechten Ausgestaltung des betrieblichen Entscheidungsinstrumentariums zu sehen. So werden beispielsweise die Kosten der Beschaffung von Produktionsfaktoren und der Entsorgung von Abfällen im Regelfall als inhaltlich unabhängige Kostenarten geführt, obwohl die verwendeten Faktoren und die anfallenden Abfallmengen oft stark miteinander korreliert sind. Aus entscheidungsorientierter Sicht ist es wünschenswert, wenn inhaltliche Verknüpfungen zwischen unterschiedlichen Bereichen auch kostenmäßig erfaßt werden, also z.B. die anteiligen Kosten des zu entsorgenden Abfalls den Anschaffungskosten der verursachenden Einsatzfaktorart zugeschlagen werden.

In herkömmlichen Planungs- und Kontrollsystemen werden indirekte Wirkungsmechanismen und deren Folgekosten bzw. Folgeerlöse nur unzureichend berücksichtigt. In einem solchen System haben insbesondere das betriebliche Controlling und die Kostenrechnung Schlüsselrollen:

---

[57] Vgl. hierzu Fichter / Loew / Seidel (1997), S. 143ff., Piro (1994), S. 158ff., und Roth (1992), S. 76ff.

- Das *Controlling* ist ein an ökonomischen Zielgrößen orientiertes Führungssubsystem mit der Aufgabe, Führungshandlungen auf allen Hierarchieebenen des Unternehmens zu koordinieren.[58] Die Koordinationsaufgabe umfaßt insbesondere die Ausgestaltung der betrieblichen Informations-, Planungs- und Kontrollsysteme. Für diesen Zweck sind betriebliche Datenflüsse aufeinander abzustimmen und Methoden und Instrumente bereitzustellen, die für die Lösung der anfallenden Entscheidungsprobleme genutzt werden können.[59] Darüber hinaus sind die vorhandenen Informationen so zu verdichten, daß für jede Entscheidungsebene die relevanten Informationen zur Verfügung stehen. Aufgrund der gestiegenen Bedeutung des Umweltschutzes für viele Unternehmen sind auch die betrieblichen Umweltwirkungen im Entscheidungskalkül verstärkt zu berücksichtigen.[60] Voraussetzung hierfür ist das Vorhandensein quantitativer, möglichst mit monetären Größen bewerteter Umweltdaten. Eine Erweiterung eines konventionellen Controllingkonzepts um Umweltschutzaspekte setzt daher die Erfassung von ökologischen Daten voraus, die auf der Rechnungswesenebene zunächst erhoben werden müssen. Anschließend werden diese Daten für die unterschiedlichen Führungsbereiche in Form von Stoff- und Energieflußrechnungen und von umweltbezogenen Kennzahlen aufbereitet. Die Ergänzung einer konventionellen Controllingkonzeption um ökologische Daten sowie deren Verdichtung für verschiedene Führungsebenen ist der Abbildung 6 zu entnehmen.

- Die *Kostenrechnung* versorgt die einzelnen Abteilungen mit den benötigten Kosten- und Erlösdaten und erhält wiederum Daten aus den Abteilungen, z.B. die Absatzprognosen der Produkte aus der Absatzplanung. Da die Daten der Kostenrechnung unmittelbar in Entscheidungsrechnungen einfließen, haben sie eine wichtige Funktion bei der Lenkung betrieblicher Güterströme. Dies wird in der Regel durch ein Verrechnungspreissystem gewährleistet, bei dem die Bewertungen der Güter nicht ihren tatsächlichen Marktpreisen entsprechen müssen.[61] Innerbetriebliche Knappheiten können beispielsweise zum Ausdruck gebracht werden, wenn für einen Einsatzfaktor ein höherer Verrechnungspreis angesetzt wird, als auf dem Beschaffungsmarkt dafür bezahlt worden ist. Außerdem erhält die Kostenrechnung Daten über realisierte Produktionsmengen, Investitionsprojekte etc., um auf deren Basis eine Nachkalkulation bzw. Kostenkontrolle durchführen zu können.[62]

Aus der Darstellung der (umweltbezogenen) Controllingkonzeption in Abbildung 6 wird deutlich, daß sich das Controlling in wesentlichen Teilen auf Daten des Rechnungswesens stützt. Hieraus ergibt sich die Frage, wie das Rechnungswesen ausgestaltet bzw. erweitert werden muß, um zur Aufgabenerfüllung des Controlling beizu-

---

[58] Vgl. Lange (1997), S. 2f.
[59] Vgl. Horváth (1996), S. 109ff., Reichmann (1997), S. 5ff., und Preißler (1995), S. 21ff.
[60] Vgl. Hoitsch / Kals (1993), S. 76ff., Lange (1997), S. 2ff., und Schulz / Schulz (1993), S. 1ff.
[61] Vgl. Kilger (1993), S. 203ff.
[62] Vgl. Kilger (1993), S. 16ff.

26 1. Begriffliche und konzeptionelle Grundlagen einer umweltbezogenen Kostenrechnung

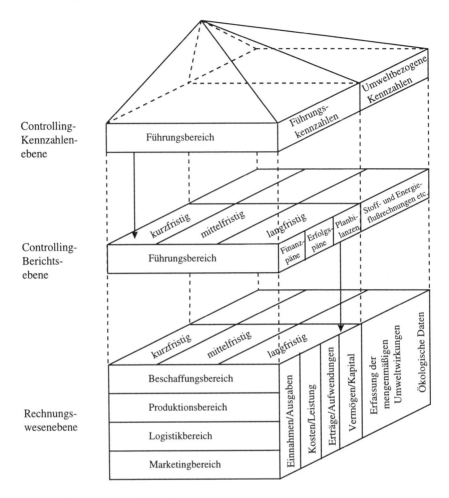

In enger Anlehnung an: Lange (1997), S. 3

Abb. 6: Ergänzung einer konventionellen Controllingkonzeption um ökologische Daten und Instrumente

tragen.[63] Für das umweltbezogene Controlling folgt daraus, daß es wünschenswert ist, wenn verstärkt auch Mengendaten über die anfallenden Umweltwirkungen erfaßt werden. Das Controlling hat die Aufgabe, das von der Kostenrechnung bereitgestellte Mengengerüst der betrieblichen Umweltwirkungen und die vorhandenen Daten zu umweltbezogenen Kosten mit Detailplänen aus anderen Bereichen, z.B. der Produktionsplanung, zu verknüpfen. Mit Hilfe der daraus resultierenden (verdichteten) Informationsbasis können Vorgaben für die betriebliche Planung entwickelt werden, die sich z.B. auf die Höhe der umweltbezogenen Verrechnungspreise auswirken können.

---

[63] Vgl. Reichmann (1997), S. 99ff.

1.3 Berücksichtigung von Umweltwirkungen in der Kostenrechnung

Durch ein solches Verrechnungspreissystem kann der mengenmäßige Anfall der Umweltwirkungen im Sinne der betrieblichen Zielsetzungen gesteuert werden. Das Controlling überwacht den Planvollzug und hat bei Planabweichungen die Aufgabe, Korrekturen der Planung bzw. der Vorgaben vorzunehmen. Letztlich führt die Erfassung der mengenmäßigen Umweltwirkungen in der Kostenrechnung und die Berücksichtigung dieser Daten in den betrieblichen Planungs- und Kontrollprozessen nicht nur zu einem veränderten Entscheidungsverhalten, sondern auch zu einer Veränderung der in der Kostenrechnung vorgehaltenen Kostendaten. Auf die Möglichkeiten, umweltbezogene Verrechnungspreise zu ermitteln und diese bei Planabweichungen an geänderte Rahmenbedingungen anzupassen, wird im Abschnitt 4.3 noch ausführlich eingegangen.

Eine Erweiterung der Datenflüsse um betriebliche Umweltwirkungen hängt allerdings von der Relevanz der Umweltschutzes für den einzelnen Betrieb und dem Aufwand ab, mit dem Umweltwirkungen erfaßt und für Entscheidungen verwertbar gemacht werden können. Für die Qualität der zu treffenden Entscheidungen wäre es ideal, wenn möglichst vollständige Informationen zur Verfügung stünden, die die Komplexität eines Sachverhalts adäquat abbilden. Dies führt jedoch in der Regel zu unendlich hohen Informationskosten. Das Informationsniveau und die entsprechende Methodik der Informationsverarbeitung sollte daher so gewählt werden, daß die Differenz zwischen dem Gesamtnutzen der Informationen für die betrieblichen Entscheidungen und dem Aufwand der Entscheidungsfindung maximiert wird. Geht man von steigenden Grenzkosten für eine zusätzliche Informationseinheit und fallendem Grenznutzen einer Einheit „Zusatzinformation" für die Qualität der Entscheidung aus, dann ergibt sich das optimale Informationsniveau dort, wo Grenznutzen und Grenzkosten einer zusätzlichen Informationseinheit gleich hoch sind. Hinsichtlich des optimalen Informationsniveaus ergeben sich vier Entwicklungslinien, die eine Erhöhung des Niveaus der umweltbezogenen Informationen lohnenswert erscheinen lassen (vgl. Abbildung 7):

1. Eine Senkung der Kosten der Informationsverarbeitung ergibt sich aufgrund von Weiterentwicklungen und Preissenkungen bei automatischen Datenverarbeitungsanlagen sowohl im Hardware- als auch im Softwarebereich. Diese Entwicklung führt zu einer Verschiebung der Informationsgrenzkostenkurve in Richtung Süd-Ost.[64]

2. Zahlreiche Mengendaten im Bereich des Umweltschutzes müssen aufgrund gesetzlicher Rahmenbedingungen ohnehin erhoben werden. So müssen im Abfallrecht Begleitscheine für bestimmte Abfallarten geführt werden,[65] die Daten über die angefallenen Mengen und deren Toxizität enthalten. Nach § 19 und § 20 des Kreislaufwirtschafts- und Abfallgesetzes müssen Unternehmen, bei denen mehr als 2

---

[64] Vgl. Weber (1996), S. 930ff.
[65] Vgl. hierzu die Verordnung über Verwertungs- und Beseitigungsnachweise sowie § 42ff. des Kreislaufwirtschafts- und Abfallgesetzes (KrW-/AbfG).

28 1. Begriffliche und konzeptionelle Grundlagen einer umweltbezogenen Kostenrechnung

Tonnen besonders überwachungsbedürftiger bzw. mehr als 2000 Tonnen überwachungsbedürftiger Abfall anfallen, erstmals zum 1. April 1998 Abfallbilanzen und erstmals zum 31. Dezember 1999 Abfallkonzepte vorlegen.

Außerdem gehen viele Unternehmen dazu über, im Rahmen der Umweltberichterstattung freiwillig weitere mengenmäßige Umweltdaten zu erheben. Die Nutzung dieser Daten für Planungs- und Kontrollzwecke bringt nur relativ niedrige zusätzliche Kosten mit sich. Zum anderen können seit ca. Mitte der achtziger Jahre zunehmend kostengünstige öffentliche und private Datenbanken[66], die für die Unternehmen relevante Umweltdaten liefern, genutzt werden. Diese beiden Effekte führen ebenfalls zu einer Verschiebung der Grenzkostenkurve in Richtung Süd-Ost.

3. Umweltwirkungen werden aufgrund ihrer gestiegenen Relevanz, z.B. bezüglich der Nachfrage umweltorientierter Kundensegmente und der verschärften gesetzlichen Anforderungen, für den kurz- und im besonderen Maße auch für den langfristigen Erfolg eines Unternehmens immer wichtiger.[67] Sie sind häufig grundlegend, wenn es darum geht, die strategischen Optionen eines Unternehmens herauszuarbeiten. Dieser Effekt führt zu einer Verschiebung der Grenznutzenkurve in Richtung Nord-Ost.

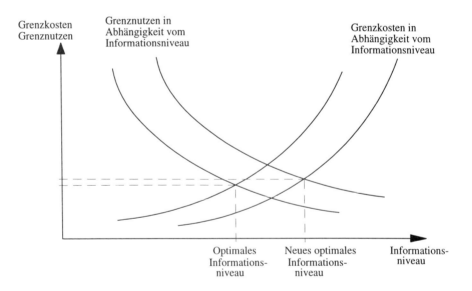

Abb. 7: *Optimales Umweltinformationsniveau unter Berücksichtigung neuerer Entwicklungen*

---

[66] Vgl. Streit (1994), S. 892ff., sowie Deutsche Umweltstiftung (1996), S. 527ff.
[67] Vgl. Keilus (1993), S. 11f.

4. Schließlich findet in den letzten Jahren in der Betriebswirtschaftslehre eine zunehmende Auseinandersetzung mit der Thematik des betrieblichen Umweltschutzes statt. Dies hat zur Folge, daß auch aus diesem Bereich, sowohl was die kostenrechnerische Methodik als auch was den Kenntnisstand bezüglich der Korrelation des betrieblichen Umweltschutzverhaltens mit dem realisierbaren Zielerreichungsgrad anbelangt, Fortschritte zu verzeichnen und auch weiterhin zu erwarten sind.

Addiert man die Einzeleffekte, so kommt man zum Ergebnis, daß es aus Sicht der Unternehmen sinnvoll ist, das Informationsniveau bezüglich betrieblicher Umweltwirkungen unter Ausnutzung neuerer Informationstechnologien und der entsprechenden Daten und Methoden zu erhöhen. Dies wird in Abbildung 7 veranschaulicht.

Da es aufgrund der vorangegangenen Plausibilitätsüberlegungen sinnvoll erscheint, Umweltwirkungen in den betrieblichen Planungs- und Kontrollsystemen verstärkt zu berücksichtigen, bedarf es der Klärung, wie eine Erhöhung des betrieblichen Umweltinformationsniveaus auszugestalten ist, um hinsichtlich der betrieblichen Ziele optimal zu handeln.

1.3.3 Stellung der umweltbezogenen Kostenrechnung im Rechnungswesen

Die umweltbezogene Kostenrechnung verfolgt in erster Linie interne Steuerungszwecke und liefert Informationen, die sowohl für betriebliche Entscheidungen als auch für die anschließende Kontrolle des Planvollzugs herangezogen werden. Sie ist daher dem internen Rechnungswesen zuzuordnen. Die umweltbezogene Kostenrechnung unterscheidet sich von der traditionellen Kostenrechnung durch die explizite Einbeziehung und die verursachungsgerechte Zurechnung und Bewertung der betrieblichen Umweltwirkungen. Das hier vorgestellte Konzept kann im Prinzip auf jedem bestehenden Kostenrechnungssystem aufgebaut werden. Besonderer Wert wird auf folgende Komponenten gelegt:

- Die Umweltwirkungen sind explizit zu berücksichtigen.
- Das Mengengerüst ist differenzierter als in der traditionellen Kostenrechnung zu erfassen und sollte neben den verfügbaren Kosteninformationen verstärkt für Planungs- und Kontrollaufgaben herangezogen werden.
- Neben den Kosten des Umweltschutzes werden auch die Kosten der Umweltwirkungen ihren tatsächlichen Verursachern zugerechnet.
- Bisher pauschal verteilte leistungsunabhängige Kosten werden zur Steuerung der Umweltwirkungen und von betrieblichen Ressourcenverbräuchen herangezogen.

Im Gegensatz zum internen Rechnungswesen richtet sich das externe Rechnungswesen[68] in erster Linie an Adressaten außerhalb des Unternehmens. So dienen die Ergeb-

---

[68] Vgl. Wagner (1993), Sp. 3671ff.

nisse der Finanzbuchhaltung und des traditionellen Jahresabschlusses als Bemessungsgrundlage für die abzuführenden Steuern und zur Befriedigung der Informationsinteressen weiterer Anspruchsgruppen, z.B. der Anteilseigner, der Kreditgeber, der Behörden und der interessierten Öffentlichkeit. Die Umweltberichterstattung stellt die Umweltbezüge des betrieblichen Handelns dar und informiert die Anspruchsgruppen des Unternehmens insbesondere darüber, welche mengenmäßigen Umweltwirkungen und Umweltschäden von der Produktion und Verwaltung ausgehen. Zu diesem Zweck sind viele Unternehmen in den letzten Jahren dazu übergegangen, in Form von systematischen Input/Output-Bilanzen alle umweltrelevanten Stoff- und Energieströme mengenmäßig darzustellen und zum Teil auch zu bewerten. Um Doppelerfassungen und Datenredundanzen zu vermeiden, sollten sowohl das traditionelle als auch das umweltbezogene Rechnungswesen[69] auf einen gemeinsamen Datenpool zugreifen und diesen für die spezifischen Zielsetzungen der einzelnen Teilbereiche des Rechnungswesens nutzen (vgl. Abbildung 8).

Abbildung 9 zeigt, daß alle Bereiche des Rechnungswesens sehr ähnliche Anforderungen an das Mengengerüst der Produktionsfaktoren, Produkte und Umweltwirkungen haben, während bei der Aufstellung des Wertgerüsts unterschiedliche Bewertungsansätze angewendet werden:

- Die geringsten Anforderungen stellt dabei die *Finanzbuchhaltung*, die sich auf die tatsächlich angefallenen Güterzugänge und -verbräuche, auf die erstellten und abgesetzten Mengen der End- und Zwischenprodukte und auf die Umweltwirkungsarten konzentriert, für die direkt zurechenbare pagatorische Kosten anfallen, z.B. in Form von Entsorgungsgebühren. Die Bewertung der betrieblichen Inputs und Outputs erfolgt in erster Linie auf Basis der Pagatorik unter Beachtung der maßgeblichen Regelungen des Steuer- und Handelsrechts.

- Die *Umweltberichterstattung* stellt im Idealfall neben den zahlungswirksamen Inputs und Outputs auch alle weiteren Stoffe und Energien dar, die für die natürliche Umwelt des Unternehmens bedeutsam sind. In der Regel werden die Mengendaten aus Vereinfachungsgründen zumindest teilweise aggregiert. Sie beziehen sich meistens auf ein Geschäftsjahr, wobei häufig auch Vergleichsdaten aus vorangegangenen Perioden veröffentlicht werden. Auf diese Weise können umweltbezogene Verbesserungen transparent und verständlich aufbereitet werden. Wenn eine Bewertung vorgenommen wird, hat diese sich primär an den ökologischen Schadwirkungen zu orientieren. Eine monetäre Bewertung der Umweltwirkungen ist daher für die Zwecke der Umweltberichterstattung eher ungeeignet.[70]

---

[69] Die Umweltbezüge des traditionellen Rechnungswesens werden bei Bellmann (1997), S. 157ff., sowie Heigl (1993), Sp. 1960ff., dargestellt. Die Anforderungen an ein umweltorientiertes Rechnungswesen finden sich bei Müller (1995), S. 47ff.
[70] Vgl. Steven / Schwarz / Letmathe (1997), S. 50.

1.3 Berücksichtigung von Umweltwirkungen in der Kostenrechnung 31

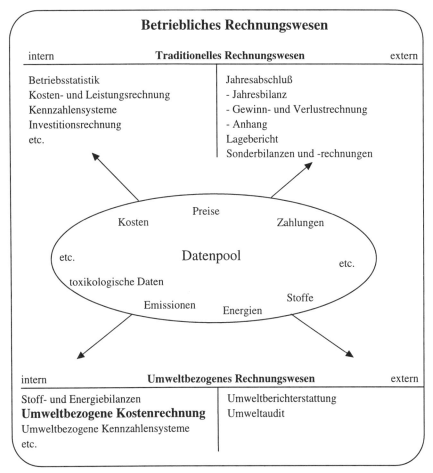

In Anlehnung an: Steven / Schwarz / Letmathe (1997), S. 14

Abb. 8: Umweltbezogene Kostenrechnung im Rechnungswesen

- Die Kostenrechnung benötigt darüber hinaus Plandaten über voraussichtlich anfallende Faktorverbräuche, um entsprechende Daten für betriebliche Entscheidungen liefern zu können. Bei einer *umweltbezogenen Kostenrechnung* wird besonderer Wert auf die verursachungsgerechte Erfassung und Bewertung der betrieblichen Umweltwirkungen gelegt. Die Faktorverbräuche, die angefallenen Umweltwirkungen und die abgesetzten Produkte werden mit wertmäßigen Kosten und Erlösen bewertet, wobei die betrieblichen Stoff- und Energieströme so zu erfassen, zu steuern und zu kontrollieren sind, daß die kurz- und langfristigen Unternehmensziele erfüllt werden. Für die monetäre Bewertung der Umweltwirkungen und der Umweltschutzleistungen werden sowohl pagatorische Kosten und Erlöse als auch darüber hinausgehende Bewertungskonzepte, wie Opportunitätskosten und ökologische Bewertungen, herangezogen. Bei der Berücksichtigung von ökologischen Schadwirkungen sind diese allerdings mit Hilfe eines geeigneten Maßstabs in Geldeinheiten zu transformieren. Die umweltbezogene Kostenrechnung empfängt also sowohl von der Finanzbuchhaltung als auch von der Umweltberichterstattung wichtige bewertungsrelevante Informationen und kann als Bindeglied zwischen dem traditionellen Jahresabschlußwesen und der Umweltberichterstattung angesehen werden. Dabei ist jedoch zu beachten, daß im Rahmen einer umweltbezogenen Kostenrechnung in der Regel ausschließlich betriebliche Zielsetzungen verfolgt werden. Gesellschaftliche Interessen werden häufig nur dann einbezogen, wenn dadurch Auswirkungen auf den Unternehmenserfolg zu erwarten sind.

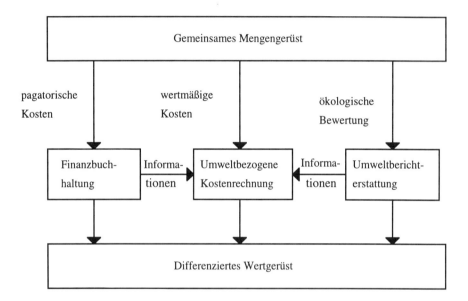

Abb. 9: *Mengen- und Wertgerüst verschiedener Teilbereiche des Rechnungswesens*

1.3.4 Integration der umweltbezogenen Kostenrechnung in die betriebliche Kostenrechnung

Die Frage, ob und wie Umweltwirkungen in der Kostenrechnung berücksichtigt werden sollen bzw. in welchem Verhältnis eine separate Umweltkostenrechnung zu „konventionellen" Kostenrechnungssystemen stehen soll, wird in der betriebswirtschaftlichen Literatur zur Zeit noch kontrovers diskutiert.[71] Dabei können drei Grundpositionen klassifiziert werden:

---

[71] Einen Überblick gibt Kloock (1993), S. 192ff.

1.3 Berücksichtigung von Umweltwirkungen in der Kostenrechnung

1. Im Rahmen einer eher *konservativen Grundposition*[72] wird die Kostenrechnung nicht um umweltbezogene Sachverhalte erweitert. Dahinter steht die Annahme, daß die betrieblichen Kostenrechnungssysteme ohnehin schon alle anfallenden Kostengrößen erfassen und daher kosten- bzw. erlösrelevante Umweltwirkungen, wenn auch häufig nicht explizit als solche ausgewiesen, automatisch berücksichtigt werden. Umweltwirkungen gehen indirekt auch in die Daten ein, die für Kontroll-, Lenkungs- bzw. Planungszwecke an andere Abteilungen weitergegeben werden. Es bedarf daher keiner Modifikation konventioneller Kostenrechnungssysteme.

   Diese Sichtweise übersieht die Schwächen dieser Systeme, die gerade im Umweltbereich besonders zum Tragen kommen. In „konventionellen" Kostenrechnungssystemen werden in der Regel keine indirekten Wirkungsmechanismen erfaßt, wie sie beispielsweise durch Beziehungen zwischen der Produktionsweise und dem Unternehmensimage mit den daraus resultierenden Absatzwirkungen gegeben sind, sondern rein monokausale Beziehungen zwischen Abläufen im Unternehmen und den ihnen zuzuordnenden Kostengrößen. Außerdem werden die Umweltwirkungen in der Regel nicht explizit bewertet und die daraus resultierenden Kosten nicht an ihre tatsächlichen Verursacher verrechnet. Die beschriebene Haltung ist nur in Unternehmen sinnvoll, in denen Umweltschutz eine geringe Rolle bei der Erreichung betrieblicher Ziele spielt.[73] Aus der Kritik an dieser eher traditionellen Sicht der betrieblichen Kostenrechnung sind die beiden folgenden Sichtweisen entstanden.

2. Vertreter einer *divisionalen Grundposition*[74] fordern die Implementation einer Umweltkostenrechnung als Sonderrechnung, die nicht in die betriebliche Kostenrechnung integriert ist. Als Vorteile sehen sie zum einen die Transparenz bezüglich der betrieblichen Umweltwirkungen und zum anderen die Sicherung des Stellenwerts des Umweltschutzes, da eine eigenständige Umweltkostenrechnungsabteilung Umweltschutzziele nachhaltiger vertreten wird, als dies bei einer integrierten Rechnung der Fall ist. Umstritten ist, wie eine solche Abteilung in die bestehenden Organisations- und Kommunikationsbeziehungen eines Unternehmens einzubinden ist und welche Machtbefugnisse sie erhalten soll. Außerdem käme es zu einer aufwendigen Doppelerfassung gleicher Sachverhalte. Gerade hier stünde die separate Umweltkostenrechnung in „Datenkonkurrenz" zur „konventionellen" Kostenrechnung, die im Regelfall in den meisten Unternehmen stärker akzeptiert sein wird, zumal Mitarbeiter des mittleren und höheren Managements häufig nach dem wirtschaftlichen Erfolg – gemessen durch Daten der Kostenrechnung – entlohnt und befördert werden. Um diesen Interessenkonflikt zu vermeiden, müßten zusätzlich zu einer auf-

---

[72] Diese Grundposition ist in der betrieblichen Praxis noch weit verbreitet. In der wissenschaftlichen Literatur finden sich dagegen kaum Veröffentlichungen, die diese Position stützen.
[73] Siehe Abschnitt 1.2.
[74] Hierzu zählen Wagner / Janzen (1991), S. 124ff., mit der von ihnen konzipierten Umwelt-Budget-Rechnung sowie Liedtke / Orbach / Rohn (1997), die die Entwicklung einer ökologieorientierten Kostenrechnung anstreben.

wendigen Koordination der beiden Kostenrechnungen die Entlohnungssysteme um Erfolgsgrößen aus der Umweltkostenrechnung erweitert werden, um eine effektive Einbindung dieser Sonderrechnung in die Organisationsstruktur durchzusetzen. Der letztlich hohe Aufwand der Implementation einer solchen Rechnung bei nur schwer vorhersagbaren Erfolgsaussichten hat zur Herausbildung einer dritten Grundposition geführt.

3. Bei der *integrativen Grundposition*[75] werden die betrieblichen Umweltwirkungen und Umweltschutzleistungen in die bereits bestehende Kostenrechnung integriert. Damit ist im Gegensatz zur obigen Position der Umweltkostenrechnung als Sonderrechnung nicht eine völlige Umorganisation der betrieblichen Planungs-, Kontroll- und Lenkungsprozesse verbunden, sondern vielmehr eine sinnvolle Modifikation der Art der Datenerfassung und der Methoden, mit denen diese Daten weiterverarbeitet werden, ohne daß dadurch das betriebliche Organisationsgefüge einschneidend verändert werden muß. Im folgenden wird daher auch von einer umweltbezogenen Kostenrechnung gesprochen. Dieses Vorgehen hat sowohl unter ökonomischen als auch unter ökologischen Aspekten eine Reihe von Vorteilen:

- Betriebliche Umweltwirkungen werden direkt in Planungs- und Kontrollprozessen berücksichtigt, ohne daß der Umweg über eventuell mit wenig Einfluß ausgestattete „Umweltschutzabteilungen" gemacht werden muß.
- Datenredundanzen, die bei einer separaten Kosten- und Umweltkostenrechnung auftreten, entfallen weitgehend.
- Eine Konkurrenzbeziehung zwischen zwei separaten Kostenrechnungsabteilungen kann zu Reibungsverlusten führen, wenn die unterschiedlichen Datengrundlagen der Umweltkostenrechnung und der traditionellen Kostenrechnung verschiedene Entscheidungsempfehlungen zur Folge haben. In diesem Fall ist ein zusätzlicher Abwägungsprozeß erforderlich, damit die getroffenen Entscheidungen nicht zu Lasten des betrieblichen Umweltschutzes oder der wirtschaftlichen Situation des Unternehmens gehen.
- Ein um Umweltwirkungen sinnvoll erweitertes Verrechnungspreissystem führt zur Einbeziehung der Umweltwirkungen in allen betrieblichen Planungsbereichen, ohne daß sich die jeweiligen Entscheidungsträger explizit mit der häufig für sie fremden Umweltmaterie auseinandersetzen müssen. Des weiteren hat das betriebliche Verrechnungspreissystem wichtige Lenkungsfunktionen und kann durch Preiserhöhungen bzw. Preissenkungen bei einzelnen Einsatzfaktoren Substitutionseffekte induzieren.

Als nachteilig muß die Gefahr angesehen werden, daß die Modifizierung bestehender Kostenrechnungssysteme bei den beschäftigten Kostenrechnern aufgrund des

---

[75] Die integrative Grundposition wird u.a. von Fleischmann / Paudtke (1977), Kloock (1993), Neumann-Szyszka (1994), Piro (1994) und Roth (1992) vertreten.

höheren Arbeitsaufwands und aufgrund eventuell vorzunehmender personeller Veränderungen innerhalb der Kostenrechnungsabteilung auf Widerstand stoßen könnte. Aus diesem Grund sollte die Implementation einer umweltbezogenen Kostenrechnung von der Unternehmensführung mitgetragen und unterstützt werden. Außerdem muß ein sinnvoller Kompromiß zwischen verschiedenen Zielsetzungen gefunden werden, die mit der Kostenrechnung verfolgt werden. Im Rahmen einer auf Verrechnungspreisen basierenden integrativen umweltbezogenen Kostenrechnung ist hier insbesondere das Lenkungsziel und das Ziel, vergleichbare Kalkulationsgrundlagen für die betrieblichen Produkte zu ermitteln, zu nennen.

Trotz dieser Nachteile basiert die vorliegende Arbeit auf der letzten Grundposition, d.h. es sollen theoretisch fundierte Möglichkeiten erarbeitet werden, wie bestehende Kostenrechnungssysteme unter zusätzlicher Berücksichtigung von Umweltzielen sinnvoll modifiziert werden können.

Dies schließt natürlich nicht aus, daß die in dieser Arbeit vorgestellten Lösungsansätze nicht auch im Rahmen einer separaten Rechnung anwendbar sind. Ein solches Vorgehen ist insbesondere für die Übergangsphase und für Testzwecke zu empfehlen. Die verschiedenen Grundpositionen sind in Tabelle 2 nochmals zusammengefaßt.

Tab. 2: Grundpositionen zur Integration von Umweltwirkungen in die Kostenrechnung

Grundpositionen	Ausprägungen
traditionelle Grundposition	umweltbezogene Erweiterung der Kostenrechnung ist nicht notwendig
divisionale Grundposition	separate Umweltkostenrechnung
integrative Grundposition	verstärkte Umweltbezüge im Rahmen der bestehenden Kostenrechnung

1.4 Bisherige Ansätze zur Konzeption einer umweltbezogenen Kostenrechnung

1.4.1 Integrierte Ansätze zur Erfassung der Umweltschutzkosten

Die meisten der bisher veröffentlichten Ansätze zur Umweltkostenrechnung versuchen in erster Linie die Kosten des Umweltschutzes zu ermitteln und diese möglichst genau einzelnen Kostenarten, Kostenstellen und Kostenträgern zuzurechnen. Für diesen Zweck wird bei allen anfallenden Einzelkosten, Gemeinkosten und Sondereinzelkosten ermittelt, ob und in welcher Höhe Kosten für den betrieblichen Umweltschutz anfallen. Anschließend werden die Umweltschutzkosten bei Einzelkosten direkt an die Kostenträger und bei Gemeinkosten an die Kostenstellen verrechnet. Der Ausweis der jeweiligen Umweltschutzkosten erfolgt allerdings separat, so daß nachvollziehbar ist, welchen Anteil die Umweltschutzkosten an den Gesamtkosten einer Kostenstelle oder eines Kostenträgers haben. Dieses Vorgehen wird durch die Abbildung 10 verdeutlicht.

Je nach dem favorisierten Kostenrechnungssystem sowie dem konzeptionellen Vorgehen sind in den letzten Jahren verschiedene Ansätze zur Erfassung und Verrechnung von Umweltschutzkosten vorgeschlagen worden:

- FLEISCHMANN und PAUDTKE[76] grenzen in ihrem 1977 veröffentlichten Ansatz Kostenarten ab, die ihrem Wesen nach eindeutig dem Umweltschutz zuzurechnen sind, z.B. Gebühren und Abschreibungen für Umweltschutzanlagen. Außerdem unterscheiden sie Kostenarten, die zwar nicht ihrem Wesen nach Umweltschutzzwecken dienen, die aber in den Kostenstellen für Umweltschutzzwecke anfallen. Durch die Umweltschutzkostenarten und die umweltschutzbedingten Kosten in den Kostenstellen läßt sich der Anteil der Umweltschutzkosten an den Gesamtkosten in den einzelnen Kostenstellen abschätzen. Die Umweltschutzkosten werden abschließend in verschiedenen Tabellen gesammelt, ohne daß sie den Kostenträgern zugerechnet werden oder in die Selbstkosten einfließen. Von einer systematischen Umweltkostenrechnung kann daher noch nicht gesprochen werden. Ein ähnliches Vorgehen findet sich auch in den Richtlinien zur Bestimmung von Umweltschutzkosten des BUNDESVERBANDES DER DEUTSCHEN INDUSTRIE und des VEREINS DEUTSCHER INGENIEURE aus dem Jahr 1979.[77] Darin werden Anleitungen gegeben, wie die Kosten von betrieblichen Umweltschutzanlagen zu ermitteln sind. Auch hier werden Umweltschutzkosten lediglich ausgewiesen, ohne in die Kalkulation der Kostenträger einzufließen.

- In den Veröffentlichungen von RENTZ (1979), STÖLZLE (1990) und HAASIS (1992) wird zusätzlich die Weiterverrechnung der Umweltschutzkosten an die Kostenträger im Rahmen einer Vollkostenrechnung vorgeschlagen.[78] Dadurch kann auch der Anteil der einem Produkt zurechenbaren Umweltschutzkosten getrennt ausgewiesen werden und explizit in die Kostenträgerkalkulation einfließen. Darüber hinaus führen die Autoren reine Umweltschutzkostenstellen ein, die ausschließlich Umweltschutzleistungen erbringen.

- KLOOCK[79] und ROTH[80] befürworten eine Erfassung der Umweltschutzkosten in einer Teilkostenrechnung. Sie begründen dieses Vorgehen mit der Aufgabe der Kostenrechnung, Informationen lediglich für kurzfristige Entscheidungen bereitzustellen. Da die kurzfristig nicht beeinflußbaren Fixkosten, z.B. die Investitionskosten einer

---

[76] Vgl. Fleischmann / Paudtke (1977), S. 10ff.
[77] Vgl. Bundesverband der Deutschen Industrie (1979) sowie Verein Deutscher Ingenieure (1979).
[78] Vgl. Rentz (1979), Stölzle (1990), S. 379ff., und Haasis (1992), S. 118ff.
[79] Vgl. Frese / Kloock (1989), S. 14ff., Kloock (1990a), S. 137ff., Kloock (1992), S. 929ff., sowie Kloock (1993), S. 189ff.
[80] Vgl. Roth (1992).

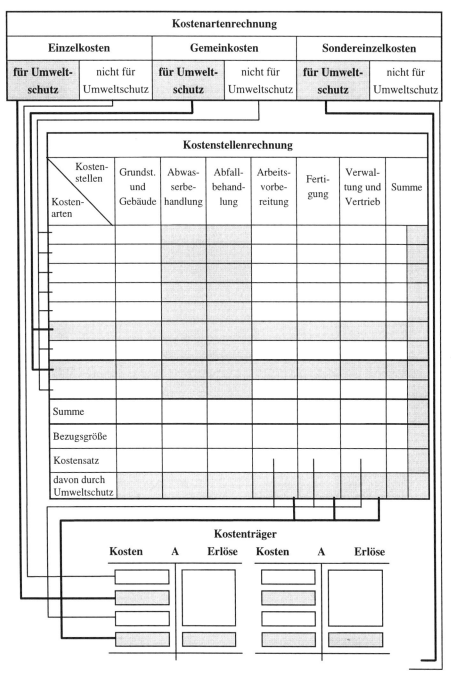

Quelle: Schreiner (1996), S. 263

Abb. 10: Ermittlung und Verrechnung von Umweltschutzkosten

Umweltschutzanlage, keine Relevanz für kurzfristige Entscheidungen haben, müssen diese nicht im Rahmen einer Umweltkostenrechnung erfaßt werden.[81] ROTH beschreibt in diesem Zusammenhang drei Arten von Umweltkostenrechnungen, wobei deren Anwendung von der Umweltschutzstrategie des Unternehmens abhängig ist. Bei der umweltschutzorientierten Kostenrechnung werden betriebliche Umweltschutzkosten gesondert ausgewiesen und jeweils ihren Kostenträgern sowie weiteren Kalkulationsobjekten zugerechnet. Die umweltschutzorientierte Kosten-Nutzen-Rechnung enthält zusätzlich den Nutzen der betrieblichen Umweltschutzmaßnahmen. Bei der ökologieorientierten Kostenrechnung werden den betrieblichen Umweltbelastungen zusätzlich ihre externen Kosten zugewiesen. Die letzten beiden Konzepte sind eher kritisch zu sehen, da weder der Nutzen von Umweltschutzmaßnahmen noch die Höhe der externen Kosten von einem Unternehmen sinnvoll bestimmt werden können.

- PIRO beschränkt sich in ihrem 1994 vorgelegten Ansatz zur betriebswirtschaftlichen Umweltkostenrechnung auf die Erfassung und Verrechnung von Kosten, die in reinen Umweltschutzkostenstellen anfallen. Gemischte Kostenstellen oder anteilige Umweltschutzkosten bei einzelnen Kostenarten sieht sie hingegen aufgrund der Abgrenzungsprobleme bei der Ermittlung der umweltschutzbedingten und nicht-umweltschutzbedingten Kosten als nicht sinnvoll an.[82] Bezüglich des Kostenrechnungssystems sieht sie keinen Modifizierungsbedarf, da die gleichen Argumente wie für traditionelle Kostenrechnungen gelten.

Die hier vorgestellten Ansätze verfolgen in erster Linie das Ziel, die Umweltschutzkosten eines Unternehmens im Rahmen der bestehenden Kostenrechnung abzubilden. Eine Ermittlung der Kosten von betrieblichen Umweltwirkungen werden, z.B. bei ROTH in der ökologieorientierten Kostenrechnung, allenfalls am Rande betrachtet. Bezüglich des Kostenrechnungssystems werden unterschiedliche Empfehlungen abgegeben. Die Befürworter einer Teilkostenrechnung verweisen auf die Aufgabe der Kostenrechnung, lediglich für kurzfristige Entscheidungen Informationen zu liefern. Dagegen steht jedoch das Argument, daß ein großer Anteil der Umweltschutzkosten Fixkosten darstellt, die z.B. in Form von Investitionskosten für Umweltschutzanlagen anfallen.[83]

1.4.2 Umwelt-Budget-Rechnung nach WAGNER / JANZEN

Der von WAGNER und JANZEN erstmals 1991 vorgestellte Ansatz einer Umwelt-Budget-Rechnung wird als Parallelrechnung zur eigentlichen Kostenrechnung durchgeführt und ist damit der divisionalen Grundposition zuzurechnen.[84] Bei der Umwelt-Budget-Rechnung werden zunächst Umweltkosten- und Umweltnutzenpools einge-

---

[81] Vgl. Roth (1992), S. 78ff.
[82] Vgl. Piro (1994), S. 71ff., Schreiner (1992), S. 946f., sowie Wagner (1992), S. 920ff.
[83] Vgl. Fichter / Loew / Seidel (1997), S. 22f.
[84] Vgl. Wagner / Janzen (1991), S. 124ff.

richtet, in denen umweltbezogene Kosten- und Erlöspositionen, die in der Kostenrechnung erfaßt sind, dokumentiert werden. Über diese Pools, die durch einen Ausgleichspool miteinander verbunden sind, werden die umweltschutzbezogenen Projekte eines Unternehmens abgerechnet. Unter umweltschutzbezogenen Projekten werden Konkretisierungen umweltbezogener Handlungs- und Planungsfelder unterschiedlichster Art verstanden.[85] Die einem Projekt zurechenbaren Kosten und Erlöse werden unmittelbar von den Umweltkosten- und Umweltnutzenpools an die Projektrechnungen weitergeleitet. Auf diese Weise können die in der Kostenrechnung erfaßten Erlös- und Kostenpositionen hinsichtlich der internen Kosten und Erlöse des Umweltschutzes bzw. der Umweltwirkungen differenziert erfaßt werden. Im Rahmen einer langfristigen Sichtweise besteht darüber hinaus die Möglichkeit, auch externe Kosten und Erlöse zu erfassen. Das Vorgehen der Umwelt-Budget-Rechnung veranschaulicht Abbildung 11.

Bei den mit Hilfe der Umwelt-Budget-Rechnung aufgestellten Budgets kann es sich um Maximalgrößen bei den umweltbezogenen Kosten und um Minimalgrößen bei den umweltbezogenen Erlösen handeln. Voraussetzung für die Einhaltung der Budgets sind allerdings feste Verantwortlichkeiten für die umweltbezogenen Kosten und Erlöse. Es wird jedoch nicht näher beschrieben, nach welchen Kriterien solche Verantwortlichkeiten zu vergeben sind. Häufig handelt es sich bei der Entstehung von umweltbezogenen Kosten, z.B. für eine bestimmte Umweltwirkungsart, um ein bereichsübergreifendes Problem, da die gleiche Wirkungsart oft in mehreren Bereichen eines Unternehmens entsteht. In diesem Fall empfiehlt JANZEN den Einsatz von Lenk- bzw. Verrechnungspreisen, mit deren Hilfe teilautonome Unternehmensbereiche so gesteuert werden, daß sie zur Erfüllung des unternehmerischen Gesamtziels beitragen.[86] Für die Durchführung der Umwelt-Budget-Rechnung hält JANZEN eine systematische und differenzierte Erfassung des Mengengerüsts ökologischer Sachverhalte, insbesondere der betrieblichen Umweltwirkungen sowie der daraus ableitbaren Umweltrisiken, für erforderlich. Dadurch wird die Überprüfung umweltbezogener Ziele, die auch in Form von Kennzahlen formuliert werden können, wesentlich erleichtert.

Die projektbezogene Sicht der Umwelt-Budget-Rechnung hat den Vorteil, daß die zurechenbaren Kosten und Erlöse von abgegrenzten „Umweltschutzprojekten" gut erfaßt werden und die einzelnen Projekte auch unter wirtschaftlichen Gesichtspunkten beurteilt werden können. Dies ist selbst dann der Fall, wenn die einzelnen Projekte langfristige Laufzeiten haben, was in der eher kurzfristig ausgerichteten Kostenrechnung zu Zurechnungsproblemen führen kann.

Es bleibt jedoch anzumerken, daß der Umweltschutz nicht systematisch in laufende Entscheidungen einfließt, sondern nur projektgebunden betrachtet wird. Dadurch werden alle umweltbezogenen Kosten vernachlässigt, die keinen konkreten Projektbezug haben. Da nicht geklärt ist, wie die Kosten der Umweltwirkungen bzw. die Kosten des

---

[85] Vgl. Janzen (1996), S. 288.
[86] Vgl. Janzen (1996), S. 298ff.

Umweltschutzes, die zudem nicht näher differenziert werden, in der laufenden Kostenrechnung zu berücksichtigen sind, gelten an dieser Stelle auch die oben zur divisionalen Grundposition genannten Kritikpunkte. Auch der Ansatz, die anfallenden Umweltwirkungen mit Hilfe von Verrechnungspreisen zu steuern, kann insofern nicht überzeugen, als keine näheren Angaben darüber gemacht werden, wie die Verrechnungspreise ermittelt werden können. Gerade bei knappen Umweltwirkungen ist es sehr schwierig, diese mit Hilfe einer Sonderrechnung ohne Kopplung mit der Kostenrechnung und anderen Planungsinstrumenten, z.B. der Produktionsplanung, so zu steuern, daß die damit verbundenen Ziele tatsächlich erreicht werden.

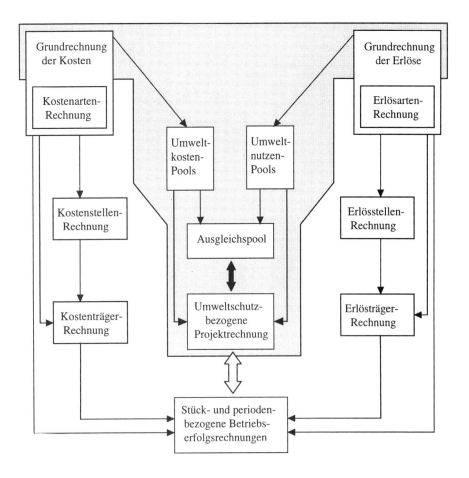

Quelle: Janzen (1996), S. 279

Abb. 11: Vorgehen der Umwelt-Budget-Rechnung

Die Umwelt-Budget-Rechnung ist daher in erster Linie für die Betrachtung von Umweltschutzprojekten im Rahmen eines Umweltcontrolling geeignet. Trotzdem liefert die Umwelt-Budget-Rechnung auch für die Konzeption einer umweltbezogenen Kostenrechnung wichtige Ansatzpunkte, die in bisherigen Vorschlägen zur Umweltkostenrechnung nicht ausreichend berücksichtigt worden sind.[87] Hier ist zum einen der Verweis auf das Mengengerüst der Umweltwirkungen zu nennen. Zum anderen sollte der Vorschlag, den Anfall von Umweltwirkungen mit Hilfe von Verrechnungspreisen zu steuern, auch im Rahmen einer integrierten umweltbezogenen Kostenrechnung aufgegriffen werden. Dadurch verlagert sich der Schwerpunkt der in Abschnitt 1.4.1 beschriebenen Umweltkostenrechnungen von der ausschließlichen Betrachtung der Umweltschutzkosten zu den Kosten der Umweltwirkungen. Eine systematische umweltbezogene Kostenrechnung kann die Umwelt-Budget-Rechnung aus den genannten Gründen aber nicht ersetzen.[88]

1.4.3 Weitere Ansätze

Neben den in den beiden vorangegangenen Abschnitten beschriebenen Ansätzen gibt es noch weitere Vorschläge zur Durchführung einer umweltbezogenen Kostenrechnung. Um weitere Ansatzpunkte und deren Bedeutung für die im folgenden konzipierte umweltbezogene Kostenrechnung aufzuzeigen, werden diese Vorschläge jeweils kurz erläutert:

- Eine Ergänzung einer umweltbezogenen Kostenrechnung um *prozeßkostenrechnerische Elemente*[89] wird von GÜNTHER, im Handbuch Umweltkostenrechnung des BUNDESUMWELTMINISTERIUMS und des UMWELTBUNDESAMTES sowie von R. FISCHER vorgeschlagen.[90] Bei der Prozeßkostenrechnung wird versucht, die Kosten der indirekten Bereiche, z.B. die in der Verwaltung anfallenden Gemeinkosten, möglichst verursachungsgerecht an die Entscheidungsobjekte zu verrechnen. Für diesen Zweck sind zunächst Aktivitäten zu definieren, die die Kosten des Entscheidungsobjekts bestimmen. Für jede Aktivität ist anschließend ein Kostentreiber[91] zu identifizieren, der die Höhe der Kosten der Aktivität beeinflußt. Als Beispiel wird im Handbuch Umweltkostenrechnung ein zu entsorgender Abfallstoff aufgeführt.[92] Der Abfallstoff wird am Ort seiner Entstehung in einem Behälter gesammelt

---

[87] Vgl. Abschnitt 1.4.1.
[88] Dies behaupten Wagner und Janzen allerdings auch an keiner Stelle, sondern wird vielmehr in Sekundärquellen so interpretiert; vgl. z.B. Fichter / Loew / Seidel (1997), S. 85ff.
[89] Vgl. zur Prozeßkostenrechnung Cooper / Kaplan (1988), S. 20ff., und Cooper / Kaplan (1991), Ewert / Wagenhofer (1995), S. 270ff., Franz (1992), S. 605ff., Glaser (1992), S. 275ff., Horváth / Mayer (1995), S. 59ff., Kistner / Steven (1997), S. 223ff., Reckenfelderbäumer (1994) und Schweitzer (1992), S 618ff.
[90] Vgl. Günther (1994), S. 228ff., Bundesumweltministerium / Umweltbundesamt (1996), S. 73ff. und S. 88ff., sowie Fischer (1997), S. 44ff. Ein Beispiel zur praktischen Ermittlung umweltbezogener Kosten mit Hilfe der Prozeßkostenrechnung bei Amoco Oil findet sich bei Fichter / Loew / Seidel (1997), S. 60ff.
[91] Zum Begriff des Kostentreibers im Rahmen der Prozeßkostenrechnung vgl. Cooper (1992), S. 373ff.
[92] Vgl. Bundesumweltministerium / Umweltbundesamt (1996), S. 73ff.

(Aktivität 1). Kostentreiber dieser Aktivität ist die Anzahl der Transporte zur Sammelstelle. Aktivität 2 umfaßt den Transport der Sammelbehälter zum zentralen Abfallsammelplatz. Auch hier ist die Zahl der Transporte als Kostentreiber heranzuziehen. Bis zu seiner Abholung wird der Abfallstoff zentral gelagert (Aktivität 3), wobei die Höhe der Kosten in erster Linie vom benötigten Lagerraum abhängt. Für die abschließende Entsorgung des Abfallstoffs ist ein entsprechender Vertragsabschluß mit einem hierfür geeigneten Entsorger durch die Einkaufsabteilung notwendig (Aktivität 4). Kostentreiber ist die Zahl der geschlossenen Verträge. Dieses Beispiel läßt sich z.b. durch die Trennung verschiedener Abfallstoffe und die innerbetriebliche Behandlung der Abfallstoffe noch um weitere Aktivitäten ergänzen.

Zudem sind auch Aktivitäten denkbar, bei denen eine Umweltwirkungsart als Kostentreiber anzusehen ist. Dies trifft z.B. auf die Aktivität „Reinigung eines Abluftfilters" zu.[93] Die Häufigkeit und Intensität der Reinigung hängt hier in erster Linie von der Menge der Umweltwirkungsart ab. Wird der Abluftfilter durch mehrere Umweltwirkungsarten verunreinigt, so sind diese entsprechend ihrem Belastungsgrad mit Hilfe von Äquivalenzziffern zu gewichten. Mit Hilfe der Prozeßkostenrechnung können auch solchen Entscheidungsobjekten Kosten zugewiesen werden, die in der traditionellen Kostenrechnung aufgrund der Gliederung der Entscheidungsobjekte in Kostenstellen und Kostenträger unberücksichtigt bleiben. Prozeßkostenrechnerische Elemente sind daher grundsätzlich auch für eine umweltbezogene Kostenrechnung geeignet. Allerdings suggeriert die Verrechnung der gesamten Kosten einzelner Prozesse auf ihre jeweiligen Kostentreiber, daß alle in Prozeßkostensätzen enthaltenen Kosten variabel sind. Dies gilt aber nur für strategische Entscheidungen, während die in den Kostensätzen enthaltenen Fixkosten (per Definition) nicht beeinflußbar sind. Prozeßkostenrechnerische Elemente sollten daher nur bei Entscheidungen, die auf der Basis von Vollkosten getroffen werden, Anwendung finden.[94]

- NEUMANN-SZYSZKA (1994) legt den Schwerpunkt auf *umweltbezogene Wagniskosten*, die aus dem Haftungsrecht resultieren. Bei den sonst anfallenden Umweltschutzkosten und Kosten der Umweltwirkungen bedarf es laut NEUMANN-SZYSZKA keiner durchgehenden Veränderung der betrieblichen Kostenrechnung. Ihre Arbeit ist daher am ehesten der konservativen Grundposition zuzuordnen.

- H. FISCHER (1995) betrachtet in erster Linie die den Reststoffen zuzurechnenden Kosten.[95] Dazu zählen nicht nur die Entsorgungskosten, sondern auch die Kosten, die im Rahmen der Beschaffung und der Produktion für die in den Reststoffen enthaltenen Substanzen anfallen. Den Reststoffen werden also, ähnlich wie den Pro-

---

[93] Vgl. Günther (1994), S. 232.
[94] Vgl. Ewert / Wagenhofer (1995), S. 278ff.
[95] Vgl. Fischer (1995), S. 439ff., sowie Burschel / Fischer / Wucherer (1995), S. 62ff.

dukten in der traditionellen Kostenrechnung, alle Kosten ihres Entstehungsprozesses zugewiesen. Anschließend werden Maßnahmen eingeleitet, die das Aufkommen der Reststoffe senken sollen, für die bisher besonders hohe Kosten angefallen sind. Die Ermittlung der *Reststoffkosten* ermöglicht es somit, Bereiche zu identifizieren, bei denen voraussichtliche Kostensenkungen realisierbar sind. Eine systematische laufende Verrechnung der umweltbezogenen Kosten zu den jeweiligen Verursachern erfolgt hingegen nicht. Bei einer konsequenten Zurechnung der Kosten zu den Reststoffen und nicht zu den entsprechenden Kostenträgern besteht sogar die Gefahr, daß die Stückkosten der Produkte zu niedrig angesetzt werden.

- SCHALTEGGER / STURM (erstmals veröffentlicht 1992) bewerten die anfallenden Umweltwirkungen anhand von Grenzwerten, die im Umweltrecht festgelegt sind.[96] Bei Umweltwirkungen, für die keine Grenzwerte existieren, werden Hilfsgrößen herangezogen, z.B. bei Kohlendioxid (CO_2) das Qualitätsziel für die globale CO_2-Konzentration aus dem Jahr 1960.[97] Die bewerteten Umweltwirkungen werden anschließend in einer *Schadschöpfungsrechnung* verrechnet, die eine Arten-, eine Stellen- und eine Trägerrechnung umfaßt. Bei der Gliederung der Schadschöpfungsstellen und der Schadschöpfungsträger orientieren sich SCHALTEGGER / STURM am Vorgehen der traditionellen monetären Kostenrechnung. Allerdings können zusätzlich auch Schadschöpfungsstellen berücksichtigt werden, die dem Unternehmen vor- oder nachgelagert sind. Die Schadschöpfungsrechnung, die als Parallelrechnung zur Kostenrechnung durchzuführen ist, erlaubt somit Aussagen über die Schadschöpfung der Kostenstellen und Kostenträger. Da die Schadschöpfungsrechnung aber als Parallelrechnung durchgeführt wird, bleibt offen, wie die Schadschöpfungspunkte eines Objekts in betrieblichen Entscheidungen zu berücksichtigen sind, wenn die Kosten- und die Schadschöpfungsrechnung unterschiedliche Entscheidungsempfehlungen liefern.

- LIEDTKE / ORBACH / ROHN (1997) schlagen eine separate *ökologieorientierte Kostenrechnung* in Form einer betrieblichen Kosten- und Massenrechnung vor. In diesem Ansatz werden neben den direkten stofflichen Inputs und Outputs eines Unternehmens auch die vor- und nachgelagerten Umweltwirkungen betrachtet und im Rahmen einer Massenrechnung an Massenstellen und Massenträger verrechnet. Eine monetäre Bewertung der betrachteten Stoffe und Energien erfolgt nicht; die ökologischen Kosten werden entsprechend dem MIPS-Konzept von SCHMIDT-BLEEK[98] in Masseneinheiten gemessen. Neben den generellen Kritikpunkten an der divisionalen Grundposition ist diese Art der Erfassung der Kosten in Masseneinheiten kritisch zu beurteilen, da dadurch weder die Kompatibilität zur traditionellen

---

[96] Vgl. Schaltegger / Sturm (1994), S. 144ff. Der grenzwertorientierte Bewertungsansatz von Schaltegger / Sturm wird in Abschnitt 2.3.2.2 erläutert.
[97] Vgl. Schaltegger / Sturm (1994), S. 167.
[98] Vgl. Schmidt-Bleek (1994), S. 98ff., sowie Abschnitt 2.3.2.2.

Kostenrechnung gegeben ist noch eine sinnvolle ökologische Bewertung vorgenommen wird, da das MIPS-Konzept die toxischen Wirkungen eines Stoffs überhaupt nicht berücksichtigt. Mit der Fokussierung auf die vor- und nachgelagerten Umweltwirkungen liefert die ökologieorientierte Kostenrechnung jedoch einen wichtigen Ansatzpunkt für die Konzeption einer umweltbezogenen Kostenrechnung.

1.4.4 Ansatzpunkte zur Weiterentwicklung

Bisher existiert noch keine umweltbezogene Kostenrechnung, die sowohl die Umweltschutzkosten als auch die Kosten der Umweltwirkungen vollständig erfaßt und sinnvoll an Kostenträger und Kostenstellen verrechnet. Wie die Ausführungen in Abschnitt 1.3.4 gezeigt haben, ist dafür in erster Linie ein integrierter Ansatz geeignet. Die bisher veröffentlichten integrierten Ansätze bilden jedoch fast ausschließlich die Umweltschutzkosten ab, während die weit bedeutenderen Kosten der Umweltwirkungen, wenn überhaupt, nur unsystematisch einbezogen werden. Auch die Bewertungsvorschläge für die Kosten der Umweltwirkungen, z.B. die Bewertung mit externen Kosten in der ökologieorientierten Kostenrechnung von ROTH, können aus betrieblicher Sicht nicht überzeugen.

Mit Ausnahme der ökologieorientierten Kostenrechnung von LIEDTKE / ORBACH / ROHN und der Schadschöpfungsrechnung von SCHALTEGGER / STURM betrachten alle Ansätze nur die direkten Umweltwirkungen. Wünschenswert ist aber eine umweltbezogene Kostenrechnung, die es darüber hinaus ermöglicht, sukzessive auch vor- und nachgelagerte Umweltwirkungen zu berücksichtigen. Die Umweltwirkungen werden dabei in allen Ansätzen in Form von Stoff- und Energiebilanzen erfaßt, in denen in der Vergangenheit angefallene Umweltwirkungen dokumentiert werden. Für Planungszwecke sollten auch Informationen über Umweltwirkungen verfügbar sein, die beim Einsatz der Produktionsfaktoren, bei der Durchführung von Produktionsprozessen und bei der Nutzung und Entsorgung der Produkte voraussichtlich anfallen.

Die kostenrechnerische Bewertung der Umweltwirkungen, die in den oben vorgestellten Ansätzen nicht oder nur unzureichend erfolgt, sollte sich primär an den betrieblichen Zielen ausrichten. Für die richtige Ermittlung und Verrechnung der umweltbezogenen Kosten sind die teilweise komplexen Verursachungsmechanismen von Umweltwirkungen hinreichend zu berücksichtigen. Hierfür können z.B. prozeßkostenrechnerische Elemente herangezogen werden. Für Steuerungszwecke sind auch betriebliche Knappheiten von Umweltwirkungen einzubeziehen, denen durch ein Verrechnungspreissystem begegnet werden kann.

1.4 Bisherige Ansätze zur Konzeption einer umweltbezogenen Kostenrechnung 45

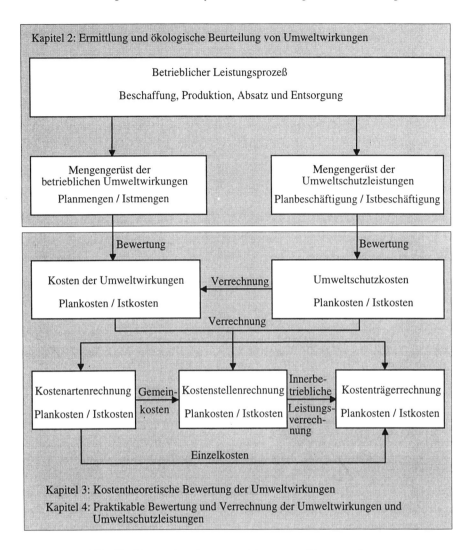

Abb. 12: Konzeption einer umweltbezogenen Kostenrechnung

Im Vordergrund der folgenden Ausführungen steht die Aufgabe der Kostenrechnung, Informationen für die Planung, Kontrolle und Steuerung der betrieblichen Abläufe zu liefern. Die Dokumentationsfunktion wird insoweit vernachlässigt, als daß auf eine (willkürliche) Abgrenzung von Kosten verzichtet wird, die nur teilweise dem Umweltschutz zuzurechnen sind. Lediglich die Kosten von Leistungen, die eindeutig Umweltschutzzwecken dienen, werden als Umweltschutzkosten an den Empfänger der Leistung weiterverrechnet. Dieses Vorgehen weist jedoch keine prinzipiellen Unterschiede gegenüber der Lieferung und Verrechnung von Leistungen von Hilfskostenstellen auf, die keine Umweltschutzleistungen erbringen. Die entscheidungsvorbereitende

Funktion der Kostenrechnung wird durch eine konsequente Verrechnung aller umweltbezogenen Kosten an ihre Verursacher unterstützt.

Die Konzeption zur Durchführung einer solchen umweltbezogenen Kostenrechnung ist der Abbildung 12 zu entnehmen. Die Erfassung des Mengengerüsts der Umweltwirkungen erfolgt schwerpunktmäßig im zweiten Kapitel. In Kapitel 3 wird eine kostentheoretische Bewertung der Umweltwirkungen vorgenommen. Kapitel 4 macht Vorschläge für eine praktikable Bewertung und Verrechnung der Umweltwirkungen und Umweltschutzleistungen.

1.5 Zusammenfassung

Entsprechend den Ausführungen in den vorangegangenen Abschnitten werden im folgenden theoretische und pragmatische Ansätze zur Konzeption einer umweltbezogenen Kostenrechnung dargestellt, die auf dem wertmäßigen Kostenbegriff beruhen. Vor der eigentlichen Bewertung der Umweltwirkungen ist jedoch deren Mengengerüst zu erheben. Anschließend müssen die Umweltwirkungen ihren Verursachern zugewiesen werden, da nur so eine Einheit zwischen Kostenentstehung und Kostenverantwortlichkeit erzielt werden kann.

Die Verrechnung der bewerteten Umweltwirkungen kann im Rahmen eines bestehenden Kostenrechnungssystems erfolgen, das so zu modifizieren ist, daß die zusätzlich verfügbaren Informationen im Sinne der betrieblichen Ziele genutzt werden können. Bei den Zielsetzungen wird vorrangig von der Gewinnmaximierung ausgegangen, wobei die Produktionsmöglichkeiten allerdings durch umweltbezogene Satisfizierungsziele beschränkt werden, die z.B. aufgrund rechtlicher Rahmenbedingungen oder aufgrund freiwilliger Selbstverpflichtungen einzuhalten sind. Um den zusätzlichen Aufwand einer umweltbezogenen Kostenrechnung möglichst gering zu halten, sind die zu erhebenden Daten mit anderen betrieblichen Rechenwerken so abzustimmen, daß Doppelerfassungen und Datenredundanzen möglichst vermieden werden. Zu diesem Zweck sollten die Daten einer umweltbezogenen Kostenrechnung auch für Dokumentationspflichten nach dem Umweltrecht sowie für die freiwillige Umweltberichterstattung, die sich an externe Adressaten richtet, verfügbar sein.

Eine umweltbezogene Kostenrechnung soll dazu beitragen, die klassischen Aufgaben der Kostenrechnung wie die Kostenkontrolle, Lieferung von Planungsdaten, die Koordination von knappen Ressourcen, die Verhaltenssteuerung im Sinne der betrieblichen Ziele und die Ermittlung des Betriebserfolgs bezogen auf die betrieblichen Umweltwirkungen besser zu erfüllen. Die möglichst genaue Ermittlung der Umweltschutzkosten bzw. der vom Unternehmen ausgehenden externen Effekte hat dagegen nur eine untergeordnete Bedeutung.

2. Mengenmäßige Erfassung von Umweltwirkungen und deren Einfluß auf die natürliche Umwelt

Die Erfassung des Mengengerüsts der relevanten Umweltwirkungen bildet eine wichtige Voraussetzung für die Durchführung einer umweltbezogenen Kostenrechnung. Dabei ist zunächst zu prüfen, welche Umweltwirkungen für ein Unternehmen relevant sind. Anhaltspunkte hierfür liefern die Kenntnis der vorhandenen Produktionsmöglichkeiten und die ökologische Bewertung der Umweltwirkungen:

- In Abschnitt 2.1 wird der betriebliche Wertschöpfungsprozeß daraufhin untersucht, wo und in welcher Höhe Umweltwirkungen anfallen und welche Spielräume bestehen, um diese zu beeinflussen.
- In Abschnitt 2.2 werden Stoff- und Energiebilanzen und um Umweltwirkungen erweiterte Stücklisten beschrieben, mit denen Umweltwirkungen systematisch dokumentiert und Ansatzpunkte für ihre Verringerung aufgezeigt werden können. Ziel ist die Aufstellung eines Mengengerüsts, das später als Grundlage einer umweltbezogenen Kostenrechnung dienen kann.
- Die mengenmäßige Erfassung umweltrelevanter Inputs und Outputs reicht aber noch nicht aus, um die daraus resultierenden Umweltschäden beurteilen zu können. Dazu ist die Kenntnis über die Höhe und die Art der Beeinträchtigungen der ökologischen Systeme durch einen bestimmten Input bzw. Output notwendig. Dieser Zusammenhang wird in Abschnitt 2.3 diskutiert.

2.1 Umweltwirkungen des betrieblichen Leistungsprozesses

Die Wertschöpfungskette eines Unternehmens kann als Transformationsprozeß beschrieben werden, bei dem eine bestimmte Kombination von Gütern und Dienstleistungen (Inputs) in eine andere Kombination von Gütern und Dienstleistungen (Outputs) umgewandelt wird.[1] Kann für die Outputs ein Erlös erzielt werden, so sind sie aus Sicht des Entscheidungsträgers erwünscht; fallen zu ihrer Beseitigung Kosten an, sind sie unerwünscht.[2] Outputs, die nicht das Ziel der betrieblichen Leistungserstellung sind bzw. nicht zur Erfüllung der betrieblichen Zielsetzungen beitragen, werden im folgenden als unerwünschte Kuppelprodukte bezeichnet.[3] Hierbei kann es sich z.B. um feste, flüssige oder gasförmige Emissionen handeln. Je nach dem zugrunde liegenden Produktionsprozeß kann die Art und Menge der anfallenden unerwünschten Kuppelprodukte neben den Inputs und Outputs auch von weiteren Prozeßparametern

---
[1] Vgl. Kistner / Steven (1996), S. 51.
[2] Vgl. Dyckhoff (1994), S. 65ff., und Steven (1994a), S. 74ff.
[3] Vgl. Müller-Fürstenberger (1995), S. 60ff.

abhängen, z.B. von der Prozeßgeschwindigkeit. Sie können also nicht nur in festen, sondern auch in variablen Relationen zum Prozeßoutput anfallen. Da unerwünschte Kuppelprodukte keinen Beitrag zur Zielerreichung leisten, müssen sie unter Beachtung der rechtlichen Vorschriften entsorgt werden. Die Abgabe dieser Kuppelprodukte erzeugt somit Umweltwirkungen, die in Abschnitt 1.1.2 als *direkte Umweltwirkungen* definiert wurden. Im Gegensatz dazu sind *indirekte Umweltwirkungen* auf vor- oder nachgelagerte Stufen des Prozesses zurückzuführen. Der beschriebene Transformationsprozeß kann folgendermaßen dargestellt werden:

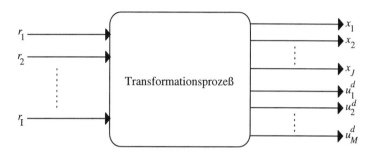

Abb. 13: Betrieblicher Transformationsprozeß

mit: r_i eingesetzte Inputmengen der Faktoren $i = 1,...,I$

       x_j erhaltene Produktmengen der Produkte $j = 1,...,J$

       u_m^d direkte mengenmäßige Umweltwirkungen der Wirkungsarten $m = 1,...,M$

Der Transformationsvorgang selbst wird als „Black Box" gesehen und nicht näher untersucht. Relevant sind lediglich die mengenmäßigen Beziehungen zwischen den Inputs und Outputs.[4]

In der Regel ist es jedoch nicht sinnvoll, alle mengenmäßigen Inputs und Outputs gleichzeitig zu betrachten. Je nach dem Ziel einer Analyse wird man nur einen Teil der zur Verfügung stehenden Daten einbeziehen:

- Inputs und Outputs, die keinen Einfluß auf das Ergebnis einer Analyse – also keine *Entscheidungsrelevanz* – haben, brauchen bei der Lösung eines Problems nicht einbezogen zu werden. Ausschlußkriterien können z.B. vernachlässigbar kleine oder fixe Mengen sein. Des weiteren kann es zu einer Vernachlässigung von Gütern kommen, die ohne zu zahlendes Entgelt oder andere Beschränkungen aus der natürlichen Umwelt entnommen bzw. an sie abgegeben werden.[5] Dieses Vorgehen ist aus betrieblicher Sicht zwar verständlich, aber für die Allgemeinheit nicht akzeptabel, wenn die natürliche Umwelt dadurch nachhaltig beeinträchtigt wird.

---

[4] Vgl. Kistner (1993a), S. 2.
[5] Dyckhoff (1994), S. 65ff., nennt solche Güter neutrale Objektarten.

2.1 Umweltwirkungen des betrieblichen Leistungsprozesses

- Der *Aggregationsgrad* einer Betrachtung bestimmt, welche Prozesse gemeinsam betrachtet werden. Sollen z.B. im Einproduktfall die Güterverzehre sowie die unerwünschten Kuppelprodukte des Produkts ermittelt werden, so lassen sich alle Tätigkeiten zusammenfassen, die zur Herstellung des Produkts benötigt werden. Normiert man die Güterverzehre und Outputs auf eine Einheit des Produkts, dann erhält man dessen Produktions- und Emissionskoeffizienten, die als Grundlage für die spätere Ermittlung der Stückkosten dienen können.

Nach GUTENBERG[6] können Transformationsprozesse unterschieden werden, die produktiven oder dispositiven Zwecken dienen. *Produktionsprozesse* umfassen die Kombination der Inputs (Produktionsfaktoren) und deren physische, chemische oder biologische Transformation mit Hilfe von technischen Verfahren in die Outputs (Produkte und unerwünschte Kuppelprodukte) und sind dem güterwirtschaftlichen Bereich zuzuordnen. Der güterwirtschaftliche Bereich umfaßt neben der Produktion auch die vor- und nachgelagerten Funktionen Beschaffung und Absatz.[7] *Dispositive Prozesse* werden für die Steuerung und Planung der Produktionsprozesse benötigt und sind dem informationswirtschaftlichen Bereich zuzuordnen. Da Umweltwirkungen, die bei Verwaltungsprozessen – also bei dispositiven Prozessen – anfallen, relativ gering sind, soll auf eine explizite Betrachtung dieses Bereichs verzichtet werden. Analog zur Darstellung des allgemeinen Transformationsprozesses kann der güterwirtschaftliche Bereich wie in Abbildung 14 veranschaulicht werden.

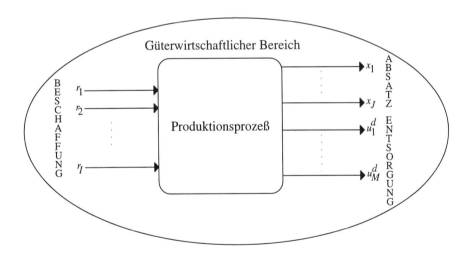

Abb. 14: Der betriebliche Leistungsprozeß

---

[6] Vgl. Gutenberg (1983), S. 2ff., sowie ausführlicher S. 11ff. und S. 131ff.
[7] Vgl. Kistner / Steven (1996), S. 18ff.

Folgende Funktionen sind näher zu untersuchen:

- Die *Beschaffung* determiniert durch den Beschaffungsvorgang sowie die Art der beschafften Güter und ihrer Inhaltsstoffe schon einen Teil der anfallenden Umweltwirkungen.

- Die *Produktion* verursacht Umweltwirkungen durch die Art der kombinierten Produktionsfaktoren und durch das technische Verfahren, mit dem der Transformationsprozeß durchgeführt wird.

- Dem *Absatz,* unter dem alle unmittelbar marktbezogenen Tätigkeiten des Unternehmens zusammengefaßt werden, sind die distributionsbedingten Umweltwirkungen und die Umweltwirkungen der Produkte während ihrer Nutzung sowie die Entsorgungsfreundlichkeit der Produkte nach der Nutzung zuzurechnen.

- Die *Entsorgung* ist dafür zuständig, die unerwünschten Kuppelprodukte unter Beachtung rechtlicher, ökologischer und wirtschaftlicher Kriterien intern zu recyceln, zu beseitigen oder an Dritte abzugeben.[8]

Bevor Umweltwirkungen reduziert werden können, ist eine Analyse der in diesen Bereichen vorhandenen Umweltprobleme und daran anschließend die Untersuchung von Maßnahmen zu ihrer Beseitigung erforderlich.

2.1.1 Umweltwirkungen der Beschaffung

Umweltwirkungen der Beschaffung werden durch den Beschaffungsvorgang, z.B. aufgrund von Transport- oder Lagervorgängen, und durch die Art der beschafften Güter verursacht.[9] Letztere erzeugen Umweltbelastungen bei der Gewinnung der Rohstoffe, aus denen sie sich zusammensetzen, und bei vorgelagerten Produktionsprozessen, wenn es sich bereits um Halbfertigprodukte handelt. Außerdem sind die beschafften Güter aufgrund ihrer Inhaltsstoffe potentielle Träger künftiger Umweltbelastungen. Je nach Zusammensetzung bestimmen sie die in der Produktion bzw. beim Absatz anfallenden Umweltbelastungen zum Teil mit.[10] Dieser Sachverhalt wird in Abbildung 15 dargestellt.

Neben den klassischen Aufgaben der Beschaffung, die benötigten Güter in der richtigen Menge, am richtigen Ort, zum richtigen Zeitpunkt, in der richtigen Qualität, zu minimalen Kosten bereitzustellen[11], werden zunehmend auch die Umweltwirkungen der Einsatzstoffe berücksichtigt. Aufgabe der Beschaffungsplanung ist die Reduktion dieser Wirkungen:

---

[8] Vgl. Bruns (1997), S. 72ff.
[9] Vgl. Wicke / Haasis / Schafhausen / Schulz (1992), S. 135ff.
[10] Vgl. Stahlmann (1988), S. 19ff.
[11] Vgl. Kistner / Steven (1996), S. 233ff.

2.1 Umweltwirkungen des betrieblichen Leistungsprozesses 51

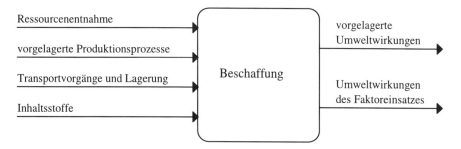

Abb. 15: Umweltwirkungen der Beschaffung

- Bei *Transportvorgängen* ist die Wahl des Transportmittels und des Transportbehälters relevant. Aus ökologischer Sicht ist es sinnvoll, neben den Energieverbräuchen und umweltbelastenden Emissionen auch Transportrisiken möglichst zu eliminieren.[12]

- Die Verwendung von Mehrwegverpackungen kann dazu beitragen, Verpackungsabfälle insbesondere bei *Transportverpackungen* zu verringern. Einwegverpackungen weisen bezüglich des Rohstoff-, Energie- und Wasserverbrauchs sowie bei Luft- und Abwasserbelastungen in der Regel höhere Werte auf,[13] wenn die zusätzlich anfallenden Rücktransporte sowie die Reinigung der Mehrwegverpackungen deren ökologischen Vorteil nicht überkompensieren.[14]

- Bei *Lagervorgängen* sollte sichergestellt sein, daß der Verderb von gelagerten Stoffen vermieden wird und diese entsprechend ihrer Beschaffenheit gelagert werden. Bei Gefahrstoffen sind Sicherheitsvorrichtungen notwendig, damit z.B. Leckagen in den Vorratsbehältern nicht dazu führen, daß austretende Flüssigkeiten im Bodenbereich versickern und Altlasten verursachen.[15]

- Die Umweltverträglichkeit der Werkstoffe und Betriebsmittel hängt entscheidend von deren Inhaltsstoffen sowie den Umweltwirkungen in *vorgelagerten Produktionsprozessen* ab.[16] Hierzu können entsprechende Daten vom Lieferanten eingeholt werden.

- Umweltwirkungen, die bei vorgelagerten Produktionsprozessen oder bei der Ressourcenentnahme entstehen, können durch die Verwendung von *Gütern und Rohstoffen aus recycelten Materialien* gesenkt werden. An dieser Stelle sind Altpapier, Altmetalle, recycelte Kunststoffe und Glas zu nennen.[17]

---

[12] Vgl. Antes / Prätorius / Steger (1992), S. 735ff., sowie Steven (1994a), S. 49f.
[13] Vgl. Umweltbundesamt (1993), S. 517ff.
[14] In diesem Zusammenhang kann auf Ökobilanzen verwiesen werden, die für die Umweltverträglichkeit verschiedener Verpackungssysteme mit dem Ergebnis erstellt worden sind, daß die ökologische Beurteilung eines Systems entscheidend von den zugrunde liegenden Distributionsentfernungen abhängt; vgl. hierzu Schmidtz / Oels / Tiedemann (1995).
[15] Vgl. Wicke / Haasis / Schafhausen / Schulz (1992), S. 151f.
[16] Vgl. Günther (1988), S. 126ff.
[17] Über den Umfang der Nutzung von Recyclinggütern informiert Schwarz (1994), S. 53ff.

- Sollten bisher eingesetzte Güter hohe Umweltbelastungen aufweisen, so können häufig *weniger umweltbelastende Substitute* verwendet werden. Beispiele sind schadstoffarme Lacke, chlorfrei gebleichtes Papier, energiesparende Beleuchtungssysteme, der Einsatz von Brauchwasser für Kühlprozesse und biologisch schnell abbaubare Schmierstoffe.[18]

- Eine weitere Möglichkeit, Umweltwirkungen zu vermindern, ist durch die *Standardisierung von beschafften Gütern* gegeben. So kann durch eine Reduktion der Anzahl der im Betrieb eingesetzten Schmiermittel eine sortenreine Entsorgung oder deren wirtschaftliche Wiederaufbereitung erreicht werden.[19]

- Eine Verringerung der *Bestellhäufigkeit* führt zu einer Steigerung der Bestellmengen. Dies hat den Vorteil, daß Transportvorgänge aufgrund der selteneren Anlieferung entfallen. Problematisch ist aber die damit verbundene Erhöhung der Lagerflächen sowie die im Vergleich zur Just-in-Time-Anlieferung zunehmenden innerbetrieblichen Transporte.[20]

Bei der Entscheidung, welche der Maßnahmen durchgeführt werden sollen, ist die Kenntnis der damit verbundenen Kosten und Umweltwirkungen erforderlich. Abwägungen sind dann vorzunehmen, wenn geringere Umweltwirkungen mit höheren Kosten einhergehen bzw. wenn zwar bestimmte Umweltwirkungen verringert werden, dafür aber andere Umweltwirkungsarten zunehmen. Zu beachten ist, daß von Einsatzstoffen häufig Kosten ausgehen, die nicht Bestandteil des Beschaffungspreises sind und daher nicht unmittelbar in das Entscheidungskalkül einfließen. Dies können Kosten für Umweltschutzvorrichtungen sein, die die unkontrollierte Abgabe von Schadstoffen verhindern, die aus Inhaltsstoffen der Einsatzfaktoren entstehen. Weitere Kosten können im Entsorgungsbereich entstehen. Aus diesem Grund sollte möglichst genau dokumentiert werden, welche Umwelt- und Kostenwirkungen von den Einsatzfaktoren ausgehen, um deren realistische Bewertung sicherzustellen.

2.1.2 Umweltwirkungen der Produktion

Die Umweltwirkungen der Produktion gehen außer von der Art und Beschaffenheit der eingesetzten Stoffe in erster Linie von den genutzten Produktionsverfahren aus. Zu unterscheiden sind Umweltwirkungen, die im Rahmen des Normalbetriebs entstehen, und Umweltwirkungen, die aus dem Eintritt von außergewöhnlichen Ereignissen, also Störfällen, resultieren (vgl. Abbildung 16):[21]

- *Umweltwirkungen des Normalbetriebs* treten immer ein, wenn ein bestimmter Produktionsprozeß abläuft. Sie ergeben sich durch die technischen Eigenschaften des

---

[18] Eine Reihe weiterer Beispiele finden sich im Handbuch zur umweltfreundlichen Beschaffung vom Umweltbundesamt (1993).
[19] Vgl. Troge (1988), S. 117.
[20] Eine differenzierte Betrachtung findet sich bei Steven (1994d), S. 910ff.
[21] Vgl. zur Definition des Störfallbegriffs auch § 2 der Störfallverordnung.

Produktionsverfahrens, durch den Zustand der Betriebsmittel, die für die Durchführung des Produktionsprozesses erforderlich sind, und durch die Intensität, mit der die Betriebsmittel gefahren werden. Diese Wirkungen können durch Maßnahmen, die zu einer Änderung des Produktionsprozesses führen, durch zusätzliche Schadstofffilter und andere Umweltschutzvorrichtungen sowie durch gut ausgebildetes Bedienungspersonal verringert werden.

- *Umweltwirkungen aufgrund von Störfällen* werden durch außerordentliche Ereignisse verursacht und sind für den Betreiber einer Produktionsanlage oder eines Produktionsprozesses hinsichtlich des Zeitpunktes ihres Eintritts und ihres Umfangs nicht vorhersehbar.[22] Sie können durch technische Mängel, durch unzureichende Wartung der Betriebsmittel, durch fehlende Sicherheitsvorrichtungen, durch Unfälle bei Transport- und Lagerungsvorgängen sowie durch menschliches Versagen oder eine unzulängliche betriebliche Organisation verursacht werden. Dazu kommen prozeßimmanente Risiken, wie bei der Energieerzeugung durch Atomkraft, die der Betreiber einer Anlage nicht beeinflussen kann.[23] Umweltwirkungen aufgrund von Störfällen zeichnen sich häufig durch niedrige Eintrittswahrscheinlichkeiten bei hohem Schaden aus, während beim Normalbetrieb die Schadenshöhe bei einer Eintrittswahrscheinlichkeit gegen 100 Prozent vergleichsweise gering ist.[24]

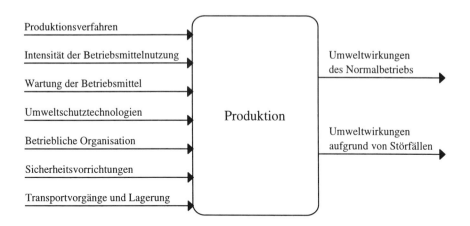

Abb. 16: Umweltwirkungen der Produktion

Bei *vorhandenen Produktionstechnologien* ergeben sich die Anpassungspotentiale an Umweltschutzanforderungen durch die Art der Nutzung einer Technologie. Zum einen besteht bei vielen Produktionsanlagen die Möglichkeit der Variation der Betriebsge-

---

[22] Vgl. Letmathe (1993), S. 815.
[23] Vgl. Schulz / Schulz (1994), S. 183ff.
[24] Verschiedene Arten ökologischer Unternehmensrisiken werden bei Matten (1994), S. 199ff., beschrieben.

schwindigkeit, also der intensitätsmäßigen Anpassung an die betrieblichen Erfordernisse. Die Änderung der Intensität hat in den meisten Fällen eine Änderung von Verbrauchsfaktoren pro Outputeinheit zur Folge, z.B. wenn der Energieverbrauch oder die Ausschußrate bei hohen Produktionsgeschwindigkeiten ansteigen.[25]

Zum anderen ist es vielfach möglich, eine Maschine oder Produktionsanlage für verschiedene Zwecke zu nutzen. Jeder andersartige Fertigungsgang bringt jedoch unterschiedlich hohe Umweltbelastungen mit sich. Aus diesem Grunde können die Produktionsgeschwindigkeit und die Art der einzulastenden Fertigungsgänge auf einzelnen Maschinen Ansatzpunkte für eine umweltorientierte Steuerung der Produktion liefern. Ein weiterer wichtiger Punkt ist die Häufigkeit und der Umfang der Wartung der Produktionsanlagen. Die Wartungstätigkeit dient nicht nur der Erhaltung der Leistungsfähigkeit der Maschinen, sondern auch der Minimierung der Faktorverbräuche sowie der Verringerung von Ausschußraten und der Reduktion der Störfallwahrscheinlichkeit.[26]

Darüber hinaus kann die Umweltbelastung einer bereits installierten Produktionstechnologie durch *additive Umweltschutzmaßnahmen* verringert werden. Additive Umweltschutztechniken dienen der Transformation von umweltbelastenden Substanzen in weniger umweltbelastende Substanzen bzw. der Komprimierung und Separierung von Schadstoffen, die dann gesondert entsorgt werden können.[27] Ein Beispiel für einen Transformationsprozeß ist die Rauchgasentschwefelung, bei der Schwefeldioxid in Gips umgewandelt wird.[28] Ein Beispiel für einen Komprimierungsprozeß sind betriebliche oder kommunale Kläranlagen, bei denen dem Wasser mittels mechanischer, biologischer und chemischer Verfahren feste oder gelöste Schadstoffe entzogen werden, die entweder in weniger umweltbelastende Spaltprodukte zerlegt oder als Bestandteil des Klärschlamms entsorgt werden.[29]

Trotz der beschriebenen Umweltschutzmaßnahmen bleibt es nicht aus, daß bei der Produktion weitere Reststoffe anfallen, die entweder zu entsorgen oder dem betrieblichen bzw. außerbetrieblichen Wertstoffkreislauf zuzuführen sind.[30] Die verbleibenden Stoffe müssen in jedem Fall so weit reduziert bzw. so gehandhabt werden, daß die umweltrechtlichen Bestimmungen, z.B. gegebene Emissionsgrenzwerte, eingehalten werden.

---

[25] In diesem Zusammenhang sei auf die Theorie der Anpassungsformen von Gutenberg verwiesen; vgl. hierzu Gutenberg (1983), S. 361ff., Kistner (1993a), S. 139ff., sowie in bezug auf den betrieblichen Umweltschutz Steven (1994b), S. 1491ff., und Dinkelbach / Piro (1990), S. 640ff. und S. 700ff.
[26] Vgl. Heinen (1991), S. 454ff.
[27] Vgl. Steven (1994a), S. 44.
[28] Vgl. Bank (1994), S. 528f.
[29] Vgl. Bank (1994), S. 901ff.
[30] Vgl. Faber / Stephan / Michaelis (1988), S. 64f.

2.1.3 Umweltwirkungen des Absatzes

Der Absatz hat die Aufgabe, die betrieblichen Produkte zu verwerten, d.h. an die Kundschaft mit Hilfe des absatzpolitischen Instrumentariums zu veräußern.[31] Umweltwirkungen des Absatzes gehen von den Produkten und vom Distributionssystem aus, welches dafür zuständig ist, daß die Abgabe der Outputs zum richtigen Zeitpunkt, in der richtigen Qualität, am richtigen Ort, in der richtigen Menge und zu minimalen Kosten erfolgt (vgl. Abbildung 17):

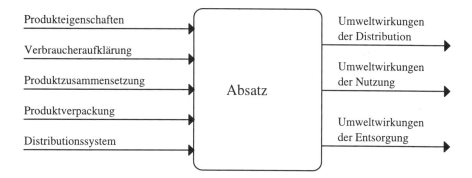

Abb. 17: Umweltwirkungen des Absatzes

- *Umweltwirkungen der Produkte* ergeben sich durch die Produktverpackung, die Umweltbelastungen der Produkte während ihrer Nutzung durch den Kunden sowie durch Umweltbelastungen, die entstehen, wenn das Produkt nach seiner Nutzung beseitigt oder recycelt wird.[32]

- *Umweltwirkungen der Distribution* werden durch die Transport- und Lagervorgänge, die Transportverpackungen und -behälter verursacht.

Auch im Absatzbereich können Maßnahmen durchgeführt werden, die negative Umweltwirkungen sowohl vor als auch während und nach der Nutzung verringern:

- Eine *Erhöhung der erwarteten technischen und wirtschaftlichen Lebensdauer der Produkte* trägt dazu bei, daß Umweltwirkungen, die durch die Produktion, die Distribution und die Entsorgung der Produkte entstehen, aufgrund der geringeren Stückzahlen reduziert werden können. Eine höhere Lebensdauer kann durch den Einsatz von hochwertigen Materialien, z.B. korrosionsfreier Bleche bei Personenkraftwagen, und durch die Reparaturfreundlichkeit der Produkte erzielt werden. Diese Aspekte müssen schon bei der Produktentwicklung berücksichtigt werden.[33]

---

[31] Vgl. Kistner / Steven (1996), S. 129ff.
[32] Vgl. Stahel (1994), S. 189.
[33] Vgl. Stahel (1994), S. 190ff., Schmid (1997), S. 32ff., und Feig (1997), S. 38ff.

- *Umweltwirkungen der Produkte während ihrer Nutzung* lassen sich zum einen durch die Produkteigenschaften, z.B. den Energie- und Wasserverbrauch bei Waschmaschinen, und zum anderen durch die Aufklärung der Kunden vermindern. Während die technischen Voraussetzungen für die Reduzierung umweltrelevanter Verbräuche sowie von Emissionen wiederum von der Produktentwicklung geschaffen werden müssen, ist die Kundenaufklärung, die die Kunden über die Möglichkeiten der umweltschonenden Handhabung der Produkte informieren sollte, vor allem Aufgabe der Kommunikationspolitik.

- *Nach ihrer Nutzung* werden die Produkte vom Verbraucher im Regelfall entsorgt. Auch hier können zu erwartende Umweltwirkungen schon vom Hersteller berücksichtigt und entsprechende Maßnahmen zu ihrer Verminderung durchgeführt werden. Schon bei der Wahl der eingesetzten Materialien ist darauf zu achten, daß diese umweltschonend beseitigt bzw. recycelt werden können. Eine gute Demontierbarkeit der Produkte ermöglicht die sortenreine Trennung der Produktbestandteile.[34] Schließlich kann der Hersteller durch die Rücknahme von Altprodukten aufgrund seines Know-how eine umweltschonende Entsorgung gewährleisten.

- *Verpackungen* dienen u.a. dem Schutz der Produkte vor schädlichen äußeren Einflüssen. Aus wirtschaftlichen und ökologischen Gründen sollte eine Verpackung eine möglichst gute Ausnutzung von Transport- und Lagerraum zulassen. Weitere Umweltwirkungen können durch umweltschonende Verpackungsmaterialien oder Mehrwegverpackungen reduziert werden. Aus betrieblicher Sicht ist abzuwägen, inwiefern sich dies negativ auf das Erscheinungsbild und damit auf den Absatz des Produkts auswirkt.[35]

Die Umweltbelastungen des Distributionssystems können kurzfristig durch die Wahl der Transportmittel, des Transportbehälters und der Transportverpackung sowie die Sicherheitsvorrichtungen des Lagers, langfristig durch die Wahl des Vertriebssystems und des Standorts beeinflußt werden. Da diese Maßnahmen weitgehend deckungsgleich mit denen der Beschaffung in Abschnitt 2.1.1 sind, wird auf eine ausführlichere Erörterung verzichtet.[36]

2.1.4 Beseitigung und Recycling der Produktionsrückstände

Die Entsorgung umfaßt die kontrollierte Abgabe der unerwünschten Kuppelprodukte an Entsorgungsunternehmen bzw. deren betriebsinterne oder externe Wiederaufbereitung. Nicht zur Entsorgung zählt die unkontrollierte und nicht mit Kosten verbundene

---

[34] Vgl. Spengler (1994) und Steven (1994e), S. 272.
[35] Möglichkeiten einer umweltorientierten Verpackungspolitik werden ausführlich bei Pfeifer (1994), S. 927ff., behandelt.
[36] Die Ausgestaltung von Distributionssystemen unter Umweltgesichtspunkten wird bei Ringeisen (1988a) und (1988b) diskutiert.

Abgabe von Outputs an die natürliche Umwelt, z.B. bei gasförmigen Emissionen an die Atmosphäre.[37]

Die Entsorgung ist als betriebliche Querschnittsaufgabe anzusehen, die für alle Bereiche des Wertschöpfungsprozesses relevant ist:

- In der *Beschaffung* entstehen zu entsorgende Stoffe in Form von nicht mehr benötigten Beschaffungsverpackungen sowie als Güter, die nicht den Qualitätsanforderungen genügen und daher nicht für die Produktion verwendbar sind.

- In der *Produktion* fällt Ausschuß in Form von Verschnitt und bei Produktionsfehlern an. Den Hauptanteil der zu entsorgenden Stoffe bilden in der Regel jedoch die unerwünschten Kuppelprodukte, die nicht unkontrolliert an die natürliche Umwelt abgegeben werden (dürfen).

- Beim *Absatz* sind Transportverpackungen sowie Rücknahmeverpflichtungen für Produkte und Produktverpackungen von Bedeutung. Hierunter fallen auch Entsorgungs- und Verwertungsverpflichtungen, die an Dritte, z.B. an das Duale System, delegiert werden.

Die *Umweltwirkungen der Entsorgung* werden durch die Toxizität und den Vermischungsgrad der Abfallstoffe, der durch das Abfallsammelsystem beeinflußt werden kann, sowie durch die Wahl der Entsorgungsalternative bestimmt.[38] Durch die Vermischung und die dadurch begünstigten chemischen Reaktionen der Schadstoffe untereinander sind u.U. starke Auswirkungen auf die Umweltrelevanz der zu entsorgenden Güter und auf den Entsorgungsprozeß möglich. So führt eine sortenreine Trennung der Abfälle dazu, daß umweltgerechter entsorgt werden kann. Im Gegensatz dazu ist beispielsweise mit Gefahrstoffen kontaminierter Hausmüll als Sonderabfall zu entsorgen. Dies ist nicht nur in bezug auf den benötigten knappen Deponieraum problematisch, sondern auch in bezug auf die Entsorgungskosten, da dann für die gesamte Abfallmenge höhere Gebühren anfallen. Darüber hinaus muß sichergestellt sein, daß Abfall auf dem Betriebsgelände so gelagert wird, daß Umweltgefährdungen ausgeschlossen sind.

Bei der Zuführung von Rückständen der Produktion in den Wertstoffkreislauf sind je nach Beschaffenheit des Stoffs eine Reihe von Möglichkeiten denkbar:[39]

1. Bei der *Wiederverwendung* kann der Reststoff ohne weitere Überarbeitung im Ursprungsprozeß eingesetzt werden.

2. Bei der *Weiterverwendung* ist der Einsatz des Reststoffs in einem Produktionsprozeß möglich, der geringere Anforderungen an die Faktorqualität stellt.

3. Bei der *Wiederverwertung* erfolgt eine Aufbereitung des Reststoffs, so daß er wieder im Ursprungsprozeß eingesetzt werden kann. Ein Beispiel hierfür sind Kunst-

---

[37] Hierbei handelt es sich um die bei Dyckhoff (1994), S. 6 und 65, als Neutra definierten Stoffe.
[38] Vgl. Behrendt (1994), S. 103ff.
[39] Vgl. Steven (1994a), S. 52f.

stoffe, die bei Spritzgußmaschinen als Ausschuß anfallen und, nachdem sie zu Granulat gemahlen wurden, wiederum dem Neukunststoff zugesetzt werden können.

4. Bei der *Weiterverwertung* erfolgt der Einsatz der Reststoffe nach einem oder mehreren Überarbeitungsgängen in einem anderen Produktionsprozeß. Ein Beispiel hierfür sind nicht sortenreine Kunststoffe, die nach ihrer Überarbeitung als Grundstoff für die Produktion von Parkbänken dienen.

Während die Alternativen 1 und 3 als echtes Recycling[40] bezeichnet werden können, weil die Reststoffe in ihrem Ursprungsprozeß wiedereinsetzbar sind, handelt es sich bei den Alternativen 2 und 4 in der Regel um ein Downcycling, da der Reststoff von geringerer Qualität ist als die ursprünglichen Einsatzstoffe.[41]

2.2 Mengenmäßige Erfassung der betrieblichen Umweltwirkungen in Stoff- und Energiebilanzen

2.2.1 Begriff und Arten von Stoff- und Energiebilanzen

Im Kontext dieser Arbeit wird unter einer *Stoff- und Energiebilanz* die mengenmäßige Gegenüberstellung umweltrelevanter Inputs und Outputs verstanden, die sowohl Stoffe als auch Energien umfaßt.[42] Nach dem Energie- und Massenerhaltungssatz, der aus dem ersten Hauptsatz der Thermodynamik abgeleitet ist, können die Massen und Energien der im Produktionsprozeß eingesetzten Stoffe nicht verloren gehen.[43] Die eingesetzten Stoffe und Energie können lediglich ihren Zustand ändern. Daher muß sich bei der Addition der Massen und Energien der Inputs und Outputs ein Bilanzgleichgewicht ergeben, wenn alle Austauschbeziehungen vollständig erfaßt werden. Eine massenorientierte Betrachtungsweise ermöglicht es, Verluste z.B. aufgrund von Leckagen ausfindig zu machen.[44] Die Definition der Stoff- und Energiebilanz verdeutlicht die Abbildung 18.

Dieses sehr allgemein gehaltene Schema einer Stoff- und Energiebilanz läßt sich zur ökologischen Erfassung der Umweltwirkungen unterschiedlicher Sachverhalte einsetzen. Für betriebliche Zwecke sind folgende Arten von Stoff- und Energiebilanzen relevant:[45]

- *Gesamtbetriebliche Input/Output-Bilanzen* liefern aggregierte Mengendaten über alle Stoffe und Energien, die vom Betrieb als Inputs eingesetzt werden und als Out-

---

[40] Vgl. zu den Ausgestaltungsmöglichkeiten des Recycling sowie zur Integration des Recycling in PPS-Systeme z.B. Souren (1996), S. 115ff., sowie Corsten / Reiss (1991), S. 615ff., Steven (1995b), S. 689ff., sowie Steven (1996), S. 52ff.
[41] Vgl. Steven (1994e), S. 264f.
[42] Vgl. Schaltegger / Sturm (1994), S. 63ff., Braunschweig / Müller-Wenk (1993), S. 19, und Hofmeister (1989).
[43] Vgl. Faber / Niemes / Stepan (1983), S. 71ff.
[44] Vgl. Landesanstalt für Umweltschutz Baden-Württemberg (1994), S. 21ff.
[45] Die folgende Einteilung orientiert sich an der auf das Institut für ökologische Wirtschaftsforschung (IÖW) zurückgehenden Klassifikation; vgl. hierzu Hallay / Pfriem (1992), S. 70ff.

puts an die Absatzmärkte, an Entsorgungsunternehmen und an die natürliche Umwelt abgegeben werden. Diese Bilanzen zeigen das Ausmaß der mengenmäßigen Umweltwirkungen auf und können somit als ein erster Indikator für die Umweltrelevanz des betrieblichen Handelns angesehen werden. Für eine umfassende Beurteilung ist allerdings eine ökologische Bewertung der einzelnen Umweltwirkungsarten erforderlich.

- *Prozeßbilanzen* erfassen Austauschbeziehungen einzelner Produktionsprozesse. Die prozeßorientierte Sichtweise kann prinzipiell auf alle betrieblichen Tätigkeiten ausgeweitet werden, also auch auf Verwaltungs-, Beschaffungs-, Absatz- und Entsorgungsprozesse. Ziel der Analyse ist die optimale Gestaltung der genutzten Prozesse, z.B. bezüglich des Ressourcenverbrauchs, der anfallenden Emissionen und der Ausschußmengen.

- *Produktbilanzen* enthalten Mengendaten über Umweltwirkungen, die einem Produkt zugeordnet werden können. Idealerweise sollten alle Inputs und Outputs erfaßt werden, die aufgrund der Beschaffung, der Produktion und des Absatzes des Produkts sowie während der Nutzung des Produkts und bei seiner Entsorgung anfallen. Während bei Prozeßbilanzen nur ein einziger Prozeß betrachtet wird, enthalten Produktbilanzen in der Regel mehrere Prozesse. Produktbilanzen liefern Ansatzpunkte für eine umweltverträglichere Produktgestaltung, wie sie in Abschnitt 2.1.3 schon angesprochen worden ist.

Stoff- und Energiebilanz					
Input			Output		
Bezeichnung	Masse	Energie	Bezeichnung	Masse	Energie
I. Stoffe			I. Hauptprodukte		
1. Roh- und Hilfsstoffe					
2. Betriebsstoffe			II. Nicht marktfähige Kuppelprodukte		
II. Energie / Energieträger			1. Feste Abfallstoffe		
1. Strom			2. Flüssige Abfallstoffe		
2. Gas			3. Abgase		
3. Öl					
4. Treibstoff			III. Energetische Emissionen		
III. Wasser					
			IV. Wasser		
			1. Prozeßwasser		
			2. Sanitärwasser		
	Σ	Σ		Σ	Σ

In Anlehnung an: Lange / Ukena (1996), S. 80

Abb. 18: Mengenbilanzierung der betrieblichen Umweltwirkungen

- In *Substanzbilanzen oder Bestandsbilanzen* werden längerfristige Umweltwirkungen dokumentiert, die durch die Nutzung des Anlagevermögens, der Betriebsflächen, Bebauung und durch festgestellte Altlasten entstehen. Hier werden z.B. die Boden- und Gebäudeflächen sowie die vorhandenen Produktionsanlagen, differenziert nach ihrer Nutzung, angegeben.

2.2.2 Entstehungsgerechte Zuordnung der Umweltwirkungen durch Umweltstücklisten

In diesem Abschnitt werden die anfallenden Umweltwirkungen zunächst hinsichtlich ihrer Verursacher klassifiziert. In Form von Umweltstücklisten wird ein Instrument dargestellt, mit dem Umweltwirkungen nicht nur ex post erfaßt, sondern auch im voraus ermittelt werden können. Abschließend wird geprüft, inwiefern die aufgestellten Umweltstücklisten ohne eine weitergehende Bewertung einen Beitrag zur betrieblichen Entscheidungsfindung über den Einsatz der Produktionsfaktoren und der Produktionsprozesse liefern können.[46]

2.2.2.1 Faktor-, prozeß- und produktbezogene Umweltwirkungen

Durch Stoff- und Energiebilanzen können die Umweltwirkungen eines Unternehmens zwar identifiziert werden, aber sie geben keine Auskunft darüber, wodurch die Umweltwirkungen entstehen und wie sie beeinflußt werden können. Sollen Umweltwirkungen gezielt reduziert werden, müssen sie möglichst vollständig ihren Verursachern zugeordnet werden. In diesem Zusammenhang ist die folgende Klassifikation von Umweltwirkungen sinnvoll:[47]

- *Faktorbezogene Umweltwirkungen* können unmittelbar einem Produktionsfaktor zugerechnet werden. Als Beispiel läßt sich Polyvinylchlorid (PVC) als Einsatzstoff in der Bauindustrie anführen, durch das bei der Produktion, der Nutzung und der Entsorgung unter anderem Chlorwasserstoff, Vinylchlorid, Dioxine und Schwermetalle freigesetzt werden. Außerdem sind die Umweltwirkungen der Gewinnung der Rohstoffe sowie von vorgelagerten Produktionsprozessen bei Zwischenprodukten zu berücksichtigen. Dies ist problematisch, wenn ein bezogener Faktor mit unterschiedlichen Prozessen hergestellt werden kann. So müßten beispielsweise die mit Strom einhergehenden Umweltwirkungen danach differenziert werden, wie der Strom produziert wird, also beispielsweise mit Hilfe von Atomkraft oder durch die Verbrennung von fossilen Brennstoffen. Dafür muß aber vorausgesetzt werden, daß der Lieferant der Produktionsfaktoren ebenfalls die Umweltwirkungen seiner Pro-

---

[46] Die im folgenden skizzierten Umweltstücklisten wurden erstmals bei Steven / Letmathe (1996), S. 172ff., vorgestellt. Auf diesem Ansatz basieren auch die Ausführungen dieses Abschnitts.
[47] Vgl. Letmathe (1994), S. 11f.

dukte kennt und Informationen dazu an seine Kunden weitergibt. Da sich letztlich nicht alle Faktoren genau ihren Gewinnungsprozessen bzw. vorgelagerten Produktionsprozessen zuordnen lassen, muß auf geeignete Schätzverfahren oder Mittelwerte zur Ermittlung dieser Umweltwirkungen zurückgegriffen werden.

- *Prozeßbezogene Umweltwirkungen* sind gegeben, wenn eine Kombination von Produktionsfaktoren, die im Rahmen des ablaufenden Produktionsprozesses in Outputs transformiert werden, zu bestimmten Umweltwirkungen führt. Hierzu zählen nicht die faktorbezogenen Umweltwirkungen, da diese auch auftreten, wenn der betreffende Faktor in einem anderen Prozeß eingesetzt wird.

- *Produktbezogene Umweltwirkungen* können allein einem Produkt, nicht aber einem Prozeß oder einem einzelnen Produktionsfaktor zugewiesen werden. Berücksichtigt werden alle Umweltwirkungen, die im Rahmen von betrieblichen Abläufen sowie aufgrund der vorgesehenen Nutzung und bei der Entsorgung des Produkts nach seinem Gebrauch entstehen.

Prinzipiell wäre es wünschenswert, wenn man alle Umweltwirkungen auf diese Weise ihren Verursachern zuordnen könnte. Hier stellt sich jedoch die aus der Kostenrechnung bekannte Problematik, daß nicht jeder Güterverzehr verursachungsgerecht zurechenbar ist. Dafür können folgende Gründe vorliegen:

- Umweltwirkungen können infolge von Meßungenauigkeiten bzw. einem zu hohen Meßaufwand nur pauschal erfaßt werden.[48]

- Da das die Umweltwirkungen auslösende Ereignis und die daraus resultierenden Umweltbeeinträchtigungen zeitlich auseinanderfallen, sind längerfristige Umweltwirkungen, z.B. der Bodenverbrauch für den Produktionsstandort, nicht exakt einzelnen Verursachern zurechenbar.[49] Außerdem werden Umweltwirkungen oft erst offenbar, wenn eine Verrechnung an die verursachenden Prozesse nicht mehr sinnvoll möglich ist. Dies trifft z.B. auf den Altlastenbereich zu.

- Umweltwirkungen können teilweise überhaupt nicht realistisch erfaßt werden, wenn beispielsweise Lieferanten der Einsatzstoffe nicht bereit oder in der Lage sind, Daten über die Umweltwirkungen vorgelagerter Produktionsprozesse bzw. der Gewinnung der Rohstoffe weiterzugeben.

- Umweltwirkungen treten nicht immer deterministisch ein. Dies gilt sowohl für Schwankungen der Umweltwirkungen während des normalen Betriebsablaufs als auch für diejenigen, die bei Störfällen eintreten.[50] Außerdem hängen die Umweltwirkungen der Produkte während der Nutzung und der anschließenden Entsorgung entscheidend von der Handhabung durch den Kunden sowie der gewählten Entsor-

---

[48] Probleme dieser Art werden im Rahmen der Transaktionskostentheorie und der Informationsökonomik vertiefend diskutiert; vgl. hierzu Kreps (1994), S. 671ff., sowie in bezug auf Kosten für Informations- und Entscheidungsvorgänge bei externen Effekten Günther (1994), S. 150f.
[49] Die Erfassung solcher Umweltbelastungen erfolgt in Substanzbilanzen; vgl. Abschnitt 2.2.1.
[50] Vgl. Kistner / Steven (1991), S. 1309ff.

gungsalternative ab.[51] In diesen Fällen bietet es sich häufig an, mit dem Erwartungswert der Umweltwirkungen – eventuell vermindert um Sicherheitsabschläge – zu arbeiten. Sind die stochastischen Schwankungen jedoch mit sehr hohen Schäden verbunden, wie bei Kernkraftwerken, empfiehlt es sich, die gesamte Verteilungsfunktion zu berücksichtigen.[52] In den Betrachtungen dieses Kapitels wird davon ausgegangen, daß Umweltwirkungen entweder deterministisch sind oder daß mit dem Erwartungswert gearbeitet werden kann.

Im folgenden wird vorausgesetzt, daß für das Unternehmen insgesamt M Umweltwirkungsarten relevant sind. Eine Umweltwirkungsart kann z.B. als der Ausstoß einer bestimmten Emissionsart definiert sein. Die Messung der Höhe der Umweltwirkungen kann analog zu den Stoff- und Energiebilanzen durch deren jeweilige Masse erfolgen. Prinzipiell sind aber auch andere Maßskalen denkbar. Nach der mengenmäßigen Erfassung müssen die Umweltwirkungen einem Bezugsobjekt zugerechnet werden. Dabei kann es sich um einen Produktionsfaktor, einen Produktionsprozeß, ein Produkt oder einen Zeitraum handeln, dem eine Umweltwirkung zugeordnet wird.

Berücksichtigt man die oben angegebenen Umweltwirkungen, dann kann die *Gesamthöhe einer Umweltwirkung m in einer Periode t* wie folgt ermittelt werden:

$$(2.1) \quad u_{mt} = \sum_{i=1}^{I} b_{mi} \cdot r_{it} + \sum_{l=1}^{L} c_{ml} \cdot y_{lt} + \sum_{j=1}^{J} d_{mj} \cdot x_{jt} \qquad m = 1,\ldots,M \text{ und } t = 1,\ldots,T$$

mit: m Laufindex für die Umweltwirkungsarten mit $m = 1,\ldots,M$

i Laufindex für die Einsatzfaktoren mit $i = 1,\ldots,I$

l Laufindex für die Produktionsprozesse mit $l = 1,\ldots,L$

j Laufindex für die Produkte mit $j = 1,\ldots,J$

t Laufindex für die Perioden mit $t = 1,\ldots,T$

u_{mt} Umfang der gesamten Umweltwirkung m in Periode t

b_{mi} Umfang der faktorbezogenen Umweltwirkung m pro eingesetzter Einheit von Faktor i (Inputkoeffizient)

r_{it} Einsatzmenge von Faktor i in Periode t

c_{ml} Umfang der prozeßbezogenen Umweltwirkung m pro Durchführung des Produktionsprozesses l

y_{lt} Häufigkeit der Durchführung des Produktionsprozesses l in Periode t

d_{mj} Umfang der produktbezogenen Umweltwirkung m pro erzeugter Einheit des Produkts j (Outputkoeffizient)

x_{jt} Produktionsmenge von Produkt j in Periode t

---

[51] Vgl. Türck (1991), S. 40f.
[52] Dies folgt aus der Kritik am µ-Prinzip, dessen Anwendung insbesondere bei Einzelfallentscheidungen fragwürdig ist, vgl. Laux (1982), S. 149ff.

Die Koeffizienten b_{mi}, c_{ml} und d_{mj}, die angeben, in welchem Umfang die Umweltwirkungsart m je eingesetzter Einheit von Faktor i, je Durchführung von Prozeß l bzw. je erzeugter Einheit von Produkt j entsteht, nehmen nicht notwendigerweise konstante Werte an, sondern können – ähnlich wie die Verbrauchsfunktionen in der Theorie der Anpassungsformen[53] – in Abhängigkeit vom Umfang des Faktoreinsatzes bzw. der Produktion oder vom Prozeßniveau schwanken. Wie in der Theorie der Anpassungsformen sind auch hier s-förmige, konvexe oder konkave Verläufe denkbar.[54] Da dies für die hier relevanten Zusammenhänge zunächst ohne Bedeutung ist, wird zur Vereinfachung der Darstellung im folgenden von *konstanten Koeffizienten* ausgegangen.

2.2.2.2 Umweltstücklisten der Faktoren, Prozesse und Produkte

In Anlehnung an die Fertigungsstücklisten[55] für Produkte werden hier *Umweltstücklisten* eingeführt, die jeweils angeben, wie hoch die zurechenbaren Umweltwirkungen einer Mengeneinheit eines Faktors, eines Prozesses bzw. eines Produkts sind. Das Vorgehen folgt dem Ablauf des betrieblichen Wertschöpfungsprozesses. Es werden also zunächst die Produktionsfaktoren, dann die Produktionsprozesse und abschließend die Produkte untersucht, wobei die Umweltwirkungen der vorhergehenden Stufen sukzessive den nachfolgenden zugeschlagen und an sie weiterverrechnet werden:

1. Umweltstückliste eines Produktionsfaktors

Bei den Produktionsfaktoren sind lediglich die direkten faktorbezogenen Umweltwirkungen relevant. Die *Umweltstückliste des Faktors i* läßt sich wie folgt darstellen:

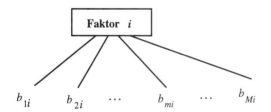

Abb. 19: Umweltstückliste eines Produktionsfaktors

Bei einer solchen Umweltstückliste werden in der Regel zahlreiche Komponenten den Wert Null haben. Da die Faktoren am Anfang der betrieblichen Wertschöpfungskette liegen, brauchen keine weiteren Umweltwirkungen an die Faktoren verrechnet werden. In diesem Fall entsprechen die Inputkoeffizienten den direkten, also den gesamten faktorbezogenen Umweltwirkungen.

---

53 Vgl. Gutenberg (1983), S. 326 ff.
54 Vgl. Dinkelbach / Piro (1990), S. 640ff., und Steven (1994b), S. 1501ff.
55 Der Aufbau von Fertigungsstücklisten wird z.B. bei Tempelmeier (1995), S. 111ff., Kistner / Steven (1993), S. 217ff., Pressmar (1996), Sp. 1923ff., und bei Zahn / Schmid (1996), S. 346ff., beschrieben.

64   2. Mengenmäßige Erfassung von Umweltwirkungen und deren ökologische Bewertung

Die Umweltstückliste $\underline{u}_i^F$ eines Faktors i ist dann gegeben durch:

(2.2) $$\underline{u}_i^F = \begin{pmatrix} u_{1i}^F \\ \vdots \\ u_{mi}^F \\ \vdots \\ u_{Mi}^F \end{pmatrix} = \begin{pmatrix} b_{1i} \\ \vdots \\ b_{mi} \\ \vdots \\ b_{Mi} \end{pmatrix}$$

mit: u_{mi}^F mengenmäßige Umweltwirkung der Wirkungsart m pro Mengeneinheit des Produktionsfaktors i

2. Umweltstückliste eines Produktionsprozesses

Den Produktionsprozessen werden die direkten prozeßbezogenen sowie die damit verbundenen faktorbezogenen Umweltwirkungen der Inputs zugeordnet, die zur Durchführung der Prozesse benötigt werden. Für diesen Zweck sind in der ersten Stufe alle direkten Umweltwirkungen der Prozesse sowie die Prozeßkoeffizienten zu erfassen. Die Prozeßkoeffizienten geben an, welche Einsatzmenge der einzelnen Faktoren pro Durchführung des Prozesses benötigt wird. In der zweiten Stufe werden die Prozeßkoeffizienten mit den faktorbezogenen Umweltwirkungen multipliziert. Auf diese Weise erhält man die indirekten Umweltwirkungen der Produktionsprozesse (vgl. Abbildung 20).

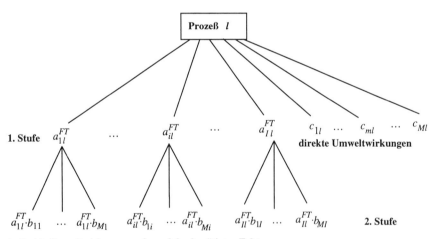

Abb. 20: Umweltstückliste eines Prozesses

Die *Umweltstückliste* $\underline{u}_l^T$ *eines Prozesses l*, der eine gegebene Technologie widerspiegelt, ergibt sich durch die addierten faktor- und prozeßbezogenen Wirkungen:

2.2 Erfassung der betrieblichen Umweltwirkungen in Stoff- und Energiebilanzen

(2.3) $$\underline{u}_l^T = \begin{pmatrix} u_{1l}^T \\ \vdots \\ u_{ml}^T \\ \vdots \\ u_{Ml}^T \end{pmatrix} = \begin{pmatrix} c_{1l} + \sum_{i=1}^{I} a_{il}^{FT} \cdot b_{1i} \\ \vdots \\ c_{ml} + \sum_{i=1}^{I} a_{il}^{FT} \cdot b_{mi} \\ \vdots \\ c_{Ml} + \sum_{i=1}^{I} a_{il}^{FT} \cdot b_{Mi} \end{pmatrix}$$

mit: u_{ml}^T mengenmäßige Umweltwirkung der Wirkungsart m pro Durchführung des Produktionsprozesses l

a_{il}^{FT} benötigte Einsatzmenge von Produktionsfaktor i pro Durchführung des Produktionsprozesses l

3. Umweltstückliste eines Produkts

Die Umweltstücklisten der *Produkte* enthalten schließlich alle faktor- und prozeßbezogenen Umweltwirkungen der Produktionsfaktoren und Prozesse, die zu ihrer Herstellung benötigt werden. Dazu kommen die direkten produktbezogenen Umweltwirkungen. Auch hier werden in der ersten Stufe die direkten Umweltwirkungen der Produkte sowie die prozeßbezogenen Inputkoeffizienten ermittelt. Die prozeßbezogenen Inputkoeffizienten beziffern die Häufigkeit, mit der ein Prozeß durchgeführt werden muß, um eine Mengeneinheit eines Produkts herzustellen. Mit Hilfe dieser Koeffizienten können die indirekten Umweltwirkungen der Produkte berechnet werden, die sich aus den benötigten Produktionsprozessen und den damit verbundenen faktor- und prozeßbezogenen Umweltwirkungen ergeben (vgl. Abbildung 21).

Die *Umweltstückliste* $\underline{u}_j^P$ *des Produkts j* setzt sich additiv aus seinen direkten und indirekten Umweltwirkungen zusammen:

(2.4) $$\underline{u}_j^P = \begin{pmatrix} u_{1j}^P \\ \vdots \\ u_{mj}^P \\ \vdots \\ u_{Mj}^P \end{pmatrix} = \begin{pmatrix} d_{1j} + \sum_{l=1}^{L} a_{jl}^{TP} \cdot c_{1l} + \sum_{l=1}^{L} \sum_{i=1}^{I} a_{jl}^{TP} \cdot a_{il}^{FT} \cdot b_{1i} \\ \vdots \\ d_{mj} + \sum_{l=1}^{L} a_{jl}^{TP} \cdot c_{ml} + \sum_{l=1}^{L} \sum_{i=1}^{I} a_{jl}^{TP} \cdot a_{il}^{FT} \cdot b_{mi} \\ \vdots \\ d_{Mj} + \sum_{l=1}^{L} a_{jl}^{TP} \cdot c_{Ml} + \sum_{l=1}^{L} \sum_{i=1}^{I} a_{jl}^{TP} \cdot a_{il}^{FT} \cdot b_{Mi} \end{pmatrix}$$

mit: u_{mj}^P mengenmäßige Umweltwirkung der Wirkungsart m pro Mengeneinheit des Produkts j

a_{jl}^{TP} Häufigkeit, mit der der Prozeß l zur Herstellung einer Mengeneinheit des Produkts j durchgeführt werden muß

a_{ij}^{FP} benötigte Einsatzmenge von Produktionsfaktor i zur Herstellung einer Mengeneinheit des Produkts j

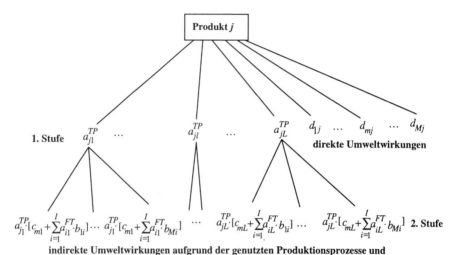

Abb. 21: Umweltstückliste eines Produkts

Berücksichtigt man, daß $a_{ij}^{FP} = a_{jl}^{TP} \cdot a_{il}^{FT}$ gilt, dann ergibt sich für die Umweltstückliste des Produkts j:

$$(2.5) \quad \underline{u}_j^P = \begin{pmatrix} u_{1j}^P \\ \vdots \\ u_{mj}^P \\ \vdots \\ u_{Mj}^P \end{pmatrix} = \begin{pmatrix} d_{1j} + \sum_{l=1}^{L} a_{jl}^{TP} \cdot c_{1l} + \sum_{i=1}^{I} a_{ij}^{FP} \cdot b_{1i} \\ \vdots \\ d_{mj} + \sum_{l=1}^{L} a_{jl}^{TP} \cdot c_{ml} + \sum_{i=1}^{I} a_{ij}^{FP} \cdot b_{mi} \\ \vdots \\ d_{Mj} + \sum_{l=1}^{L} a_{jl}^{TP} \cdot c_{Ml} + \sum_{i=1}^{I} a_{ij}^{FP} \cdot b_{Mi} \end{pmatrix}$$

Bei konsequenter Erfassung der vor- und nachgelagerten Umweltwirkungen in den Umweltstücklisten wird ersichtlich, daß die in den herkömmlichen Stoff- und Energiebilanzen erfaßten Emissionen nur einen Teil der gesamten Umweltwirkungen darstellen. Darüber hinaus müssen noch die Umweltwirkungen, die durch die Entnahme der

Einsatzstoffe aus der Natur und durch die Nutzung und Entsorgung der Produkte nach ihrer Abgabe an den Abnehmer entstehen, berücksichtigt werden. Dieser Sachverhalt kann formal folgendermaßen beschrieben werden:

$$u_{mt} = u_{mt}^d + u_{mt}^v + u_{mt}^n \qquad m = 1,\ldots,M;\ t = 1,\ldots,T$$

dabei gilt: $u_{mt}^d = \sum_{i=1}^{I}\left(b_{mi} - b_{mi}^v - b_{mi}^n\right) \cdot r_{it} + \sum_{l=1}^{L}\left(c_{ml} - c_{ml}^n\right) \cdot y_{lt} + \sum_{j=1}^{J}\left(d_{mj} - d_{mj}^n\right) \cdot x_{jt}$

mit: u_{mt}^d direkte Umweltwirkung der Art m in Periode t, die direkt vom Unternehmen verursacht wird

u_{mt}^v vorgelagerte mengenmäßige Umweltwirkung der Art m in Periode t, die bei der Gewinnung oder bei vorgelagerten Produktionsstufen dem Lieferanten der eingesetzten Faktoren zugerechnet werden kann

u_{mt}^n nachgelagerte mengenmäßige Umweltwirkung der Art m in Periode t, die während der Nutzungsphase der Produkte und deren anschließender Entsorgung anfallen

b_{mi}^v vorgelagerte faktorbezogene Umweltwirkung der Art m, die für eine Einheit von i bei der Gewinnung aus der Natur oder bei vorgelagerten Produktionsstufen beim Lieferanten anfällt

b_{mi}^n nachgelagerte faktorbezogene Umweltwirkung der Art m, die für eine Einheit von i während der Nutzungsphase der damit hergestellten Produkte bzw. bei der anschließenden Entsorgung anfällt

c_{ml}^n nachgelagerte prozeßbezogene Umweltwirkung der Art m, die pro Durchführung des Prozesses l während der Nutzungsphase der damit hergestellten Produkte bzw. bei der anschließenden Entsorgung anfällt

d_{mj}^n nachgelagerte produktbezogene Umweltwirkung der Art m, die während der Nutzungsphase des Produkts j bzw. bei der anschließenden Entsorgung anfällt

Die dargestellten Umweltstücklisten erlauben die ganzheitliche Erfassung des Mengengerüsts der betrieblichen Umweltwirkungen, da Wirkungen, die vor und nach dem eigentlichen Wertschöpfungsprozeß entstehen, in die Betrachtung einfließen. Sie setzen damit an der gesamten Produktlinie der betrieblichen Erzeugnisse an. Im Gegensatz zu den Stoff- und Energiebilanzen beschränken sie sich also nicht nur auf die Erfassung der in der Vergangenheit angefallenen Umweltwirkungen, sondern können als Basis für eine umweltorientierte Planung betrieblicher Abläufe dienen. Die Umweltstücklisten geben Auskunft über die Verursacher der Umweltwirkungen und über deren strukturelle Zusammensetzung, wenn ein Unternehmen über bestimmte Technologien verfügt, mit denen eine gegebene Menge an Produktionsprozessen durchführbar ist. Weitere Vorteile dieser Vorgehensweise sind darin zu sehen, daß bei der Ermittlung der Umweltstücklisten auf konventionelle Stücklisten sowie auf bereits erstellte Stoff- und Energiebilanzen zurückgegriffen werden kann. Außerdem ermöglichen Umweltstücklisten und Stoff- und Energiebilanzen den Soll/Ist-Vergleich von tatsächlichen und geplanten Umweltwirkungen im Rahmen eines Umweltcontrolling.

2.2.2.3 Entscheidungen auf der Basis von Umweltstücklisten

Im folgenden wird untersucht, inwiefern das zuvor entwickelte Mengengerüst ausreicht, um Entscheidungen unter Berücksichtigung von Umweltwirkungen zu treffen. Es wird davon ausgegangen, daß für die Herstellung eines Produkts mehrere Produktionsverfahren mit hinsichtlich ihrer Art und Menge unterschiedlichen Umweltwirkungen zur Verfügung stehen. Unter einem Produktionsverfahren wird die Kombination von Produktionsprozessen und von Faktoreinsatzmengen verstanden, die zur Produktion einer Produkteinheit benötigt werden. Legt man einen funktionsorientierten Produktbegriff[56] zugrunde, d.h. hebt man ausschließlich auf die für den Konsumenten relevanten Eigenschaften eines Produkts ab, so sind auch unterschiedliche Umweltwirkungen im Rahmen der Nutzung und der anschließenden Entsorgung der Produkte möglich. Aufgrund der verschiedenartigen Umweltwirkungen und Faktoreinsatzmengen wird für die Entscheidung zugunsten eines Produkts auf Basis des Mengengerüsts ein multikriterielles Verfahren benötigt. Der Entscheidungsträger wird dabei geringere negative Umweltwirkungen gegenüber höheren sowie niedrigere Faktoreinsatzmengen gegenüber höheren präferieren. Formal handelt es sich bei einer solchen Entscheidung um eine Mehrzielentscheidung, bei der die Ziele unverbunden nebeneinander betrachtet werden. Solche Entscheidungsprobleme können mit Hilfe des Effizienzkriteriums strukturiert werden:[57]

Effizienz von Produktionsverfahren

Ein Produktionsverfahren k^0 zur Herstellung eines bestimmten Produkts ist effizient, wenn es kein anderes Verfahren k gibt, so daß gilt:

$$a_{ik^0} \geq a_{ik} \qquad\qquad i = 1,...,I$$

$$u^P_{mk^0} \geq u^P_{mk} \qquad\qquad m = 1,...,M$$

und

$$a_{ik^0} > a_{ik} \qquad\qquad \text{für mindestens ein } i$$

oder

$$u^P_{mk^0} > u^P_{mk} \qquad\qquad \text{für mindestens ein } m$$

mit: a_{ik} benötigte Menge des Einsatzfaktors i, wenn das Produkt mit dem Produktionsverfahren k hergestellt wird

u^P_{mk} anfallende Menge der Umweltwirkung m je Mengeneinheit des Produkts bei Fertigung mit dem Produktionsverfahren k

---

[56] Vgl. Zundel (1994), S. 158ff.
[57] In Anlehnung an das Effizienzkriterium von Produktionsprozessen bei Kistner (1993a), S. 61 und Steven (1994a), S. 77f.; vgl. hierzu auch Dyckhoff (1994), S. 89ff.

Eine eindeutige Entscheidung auf Grundlage des Effizienzkriteriums ist nur möglich, wenn es eine Alternative gibt, die jeder anderen in mindestens einem Kriterium überlegen und bei den anderen Kriterien mindestens gleichwertig ist. Im Regelfall wird man aber mehrere effiziente Entscheidungsalternativen erhalten, da mit Hilfe des Effizienzkriteriums lediglich eindeutig unterlegene Alternativen ausgeschieden werden können. Das Effizienzkriterium kann aus diesem Grund nur zur Vorauswahl für die in Frage kommenden Produktionsverfahren herangezogen werden. Es bedarf daher weiterer Kriterien,[58] die die Bewertung der ökonomischen und ökologischen Wirkungen der Faktoreinsatzmengen, der Produktionsverfahren und der Produkte umfassen; die also die Aggregation der Umweltwirkungen, die in verschiedenen Maßskalen gemessen werden, auf einer gemeinsamen Maßskala ermöglichen.

2.3 Auswirkungen von Umweltbelastungen auf den Zustand der ökologischen Systeme

2.3.1 Einflußfaktoren der ökologischen Schadenshöhe

Grundsätzlich ist die natürliche Umwelt in der Lage, jeden Schadstoff aufzunehmen, selbst wenn damit einschneidende Änderungen ihres Systemzustands verbunden sind[59]. Eine Änderung des Systemzustands kann sich auf die Lebensgrundlagen von einigen Menschen, Tieren und Pflanzen negativ auswirken, während andere Menschen bzw. Tiere und Pflanzen davon profitieren, da sich ihre Bedingungen verbessern. Viele Unternehmen sind an solchen Zustandsänderungen beteiligt, indem sie der natürlichen Umwelt entnommene Ressourcen nutzen und unerwünschte Kuppelprodukte an sie abgeben.

Obwohl es nicht wünschenswert ist, Umweltwirkungen zu verursachen, können die daraus resultierenden Umweltbelastungen aus Sicht der kollektiven Interessenlage geduldet werden, wenn dem negativen Nutzen dieser Umweltbelastungen ein positiver Nutzen in mindestens gleicher Höhe gegenübersteht.[60] Bevor die dafür erforderlichen Nutzenabwägungen bezüglich der vorhandenen Handlungsoptionen aber vorgenommen werden können, muß geprüft werden, wie hoch die negativen und die positiven Wirkungen auf die natürliche Umwelt einzuschätzen sind. Bei der *ökologischen Beurteilung einer Umweltwirkung* sollten die folgenden Punkte berücksichtigt werden:

1. Das Gefährdungspotential einer Umweltwirkung für den Menschen und die natürliche Umwelt kann durch deren toxikologische Beurteilung erfaßt werden. Die *Toxizität eines Schadstoffs* kann wie folgt unterschieden werden:[61]

---

[58] Vgl. Steven (1994a), S. 78.
[59] Vgl. Parlar / Angerhöfer (1991), S. 3.
[60] Diese Problematik wird in Modellen zur optimalen Umweltnutzung untersucht; vgl. hierzu beispielsweise Faber / Niemes / Stephan (1983), S. 11ff.
[61] Vgl. Streit (1994), S. 790f.

- Die *Humantoxizität* mißt die Giftigkeit eines Stoffs für den menschlichen Organismus. Hier werden Schadstoffe auf ihre krankmachenden Wirkungen sowie ihre Fähigkeit, Erbgutveränderungen hervorzurufen, untersucht. Relevant sind die akute Toxizität eines Stoffs und die chronische Toxizität, deren Folgen erst nach längerer Einwirkungsdauer eintreten.[62] Ein Beispiel hierfür ist die Arbeit in Bergbaubetrieben, in denen die Arbeiter hohen Staubbelastungen ausgesetzt sind. Die akute Toxizität verursacht Hustenanfälle, während die chronische Toxizität zur Staublunge oder zu Lungenkrebs führen kann.
- Die *Ökotoxizität* erfaßt die Wirkung eines Stoffs auf den Zustand der ökologischen Systeme. Untersuchungsgegenstand sind die chemischen Eigenschaften der an die Umwelt abgegebenen Stoffe sowie die daraus entstehenden Folgeverbindungen. Außerdem werden Dispersionstendenzen – also der Grad der Mobilität der Schadstoffe – und Akkumulationstendenzen untersucht.[63]

2. Beim Konzept der *ökologischen Knappheit* sind die Fähigkeit der Natur, Schadstoffe abzubauen, sowie die Möglichkeit der Regeneration der entnommenen Ressourcen von Bedeutung:[64]

- Bei *Ratenknappheit* sind die ökologischen Systeme in der Lage, eine bestimmte Rate an Schadstoffen in einem bestimmten Zeitraum und Gebiet aufzunehmen, ohne daß dies Einfluß auf den Systemzustand hat. Das gleiche gilt für die Entnahme von Rohstoffen, die sich bestandsmäßig regenerieren, z.B. Holz, wenn bei ihrer Nutzung ein bestimmtes extensives Maß nicht überschritten wird.
- Bei *kumulativer Knappheit* führt jede Schadstoffbelastung bzw. jede Rohstoffentnahme dazu, daß sich der Systemzustand hinsichtlich einer gegebenen Zielvorstellung verschlechtert bzw. sich die Wahrscheinlichkeit einer Verschlechterung erhöht, also die ökologische Knappheit steigt. Dies bedeutet, daß die Ressourcenentnahme eines Rohstoffs den Bestand dieses Rohstoffs unwiederbringlich verringert. Auf der Outputseite der industriellen Produktion führt die Abgabe von stabilen toxischen Verbindungen – z.B. Dioxinen oder DDT – zu einer Anreicherung der Ökosysteme mit diesen Substanzen, die dann toxische Wirkungen entfalten, indem sie in die Nahrungskette von lebenden Organismen gelangen.

3. Der letzte Punkt, der für die ökologische Beurteilung der betrieblichen Umweltwirkungen wichtig ist, sind die *direkten Eingriffe in ökologische Systeme*. Hierbei kann es sich um den Landschaftsverbrauch für das Betriebsgelände und die Parkplätze handeln, um Deponieraum für die zu entsorgenden unerwünschten Kuppelprodukte, um Lärmbelästigungen sowie um Zerstörungen als Folge von Rohstoffentnahmen, wie beispielsweise bei der Holzgewinnung aus den tropischen Regenwäldern.

---

[62] Vgl. Katalyse (1993), S. 713.
[63] Vgl. hierzu Figge / Klahn / Koch (1985), S. 39ff., die die Verteilung von Chemikalien in einem standardisierten terrestrischen Ökosystem untersucht haben. Die Akkumulation von Schadstoffen wird bei Parlar / Angerhöfer (1991), S. 277ff., beschrieben.
[64] Vgl. Müller-Wenk (1978), S. 35ff., und Simonis (1980), S. 18f.

2.3.2 Ökologische Bewertungsverfahren

Für die ökologische Beurteilung von Umweltwirkungen sind eine Reihe von Bewertungsverfahren entwickelt worden. Damit ein Bewertungsverfahren für die Analyse theoretischer Sachverhalte geeignet ist, müssen einige Anforderungen und Grundsätze erfüllt werden:

- Der *Grundsatz der Vollständigkeit* erfordert die vollständige Erfassung aller für eine Entscheidungsalternative relevanten Konsequenzen.
- Der *Grundsatz der wissenschaftlichen Fundierung der Bewertung* impliziert, daß vorhandene naturwissenschaftliche Erkenntnisse, z.B. über das ökologische Wirkungsverhalten von Schadstoffen, sowie geeignete Methoden zur Bewertung von Umweltwirkungen heranzuziehen sind.
- Nach dem *Grundsatz der Klarheit und Willkürfreiheit* muß die Vorgehensweise des Bewertungsverfahrens überprüfbar sein. Dies setzt neben der Übersichtlichkeit des Verfahrens und der Dokumentation der Vorgehensweise insbesondere voraus, daß jeder andere Entscheidungsträger, der einen ökologischen Sachverhalt bei gleicher Entscheidungssituation und gleichen Zielen bewerten will, bei gleichem Bewertungsverfahren auch zu gleichen Ergebnissen kommen muß.
- Damit ein Bewertungsverfahren auch für praktische Zwecke verwendet werden kann, muß das Verfahren mit einem *vertretbaren Aufwand* durchführbar sein.

Für die ökologische Bewertung von betrieblichen Umweltwirkungen werden im folgenden zunächst nicht-monetäre Verfahren herangezogen, die direkt an naturwissenschaftliche Methoden anknüpfen können. Ziel ist die Aufstellung von Schadensfunktionen der einzelnen Umweltwirkungsarten, die als Grundlage für die monetäre Bewertung der Umweltwirkungen, die im dritten und vierten Kapitel vorgenommen wird, dienen können. Es muß jedoch beachtet werden, daß kein Verfahren eine unanfechtbare und naturwissenschaftlich objektive Bewertung der zu untersuchenden Sachverhalte gewährleistet.[65] Es geht vielmehr darum, daß der Grad der Willkür minimiert wird und die Entscheidungsgrundlagen, insbesondere die zugrunde liegenden Werthaltungen, offengelegt werden, wenn alternative Vorgehensweisen möglich sind. Da es je nach Art einer Umweltwirkung sinnvoll sein kann, auf unterschiedliche ökologische Bewertungsverfahren zurückzugreifen, werden im folgenden einige dieser Verfahren, über die in Abbildung 22 ein Überblick gegeben wird, näher beschrieben. Grundsätzlich kann man qualitativ und quantitativ ausgerichtete Bewertungsverfahren unterscheiden. Die quantitativen Verfahren lassen sich in nicht-monetäre und monetäre Verfahren einteilen. Bei letzteren wird der Umweltschaden in Geldeinheiten bewertet.

---

[65] Vgl. Schaltegger / Sturm (1994), S. 72.

72 2. Mengenmäßige Erfassung von Umweltwirkungen und deren ökologische Bewertung

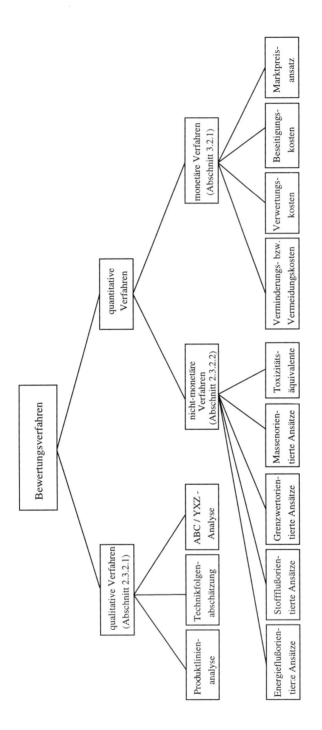

Abb. 22: Arten von Bewertungsverfahren

2.3.2.1 Qualitative Bewertungsverfahren

Bei den *qualitativen Verfahren* erfolgt die Bewertung aufgrund verbal formulierter Gesichtspunkte und Argumente. Problematisch ist, daß für einen Dritten nicht erkennbar ist, wie die Bewertung letztlich zustande kommt, da die qualitativen Aspekte in der Regel nicht hinreichend präzisiert werden können. Qualitative Verfahren bleiben deshalb immer mit einem gewissen Grad an Willkür behaftet, selbst dann, wenn teilweise auch quantitative Daten herangezogen werden. Sie sind aus diesem Grund nur zur ökologischen Bewertung von betrieblichen Umweltwirkungen geeignet, die von untergeordneter Bedeutung sind, d.h. bei denen der methodische Aufwand einer Quantifizierung nicht lohnenswert erscheint. Außerdem können qualitative Analyseinstrumente genutzt werden, um einen Sachverhalt für eine spätere quantitative Bewertung vorzustrukturieren bzw. um die quantitativen Verfahren sinnvoll zu ergänzen.

Zu den qualitativen Verfahren zählen die Produktlinienanalyse, die Technikfolgenabschätzung und die ABC / XYZ-Methode:

1. Produktlinienanalyse

Bei der Produktlinienanalyse werden die Umweltwirkungen eines Produkts über seinen ganzen Lebenszyklus hin untersucht; also von der Rohstoffgewinnung und -verarbeitung, den anfallenden Transporten, der Produktion über den Handel und Vertrieb bis hin zum Konsum und der Entsorgung des Produkts. Den Weg von der Entstehung bis zur Beseitigung des Produkts bezeichnet man als Produktlinie.[66] Für jeden Teil der Produktlinie werden die Auswirkungen hinsichtlich der drei Dimensionen „Natur", „Gesellschaft" und „Wirtschaft" ermittelt.[67] Dabei wird die Relevanz einer Stufe der Produktlinie bezüglich eines Kriteriums in der Regel lediglich grob geschätzt, also beispielsweise in die drei Merkmale „sehr relevant", „wenig relevant" und „nicht relevant" eingeteilt. Die Ergebnisse trägt der Entscheidungsträger aus Gründen der Übersichtlichkeit in die sogenannte Produktlinienmatrix ein, deren Aufbau in Abbildung 23 dargestellt wird. Abschließend ist diejenige Entscheidungsalternative auszuwählen, bei der die mit der Alternative verbundenen Bedürfnisse befriedigt und bei der außerdem potentielle Konflikte in den oben genannten Bereichen minimiert werden.

2. Technikfolgenabschätzung

Bei der Technikfolgenabschätzung werden technische Verfahren bezüglich ihrer Folgewirkungen auf die natürliche Umwelt und die Gesellschaft untersucht.[68] Ähnlich wie bei der Produktlinienanalyse erfolgt die Bewertung einer Technik auch hier durch verschiedene Dimensionen. Bei bereits angewendeten Techniken sollen die von ihnen

---

[66] Vgl. Projektgruppe Ökologische Wirtschaft (1987), S. 17ff.
[67] Vgl. Bruns (1997), S. 79ff.
[68] Vgl. Baron (1995).

ausgehenden negativen Auswirkungen auf Gesellschaft und Umwelt verringert werden, indem die umweltrelevanten Schwachpunkte der Technik ermittelt und Vorschläge zu deren Beseitigung erarbeitet werden. Bei neuen technischen Verfahren sollen die damit verbundenen Folgen schon im Entwicklungsprozeß prognostiziert und in der Planung berücksichtigt werden. Bei mehreren zur Verfügung stehenden Techniken wird diejenige ausgewählt, bei der das Verhältnis zwischen den erwarteten positiven und negativen Folgewirkungen am günstigsten erscheint. Die Technikfolgenabschätzung kann bezogen auf das Unternehmen also zur Beurteilung der betrieblichen Produktionsprozesse eingesetzt werden, während die Produktlinienanalyse zur Abschätzung der Umweltwirkungen der betrieblichen Produkte geeignet ist.

Horizontale Vertikale	Dimension Natur Kriterien	Dimension Gesellschaft Kriterien	Dimension Wirtschaft Kriterien
1. Rohstoffgewinnung und -verarbeitung			
2. Transport			
3. Produktion			
4. Transport			
5. Handel / Vertrieb			
6. Konsum			
7. Transport			
8. Beseitigung			

Quelle: Projektgruppe Ökologische Wirtschaft (1987), S. 19

Abb. 23: Einfache Produktlinienmatrix

3. ABC / XYZ-Methode

Bei der ABC / XYZ-Methode, die vom INSTITUT FÜR ÖKOLOGISCHE WIRTSCHAFTSFORSCHUNG und von STAHLMANN[69] entwickelt wurde, werden die einzelnen Umweltwirkungsarten in Gefährlichkeitsklassen eingeordnet. Dabei wird jeder Stoff mit Hilfe von sechs festgelegten Kriterien untersucht, die unter anderem die Einhaltung umweltrechtlicher Rahmenbedingungen, Beeinträchtigungen der Umwelt im Normalfall, Beeinträchtigungen der Umwelt durch potentielle Störfälle sowie Beeinträchtigungen der Umwelt im Rahmen der vor- und nachgelagerten Produktionsstufen umfassen.[70]

Danach wird jede Umweltwirkungsart für jedes Einzelkriterium mit A, B oder C bewertet, wobei A für eine äußerst problematische Kriterienausprägung mit hohem kurz-

---

[69] Vgl. Stahlmann (1992), S. 7ff., Stahlmann (1994), S. 13ff., sowie Hallay / Pfriem (1992), S. 92ff.
[70] Vgl. Hallay / Pfriem (1992), S. 98ff.

fristigen Handlungsbedarf, B für mittelfristigen Handlungsbedarf und C für weitgehend unproblematische Sachverhalte mit geringem Handlungsbedarf stehen. Die Buchstaben X, Y und Z werden für die anfallenden Mengen der einzelnen Umweltwirkungsarten vergeben, wobei X für hohe, Y für mittlere und Z für geringe Mengen steht. Insgesamt wird eine Umweltwirkungsart als umso problematischer angesehen, je häufiger die Einstufung A für die einzelnen Kriterien vergeben wird und je höher die anfallenden Mengen sind.

Es bleibt allerdings zu kritisieren, daß die Methode keine Anhaltspunkte dafür liefert, wie die einzelnen Kriterien zu gewichten sind. STAHLMANN selbst schlägt eine lexikographische Addition der einzelnen Kriterien vor, d.h. daß ein Stoff, der zweimal mit A bewertet wird, unabhängig von der Anzahl der B und C ökologisch bedenklicher ist als ein Stoff mit nur einem A.[71] Eine solche Vorgehensweise kann zwar Hinweise auf ökologische Problembereiche eines Unternehmens liefern; es besteht jedoch die Gefahr, daß es zu Fehleinschätzungen kommt. Dies wäre z.B. der Fall, wenn ein Stoff, der nur in geringen Mengen anfällt und bei einem Kriterium mit A und bei fünf Kriterien mit C bewertet wird, als gefährlicher eingeschätzt wird als ein Stoff, der in sehr großen Mengen anfällt und sechsmal mit B bewertet wird. Außerdem erscheint die grobe Einteilung in nur drei Ausprägungen pro Kriterium und die damit verbundene problematische Zuordnung zur entsprechenden Kriteriumsausprägung als fragwürdig. Demgegenüber muß jedoch berücksichtigt werden, daß ein Vorgehen nach wissenschaftlichen Konventionen im Unternehmen nur schwer möglich ist, da zum einen das erforderliche Know-how nicht vorhanden ist und zum anderen der Aufwand der Durchführung der Bewertung viel zu hoch wäre.

Alle qualitativen Verfahren haben gemeinsam, daß die Bewertung von Umweltwirkungen hinsichtlich der anzuwendenden Methoden nicht genau formalisiert ist. Dadurch ergibt sich die Gefahr, daß der Entscheidungsträger das Ergebnis einer Untersuchung durch die Auswahl der Methoden und der relevanten Daten beeinflussen kann. Die vorgestellten Konzepte erlauben lediglich die punktuelle Bewertung von Produkten, Produktionsprozessen bzw. größeren Projekten und erfordern einen hohen Aufwand der Neuerfassung für jeden neuen bzw. geänderten Produktionsprozeß, für jedes Produkt oder Projekt.

2.3.2.2 Quantitative, nicht-monetäre Bewertungsverfahren

Bei den *quantitativen Verfahren* werden dem zu beurteilenden Sachverhalt nach vorgegebenen Regeln auf Basis von Messungen oder bereits vorliegenden Daten, z.B. in Form von Stoff- und Energiebilanzen, Zahlenwerte zugewiesen. Nicht-monetäre Verfahren bedienen sich physikalischer oder auch dimensionsloser Größen, während monetäre Verfahren eine Bewertung der zugrunde liegenden Sachverhalte in Geldeinhei-

---

[71] Vgl. Stahlmann (1994), S. 14ff.

ten vornehmen. Die nicht-monetären Verfahren können eine Vorstufe für die spätere Monetarisierung der Umweltwirkungen darstellen.[72] Dieses Vorgehen wird auch für die vorliegende Arbeit gewählt. In diesem Sinn werden die Umweltschäden des betrieblichen Handelns als wichtiger Hilfsindikator für die spätere monetäre Bewertung der Umweltwirkungen angesehen.

Bei den quantitativen Verfahren muß beachtet werden, daß durch die strikte Orientierung an Zahlenwerten und deren Aggregation zu einer einzigen Maßskala Informationsverluste gegenüber dem tatsächlichen Sachverhalt auftreten.[73] Reale Entscheidungsprozesse sollten sich daher sowohl auf quantitative Verfahren als auch auf die dadurch nicht erfaßten qualitativen Gesichtspunkte stützen.

Im folgenden werden einige *quantitative, nicht-monetäre Verfahren* vorgestellt:

1. Energieflußorientierte Ansätze

Energieflußorientierte Konzepte messen den Zuwachs der thermodynamischen Entropie (Energie-Entropie) von Produktions- und Konsumprozessen.[74] Es wird davon ausgegangen, daß bei jedem Produktions- und Konsumvorgang verfügbare Energie in gebundene Energie umgewandelt wird, wobei neben den klassischen Energieträgern, wie Erdöl, Gas, Kohle, Sonne, Wind und Wasser auch die Energieinhalte der anderen stofflichen Inputs erfaßt werden. Während verfügbare Energie in mechanische Arbeit umgewandelt werden kann, entfällt die weitere energetische Nutzung der gebundenen Energie für Produktions- und Konsumzwecke. Je kleiner die verfügbare Energie eines Systems ist, desto höher ist die Energie-Entropie. Die Energie-Entropie kann somit als Maß für die energetische Unordnung eines Systems angesehen werden. Diese Überlegungen basieren auf den Hauptsätzen der Thermodynamik. Der erste Hauptsatz besagt, daß Energie in einem System weder geschaffen noch zerstört werden kann.[75] Der zweite Hauptsatz besagt, daß die Entropie in abgeschlossenen Systemen stets zunimmt. Obwohl der Erde von der Sonne ständig Energie zufließt und diese damit ein offenes System ist, nimmt die Entropie der Erde ständig zu. Dies hängt damit zusammen, daß die durch die Sonne zugeführte Energie den Entropiezuwachs aufgrund der heutigen extensiven Wirtschaftsweise nicht annähernd kompensieren kann.[76] Je höher die Entropie ist, desto stärker verringern sich die künftigen Produktionsmöglichkeiten. Aus diesem Grund werden bei energieflußorientierten Konzepten Produktions- und Konsumprozesse vorgezogen, mit denen ein vergleichsweise niedriger Entropiezu-

---

[72] Vgl. Günther (1994), S. 163.
[73] Vgl. Steven (1994a), S. 80f.
[74] Vgl. Corsten / Rieger (1994), S. 218ff., sowie Zabel (1997), S. 55ff., zum Entropiebegriff im ökonomischen Kontext.
[75] Wenn man einmal von der für praktische Betrachtungen vernachlässigbaren Gleichung $E = mc^2$ absieht (E steht für Energie, m für Masse und c für die Lichtgeschwindigkeit); vgl. hierzu Schnitzer (1991), S. 31f.
[76] Vgl. Faber / Niemes / Stephan (1983), S. 85ff.

2.3 Auswirkungen von Umweltbelastungen auf den Zustand der ökologischen Systeme

wachs verbunden ist. Letztlich wird die Energie in energieflußorientierten Konzepten also als das einzige knappe Gut angesehen.[77]

2. *Stoffflußorientierte Ansätze*

Stoffflußorientierte Ansätze betrachten in erster Linie die mit der Produktion und dem Konsum einhergehenden stofflichen Inputs und Outputs. Sie heben auf das bereits dargestellte Konzept der ökologischen Knappheit ab. In diesem Zusammenhang sind insbesondere die *ökologische Buchhaltung* von MÜLLER-WENK[78] und die darauf aufbauenden Weiterentwicklungen zu nennen.[79] In der ökologischen Buchhaltung werden für jeden stofflichen Input bzw. Output Äquivalenzkoeffizienten ermittelt, die angeben, wie hoch die von einer Mengeneinheit eines Inputs bzw. Outputs ausgehende Umweltwirkung ist. Die Höhe des Äquivalenzkoeffizienten hängt von dem Verbrauchs- bzw. Emissionsniveau und der kritischen Grenze ab, bei der für die betreffende Input- bzw. Outputart inakzeptable Wirkungen zu erwarten sind, wenn diese auf eine Periode bezogen überschritten werden. Die kritische Verbrauchsmenge wird bei *Ratenknappheit* in der Höhe festgelegt, in der sich der betreffende Rohstoff bestandsmäßig regeneriert bzw. in der die natürliche Umwelt einen Schadstoff aufnehmen und ohne negative Folgen für die ökologischen Systeme abbauen kann. Bei *Kumulativknappheit* geht MÜLLER-WENK von einem gegebenen Ressourcenbestand aus, der alle bekannten und technisch abbaubaren Rohstoffvorkommen enthält. Diese Rohstoffvorkommen müssen mindestens ausreichen, um den Bedarf für einen vorgegebenen Zeitraum zu decken, der von MÜLLER-WENK selbst mit 30 Jahren angegeben wird.[80]

Der Äquivalenzkoeffizient einer Umweltwirkungsart ist umso höher, je stärker sich der mengenmäßige Anfall der kritischen Verbrauchsrate nähert. Damit der Koeffizient nicht gegen Unendlich geht, wenn die kritische Verbrauchsrate erreicht oder sogar überschritten wird, schlägt Müller-Wenk vor, die Höhe des Äquivalenzkoeffizienten konstant zu halten, wenn 90 Prozent der kritischen Verbrauchsrate überschritten werden.[81] Aus diesen Überlegungen ergibt sich der in Abbildung 24 angegebene Kurvenverlauf der Äquivalenzkoeffizientenfunktion.

Prinzipiell ist der Ansatz der Äquivalenzkoeffizienten im Rahmen einer ökologischen Buchhaltung als geeignet für unternehmerische Zwecke anzusehen. In der Literatur werden allerdings häufig die Verläufe der zugrunde liegenden Äquivalenzkoeffizientenfunktionen kritisiert, da die Äquivalenzkoeffizienten ausschließlich auf kritischen Verbrauchsraten und nicht auf einer fundierten Analyse der stofflichen Eigenschaften

---

[77] Vgl. Schaltegger / Sturm (1994), S. 95ff., sowie Steven / Schwarz / Letmathe (1997), S. 46.
[78] Vgl. Müller-Wenk (1978).
[79] Vgl. Schaltegger / Sturm (1994), S. 78ff.
[80] Müller-Wenk (1978), S. 29, sieht die Wahl eines geeigneten Zeitraums selbst als problematisch an. Die 30 Jahre begründet er mit der Hoffnung, daß weitere heute unbekannte Vorräte entdeckt werden und daß der Verbrauch knapper Bodenschätze durch Substitution und Sparsamkeit insgesamt gesenkt werden kann. Dadurch verbessert sich die Relation zwischen dem Verbrauch und den bekannten Vorräten.
[81] Vgl. Müller-Wenk (1978), S. 40ff.

der einzelnen Umweltwirkungsarten beruhen.[82] MÜLLER-WENK schlägt daher bereits in seinem Grundmodell vor, daß die Äquivalenzkoeffizientenfunktionen vom Staat festzulegen und von Zeit zu Zeit an den veränderten Erkenntnisstand bzw. die aktuellen gesellschaftlichen Werthaltungen anzupassen sind.[83] Letztlich zeigt die ökologische Buchhaltung also lediglich eine Möglichkeit auf, die Umweltwirkungen mit Äquivalenzkoeffizienten zu bewerten und im Rahmen einer formalisierten Buchhaltung zu verrechnen. Um aber die Äquivalenzkoeffizienten fundiert bestimmen zu können, sind neben der ökologischen Knappheit weitere naturwissenschaftliche Erkenntnisse möglichst umfassend zu berücksichtigen

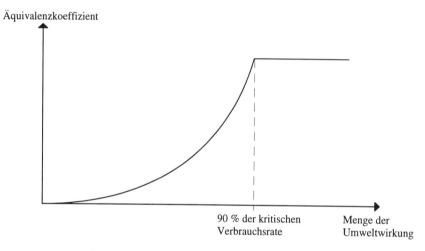

Abb. 24: *Verlauf der Äquivalenzkoeffizientenfunktion*

3. Grenzwertorientierte Ansätze

Grenzwerte stützen sich auf die Idee, daß die ökologischen Systeme mit einer bestimmten Verschmutzungsrate durch einzelne Umweltschadstoffe belastet werden können, eine darüber hinausgehende Belastung jedoch nicht akzeptabel erscheint. Die Grenzwerte können durch toxikologische Untersuchungen oder als Ergebnisse von politischen Entscheidungsprozessen ermittelt bzw. vorgegeben werden. Beispiele für solche Grenzwerte sind die auf naturwissenschaftlichen Erkenntnissen und gesellschaftspolitischen Werthaltungen beruhenden Maximalen Immissionskonzentrationen (MIK-Werte) und die auf humantoxikologischen Erkenntnissen basierenden Maximalen Arbeitsplatzkonzentrationen (MAK-Werte) sowie weitere von der Politik festgelegte Emissionsgrenzwerte. In grenzwertorientierten Ansätzen werden verschiedene

---

[82] Vgl. Schaltegger / Sturm (1994), S. 88ff., Piro (1994), S. 25, sowie Günther (1994), S. 155.
[83] Vgl. Müller-Wenk (1978), S. 24.

Umweltwirkungen dadurch vergleichbar gemacht, daß ihr mengenmäßiger Ausstoß in Relation zur Grenzwerthöhe gesetzt wird:

$$u_m^r = \frac{u_m}{\overline{u}_m}$$

mit: u_m^r relativer Mengenausstoß der Umweltwirkungsart m bezogen auf den Grenzwert der Umweltwirkungsart

$\overline{u}_m$ Grenzwert der Umweltwirkungsart m

u_m tatsächlicher Mengenanfall der Umweltwirkung m im Unternehmen

Dieses Vorgehen führt jedoch dazu, daß der Ausstoß der ersten Schadstoffeinheit einer Umweltwirkung m als genauso gefährlich angesehen wird wie diejenige Schadstoffeinheit, die ausgestoßen wird, wenn der Grenzwert bereits überschritten ist. Es wird im Gegensatz zu MÜLLER-WENK also generell von einer linearen Schadensfunktion für alle Umweltwirkungen ausgegangen, deren Schadenshöhe bezogen auf den Grenzwert gemessen wird. Außerdem liegt eine einseitige Outputbezogenheit vor, die dazu führt, daß Umweltwirkungen aufgrund des Abbaus von Ressourcen bzw. aufgrund vorhandener Ressourcenknappheiten weitgehend unberücksichtigt bleiben. Schließlich kann eine grenzwertorientierte Bewertung nur bei den Stoffen vorgenommen werden, für die ein Grenzwert festgeschrieben ist. Bei mehreren Grenzwerten für einen Stoff muß der geeignete Grenzwert ausgewählt werden.

4. Massenorientierte Ansätze

Beim massenorientierten Konzept von SCHMIDT-BLEEK[84] wird der Umweltverbrauch anhand der Massen der Inputs bestimmt, die einem Produkt zuzurechnen sind. Hierfür werden nicht nur die Massen erfaßt, die für die Produktion selbst benötigt werden, sondern auch alle Stoff- und Energieströme, die bei vor- und nachgelagerten Prozessen entstehen. Daraus resultieren „ökologische Rucksäcke", die die Massen aller direkt oder indirekt benötigten Stoff- und Energieströme eines Produkts kennzeichnen. Bei diesem Verfahren gilt die Aufmerksamkeit nicht nur einzelnen Produktionsstufen, sondern der gesamten Produktlinie, also vom Abbau der für die Herstellung eines Produkts notwendigen Rohstoffe über alle notwendigen Transportvorgänge und die Produktion bis zur Nutzung und Entsorgung der Produkte. In diesem Sinn definiert SCHMIDT-BLEEK das Maß für die Umweltbelastungsintensität als die das gesamte Produktleben umspannende Materialintensität pro Serviceeinheit (MIPS). Unter einer Serviceeinheit versteht SCHMIDT-BLEEK die Möglichkeit eines Produkts, eine bestimmte Funktion zu erfüllen. Als Beispiel nennt er Waschmaschinen, bei denen die Funktion in Kilogramm Trockenwäsche gemessen werden soll.[85] Die MIPS ergeben sich dann durch alle Materialverbräuche, die direkt oder indirekt für die Produktion und die Nut-

---

[84] Vgl. Schmidt-Bleek (1994).
[85] Vgl. Schmidt-Bleek (1994), S. 108ff.

zung der Waschmaschine entstehen, dividiert durch die in Kilogramm gemessene Trockenwäsche, die mit der Waschmaschine im Laufe ihres gesamten Produktlebens gewaschen werden kann. Beim massenorientierten Verfahren werden also ausschließlich Inputs und deren ökologische Rucksäcke, die wiederum durch deren Masse erfaßt werden, betrachtet. Darüber hinausgehende stoffliche Eigenschaften, z.b. die Toxizität eines Stoffs, fließen nicht in die Bewertung ein.

5. Toxizitätsäquivalente

Die Ermittlung der Toxizitätsäquivalente geht über die grenzwertorientierten Ansätze insofern hinaus, als die Schädlichkeit einer Umweltwirkung nicht nur punktuell in bezug auf einen kritischen Wert, sondern über die gesamte Breite aller möglichen Immissionsmengen hinweg betrachtet wird. Die Toxizitätsäquivalente basieren auf Erkenntnissen der Öko- und der Humantoxikologie und ermöglichen durch entsprechende Gewichtungen einen Vergleich der Toxizität von verschiedenen Stoffen bzw. Toxizitätsarten, z.B. bezüglich der durch einen Stoff gegebenen Persistenz, der Akkumulationstendenz, der stofflichen Abbauvorgänge und der Toxizität, Mutagenität und Kanzerogenität.[86]

Die hier vorgestellten Ansätze zeichnen sich zwar dadurch aus, daß mit ihnen Umweltwirkungen quantitativ bewertet werden können; sie haben jedoch den Nachteil, daß sie nur ausgesuchte Einzelaspekte oder einzelne Umweltprobleme betrachten. Sie sind daher als unmittelbare Grundlage für die Bewertung der betrieblichen Umweltwirkungen nur bedingt geeignet. Insgesamt wäre es wünschenswert, nicht nur ausgewählte Eigenschaften der betrieblichen Umweltwirkungen zu betrachten, sondern einen *umfassenden Bewertungsansatz*[87] nutzen zu können, der unterschiedliche Einzeleffekte und verschiedene Umweltprobleme berücksichtigt. Allerdings stellt sich hier das Problem, wie die einzelnen Bewertungskriterien, anhand derer eine Umweltwirkung bewertet werden soll, genau zu spezifizieren und zu gewichten sind.

Ein umfassendes Bewertungsverfahren ist der Ansatz des *Centrums voor Milieukunde der Universität Leiden (CML-Ansatz)*[88], bei dem Indikatoren zur Nutzung von abiotischen und biotischen Ressourcen, zur Verstärkung des Treibhauseffekts, zum Abbau der Ozonschicht, zur Human- und Ökotoxität, zum photochemischen Smog sowie zur Verstärkung der Überdüngung und Übersäuerung des Bodens entwickelt wurden. Das CML-Verfahren zeichnet sich somit dadurch aus, daß es sowohl Elemente von energie-, stoffluß-, grenzwert- als auch massenorientierten Ansätzen sowie vom Verfahren der Toxizitätsäquivalente enthält. Allerdings wird auch bei diesem Ansatz keine Gewichtung der verschiedenen Kriterien vorgenommen. Eine solche Gewichtung kann

---

[86] Vgl. Schaltegger / Sturm (1992), S. 102f.
[87] Umfassende Bewertungsverfahren werden bei Steven / Schwarz / Letmathe (1997), S. 53ff., dargestellt.
[88] Vgl. Heijungs (1992a) und (1992b).

im Grunde nur auf der Basis von gültigen Werthaltungen, die möglichst auf einem breiten gesellschaftlichen Konsens beruhen sollten, vorgenommen werden. Es wäre wünschenswert, wenn von einer allgemein akzeptierten Institution, wie sie im Produktbereich die Stiftung Warentest darstellt, stoffbezogene Daten systematisch gesammelt und hinsichtlich ihrer ökologischen Wirkungen spezifiziert würden. Da dies bis heute nicht der Fall ist, wird in der folgenden theoretischen Analyse von gegebenen Schadensfunktionen für einzelne Umweltwirkungsarten ausgegangen. Für die praktische Ausgestaltung der ökologischen Bewertung wird in Kapitel 4 das CML-Verfahren einbezogen, da dieses Verfahren auch wesentliche Aspekte der zuvor dargestellten Bewertungsverfahren umfaßt.

2.3.3 Ökologische Schadensverläufe

Der von einer Umweltwirkungsart verursachte Schaden für die Umwelt hängt zum einen von der emittierten Menge und zum anderen von der Gefährlichkeit des betreffenden Stoffs ab. Da die stofflichen Eigenschaften nicht beeinflußt werden können, kann der Schaden in Abhängigkeit von der emittierten Menge dargestellt werden. Weitere Einflußfaktoren wie der Ausgangszustand des betroffenen Ökosystems und die Kombinationswirkungen mit anderen Stoffen bleiben hier unberücksichtigt, da der qualitative Verlauf von Umweltschadensfunktionen aufgezeigt werden soll, nicht deren tatsächliche quantitative Ausprägungen. Aus der Ökologie bekannte Schadensfunktionen weisen häufig einen logistischen Verlauf auf.[89] Dabei geht man davon aus, daß geringe Mengeneinträge einer Umweltwirkungsart zunächst nur geringe Grenzschäden anrichten, da das betreffende Ökosystem in der Lage ist, diese mit Hilfe der vorhandenen Regenerationsmechanismen abzubauen. Steigende Mengeneinträge überfordern jedoch zunehmend das natürliche Aufnahmevermögen des Ökosystems und führen daher zu einem steigenden Grenzschaden. Der Grenzschaden nimmt noch bis zum Wendepunkt u^o der Schadensfunktion weiter zu und erreicht dort sein Maximum. Wenn das betrachtete Ökosystem bereits einen so schlechten Zustand erreicht hat, daß weitere Mengeneinträge das System kaum noch weiter schädigen können, nimmt der Grenzschaden wieder ab. Weitere Mengeneinträge der Umweltwirkungen haben schließlich zur Folge, daß das Ökosystem umkippt, also die natürlichen Regulationsmechanismen zerstört werden. Darüber hinausgehende Mengeneinträge können das Ökosystem daher nicht mehr schädigen. Beim Grenzschaden, der wie in Abbildung 25 dargestellt zunächst ansteigend und später abnehmend ist, wird während des gesamten relevanten Wertebereichs von positiven Grenzschäden ausgegangen. Dies führt dazu, daß der kumulierte Gesamtschaden mit steigendem Emissionsniveau kontinuierlich zunimmt.

---

[89] Solche Funktionsverläufe finden sich z.B. bei Letalkurven, in denen der Zusammenhang zwischen der Sterblichkeitsrate einer Tierart bezogen auf die Stoffkonzentration in einem Ökosystem dargestellt wird; vgl. hierzu z.B. Holler / Schäfers / Sonnenberg (1996), S. 412ff., Forth / Huschler / Rummel / Starke (1992), S. 4ff., Kuschinsky (1993), S. 10ff., Parlar / Angerhöfer (1991), S. 331f., und Piro (1994), S. 25ff.

82   2. Mengenmäßige Erfassung von Umweltwirkungen und deren ökologische Bewertung

Der Verlauf einer solchen logistischen Funktion kann z.B. anhand der Wasserverschmutzung eines Sees verdeutlicht werden. Die Einleitung einer bestimmten Substanz führt zunächst nur zu geringen Schäden, da kleine Mengen durch die vorhandenen Selbstreinigungskräfte und aufgrund der abfließenden Gewässer abgebaut werden können. Bei steigender Schadstofffracht kann die Substanz nicht mehr vollständig abgebaut werden. Dadurch erhöht sich die Konzentration des entsprechenden Stoffs und die ersten Schäden, z.B. eine Verringerung der Populationsdichten einer Reihe von Tier- und Pflanzenarten, werden spürbar. Bei weiter voranschreitender Verschmutzung beschleunigt sich dieser Prozeß. Bei Erreichen des maximalen Grenzschadens ist der See bereits so stark verschmutzt, daß nahezu alle Arten betroffen sind. Bei noch höheren Schadstofffrachten, die die Konzentration weiter erhöhen, kommt es dann schließlich zum Umkippen des Sees, d.h. die wesentlichen Regulationsmechanismen des Ökosystems werden außer Kraft gesetzt. Höhere Schadstoffmengen können dann kaum noch weiteren Schaden anrichten.

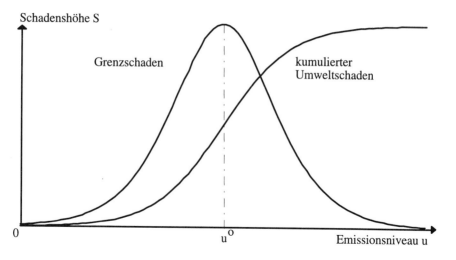

In enger Anlehnung an: Steven / Schwarz / Letmathe (1997), S. 212

Abb. 25: Typischer Schadensverlauf einer Umweltwirkung

Während lokale Ökosysteme häufig schon durch Emissionen von einem oder wenigen Unternehmen empfindlich beeinträchtigt werden können, sind für globale Umweltprobleme eine sehr große Anzahl an Unternehmen und sonstigen Emittenten verantwortlich. Aus diesem Grund kann angenommen werden, daß die oben skizzierte logistische Schadensfunktion für das Unternehmen nur bei lokalen bzw. regional begrenzten Ökosystemen angewendet werden muß. Bei globalen Umweltproblemen kann hingegen

2.3 Auswirkungen von Umweltbelastungen auf den Zustand der ökologischen Systeme 83

davon ausgegangen werden, daß eine tangentiale Näherung an die globale Schadensfunktion ausreicht, die das aktuelle Grenzschadensniveau korrekt widerspiegelt. Obwohl für globale Umweltwirkungen also ebenfalls logistische Schadensfunktionen anzusetzen sind, kann man sich auf das aktuelle Grenzschadensniveau beschränken, da dies von keinem Unternehmen nennenswert beeinflußt werden kann. Aus Sicht des einzelnen Emittenten und Verbrauchers kann daher eine *lineare Schadensfunktion* zugrunde gelegt werden. Ein Beispiel für eine globale Umweltwirkung sind der Ausstoß des Treibhausgases CO_2 mit den daraus resultierenden Änderungen des Weltklimas.[90] Auf der Inputseite kann der Verbrauch von Öl genannt werden, welches zukünftigen Generationen aufgrund der begrenzten Vorkommen nicht mehr zur Verfügung stehen wird. Da Öl in der Regel in Verbrennungsprozessen eingesetzt wird, in denen auch CO_2 entsteht, müßten in diesem Fall die input- und die outputseitigen Schadwirkungen addiert werden. Bei globalen Umweltwirkungen erhält man den in Abbildung 26 angegebenen Schadensverlauf:

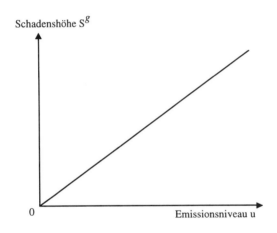

Abb. 26: Schadensfunktion bei globalen Umweltbelastungen

Umweltwirkungen können sowohl lokale als auch globale Schäden verursachen. Ein Beispiel ist durch die Nutzung von fossilen Energieträgern gegeben. Hier führt der Abbau von fossilen Brennstoffen zur Störung von lokalen Ökosystemen. Das durch die Verbrennung der fossilen Brennstoffe freigesetzte Kohlendioxid trägt zur Verstärkung des Treibhauseffekts bei. Mit Hilfe dieser Überlegungen läßt sich der Verlauf der Schadensfunktion einer Umweltwirkungsart spezifizieren, die sich additiv aus den lokalen und den globalen Schäden zusammensetzt:

---

[90] Vgl. Moriarty (1988), S. 2.

(2.6) $S_m(u_m) = S_m^l(u_m) + S_m^g(u_m)$ $\qquad m = 1, \ldots, M$

mit: S_m Höhe des gesamten Umweltschadens der Umweltwirkungsart m

S_m^l lokaler Umweltschaden der Umweltwirkungsart m

S_m^g globaler Umweltschaden der Umweltwirkungsart m

Über den Verlauf der Schadensfunktionen lassen sich, je nachdem, ob ausschließlich lokale oder globale Umweltschäden oder eine Umweltwirkungsart mit lokalen und globalen Umweltschäden betrachtet werden, die in Tabelle 3 aufgeführten Aussagen machen:

Tab. 3: Verlauf der Schadensfunktion einer Umweltwirkungsart

Art der verursachten Schäden	Verlauf der Schadensfunktion
ausschließlich lokale Umweltschäden	logistischer Verlauf
lokale und globale Umweltschäden	abgeschwächt logistischer Verlauf
ausschließlich globale Umweltschäden	linearer Verlauf

Treten mehrere Umweltwirkungen gleichzeitig auf, so ist eine Schadensfunktion zu bestimmen, die neben den Schäden durch einzelne Umweltwirkungen auch die Folgen von Wechselwirkungen zwischen den verschiedenen Umweltwirkungsarten erfaßt. Aus Vereinfachungsgründen wird hier jedoch davon ausgegangen, daß sich der gesamte Schaden mehrerer Umweltwirkungen additiv aus den Schäden der einzelnen Umweltwirkungen zusammensetzt:[91]

(2.7) $S(u_1, \ldots, u_M) = \sum_{m=1}^{M} S_m(u_m) = \sum_{m=1}^{M} \left(S_m^l(u_m) + S_m^g(u_m) \right)$

Auch aus pragmatischen Gründen erscheint eine solche Vorgehensweise für die meisten Stoffkombinationen gerechtfertigt, da sonst die Komplexität bei der Ermittlung von Umweltschäden auf ein nicht mehr handhabbares Maß wachsen würde. So sind bei M verschiedenen Umweltwirkungsarten $2^M - M - 1$ Stoffkombinationen möglich.

Dies würde beispielsweise bedeuten, daß bei nur $M = 30$ Umweltwirkungsarten theoretisch schon über 1 Milliarde Stoffkombinationen zu untersuchen wären. Die Komplexität des Untersuchungsgegenstands würde sich noch weiter erhöhen, wenn weitere Rahmenbedingungen wie der Druck, die Temperatur und die zeitliche Verteilung des

---

[91] Häufig liegen hierzu auch gar keine Erkenntnisse vor. Neben der Komplexität der Ermittlung der Wirkungsbeziehungen ist ein wesentlicher Grund darin zu sehen, daß das Forschungsgebiet „Ökotoxikologie" erst in neuer Zeit verstärkt gefördert wird, vgl. Moriarty (1988), S. 14ff., und Parlar / Angerhöfer (1991), S. 1f.

Anfalls der Umweltwirkungen einbezogen würden.[92] Aus diesem Grund können allenfalls besonders häufig auftretende Stoffgemische berücksichtigt werden.

2.4 Zusammenfassung

Ziel dieses Kapitels war es, die Grundlagen zu schaffen, um eine Integration von Umweltschutz bzw. Umweltwirkungen in die betriebswirtschaftliche Kostentheorie und Kostenrechnung zu ermöglichen. Für diesen Zweck wurde zunächst untersucht, welcher Art die Umweltwirkungen sind, die bei der Leistungserstellung anfallen und wie diese gegebenenfalls reduziert werden können. Darauf folgend wurden verschiedene Möglichkeiten aufgezeigt, wie Umweltwirkungen mengenmäßig im Rahmen von Stoff- und Energiebilanzen sowie von Umweltstücklisten erfaßt werden können und wie sie ihren Verursachern zuzuordnen sind. Um die Umweltwirkungen hinsichtlich ihrer Folgen für die natürliche Umwelt richtig beurteilen zu können, wurden in Abschnitt 2.3 einige Bewertungsverfahren dargestellt.

Um die vorhandenen Erkenntnisse über den mengenmäßigen Anfall von Umweltwirkungen und deren Konsequenzen auf die Vorteilhaftigkeit von betrieblichen Maßnahmen nutzen zu können, werden in den folgenden beiden Kapiteln Überlegungen angestellt, wie Umweltwirkungen in monetäre Erfolgsrechnungen aufgenommen und in den betrieblichen Planungssystemen berücksichtigt werden können.

---

[92] Vgl. Hauhs / Lange (1996), S. 45ff.

3. Kostentheoretische Bewertung der betrieblichen Umweltwirkungen

Aufbauend auf den Überlegungen zum Mengengerüst der Umweltwirkungen sowie deren ökologischer Bewertung wird im folgenden eine theoretische Analyse des daraus resultierenden monetären Wertgerüsts vorgenommen. Im Mittelpunkt steht dabei die Suche nach geeigneten theoretisch fundierten Bewertungsverfahren für betriebliche Umweltwirkungen. Auf dieser Grundlage wird in Abschnitt 3.1 erörtert, welcher Art das Bewertungsproblem ist und welche Anforderungen an die monetäre Bewertung daraus abgeleitet werden können. In Abschnitt 3.2 wird geprüft, inwiefern die gängigen monetären Bewertungsmethoden aus der Volkswirtschaftslehre sowie der Marktpreisansatz zu einer Lösung dieser Problematik beitragen können. In Abschnitt 3.3 werden verschiedene Ansätze der Produktions- und Kostentheorie um Umweltwirkungen erweitert, und in kostentheoretischen Modellen wird untersucht, ob betriebswirtschaftlich ausgerichtete Bewertungsverfahren helfen, betriebliche Ziele besser zu erreichen. In Abschnitt 3.4 werden weitere Einflußfaktoren der betrieblichen Umweltwirkungen hinsichtlich ihrer Relevanz für eine umweltbezogene Kostenrechnung analysiert. Abschnitt 3.5 faßt die Implikationen für das betriebliche Entscheidungsverhalten zusammen und zeigt auf, welche Folgen sich daraus für die Implementation einer umweltbezogenen Kostenrechnung ergeben.

3.1 Monetäre Bewertung der Umweltwirkungen

Um verschiedene Produktionsfaktoren, Produktionsprozesse und Produkte hinsichtlich der ökonomischen Konsequenzen der durch sie verursachten Umweltwirkungen miteinander vergleichen zu können, bietet sich im Rahmen einer umweltbezogenen Kostenrechnung die Bewertung in Geldeinheiten an. Eine Monetarisierung ermöglicht die direkte Messung des Einflusses der Umweltwirkungen auf das Gewinnziel, das von den meisten Unternehmen vorrangig verfolgt wird.

Die Monetarisierung der Umweltwirkungen schließt die Berücksichtigung der in Abschnitt 2.3.2 dargestellten ökologischen Bewertungsverfahren keineswegs aus; die hieraus gewonnenen Erkenntnisse über die von Umweltwirkungen verursachten Umweltschäden können vielmehr für eine sinnvolle monetäre Bewertung genutzt werden. Daher kann in diesem Kapitel unmittelbar auf die vorhergehenden Ausführungen zurückgegriffen werden.

3.1.1 Notwendigkeit der monetären Bewertung

Eine differenzierte Erfassung der betrieblichen Umweltwirkungen, deren Bewertung und die verursachungsgerechte Kostenzuordnung wird in dem Maße an Bedeutung gewinnen, in dem der Umweltschutz von den verschiedenen Anspruchsgruppen als relevanter Marktfaktor erkannt bzw. forciert wird. Dies führt dazu, daß die betrieblichen Umweltwirkungen in zunehmendem Maße kostenwirksam werden. In erster Linie sind hier zu nennen:

- die stark gestiegenen Entsorgungskosten,
- die Erhebung von Abgaben, z.B. im Abwasserbereich,[1]
- die verschärften rechtlichen Rahmenbedingungen und
- die Sanktionierung eines negativen Umweltimages durch Umsatzeinbußen bzw. die Belohnung eines positiven Umweltimages, wie es z.b. durch die freiwillige Einrichtung eines Umweltmanagementsystems nach der EG-Ökoaudit-Verordnung erreicht werden soll.

Da auch künftig eine Verschärfung der Umweltproblematik[2] prognostiziert wird, ist zu erwarten, daß diese Entwicklung weiterhin anhalten wird. Beispiele sind die aufgrund des weltweit gestiegenen Produktionsvolumens insbesondere in den asiatischen Ländern erhöhte Ausbeutung von Umweltressourcen, die zunehmende Belastung der Atmosphäre mit Treibhausgasen und anderen Emissionen mit der Folge, daß eine Verstärkung des Treibhauseffekts sowie ein weiterer Anstieg des Artensterbens zu erwarten sind. Außerdem werden in Zukunft auch lokale Ökosysteme, z.B. die Regionen, in denen Regenwälder abgeholzt werden, noch stärker unter der wachsenden Umweltverschmutzung leiden.

Solange der Umweltschutz bzw. die betrieblichen Umweltwirkungen für die meisten Unternehmen eine untergeordnete Rolle gespielt haben, war es vielfach ausreichend, die umweltbezogenen Kosten als Gemeinkosten zu erfassen und mit pauschalisierten Schlüsseln auf die Kostenstellen und die Produkte zu verteilen. Aufgrund der steigenden Bedeutung betrieblicher Umweltwirkungen bietet eine verursachungsgerechte Zuordnung der umweltbezogenen Kosten Chancen, die sich unmittelbar auf ökonomische Erfolgsgrößen auswirken können:

- Eine direkte Einbeziehung von Umweltwirkungen im Rahmen von Umweltstücklisten und deren anschließende monetäre Bewertung führt zu *relativen Preisverschiebungen* und ermöglicht damit eine realistischere Beurteilung von Faktoren, Prozessen und Produkten.

---

[1] Vgl. hierzu das Abwasserabgabengesetz sowie Kloock (1990b), S. 110.
[2] Vgl. Meadows / Meadows / Randers (1992), Bund / Misereor (1996) sowie von Weizsäcker (1993), S. 239ff.

- Die Aufdeckung von Kausalketten, die für die Verursachung umweltbezogener Kosten verantwortlich sind, ermöglicht die systematische Erfassung von *umweltbezogenen Kostensenkungspotentialen* in allen betrieblichen Bereichen.[3]
- Die veränderten Daten schaffen eine *realistischere Kalkulationsgrundlage*, die zur Ermittlung der Absatzpreise für die betrieblichen Produkte benötigt wird.
- Bei knappen Umweltwirkungen können diese mit den zur Verfügung stehenden kostenrechnerischen *Koordinationsmechanismen* besser gesteuert werden.
- Aufgrund der verursachungsgerechten Zurechnung der umweltbezogenen Kosten kann der *Erfolg der einzelnen Unternehmensbereiche* genauer ermittelt werden.
- Insgesamt kann die Kostenrechnung ihren *traditionellen Funktionen* wie der Erfassung bereits angefallener Kosten, der Vorbereitung von Entscheidungen mit Hilfe von Plandaten sowie der Bereitstellung von Informationen für andere Planungsbereiche besser gerecht werden.

Die Notwendigkeit der Einbeziehung der betrieblichen Umweltwirkungen in die Kostenrechnung ergibt sich damit aus den mit jeder konventionellen Kostenrechnung verfolgten Zielsetzungen. Darüber hinaus sollte eine umweltbezogene Kostenrechnung die *Einhaltung der Umweltziele* überwachen und die *Kompatibilität* zwischen den strategischen Zielen und der taktisch-operativen Planung, soweit auf Daten der Kostenrechnung zurückgegriffen wird, gewährleisten.

Trotz dieser Gründe für eine umweltbezogene Kostenrechnung gibt es zur Zeit noch relativ wenige Unternehmen, die ihre Kostenrechnung entsprechend ausgelegt haben. Hierfür sind im wesentlichen vier Ursachen zu nennen:

1. Da eine umweltbezogene Kostenrechnung zum einen die Ermittlung des Mengengerüsts und zum anderen die Bewertung der betrieblichen Umweltwirkungen erfordert, ist ein *hoher Aufwand* zur Umstellung der Kostenrechnung notwendig.
2. Bezüglich der monetären Bewertung der Umweltwirkungen und der Abstimmung der strategischen und taktisch-operativen Planung im Rahmen einer umweltbezogenen Kostenrechnung existieren noch zahlreiche *methodisch ungelöste Fragen*, zu deren Lösung diese Arbeit einen Beitrag leisten soll.
3. *Empirische Analysen über die Höhe der Umweltschutzkosten*, also der Kosten, die ausschließlich für Umweltschutzzwecke anfallen, haben in der Vergangenheit zu Fehlinterpretationen geführt, da auf Basis der vom Statistischen Bundesamt erhobenen statistischen Daten der Anteil der Umweltschutzaufwendungen an den Gesamtkosten je nach Wirtschaftsbereich lediglich zwischen 0,3 und 3,0 Prozent der Gesamtkosten lag.[4] Dies ist problematisch, weil den Umweltschutzaufwendungen im wesentlichen nur die Abschreibungen und die laufenden Aufwendungen für additive Umweltschutzanlagen zugerechnet wurden. Kosten der Entsorgung oder für in-

---

[3] Vgl. Schulz / Schulz (1994), S. 189ff.
[4] Dabei wird davon ausgegangen, daß die Höhe der Umweltschutzaufwendungen approximativ den Umweltschutzkosten entspricht; vgl. hierzu Bundesumweltministerium / Umweltbundesamt (1996), S. 225.

tegrierte Umweltschutztechnologien werden beispielsweise nicht den Umweltschutzaufwendungen zugerechnet. Dadurch erfassen die Umweltschutzaufwendungen aber tatsächlich nur einen kleinen Teil der umweltbezogenen Kosten. Die Veröffentlichung dieser Daten durch das Statistische Bundesamt hat bei manchen Unternehmen dazu beigetragen, daß die Kosten der betrieblichen Umweltwirkungen bzw. des Umweltschutzes systematisch unterschätzt werden.

4. Als letztes sind die *Unwissenheit bzw. das Desinteresse* von manchen Unternehmen bezüglich der betrieblichen Umweltfragen zu nennen. Diese Haltung führt häufig zu einer gegenüber dem Umweltschutz defensiven Grundposition, bei der nur soviel Umweltschutz betrieben wird, wie durch die rechtlichen Rahmenbedingungen vorgeschrieben ist.

Festzuhalten bleibt, daß die Entwicklung von Konzepten einer umweltbezogenen Kostenrechnung sowohl gesellschaftlich als auch aus unternehmerischen Gründen geboten erscheint. Die Schwerpunkte dieses Kapitels liegen bei der Bewertung der betrieblichen Umweltwirkungen, wobei neben betriebswirtschaftlicher Zielsetzungen zusätzlich auch freiwillige und vorgegebene Umweltziele berücksichtigt werden.

3.1.2 Darstellung des Bewertungsproblems

Geht man davon aus, daß für die Faktorarten, die Prozesse und die Produkte bereits (nicht-umweltbezogene) Verrechnungspreise existieren, so bedarf es lediglich der Bewertung der damit einhergehenden Umweltwirkungen. Bei einer monetären Bewertung ergibt sich die Möglichkeit, die Kosten der Umweltwirkungen direkt den ursprünglichen Kosten hinzuzuaddieren bzw. gegenüberzustellen. Bewertet man die Umweltwirkung m mit dem Kostensatz τ_m pro Mengeneinheit, dann lassen sich die modifizierten Verrechnungspreise der Einsatzfaktoren $\tilde{q}_i$, die Kosten der Produktionsprozesse $\tilde{e}_l$ und die Stückkosten der Produkte $\tilde{k}_j$ mit Hilfe der in Abschnitt 2.2.2 definierten faktor-, prozeß- und produktbezogenen Umweltwirkungen b_{mi}, c_{ml} und d_{mj} ermitteln:

(3.1) $\quad \tilde{q}_i = q_i + \sum_{m=1}^{M} b_{mi} \cdot \tau_m \qquad\qquad i = 1, \ldots, I$

(3.2) $\quad \tilde{e}_l = e_l + \sum_{m=1}^{M} \left(c_{ml} + \sum_{i=1}^{I} b_{mi} \cdot a_{il}^{FT} \right) \cdot \tau_m \qquad\qquad l = 1, \ldots, L$

(3.3) $\quad \tilde{k}_j = k_j + \sum_{m=1}^{M} \left(d_{mj} + \sum_{l=1}^{L} a_{jl}^{TP} \cdot c_{ml} + \sum_{i=1}^{I} a_{ij}^{FP} \cdot b_{mi} \right) \cdot \tau_m \qquad\qquad j = 1, \ldots, J$

mit: $q_i, \tilde{q}_i$ ursprünglicher bzw. um Umweltwirkungen modifizierter Verrechnungspreis der Faktorart i

$e_l, \tilde{e}_l$ ursprüngliche bzw. um Umweltwirkungen modifizierte Kosten des Produktionsprozesses l

$k_j, \tilde{k}_j$ ursprüngliche bzw. um Umweltwirkungen modifizierte Stückkosten des Produkts j

a_{il}^{FT} benötigte Einsatzmenge von Produktionsfaktor i pro Durchführung des Produktionsprozesses l

a_{ij}^{FP} benötigte Einsatzmenge von Produktionsfaktor i zur Herstellung einer Mengeneinheit des Produkts j

a_{jl}^{TP} Häufigkeit, mit der der Prozeß l zur Herstellung einer Mengeneinheit des Produkts j durchgeführt werden muß

Die Bewertung der Umweltwirkungen wäre einfach, wenn wie bei den eingesetzten Produktionsfaktoren $i = 1, ..., I$ für jede Umweltwirkungsart ein Marktpreis existierte, der an den Lieferanten bzw. Abnehmer der Umweltwirkung zu entrichten wäre. Da dies aber in der Regel nicht der Fall ist, bedarf es einer methodisch nachvollziehbaren und objektivierbaren Ermittlung der Kostensätze für die Umweltwirkungen.

Ausgangspunkt der nachstehenden Betrachtungen sind drei Kostenkategorien, die mit den betrieblichen Umweltwirkungen zusammenhängen:

1. *Kosten, die direkt den betrieblichen Umweltwirkungen zuzurechnen sind*, ergeben sich durch die damit verbundenen pagatorischen Zahlungen. Als Beispiele sind Emissionsabgaben, Kosten für additive Umweltschutzmaßnahmen, Abfallgebühren sowie Kosten aufgrund gesetzlicher Rücknahmeverpflichtungen für Altprodukte bzw. Produktverpackungen zu nennen.

2. *Kosten, die zwar den Umweltwirkungen zuzurechnen sind, die aber in bezug auf ihr Eintreten und die damit verbundene Schadenshöhe unsicher sind*, entstehen z.B. aufgrund rechtlicher Regelungen wie der umweltbedeutsamen Produkthaftung, durch Stör- und Altlastenrisiken, durch ein negatives Umweltschutzimage sowie durch eine verminderte Motivation oder einen erhöhten Krankenstand der Arbeitnehmer.

3. *Externalisierte Kosten*, die für Umweltwirkungen anfallen, denen keine betrieblichen Kosten gegenüberstehen, die also auf die Gesellschaft abgewälzt werden können, werden nur dann berücksichtigt und damit zumindest teilweise internalisiert, wenn Umweltschutz aus ethischen Gründen als eigenständiges Ziel verfolgt wird.

Die Kenntnis der Kosten der Umweltwirkungen oder des betrieblichen Umweltschutzes reicht aber noch nicht aus; es ist zudem notwendig, den oder die Verursacher dieser Kosten zu bestimmen, um so ihre Berücksichtigung bei Entscheidungen zu ermöglichen. Dafür sind die Kausalketten zwischen der Verursachung von Umweltwirkungen und den daraus resultierenden Kosten zu ermitteln. So ist z.B. festzustellen, welche Umweltwirkungen zu einer Verschlechterung des Unternehmensimages oder zu Altlasten führen bzw. führen können.

Für diesen Zweck muß weiterhin auf die Umweltstücklisten der Faktoren, Prozesse und Produkte zurückgegriffen werden, da diese unmittelbar Auskunft über den Verursacher einer Umweltwirkung geben. Eine umweltbezogene Kostenrechnung benötigt daher in viel stärkerem Maße als konventionelle Kostenrechnungen Mengendaten, die parallel zu den zugehörigen Kostendaten erfaßt werden. Die Bedeutung der Mengendaten wird noch verstärkt, wenn Umweltschutzziele als Mengenziele formuliert werden, wie dies z.B. bei Selbstverpflichtungen der Industrie sowie in Umwelterklärungen im Rahmen der EG-Ökoaudit-Verordnung zunehmend der Fall ist.

3.1.3 Anforderungsprofil an die Bewertung von Umweltwirkungen

Bevor in verschiedenen volkswirtschaftlichen und kostentheoretischen Ansätzen geprüft wird, wie eine Bewertung der betrieblichen Umweltwirkungen vollzogen werden kann und welche Folgen sich dadurch für die betrieblichen Stoff- und Energieströme und die daraus resultierenden Umweltschäden ergeben, wird zunächst ein *Anforderungsprofil* formuliert, das von einem Bewertungsverfahren möglichst vollständig erfüllt werden sollte:

- Die Bewertung der Umweltwirkungen muß in erster Linie die *betrieblichen Ziele* berücksichtigen. Dabei sollte die Bewertung offen für unterschiedliche Zielsetzungen sein, d.h., daß beispielsweise neben dem Gewinnziel weitere Zielsetzungen einbezogen werden können.

- Die Bewertung der Umweltwirkungen sollte die von den Umweltwirkungen verursachten *ökologischen Schadwirkungen* selbst dann erfassen, wenn die ökologischen Schadwirkungen lediglich indirekte Auswirkungen auf die Erreichung betrieblicher Ziele, z.B. das Gewinnziel, haben. Nur so ist es möglich, frühzeitig marktrelevante Entwicklungen zu erkennen, um diesen dann durch eine rechtzeitige Reduktion der entstehenden Schadstoffmengen begegnen zu können.

- Weiterhin müssen die *Marktgegebenheiten*, die von den Interessen der Anspruchsgruppen mitbestimmt werden, in die Bewertung einbezogen werden, da diese zu direkten Kosten, z.B. aufgrund der Befolgung umweltrechtlicher Rahmenbedingungen, oder indirekten Kosten, z.B. aufgrund eines negativen Umweltimages, führen können.

- Schließlich sollten auch die allgemeinen Anforderungen, die an ein Bewertungsverfahren im 2. Kapitel gestellt worden sind, weitestgehend erfüllt sein. Nur durch die *vollständige Erfassung aller relevanten Kosten, die wissenschaftliche Fundierung sowie die Klarheit und Willkürfreiheit der Bewertung* kann gewährleistet werden, daß die Bewertung für die Mitarbeiter des Unternehmens nachvollziehbar bleibt und damit akzeptiert werden kann.

Aufgrund der hohen Komplexität der zugrunde liegenden Sachverhalte ist es nicht immer möglich, alle Anforderungen vollständig zu erfüllen, da damit selbst bei theoretischen Betrachtungen ein nicht zu bewältigender Aufwand verbunden ist.

3.2 Ansätze zur direkten Bewertung der Umweltwirkungen

Bisherige Ansätze zur umweltbezogenen Kostenrechnung beschäftigen sich fast ausschließlich mit der Erfassung und Abgrenzung der Kosten, die für den betrieblichen Umweltschutz aufgewendet werden. Neben den Kosten des Umweltschutzes sind aber auch die Kosten der Umweltwirkungen zu dokumentieren. Für diesen Zweck werden im folgenden volkswirtschaftliche Bewertungsansätze daraufhin untersucht, ob sie auch für betriebswirtschaftliche Anwendungen geeignet sind. Volkswirtschaftliche Bewertungsansätze haben das Ziel, die Kosten einer Volkswirtschaft durch den Anfall von Umweltwirkungen und der daraus resultierenden Umweltschäden möglichst genau zu erfassen. Hierbei ist allerdings zu beachten, daß nur ein Teil dieser Kosten von den Unternehmen internalisiert wird. Beim zusätzlich betrachteten Marktpreisansatz wird versucht, den einzelnen Umweltwirkungsarten Marktpreise zuzuordnen. Anschließend wird darauf eingegangen, wie die verschiedenen Bewertungsansätze zu kombinieren sind, um mit deren Hilfe die für ein Unternehmen relevanten pagatorischen Kosten der betrieblichen Umweltwirkungen ermitteln zu können.

3.2.1 Volkswirtschaftliche Bewertungsansätze und Marktpreisansatz

Einen ersten Ansatzpunkt zur monetären Bewertung von betrieblichen Umweltwirkungen könnten aus der Volkswirtschaft entlehnte Ansätze zur Erfassung der externen Kosten in der Volkswirtschaftlichen Gesamtrechnung liefern:[5]

1. Vermeidungs- und Verminderungskosten

Als Vermeidungs- bzw. Verminderungskosten bezeichnet man Kosten, die zur Vermeidung bzw. Verminderung von Umweltwirkungen aufgewendet werden müssen. Da aber eine völlige Vermeidung aller Umweltbelastungen die Einstellung fast aller produktiven Tätigkeiten implizieren würde, ist es aus volkswirtschaftlicher Sicht sinnvoll, Umweltwirkungen nur so lange zu vermeiden, wie der Grenzschaden höher als der damit verbundene Grenznutzen ist. Der Grenzschaden kann als der marginale Wohlfahrtsverlust interpretiert werden, der durch eine Umweltwirkung verursacht wird. Der

---

[5] Eine erste Arbeit zum monetären Wert besserer Luft wurde von Schulz (1985) veröffentlicht. Anfang der neunziger Jahre wurden zehn vom Umweltbundesamt initiierte Studien zur Monetarisierung externer Effekte veröffentlicht; vgl. hierzu Heinz / Klaaßen-Mielke (1990), Isecke / Weltschev / Heinz (1991), Rasmussen / Makies / Ohde (1991), Winje / Homann / Lühr / Bütow (1991), Hübler / Schablitzki (1991), Weinberger / Thomassen / Willecke (1991), Klockow / Matthes (1991), Hampicke / Tampe / Kiemstedt / Horlitz (1991), Schluchter / Elger / Hönisberger (1991) und Holm-Müller / Hansen / Klockmann / Luther (1991). Ein Überblick über Ansätze zur umweltökonomischen Berichterstattung findet sich bei Klaus (1994).

Grenznutzen ergibt sich durch den marginalen Wohlfahrtsgewinn einer besseren Versorgung mit Gütern, die mit Hilfe der betrachteten Umweltwirkung produziert werden. Geht man davon aus, daß man sich im konvexen Teil der in Abschnitt 2.3.3 spezifizierten Schadensfunktion befindet und daß der Verlauf der Wohlfahrtsfunktion in Abhängigkeit von den negativen Umweltwirkungen ebenfalls einen konvexen, aber abnehmenden Verlauf hat, dann liegt das Wohlfahrtsoptimum dort, wo der Grenzschaden dem Grenznutzen einer Umweltwirkung entspricht. Bei der Ermittlung des Grenzschadens sind neben den verursachten ökologischen Schäden, die mit Hilfe eines der in Abschnitt 2.3.2 dargestellten Bewertungsverfahren abgeschätzt werden können, auch gesellschaftliche und politische Wertvorstellungen zu berücksichtigen.[6] Erfolgt die Messung des Nutzens und des Schadens in Geldeinheiten, so besteht die Möglichkeit, den Preis τ für den durch eine Mengeneinheit der Umweltwirkung u verursachten Grenzschaden GS bzw. Grenznutzen GN wie in Abbildung 27 zu ermitteln.

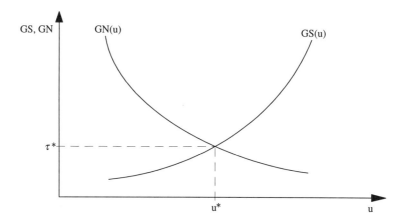

Abb. 27: Ermittlung des wohlfahrtsoptimierenden Preises einer Umweltwirkung

Bei der Ermittlung und Setzung eines solchen wohlfahrtsoptimierenden Preises, z.B. in Form einer Umweltabgabe für einen bestimmten Schadstoff, ist allerdings zu beachten, daß sich dadurch das relative Preisgefüge verschiedener Umweltwirkungsarten zueinander ändert. Als Folge werden Umweltwirkungen, für die Abgaben erhoben werden, durch Umweltwirkungen substituiert, die nicht abgabenpflichtig sind.

Aus Sicht des Unternehmens stellt sich die Situation, vergleichbar mit der Marktsituation eines Polypolisten, so dar, daß lediglich die Möglichkeit bleibt, auf den vorgegebenen Preis der Umweltwirkung zu reagieren, indem die mengenmäßige Abgabe der Umweltwirkung reduziert wird. Ein gewinnmaximierendes Unternehmen verringert die Menge der Umweltwirkung so lange, bis der mit einer Einheit der Umweltwirkung erzielbare Grenzgewinn GG genau der Abgabenhöhe entspricht (vgl. Abbildung 28).

---

[6] Vgl. Rubik / Teichert (1997), S. 98f.

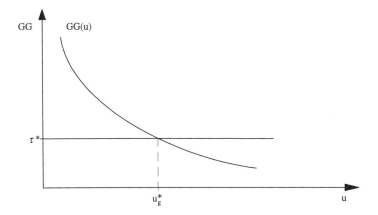

Abb. 28: *Gewinnmaximierung bei gegebener Abgabenhöhe für eine Umweltwirkung*

Falls eine Umweltwirkung, für die die Abgabe τ erhoben wird, ausschließlich von Unternehmen verursacht wird, dann ergibt sich die Gesamthöhe der Umweltwirkung u durch die Summe des mengenmäßigen Anfalls der Umweltwirkungen in allen Unternehmen. Ist G die Anzahl der Unternehmen, dann gilt:

$$u(\tau) = \sum_{g=1}^{G} u_g(\tau) \quad \text{und im Optimum:} \quad u^* = u(\tau^*) = \sum_{g=1}^{G} u_g(\tau^*) = \sum_{g=1}^{G} u_g^*$$

mit: u_g mengenmäßige Umweltwirkungen des Unternehmens g

Da aber die Erhebung von Abgaben für Umweltwirkungen in der Umweltpolitik derzeit nur in Ausnahmefällen erfolgt und die Unternehmen nicht ohne Zwang gesellschaftliche Zielvorstellungen verfolgen werden, ist die hier ermittelte Abgabenhöhe aus Unternehmenssicht nicht der geeignete Kostensatz, mit dem die betrieblichen Umweltwirkungen zu bewerten sind. Hinzu kommt, daß die diesen Ausführungen zugrunde liegenden Nutzen- und Schadensfunktionen zumeist nicht als bekannt vorausgesetzt werden können.

Die hier angestellten Überlegungen zeigen jedoch, daß es nicht sinnvoll ist, Umweltwirkungen vollständig zu vermeiden, sondern daß es gerade unter wohlfahrtsökonomischen Gesichtspunkten geboten erscheint, ein bestimmtes Maß an Umweltbelastungen in Kauf zu nehmen.

Dennoch können Vermeidungskosten für Umweltwirkungen angesetzt werden, wenn der Unternehmer den damit verbundenen Grenzschaden höher einschätzt als den erzielbaren Grenznutzen. Dabei wird der Unternehmer den Grenznutzen in der Regel in anderer Höhe ansetzen als die Gesellschaft. Bezogen auf den Kostensatz für eine bestimmte Umweltwirkung und das Gewinnziel bedeutet dies, daß eine bestimmte Produktionsalternative nur dann durchgeführt wird, wenn den Umweltwirkungen ein positiver Deckungsbeitrag gegenübersteht. Formal gilt dann für einen gegebenen Produktionsprozeß bzw. ein gegebenes Produkt:

$$DB_l^T = e_l - \sum_{i=1}^{I} a_{il}^{FT} \cdot (q_i + b_{mi} \cdot \tau_m) - \sum_{m=1}^{M} c_{ml} \cdot \tau_m \qquad l = 1, \ldots, L$$

$$DB_j^P = p_j - \sum_{l=1}^{L} a_{jl}^{TP} \cdot \left(\sum_{i=1}^{I} a_{il}^{FT} \cdot (q_i + b_{mi} \cdot \tau_m) + \sum_{m=1}^{M} c_{ml} \cdot \tau_m \right) - \sum_{m=1}^{M} d_{mj} \cdot \tau_m \qquad j = 1, \ldots, J$$

mit: DB_l^T Deckungsbeitrag des Produktionsprozesses l

DB_j^P Deckungsbeitrag des Produkts j

e_l (Verrechnungs-)Preis des Produktionsprozesses l

p_j Preis des Produkts j

Damit stellt praktisch jeder Kostensatz τ_m einer Umweltwirkung m einen Vermeidungskostensatz dar, da es aus betrieblicher Sicht unwirtschaftlich wäre, wenn der Deckungsbeitrag eines Produktionsprozesses oder eines Produkts aufgrund der mit den Umweltwirkungen verbundenen Kosten negativ würde. Fraglich ist, aufgrund welcher Zielsetzung und welcher zugrunde liegenden Kausalketten dieser Kostensatz zustande kommt. Das eigentliche Bewertungsproblem wird dadurch nicht gelöst.

Allerdings sollte überprüft werden, inwiefern Kostenreduktionen durch die Vermeidung oder Verringerung von Umweltwirkungen erzielbar sind. Dies trifft beispielsweise zu, wenn eine Verringerung von Faktoreinsatzmengen bei gleichem Output realisiert werden kann. Die Vermeidung und Verringerung von Umweltwirkungen kann also dazu beitragen, Kostensenkungen zu erzielen.[7]

2. Verwertungskosten

Wenn Umweltwirkungen nicht vollständig vermieden werden können, so ist zu prüfen, inwiefern – z.B. bei zu entsorgenden Stoffen – Möglichkeiten zu ihrer Wieder- oder Weiterverwendung bzw. zu ihrer Wieder- oder Weiterverwertung bestehen. Der am Gewinnziel orientierte Unternehmer wird die hierfür anfallenden Verwertungskosten den sonst aufzuwendenden Beseitigungskosten gegenüberstellen.[8] Beim Umweltschutzziel fließen zusätzlich ökologische Aspekte in die Entscheidung über die Höhe des Kostenansatzes ein.

3. Beseitigungskosten

Beseitigungskosten fallen für Umweltwirkungen an, die weder vermieden noch verwertet werden können. Ansatzpunkt sind hier die Kosten, die durch die Beseitigung der potentiellen oder eingetretenen Umweltschäden entstehen. Bei reiner Gewinnmaximierung sind in erster Linie die vom Gesetzgeber erlassenen rechtlichen Rahmenbe-

---

[7] Vgl. Günther (1994), S. 148.
[8] Vgl. Faber / Stephan / Michaelis (1988), S. 140ff., und Inderfurth (1996).

dingungen zur ordentlichen Beseitigung der betrieblichen Abfälle relevant, unabhängig davon, ob darüber hinaus Schädigungen für die ökologischen Systeme anfallen oder nicht. Bei zusätzlichen Umweltschutzzielen können darüber hinausgehende Beseitigungskosten für die Übererfüllung der rechtlichen Vorgaben entstehen.

4. Marktpreisansatz

Beim Marktpreisansatz werden Umweltwirkungen mit den durch sie verursachten und direkt zurechenbaren Kostengrößen bewertet. Dem Marktpreisansatz liegt also eine rein pagatorische Bewertung der Umweltwirkungen zugrunde. Damit werden alle umweltbezogenen Kosten, die bezüglich ihres Eintritts und ihrer Höhe unsicher sind, sowie alle externalisierten Kosten nicht erfaßt. Da die betrieblichen Zielsetzungen bezogen auf den Umweltschutz im Rahmen einer solchen pagatorischen Bewertung nur unzureichend berücksichtigt werden können, scheidet auch dieser Ansatz als alleiniger Bewertungsansatz aus. Der Marktpreisansatz ermöglicht gemeinsam mit den bisher beschriebenen volkswirtschaftlichen Bewertungsverfahren die Abschätzung einer Kostenuntergrenze der Umweltwirkungen.

Als Fazit bleibt festzuhalten, daß die aus der Volkswirtschaftslehre bekannten Ansätze zur Bewertung von Umweltwirkungen aufgrund ihrer anders gelagerten Perspektive und ihrer Zielsetzungen nur sehr bedingt für betriebliche Zwecke geeignet sind. Trotzdem liefern sie zumindest Anhaltspunkte für die Bestimmung der umweltbezogenen Kosten, die auch einzelwirtschaftlich relevant sind. Daher bleibt zu erörtern, inwiefern eine Kombination der verschiedenen volkswirtschaftlichen Bewertungsverfahren zur Lösung der Bewertungsproblematik beitragen kann.

3.2.2 Pagatorische Bewertung der Umweltwirkungen

Im folgenden wird untersucht, ob die in Abschnitt 3.2.1 vorgestellten Bewertungsansätze so miteinander verknüpft werden können, daß eine pagatorische Bewertung der Umweltwirkungen für betriebliche Zwecke möglich ist. Später wird die rein pagatorische Bewertung um weitere Kosten der betrieblichen Umweltwirkungen ergänzt.

Die drei hier aufgezählten Bewertungsverfahren implizieren, daß mit einer Umweltwirkung auf eine bestimmte Weise verfahren wird:

- Beim *Vermeidungskostenansatz* wird davon ausgegangen, daß eine Umweltwirkung überhaupt nicht erst entsteht, sondern von vornherein vermieden wird.

- Beim *Verwertungskostenansatz* wird davon ausgegangen, daß jeder unerwünschte Output in irgendeiner Form recycelt wird, also entweder direkt oder nach erfolgter Aufbereitung für gleiche oder andere produktive Zwecke verwendet werden kann.

- Beim *Beseitigungskostenansatz* wird davon ausgegangen, daß alle potentiellen negativen Umweltwirkungen so abgebaut werden, daß daraus keine oder nur sehr geringe Belastungen für die natürliche Umwelt resultieren.

Die Umweltwirkungen können aber nicht nur auf eine dieser drei Arten behandelt werden. Viele Unternehmen nehmen die Entstehung von Umweltwirkungen im Rahmen der umweltrechtlichen Bestimmungen sogar bewußt in Kauf, ohne diese anschließend zu verwerten oder zu beseitigen. Die Bewertung der Umweltwirkungen sollte immer der tatsächlichen Behandlung einer Umweltwirkung folgen. Aus diesem Grund reicht es nicht aus, sich nur auf ein Bewertungsverfahren zu stützen; vielmehr ist eine Kombination der oben dargestellten Verfahren sinnvoll. Beim alleinigen Ziel der Gewinnmaximierung sind folgende Überlegungen ausschlaggebend:

- Eine Umweltwirkung wird nur dann vermieden, wenn deren Entstehung aus einzelwirtschaftlicher Perspektive unwirtschaftlich ist, d.h. die Umweltwirkung zu einem negativen Deckungsbeitrag führt.
- Umweltwirkungen werden verwertet bzw. recycelt, wenn dies für das Unternehmen kostengünstiger ist als deren Beseitigung.
- Außerdem müssen über den Marktpreis hinaus weitere pagatorische Kosten berücksichtigt werden, z.B. die Kosten, die für die sachgemäße Lagerung eines Abfallstoffs anfallen.
- Umweltwirkungen, für die keine oder nur geringe Kosten anfallen und außerdem keine rechtlichen Vorschriften gelten, werden in Kauf genommen, falls nicht eine der oben beschriebenen Alternativen wirtschaftlicher ist.

Formal gesehen ergibt sich der mit Hilfe der hier vorgestellten volkswirtschaftlichen Bewertungsmethoden ermittelte Kostensatz τ_m^G je Einheit der Umweltwirkung m bei reiner Gewinnmaximierung als Minimum der Kosten τ_m^e des gewählten Entsorgungsverfahrens e, das entweder ein Beseitigungs- oder ein Verwertungsverfahren sein kann, plus den anfallenden sonstigen Kosten τ_m^A. Unsichere Kostengrößen, die aus Haftungs- und Imagerisiken oder sonstigen Kostenrisiken resultieren, werden dabei nicht berücksichtigt:

$$(3.4) \quad \tau_m^G = \min_{e=1,\ldots,E} \left\{ \tau_m^e \right\} + \tau_m^A \qquad m = 1, \ldots, M$$

mit: τ_m^G Kostensatz je Einheit der Umweltwirkung m bei reiner Gewinnmaximierung und ausschließlicher Berücksichtigung von sicheren Kostengrößen

τ_m^e Kosten der Entsorgung einer Mengeneinheit der Umweltwirkungsart m durch das Entsorgungsverfahren e

τ_m^A sonstige Kosten der Umweltwirkungsart m

3.2 Ansätze zur direkten Bewertung der Umweltwirkungen

Der Kostensatz τ_m^G der Umweltwirkungsart m ist als absolute Untergrenze anzusehen, da alle Kosten, die bezüglich ihres Eintritts und ihrer Höhe nach unsicher sind, nicht berücksichtigt werden. Trotzdem hat schon diese erste einfache Form der Ermittlung umweltbezogener Kosten den Vorteil, daß die anfallenden Entsorgungskosten sowie sonstige pagatorische Kostengrößen nicht länger als Gemeinkosten pauschal auf verschiedene Kostenträger bzw. Kostenstellen verteilt werden müssen, sondern mit Hilfe der aufgestellten Umweltstücklisten gezielt ihren Verursachern zugerechnet werden können.

Der nächste Schritt besteht darin, auch die unsicheren oder nicht genau bezifferbaren umweltbezogenen Kosten zu ermitteln und den Kostensätzen der einzelnen Umweltwirkungsarten zuzuschlagen. Hängt die Höhe der unsicheren Kosten von dem gewählten Entsorgungsverfahren ab, dann kann dadurch auch die Verfahrenswahl selbst beeinflußt werden. Der gewinnmaximierende Unternehmer wird sich für das Entsorgungsverfahren entscheiden, das mit den geringsten (erwarteten) Kosten durchgeführt werden kann. Der minimale Kostensatz einer Umweltwirkungsart, die mit einem bestimmten Verfahren entsorgt wird, errechnet sich also aus den sicheren pagatorischen Kosten plus dem Erwartungswert der unsicheren Kosten plus einem Sicherheitszu- oder -abschlag, der von der Risikopräferenz des Entscheidungsträgers und den Möglichkeiten der Risikodiversifikation abhängt.[9]

(3.5) $$\tau_m^{GW} = \min_{e=1,\ldots,E}\left\{\tau_m^e + \tau_m^{W_e}\right\} + \tau_m^A \qquad m=1,\ldots,M$$

und $\tau_m^{W_e} = E(\tilde{\tau}_m^{W_e}) \pm S(\tilde{\tau}_m^{W_e}) \qquad m=1,\ldots,M,\ e=1,\ldots,E$

mit: τ_m^{GW} Kostensatz je Einheit der Umweltwirkung m bei reiner Gewinnmaximierung und Berücksichtigung von unsicheren Kostengrößen

$\tau_m^{W_e}$ Erwartungswert der unsicheren Zahlungen plus eines eventuellen Sicherheitszu- oder -abschlags, wenn das Entsorgungsverfahren e gewählt wird

$E(\tilde{\tau}_m^{W_e})$ Erwartungswert der unsicheren Zahlungen, wenn das Entsorgungsverfahren e gewählt wird

$S(\tilde{\tau}_m^{W_e})$ Sicherheitszu- oder -abschlag, wenn das Entsorgungsverfahren e gewählt wird

Die zusätzliche Berücksichtigung der Risikokosten hat den Vorteil, daß die umweltbezogenen Kosten der Umweltwirkungen annähernd vollständig erfaßt werden können. Problematisch ist allerdings, daß die Höhe des Kostensatzes selbst als unsicher ange-

---

[9] Um den Erwartungswert präzise zu bestimmen, muß eigentlich die gesamte Verteilungsfunktion der umweltbezogenen Kosten herangezogen werden. Das Sicherheitsäquivalent, das neben dem Erwartungswert auch einen entsprechenden Sicherheitszu- oder -abschlag enthält, kann mit Hilfe der Standardabweichung und des einseitigen Vertrauensbereichs der entsprechenden Verteilung ermittelt werden. Vgl. zur Bestimmung von Vertrauensbereichen Bamberg / Baur (1996), S. 162ff. Ein Chance-Constrained-Programming-Ansatz, der auf der Bestimmung von Sicherheitsäquivalenten basiert, wird bei Kistner / Steven (1991), S. 1311ff., vorgestellt.

sehen werden muß. Es kann daher davon ausgegangen werden, daß die tatsächlichen Kosten nur im Ausnahmefall den ermittelten Kostensätzen der Umweltwirkungen entsprechen. Trotzdem ist das hier beschriebene Vorgehen sinnvoll, da die Nicht-Berücksichtigung von unsicheren Kosten eine Null-Schätzung darstellt, die aufgrund der positiven Wahrscheinlichkeit für den Eintritt unsicherer Kosten in jedem Fall als falsch anzusehen ist. Es bleibt also festzuhalten, daß die Einbeziehung der unsicheren Kosten zu einer genaueren Schätzung der umweltbezogenen Kosten bei reiner Gewinnmaximierung führt.

Ist der Umweltschutz neben dem Gewinnziel eine eigenständige Zielsetzung, muß darüber hinaus entschieden werden, inwiefern bisher externalisierte Kosten zumindest zum Teil internalisiert werden sollen.[10] Wenn sich ein Unternehmen entschließt, einen bestimmten Anteil α in die Bewertung der Umweltwirkungen einfließen zu lassen, dann könnte dies auch die Wahl des Beseitigungs- bzw. des Verwertungsverfahrens beeinflussen, da eventuell nicht das kostengünstigere, sondern ein umweltschonenderes Verfahren gewählt wird. Bei $\alpha = 1$ werden Umweltwirkungen nur dann in Kauf genommen, wenn der Deckungsbeitrag die Summe der internen und externen Kosten übersteigt. Bei $\alpha = 0$ werden die externen Kosten der verursachten Umweltwirkungen hingegen nicht in das Entscheidungskalkül einbezogen. Die Berücksichtigung eines Teils der externen Kosten führt zwar nicht zu einer tatsächlichen Internalisierung der Kosten der Umweltwirkungen, da den externen Kosten ja keine pagatorischen Zahlungen gegenüberstehen. Trotzdem hat eine entsprechende Bewertung der Umweltwirkungen in der Kostenrechnung zur Folge, daß die Umweltwirkungen bei Entscheidungen so behandelt werden, als wenn der einbezogene Teil der externen Kosten von dem Unternehmen selbst zu tragen wäre. Dieses Vorgehen entspricht der Setzung eines freiwilligen Umweltziels. Die Ermittlung des daraus resultierenden Kostensatzes kann folgendermaßen dargestellt werden:

(3.6) $\qquad \tau_m^{UG} = \tau_m^{GW} + \tau_m^A + \alpha \cdot z(S_m^e) \qquad\qquad m = 1,\ldots, M$

τ_m^{UG} Kostensatz je Einheit der Umweltwirkung m bei einer Kombination des Umweltschutz- und des Gewinnziels und bei Berücksichtigung unsicherer Kostengrößen

S_m^e Schaden der Umweltwirkungsart m in Abhängigkeit vom Entsorgungsverfahren e

$z(S_m^e)$ Funktion zur Monetarisierung des externen Umweltschadens der Umweltwirkungsart m

$\alpha \in [0,1]$ Anteil der externen Kosten, die je nach Bedeutung des Umweltschutzziels in die Kostensätze der Umweltwirkungen einfließen

---

[10] Möglichkeiten der Internalisierung der externen Kosten von Produkten werden bei Kreikebaum / Türck (1993), S. 119ff., dargestellt.

Der Kostensatz τ_m^{UG} ermöglicht es, über die bisherigen Ausführungen hinaus auch die Zielsetzung Umweltschutz bei der Bewertung der betrieblichen Umweltwirkungen zu berücksichtigen, indem auf der einen Seite die Auswahl des Entsorgungsverfahrens durch den Umweltschaden beeinflußt wird. Auf der anderen Seite fließt ein Teil der durch die Umweltwirkung verursachten externen Kosten in den Kostensatz der Umweltwirkung ein und vermindert damit rechnerisch die Deckungsbeiträge aller Produkte und Prozesse, die diese Umweltwirkung verursachen.

Je nach der zugrunde liegenden Zielsetzung werden die Kosten der Umweltwirkungen in unterschiedlicher Höhe angesetzt. Hierbei erscheint es plausibel, daß die Kosten τ_m^G der Umweltwirkungsart m beim reinen Ziel der Gewinnmaximierung ohne Berücksichtigung unsicherer Kostenbestandteile in der Regel niedriger sind als der Kostensatz τ_m^{GW}, bei dem zusätzlich unsichere Kostengrößen einfließen. Am höchsten ist der Kostensatz τ_m^{UG}, bei dem neben sicheren und unsicheren internen Kosten ein Teil der externen Kosten einer Umweltwirkungsart einbezogen wird. Es gilt daher:

(3.7) $\qquad \tau_m^G \leq \tau_m^{GW} \leq \tau_m^{UG} \qquad\qquad\qquad m = 1, \ldots, M$

Um Fehlallokationen von Kapazitäten sowie von weiteren betrieblichen Ressourcen zu vermeiden, sollte sich der gewinnmaximierende Unternehmer für den zweiten Kostensatz entscheiden, da dieser die vollständigen Kosten der Umweltwirkung enthält, während der erste Kostensatz nur den sicheren pagatorischen Anteil erfaßt. Bei eigenständigen Umweltschutzzielen ist die dritte Betrachtungsebene heranzuziehen.

Es bleibt festzuhalten, daß eine Kombination aus den hier vorgestellten Bewertungsverfahren Anhaltspunkte über die Zusammensetzung und das Zustandekommen der unterschiedlichen Kostensätze liefert. Um Methoden zur Ermittlung der konkreten Kostenhöhen bereitstellen zu können, ist es darüber hinaus erforderlich, die einzelnen Komponenten der jeweiligen Kostensätze näher zu spezifizieren. Praktische Ansätze für die direkte Bewertung der Umweltwirkungen werden in Abschnitt 4.3 vorgestellt. Im folgenden wird lediglich davon ausgegangen, daß ein Kostensatz τ_m existiert, der die pagatorischen Kosten der Umweltwirkungsart m hinreichend genau widerspiegelt. Für die Ermittlung weiterer indirekter Kosten der Umweltwirkungen werden im Abschnitt 3.3 einige auf betriebswirtschaftliche Fragestellungen zugeschnittene kostentheoretische Modelle näher erörtert.

3.3 Integration von Umweltwirkungen in die neoklassische Produktions- und Kostentheorie

Ausgehend von der Integration der Umweltwirkungen in die neoklassische Produktionstheorie wird in den folgenden Abschnitten untersucht, welchen Einfluß betriebliche Umweltwirkungen auf die Erreichung von unterschiedlichen Zielen haben können. Es wird zunächst analysiert, inwiefern die Theorie der Kuppelproduktion[11] in der Lage ist, Anhaltspunkte über die Kausalitäten zwischen den Kosten, die für Umweltwirkungen anfallen, und deren Verursachern zu liefern. Aus Vereinfachungsgründen wird lediglich ein Zielprodukt betrachtet, so daß es sich bei allen Kuppelprodukten um unerwünschte Umweltwirkungen handelt. Es werden Partialmodelle aufgestellt, die zum einen die Entstehung und die Art der anfallenden umweltbezogenen Kosten veranschaulichen und zum anderen Schätzungen über die Zusammensetzung und die Höhe von umweltbezogenen Kosten ermöglichen.

In der neoklassischen Produktions- und Kostentheorie wird neben der Existenz von Preisen für die Produktionsfaktoren auch die Kenntnis der Produktionsfunktion vorausgesetzt. Die Produktionsfunktion für den Einproduktfall beschreibt den funktionalen Zusammenhang zwischen der Faktoreinsatzmengenkombination $(r_1, r_2, \ldots, r_I)$ und der damit maximal erzielbaren Ausbringungsmenge x:

(3.8) $\quad x = F(r_1, r_2, \ldots, r_I)$

Des weiteren muß eine neoklassische Produktionsfunktion folgende Eigenschaften aufweisen:[12]

1. *Konstante oder abnehmende Skalenerträge* implizieren, daß sich die Outputmenge bei proportionaler Steigerung aller Inputmengen entweder proportional (bei konstanten Skalenerträgen) oder unterproportional (bei abnehmenden Skalenerträgen) zur Inputmengensteigerung erhöht.

2. Ein *ertragsgesetzlicher Verlauf* liegt vor, wenn jeder Produktionsfaktor bei partieller Faktorvariation positive, aber abnehmende Grenzproduktivitäten aufweist.

3. Die *abnehmende Grenzrate der Substitution* führt dazu, daß bei fortschreitender Substitution eines Faktors durch einen anderen bei Konstanz der Mengen aller anderen Faktoren sowie bei gegebener Ausbringungsmenge die zusätzlich benötigte Menge des substituierenden Faktors zunimmt, um eine Einheit des substituierten Faktors zu kompensieren.

In der Regel werden in neoklassischen Produktionsfunktionen nur Inputfaktoren erfaßt, die der Produzent auf dem Beschaffungsmarkt erwerben muß. Damit werden sogenannte freie Umweltgüter wie Luft und Kühlwasser, für die kein Entgelt zu zahlen ist, aus der Betrachtung ausgeschlossen. Auf der Outputseite fehlt eine explizite Einbeziehung von Kuppelprodukten, für die keine Kosten und Erlöse anfallen, wie beispielsweise die unkontrollierte Abgabe von Luftschadstoffen an die Atmosphäre. Umweltwirkungen werden im Rahmen von neoklassischen Produktionsfunktionen in der Regel nicht explizit erfaßt. Es besteht jedoch die Möglichkeit, durch Modeller-

---

[11] Wie in Abschnitt 2.2.1 erläutert, werden Umweltwirkungen als unerwünschte Kuppelprodukte des Zielprodukts angesehen.
[12] Vgl. Kistner (1993a), S. 12ff.

3.3 Integration von Umweltwirkungen in die neoklassische Produktions- und Kostentheorie

weiterungen den Einfluß von Umweltwirkungen auf das optimale Entscheidungsverhalten zu ermitteln.[13]

Für diesen Zweck bietet es sich an, einen Rückgriff auf die Theorie der Kuppelproduktion vorzunehmen. Bei der Kuppelproduktion können aus technischen Gründen zwei oder mehr Produkte nur gemeinsam hergestellt werden.[14] In Analogie dazu kann angenommen werden, daß negative Umweltwirkungen als unerwünschte Kuppelprodukte anzusehen sind. Geht man vom Fall eines erwünschten Produkts und M unerwünschten Umweltwirkungen aus, dann kann diese Beziehung durch folgende implizite Funktion ausgedrückt werden:

$$f(r_1, r_2, \ldots, r_I, u_1, u_2, \ldots, u_M, x) = 0$$

Entsprechend dem Aufbau der Umweltstücklisten sind drei Arten von Kopplungsverhältnissen zu unterscheiden:

- *Faktorbezogene Kopplung* liegt vor, wenn Umweltwirkungen proportional zu bestimmten Einsatzfaktoren anfallen:[15]

$$x = F(r_1, r_2, \ldots, r_I)$$

mit: $\quad u_m = \sum_{i=1}^{I} b_{mi} \cdot r_i \qquad m = 1, \ldots, M$

- Bei *prozeßbezogener Kopplung* hängen die anfallenden Umweltwirkungen von der Art der Faktoreinsatzmengenkombination ab, d.h. sie können durch die Aufstellung von M Umweltproduktionsfunktionen dargestellt werden.[16] Eine Umweltproduktionsfunktion gibt an, wie hoch der mengenmäßige Anfall einer bestimmten Umweltwirkungsart in Abhängigkeit von der gewählten Faktoreinsatzmengenkombination ist. Da hier nur die prozeßbezogenen Umweltwirkungen erfaßt werden, sind die faktorbezogenen Umweltwirkungen darin nicht enthalten. Aus Vereinfachungsgründen wird darauf verzichtet, auch Abhängigkeiten der Ausbringungsmenge von den Umweltwirkungen bzw. der einzelnen Umweltwirkungsarten von anderen Umweltwirkungen bzw. der Ausbringungsmenge zu erfassen. Die Berücksichtigung dieser Interdependenzen würde den Umfang der folgenden Modelle nur unnötig aufblähen, ohne daß sich die Ergebnisse dadurch qualitativ ändern würden. Es wird daher von dem realistischen Fall ausgegangen, daß die mengenmäßigen Umweltwirkungen und die Ausbringungsmenge ausschließlich von der Faktoreinsatzmengenkombination abhängen:

---

[13] Ansätze zur Erfassung von betrieblichen Umweltwirkungen finden sich u.a. bei Bogaschewsky (1995), Dinkelbach (1996), Dinkelbach / Piro (1989) und (1990), Dinkelbach / Rosenberg (1997), Dyckhoff (1994), Kistner (1983) und (1989), Steven (1991), S. 509ff., Steven (1994a) sowie bei Zelewski (1993), S. 323ff.

[14] Vgl. Riebel (1955) und (1971), S. 733ff., sowie Stackelberg (1932), S. 53ff. Einen aktuellen Überblick zur Theorie betrieblicher Kuppelproduktion gibt Oenning (1997). Mit der Kuppelproduktion bezogen auf unerwünschte Umweltwirkungen befaßt sich die Arbeit von Müller / Fürstenberger (1995).

[15] Dieses Vorgehen wählt auch Dinkelbach (1996). Allerdings setzt er nicht die Umweltwirkungen, sondern die Umweltschäden in ein proportionales Verhältnis zu den Faktoreinsatzmengen.

[16] Dieser Fall wird in der Produktionstheorie als „lose Kopplung" bezeichnet; vgl. Kistner (1993a), S. 37.

wobei:
$$x = F(r_1, r_2, \ldots, r_I)$$
$$u_m = F_m(r_1, r_2, \ldots, r_I) \qquad m = 1, \ldots, M$$

- Bei *produktbezogener Kopplung* stehen Umweltwirkungen in einem proportionalen Verhältnis zur Ausbringungsmenge. Dieser Fall wird in der Produktionstheorie auch als *feste Kopplung* bezeichnet:

wobei:
$$x = F(r_1, r_2, \ldots, r_I)$$
$$u_m = x \cdot d_m \qquad m = 1, \ldots, M$$

Treten mehrere Kopplungsarten gleichzeitig auf, dann gilt:

wobei:
$$x = F(r_1, r_2, \ldots, r_I)$$
$$u_m = \sum_{i=1}^{I} b_{mi} \cdot r_i + F_m(r_1, r_2, \ldots, r_I) + x \cdot d_m \qquad m = 1, \ldots, M$$

Legt man für die einzelnen Umweltwirkungen eine gegebene ökologische Schadensfunktion S zugrunde, so lassen sich auch die Umweltschäden durch die Produktion erfassen:

$$S = S(u_1, \ldots, u_m)$$

Falls die Kombinationswirkungen zwischen den Umweltwirkungen vernachlässigt werden können, dann erhält man M separate Schadensfunktionen:

$$S_m = S_m(u_m) \qquad m = 1, \ldots, M$$

mit: S_m Höhe des Umweltschadens der Umweltwirkungsart m

Für die Messung der Umweltschäden in Abhängigkeit von der Menge der Umweltwirkungsart m werden analog zu den linearen bzw. logistischen Verlaufsformen aus Abschnitt 2.3.3 folgende Umweltschadensfunktionen zugrunde gelegt:

(3.9) $\quad S_m = \delta_m \cdot u_m + \gamma_m \cdot \dfrac{1}{1 + e^{\alpha_m - \beta_m \cdot u_m}} \qquad m = 1, \ldots, M$

mit: δ_m Schadenskoeffizient der globalen Umweltwirkung m pro Mengeneinheit

α_m Höhe der lokalen Umweltwirkungsart m, bei der die mittlere denkbare Schadenshöhe erreicht wird

β_m Streckungsmaß der Umweltwirkungsart m

γ_m Schadenskoeffizient der lokalen Umweltwirkung m pro Mengeneinheit

e Eulersche Zahl

Diese Schadensfunktionen setzen sich additiv aus den durch eine Umweltwirkung verursachten globalen und lokalen Umweltschäden zusammen. δ_m beschreibt den für globale Umweltwirkungen gültigen Grenzschaden, den der Ausstoß einer Mengeneinheit der Umweltwirkungsart m verursacht. Der mit γ_m gewichtete Bruch gibt an, wie hoch der lokale Schaden in Abhängigkeit vom mengenmäßigen Anfall der Umweltwirkung m ist, wobei hier der im letzten Kapitel erörterte logistische Verlauf der Schadensfunktion vorausgesetzt wird.

3.3.1 Minimalkostenkombination und gewinnmaximale Ausbringungsmenge

Bei einer monetären Bewertung der Faktoreinsatzmengen und der Produkte können mit Hilfe von produktions- und kostentheoretischen Modellen die Minimalkostenkombination und die gewinnmaximale Ausbringungsmenge ermittelt werden:

- Bei der *Minimalkostenkombination* wird von einer gegebenen Ausbringungsmenge $\bar{x}$ ausgegangen, die zu minimalen Kosten produziert werden soll. Dafür werden die Preise der Einsatzfaktoren und auch der Umweltwirkungen benötigt. Geht man zunächst von dem Fall aus, daß lediglich die Kosten der Faktoreinsätze, spezifiziert durch K, berücksichtigt werden, dann erhält man folgendes Entscheidungsproblem:

$$K = \sum_{i=1}^{I} r_i \cdot q_i \quad \Rightarrow \min!$$

u.d.N.: $\bar{x} = F(r_1, r_2, ..., r_I)$

$r_i \geq 0$ \hfill $i = 1, ..., I$

- Bei der Ermittlung der *gewinnmaximalen Ausbringungsmenge* werden neben den Produktionskosten auch die Erlöse der Produkte einbezogen. Dafür wird nicht länger von einer gegebenen, sondern von einer frei wählbaren Ausbringungsmenge ausgegangen. Legt man einen gegebenen Preis $\bar{p}$ für das Zielprodukt zugrunde, dann muß das obige Entscheidungsproblem wie folgt modifiziert werden:

$$G = \bar{p} \cdot x - \sum_{i=1}^{I} q_i \cdot r_i \quad \Rightarrow \max!$$

u.d.N.: $x = F(r_1, r_2, ..., r_I)$

$r_i \geq 0$ \hfill $i = 1, ..., I$

mit: G \quad Gewinn als Differenz zwischen Erlösen und Kosten

Die Berücksichtigung von Umweltwirkungen in diesen Entscheidungsproblemen führt nur dann zu einer Änderung der optimalen Faktoreinsatzmengenkombination, wenn die Umweltwirkungen durch zusätzliche Restriktionen der obigen Entscheidungsprobleme mengenmäßig begrenzt oder als ein Oberziel direkt in die Zielfunktion aufgenommen werden. Bei der Berücksichtigung der Umweltwirkungen in der Zielfunktion sind die Umweltwirkungen mit den ihnen zurechenbaren Kosten zu bewerten.

3.3.2 Mengenmäßige Begrenzung der Umweltwirkungen

In diesem Abschnitt wird auf die Möglichkeiten der mengenmäßigen Begrenzung der betrieblichen Umweltwirkungen bzw. der daraus resultierenden Umweltschäden eingegangen.[17] Grundsätzlich können eine absolute Obergrenze für die Umweltwirkungen festgelegt oder die Grenze in Form einer Kennzahl bestimmt werden. Beispiele für Kennzahlen sind die Menge einer Umweltwirkungsart je Produkteinheit oder die verursachten Umweltschäden je Einheit des erzielten Deckungsbeitrags.[18] In der Realität stellt der Umweltschutz häufig ein Satisfizierungsziel dar, wenn z.B. für eine Umweltwirkungsart ein gegebener Grenzwert gilt oder wenn aufgrund von Markterfordernissen ein Produkt nur zu bestimmten Bedingungen, z.B. bezüglich der stofflichen Zusammensetzung, absetzbar ist.[19]

Die folgenden Ausführungen beschränken sich auf die *Kostenminimierung* als Oberziel, wobei die Kostenfunktion allerdings um die in Abschnitt 3.2.2 spezifizierten pagatorischen Kosten der Umweltwirkungen erweitert wird. Unabhängig davon, welche umweltbezogenen Satisfizierungsziele gewählt werden, kann von folgendem Optimierungsproblem ausgegangen werden, wobei die unterschiedlichen Möglichkeiten, Satisfizierungsziele zu formulieren, anschließend diskutiert werden:

Zielfunktion:

(3.10) $\quad K = \sum_{i=1}^{I} r_i \cdot q_i + \sum_{m=1}^{M} u_m \cdot \tau_m \quad \Rightarrow \min!$

Nebenbedingungen:

(3.11) $\quad \bar{x} = F(r_1, r_2, \ldots, r_I)$

(3.12) $\quad u_m = \sum_{i=1}^{I} b_{mi} \cdot r_i + F_m(r_1, r_2, \ldots, r_I) + x \cdot d_m \qquad m = 1, \ldots, M$

(3.13) $\quad S(u_1, \ldots, u_m) = \sum_{m=1}^{M} S_m(u_m)$

(3.14) $\quad r_i \geq 0 \qquad\qquad i = 1, \ldots, I$

(3.15) $\quad$ *Satisfizierungsbedingung(en)*

Je nachdem, wie die Satisfizierungsbedingungen ausgestaltet sind, müssen nicht immer alle Restriktionen berücksichtigt werden. Bezieht sich eine Restriktion z.B. auf die Begrenzung der mengenmäßigen Umweltwirkungen und nicht auf die daraus resultierenden Umweltschäden, dann kann die Restriktion (3.13) entfallen. Außerdem können

---

[17] Eine Kurzfassung des im folgenden vorgestellten Modells wurde auf der DGOR-Tagung 1996 vorgetragen und in den OR-Proceedings zur Veröffentlichung angenommen, vgl. Letmathe (1997), S. 403ff.
[18] Vgl. Böhm / Halfmann (1994), S. 9ff., Bundesumweltministerium / Umweltbundesamt (1997) sowie Peemöller / Keller / Schöpf (1996), S. 4ff.
[19] Vgl. Abschnitt 1.2.

einzelne Bedingungen, z.B. die Gleichung (3.12), als reine Bestimmungsgleichung in die Zielfunktion und die sie betreffenden Restriktionen eingesetzt werden.

Da es sich bei der gegebenen Problemstellung um ein nicht-lineares und aufgrund des Verlaufs der Schadensfunktionen auch um ein nicht-konvexes Optimierungsproblem handelt, bilden die Kuhn-Tucker-Bedingungen nur dann eine notwendige Bedingung für eine optimale Lösung, wenn die Constraint Qualification erfüllt ist.[20] Dies ist der Fall, wenn die Gradienten der aktiven, d.h. ausgeschöpften, Nebenbedingungen im Optimum linear unabhängig voneinander sind. Diese Voraussetzung läßt sich für den hier vorgestellten allgemeinen Fall nicht verifizieren. Es ist jedoch möglich, in den Parameterausprägungen, in denen lineare Abhängigkeiten vorliegen,

- Umweltwirkungen zu Bündeln zusammenzufassen, falls die Gradienten der Funktionen $F_m(r_1,\ldots,r_I)$ für einige m linear abhängig sind, oder

- die Höhe der Umweltwirkungen dem entsprechenden Parameter d_m zuzuschlagen, falls die Funktionen $F(r_1,\ldots,r_I)$ und $F_m(r_1,\ldots,r_I)$ linear abhängig sind. Dies wäre der Fall, wenn einzelne oder mehrere Umweltwirkungen proportional zur Ausbringungsmenge anfallen.

Durch diese Modifikationen hat die Matrix der Gradienten aller aktiven Nebenbedingungen sicher den vollen Zeilenrang, so daß die Constraint Qualification erfüllt ist. Die Kuhn-Tucker-Bedingungen des modifizierten Optimierungsproblems müssen dann im Optimum erfüllt sein. Die Interpretation der Ergebnisse ändert sich nicht, mit der Ausnahme, daß im ersten Fall ein Bündel von Umweltwirkungen gemeinsam betrachtet wird. Der Problemumfang wird durch die Modifikationen verringert, da nicht mehr alle Funktionen $F_m(r_1,\ldots,r_I)$ explizit betrachtet werden müssen.

Die Aufstellung der Kuhn-Tucker-Bedingungen ermöglicht es, Einflußfaktoren und deren Bedeutung für die Bildung von umweltbezogenen Verrechnungspreisen zu erfassen und zu interpretieren. Die analytische Lösung des hier dargestellten Optimierungsproblems wird in der Regel jedoch nicht möglich sein. Die zur Verfügung stehenden numerischen Methoden erfordern häufig schon bei einem geringen Problemumfang einen sehr hohen Aufwand.[21] Da mit diesem Aufwand bei realitätsnahen Problemstellungen überhaupt keine Lösung mehr erzielbar ist, werden in Kapitel 4 Ansätze vorgestellt, wie die vorliegende Problemstellung auf ein handhabbares Maß reduziert werden kann. Dabei kann auf die hier ermittelten Modellbeziehungen und Gesetzmäßigkeiten zurückgegriffen werden.

3.3.2.1 Mengenrestriktionen bei einer oder mehreren Umweltwirkungsarten

Eine mengenmäßige Beschränkung einzelner oder mehrerer Umweltwirkungen ist aufgrund des monotonen Anstiegs der Schadensfunktion äquivalent zur Beschränkung

---

[20] Vgl. Feichtinger / Hartl (1986), S. 159ff., und Chiang (1992), S. 278.
[21] Lösungsverfahren zur nicht-linearen Optimierung werden bei Horst / Tuy (1989) dargestellt.

der Schadenshöhe einzelner Umweltwirkungen. Die Satisfizierungsbedingung kann dann folgendermaßen formuliert werden:

(3.15a) $\sum_{i=1}^{I} b_{mi} \cdot r_i + x \cdot d_m + F_m(r_1, r_2, \ldots, r_I) \leq \overline{u}_m$ \hspace{1em} für ein oder mehrere m

$\Leftrightarrow S_m(u_m) \leq \overline{S}_m$ \hspace{1em} für ein oder mehrere m

mit: $\overline{u}_m$ als Obergrenze für die Menge der Umweltwirkungsart m

$\overline{S}_m$ als Obergrenze für die Schadwirkungen, die von Umweltwirkungen der Art m verursacht werden

Aufgrund der Äquivalenz der beiden Nebenbedingungen reicht es aus, im folgenden ausschließlich die mengenmäßige Beschränkung der einzelnen Umweltwirkungen zu betrachten. Unter Zugrundelegung des obigen Problems müssen daher nur die Zielfunktion sowie die Nebenbedingungen (3.11), (3.12) und (3.14) einbezogen werden, wobei die Bedingungen (3.11) durch die Obergrenzen für die einzelnen Umweltwirkungen beschränkt sind. Man erhält damit die folgende Lagrange-Funktion L:

$$L = \sum_{i=1}^{I} r_i \cdot q_i + \sum_{m=1}^{M} \left(\sum_{i=1}^{I} b_{mi} \cdot r_i + F_m(r_1, \ldots, r_I) + \overline{x} \cdot d_m \right) \cdot \tau_m + \lambda \cdot (\overline{x} - F(r_1, \ldots, r_I)) +$$

$$\sum_{m=1}^{M} \tau_m^S \cdot \left(-\overline{u}_m + \sum_{i=1}^{I} b_{mi} \cdot r_i + F_m(r_1, \ldots, r_I) + \overline{x} \cdot d_m \right)$$

$$= \sum_{i=1}^{I} r_i \cdot q_i + \sum_{m=1}^{M} \left(\sum_{i=1}^{I} b_{mi} \cdot r_i + F_m(r_1, \ldots, r_I) + \overline{x} \cdot d_m \right) \cdot \tau_m^O + \lambda \cdot (\overline{x} - F(r_1, \ldots, r_I)) -$$

$$- \sum_{m=1}^{M} \overline{u}_m \cdot \tau_m^S$$

Der Lagrange-Multiplikator λ kann als die Grenzkosten interpretiert werden, die aufzuwenden sind, wenn die Ausbringungsmenge um eine Einheit erhöht wird. τ_m^O stellt die gesamten Opportunitätskosten der Umweltwirkungsart m dar, die sich aus den pagatorischen Kosten τ_m und dem Lagrange-Multiplikator τ_m^S der Umweltwirkungsart m zusammensetzen. τ_m^S kann daher auch als Schattenpreis der Umweltwirkungsart m interpretiert werden. Es gilt:

$$\tau_m^O = \tau_m + \tau_m^S$$

Daraus lassen sich die folgenden Kuhn-Tucker-Bedingungen ableiten:

(3.16) $\dfrac{\partial L}{\partial r_i} = q_i - \lambda \cdot \dfrac{\partial F}{\partial r_i} + \sum_{m=1}^{M} \tau_m^O \cdot \left(b_{mi} + \dfrac{\partial F_m}{\partial r_i} \right) \leq 0$ \hspace{2em} $i = 1, \ldots, I$

(3.17) $r_i \cdot \dfrac{\partial L}{\partial r_i} = 0$ \hspace{2em} $i = 1, \ldots, I$

3.3 Integration von Umweltwirkungen in die neoklassische Produktions- und Kostentheorie

(3.18) $\quad \dfrac{\partial L}{\partial \lambda} = \bar{x} - F(r_1,\ldots,r_I) \leq 0$

(3.19) $\quad \lambda \cdot \dfrac{\partial L}{\partial \lambda} = 0$

(3.20) $\quad \dfrac{\partial L}{\partial \tau_m^S} = -\bar{u}_m + \sum_{m=1}^{M} b_{mi} \cdot r_i + F_m(r_1,\ldots r_I) + \bar{x} \cdot d_m \leq 0 \qquad m = 1,\ldots,M$

(3.21) $\quad \tau_m^S \cdot \dfrac{\partial L}{\partial \tau_m} = 0 \qquad m = 1,\ldots,M$

Diese Gleichungen bzw. Ungleichungen können wie folgt interpretiert werden:

- (3.16) ist als Gleichung erfüllt, wenn die Einsatzmenge des zugehörigen Produktionsfaktors größer als Null ist. In allen relevanten Fällen ergibt sich für den Produktionsfaktor i ein modifizierter Verrechnungspreis $\hat{q}_i$, der von den pagatorischen Kosten des Faktors abweicht:

$$\hat{q}_i = q_i + \sum_{m=1}^{M} \tau_m^O \cdot \left(b_{mi} + \dfrac{\partial F_m}{\partial r_i} \right) = \lambda \cdot \dfrac{\partial F}{\partial r_i} \qquad i = 1,\ldots,I$$

Es wird also nur soviel von einem Produktionsfaktor eingesetzt, bis die damit erzielbare Grenzproduktivität bewertet mit den Grenzkosten des Produkts dem Faktorpreis plus den zuzurechnenden Umweltwirkungen, die mit ihren jeweiligen Knappheitspreisen bewertet werden, entspricht.

- Bedingung (3.18) ist in jedem Fall als Gleichung erfüllt, da eine höhere Produktionsmenge als die mindestens geforderte aufgrund der gewählten neoklassischen Produktionsfunktion zu höheren Kosten und damit zu einem geringeren Zielerreichungsgrad führen würde. λ kann daher als die Höhe der Grenzkosten interpretiert werden, die für die Produktion der letzten Ausbringungsmengeneinheit anfallen.

- Die Obergrenze der Restriktion (3.20) wird immer dann voll ausgeschöpft, wenn eine Umweltwirkung knapp ist. In diesem Fall existiert ein nicht-negativer Knappheitspreis $\tau_m^S \geq 0$, der zur Bewertung der Umweltwirkung i eingesetzt werden kann. Bei Nichtausschöpfung der entsprechenden Restriktion liegt keine Knappheit vor; die entsprechende Umweltwirkung ist daher nur mit dem pagatorischen Kostensatz τ_m zu bewerten.

Als Ergebnis erhält man Knappheitspreise für die einzelnen Umweltwirkungsarten, modifizierte Verrechnungspreise für die Produktionsfaktoren und eine Minimalkostenkombination, die angibt, in welchen Mengen Produktionsfaktoren einzusetzen sind und in welchen Mengen Umweltwirkungen anfallen. Damit ist das vorliegende Bewertungsproblem aber noch nicht gelöst. Darüber hinaus müssen die vorliegenden Kosten- und Mengendaten in geeigneter Weise so nutzbar gemacht werden, daß auch für abweichende Produktionssituationen optimale Entscheidungen getroffen werden können. Für diesen Zweck ist zu überlegen, wann und in welcher Höhe die Zurechnung der umweltbezogenen Kosten zu erfolgen hat und welche Auswirkungen Datenänderungen haben können:

1. Direkte Verrechnung der umweltbezogenen Kosten

Zunächst muß festgelegt werden, wie die umweltbezogenen Kosten verrechnet werden sollen. So besteht die Möglichkeit, die umweltbezogenen Kosten direkt den Umweltwirkungen zuzurechnen und nicht an die Produktionsfaktoren, Prozesse und Produkte weiterzuverrechnen. Dies hat zur Folge, daß die Kosten der Faktoren und Prozesse unverändert bleiben können. Es wäre dann möglich, die bewerteten Umweltwirkungen in die obige Zielfunktion (3.10) aufzunehmen:

$$K = \sum_{i=1}^{I} r_i \cdot q_i + \sum_{m=1}^{M} u_m \cdot \tau_m^O \quad \Rightarrow \min!$$

Als Nebenbedingungen müssen in diesem Fall nur noch die Bestimmungsgleichungen (3.11) und (3.12) berücksichtigt werden. Über einen Lagrange-Ansatz erhält man dann die gleiche Minimalkostenkombination wie beim Ausgangsproblem.

2. Verrechnung der gesamten umweltbezogenen Kosten an die Produktionsfaktoren

Als zweite Alternative bietet sich die vollständige Verrechnung der umweltbezogenen Kosten an die Produktionsfaktoren an. Entsprechend der obigen Kuhn-Tucker-Bedingung (3.16) würde sich dann folgender modifizierter Verrechnungspreis $\hat{q}_i$ ergeben:

$$\hat{q}_i = q_i + \sum_{m=1}^{M} \left(b_{mi} + \frac{\partial F_m}{\partial r_i} \right) \cdot \tau_m^O \qquad i = 1,\ldots, I$$

Zur Ermittlung der Minimalkostenkombination könnte in diesem Fall völlig auf eine explizite Betrachtung der Umweltwirkungen verzichtet werden. Allerdings besteht die Gefahr, daß eine suboptimale Faktoreinsatzmengenkombination gewählt wird und damit die minimalen Kosten verfehlt werden, da auch die prozeßbezogenen Umweltwirkungen den Faktoren zugewiesen werden. Weiter wird die Möglichkeit, daß ein Produktionsfaktor in einem Produktionsprozeß eingesetzt wird, der geringere oder auch höhere Umweltwirkungen verursacht, vernachlässigt. Trotzdem werden einem Produktionsfaktor immer gleich hohe (bewertete) Umweltwirkungen zugerechnet. Aufgrund der Gefahr von Fehlallokationen der Produktionsfaktoren wird diese Alternative der Verrechnung von umweltbezogenen Kosten nicht weiter verfolgt.

3. Verrechnung der umweltbezogenen Kosten an die Faktoren, Prozesse und Produkte

Als dritte und letzte Möglichkeit können die umweltbezogenen Kosten so verrechnet werden, daß sie jeweils ihrem verursachenden Faktor, Prozeß bzw. Produkt zugewiesen werden. Der Verrechnungspreis $\tilde{q}_i$ des Faktors i setzt sich aus dem pagatorischen

Preis des Faktors und den faktorbezogenen Umweltwirkungen, die mit ihren Opportunitätskostensätzen bewertet werden, zusammen:

(3.22) $\quad \tilde{q}_i = q_i + \sum_{m=1}^{M} b_{mi} \cdot \tau_m^O \qquad\qquad i = 1,\ldots,I$

Der Verrechnungspreis $\tilde{e}_l$ des Produktionsprozesses l ergibt sich durch alle mit ihren Verrechnungspreisen bewerteten Faktoreinsatzmengen, die zur einmaligen Durchführung des Prozesses notwendig sind, plus den prozeßbezogenen Umweltwirkungen, die mit ihren Opportunitätskostensätzen bewertet werden. Die prozeßbezogenen Umweltwirkungen ergeben sich durch die Ableitung der Umweltproduktionsfunktion bei totaler Faktorvariation. π bezeichnet den Faktor, um den die Faktoreinsatzmengen proportional erhöht oder vermindert werden:

(3.23) $\quad \tilde{e}_l(\pi) = \sum_{i=1}^{I} a_{il}^{FT}(\pi) \cdot \tilde{q}_i + \sum_{i=1}^{I} \sum_{m=1}^{M} \frac{\partial F_m}{\partial \pi} \cdot \tau_m^O \qquad l = 1,\ldots,L$

Der Verrechnungspreis k_j des Produkts j setzt sich aus den mit ihren Verrechnungspreisen bewerteten Prozessen, die zur Herstellung einer Einheit des Produkts benötigt werden, und den Kosten der produktbezogenen Umweltwirkungen zusammen:

(3.24) $\quad \tilde{k}_j(\pi,x) = \sum_{l=1}^{L} a_{jl}^{TP}(x) \cdot \tilde{e}_l(\pi) + \sum_{m=1}^{M} d_{mj} \cdot \tau_m^O \qquad j = 1,\ldots,J$

Dabei ist zu beachten, daß $\tilde{e}_l$ in jedem Fall und a_{il}^{FT} dann vom Prozeßniveau π abhängen, wenn die zugrunde gelegte Produktionsfunktion nicht linear-homogen ist. Daraus resultiert auch die Abhängigkeit des Kostensatzes $\tilde{k}_j$ sowohl von der Ausbringungsmenge x als auch vom Prozeßniveau π. Die Abhängigkeit von x entfällt bei einer linear-homogenen Produktionsfunktion allerdings vollständig.

Dieses Vorgehen hat im Vergleich zur ersten Alternative den Vorteil, daß die Umweltwirkungen immer genau dann kostenwirksam werden, wenn über ihren Anfall entschieden wird. So wird über die verrechneten umweltbezogenen Kosten der Produktionsfaktoren schon bei deren Einkauf entschieden. Daher ist es nur folgerichtig, wenn diese dem Beschaffungspreis zugerechnet werden. Analog wird auch bei Produktionsprozessen und Produkten vorgegangen.

Ein Problem der bisherigen Vorgehensweise ist darin zu sehen, daß die hier ermittelten Verrechnungspreise im Prinzip nur für diese eine gegebene Produktionssituation gelten. Es ist daher in Form von *Sensitivitätsanalysen* zu untersuchen, welche Auswirkungen Datenänderungen haben können. Eine zweite Möglichkeit, Datenänderungen zu berücksichtigen, kann in der *rollierenden Planung* gesehen werden, bei der die Verrechnungspreise von Zeit zu Zeit an geänderte Rahmenbedingungen angepaßt werden.[22] Auf weitere Möglichkeiten, optimale Koordinationsmechanismen, die zugleich

---
[22] Vgl. Kistner / Steven (1993), S. 18ff.

auch die Erfolgsermittlungsfunktion sowie weitere praxisbezogene Anforderungen erfüllen, wird in Abschnitt 4.3 eingegangen.

3.3.2.2 Begrenzung der Umweltwirkungen durch eine maximale Schadenshöhe

Im folgenden wird nicht nur eine einzige Umweltwirkungsart betrachtet, sondern mehrere Wirkungsarten gemeinsam. Für diesen Zweck kann eine Begrenzung des gesamten Umweltschadens auf $\overline{S}$ festgelegt werden, der von mehreren Wirkungsarten gemeinsam verursacht wird. Dies hat zur Folge, daß zum einen nicht für jede Umweltwirkungsart eine eigene Restriktion benötigt wird; zum anderen sind auf diese Weise Substitutionsmöglichkeiten zwischen einzelnen Umweltwirkungen gegeben, die dazu führen, daß Umweltwirkungen nur dann verursacht werden, wenn der daraus resultierende Grenzschaden in einem vertretbaren Verhältnis zur Grenzproduktivität des verursachenden Produktionsfaktors, Prozesses bzw. zu den produktbezogenen Umweltwirkungen steht. Insgesamt werden die Umweltschäden also an ihrem Beitrag zur betrieblichen Zielerreichung gemessen. Um Umweltschäden mengenmäßig zu begrenzen, ist die Restriktion (3.13) wie folgt zu modifizieren:

$$(3.15b) \quad S(u_1, \ldots, u_M) = \sum_{m=1}^{M} S_m(u_m) \leq \overline{S}$$

mit: $\overline{S}$ Obergrenze für die Schadwirkungen, die von allen Umweltwirkungen verursacht werden

Die Restriktion (3.12) ist eine reine Bestimmungsgleichung und kann daher direkt in die Schadensfunktionen eingesetzt werden, so daß die obige Bedingung wie folgt umgeformt werden kann:

$$S(r_1, \ldots, r_I, F_1(r_1, \ldots, r_I), \ldots, F_M(r_1, \ldots, r_I)) = \sum_{m=1}^{M} S_m(r_1, \ldots, r_I) \leq \overline{S}$$

Die Lagrange-Funktion lautet dann:

$$L = \sum_{i=1}^{I} r_i \cdot q_i + \sum_{m=1}^{M} \left(\sum_{i=1}^{I} b_{mi} \cdot r_i + F_m(r_1, \ldots, r_I) + d_m \cdot x \right) \cdot \tau_m + \lambda \cdot (\overline{x} - F(r_1, \ldots, r_I)) +$$

$$\tau^S \cdot \left(-\overline{S} + \sum_{m=1}^{M} S_m(r_1, \ldots, r_I) \right)$$

Daraus ergeben sich die folgenden Kuhn-Tucker-Bedingungen:

$$(3.25) \quad \frac{\partial L}{\partial r_i} = q_i + \sum_{m=1}^{M} \left(b_{mi} + \frac{\partial F_m}{\partial r_i} \right) \cdot \tau_m - \lambda \cdot \frac{\partial F}{\partial r_i} + \tau^S \cdot \sum_{m=1}^{M} \frac{\partial S_m}{\partial r_i} \leq 0 \quad i = 1, \ldots, I$$

$$(3.26) \quad r_i \cdot \frac{\partial L}{\partial r_i} = 0 \qquad\qquad i = 1, \ldots, I$$

3.3 Integration von Umweltwirkungen in die neoklassische Produktions- und Kostentheorie

(3.27) $\frac{\partial L}{\partial \lambda} = \bar{x} - F(r_1,\ldots,r_I) \leq 0$

(3.28) $\lambda \cdot \frac{\partial L}{\partial \lambda} = 0$

(3.29) $\frac{\partial L}{\partial \tau^S} = -\bar{S} + \sum_{m=1}^{M} S_m(r_1,\ldots,r_I) \leq 0$

(3.30) $\tau^S \cdot \frac{\partial L}{\partial \tau} = 0$

mit: τ^S Lagrange-Multiplikator, der als Schattenpreis für die entstehenden Umweltschäden zu interpretieren ist

Ungleichung (3.25) besagt, daß die Grenzproduktivität des Faktors i sowohl den modifizierten Preis des Faktors als auch dessen gesamten bewerteten Grenzschaden, verursacht durch die daraus resultierenden Umweltwirkungen, abdecken muß. Sieht man sich die Ableitung des Schadens einer Umweltwirkung m nach dem Produktionsfaktor i etwas genauer an, so stellt man fest, daß sich der Grenzschaden additiv aus den faktor- und prozeßbezogenen Umweltwirkungen zusammensetzt:

$$\frac{\partial S_m}{\partial r_i} = \frac{\partial u_m}{\partial r_i} \cdot \frac{\partial S_m}{\partial u_m} = \left(b_{mi} + \frac{\partial F_m}{\partial r_i}\right) \cdot \frac{\partial S_m}{\partial u_m} \qquad i = 1,\ldots,I$$

Über den Schattenpreis τ^S kann auf den Preis jeder Umweltwirkung m zurückgeschlossen werden, indem man die in der Minimalkostenkombination anfallenden Mengen der Umweltwirkung in die Grenzschadensfunktion einsetzt und mit τ^S multipliziert:

(3.31) $\tau_m^S = \tau^S \cdot \frac{\partial S_m}{\partial u_m} \quad \Rightarrow \quad \tau_m^O = \tau_m + \tau_m^S \qquad m = 1,\ldots,M$

Falls τ^S den Wert Null annimmt, sind die verursachten Schäden des betrachteten Problems aus Sicht des Unternehmens irrelevant und brauchen daher auch nicht in den Verrechnungspreisen der Umweltwirkungen berücksichtigt werden. In diesem Fall ergeben sich für die Produktionsfaktoren, Prozesse und Produkte jeweils ihre ursprünglichen (pagatorischen) Preise bzw. Kosten plus den von ihnen verursachten pagatorischen Kosten der Umweltwirkungen. Bezüglich der zu ermittelnden Verrechnungspreise und der Stabilität der Lösung bei Datenänderungen kann wie in 3.3.2.1 vorgegangen werden.

3.3.2.3 Begrenzung der Umweltwirkungen durch Kennzahlen

Bei einer Begrenzung der Umweltwirkungen durch Kennzahlen werden die Umweltwirkungen in Bezug zu Faktoreinsatzmengen, zur Ausbringungsmenge oder zum Dekkungsbeitrag gesetzt. Diese Vorgehensweise hat den Vorteil, daß die vom Unternehmen ausgehenden Umweltwirkungen an die betrieblichen Leistungen angepaßt werden. Eine absolute Begrenzung einer Umweltwirkung, die nicht an betriebliche Leistungen gekoppelt ist, kann dazu führen, daß Produktionspunkte oberhalb einer bestimmten Produktionsmenge nicht mehr erreichbar sind, das Unternehmen darüber hinaus also nicht mehr expandieren kann, während in Rezessionszeiten die Grenzwerte trotz relativ umweltschädlicher Produktion mühelos eingehalten werden. Die relative Begrenzung einer Umweltwirkung bewirkt dagegen, daß lediglich die Umweltwirkungen je Einheit eines Produktionsfaktors, eines Produkts oder je Einheit Deckungsbeitrag begrenzt sind. Dadurch soll eine vergleichsweise umweltschonende Produktion gewährleistet werden, ohne daß starre Obergrenzen für die anfallenden Umweltwirkungen die Wachstumschancen des Unternehmens beeinträchtigen. Solche Kennzahlen bzw. Grenzwerte, die jeweils als Satisfizierungsbedingung in das durch (3.10) bis (3.15) beschriebene Optimierungsproblem eingesetzt werden, können folgende Ausprägungen haben:

1. Grenzwerte bezogen auf Produktionsfaktoren

Bei einem Grenzwert bezogen auf einen Produktionsfaktor wird die Menge einer Umweltwirkung ins Verhältnis zur Einsatzmenge des Faktors gesetzt. Solche Grenzwertformulierungen findet man z.B. in der TA-Luft, bei der der Mengenausstoß einer Umweltwirkung auf die Laufzeit einer Produktionsanlage bezogen wird. Sieht man die Laufzeit der Produktionsanlage als Maßstab für deren Inanspruchnahme, so entspricht die Restriktion (3.15c) den im Umweltrecht verankerten Konzentrationsgrenzwerten:

(3.15c) $\quad \dfrac{u_m}{r_i} \leq \overline{g}_{mi}$

mit: $\overline{g}_{mi}$ Grenzwert der Umweltwirkung m bezogen auf den Produktionsfaktor i

Wenn man die obige Restriktion (3.12) wiederum als Bestimmungsgleichung für die mengenmäßigen Umweltwirkungen einsetzt, so ergibt sich für das vorliegende Optimierungsproblem die folgende Lagrange-Funktion:

$$L = \sum_{i=1}^{I} r_i \cdot q_i + \sum_{m=1}^{M}\left(\sum_{i=1}^{I} b_{mi} \cdot r_i + F_m(r_1,\ldots,r_I) + d_m \cdot x\right) \cdot \tau_m + \lambda \cdot (\overline{x} - F(r_1,\ldots,r_I)) +$$

$$\sum_{i=1}^{I}\sum_{m=1}^{M}\tau_{mi}^{g} \cdot \left(\dfrac{\sum_{i=1}^{I} b_{mi} \cdot r_i + F_m(r_1,\ldots,r_I) + \overline{x} \cdot d_m}{r_i} - \overline{g}_{mi} \right)$$

Aus den Ableitungen der Lagrange-Funktion nach den Produktionsfunktionen und den Lagrange-Multiplikatoren erhält man die grenzwertbezogenen Schattenpreise τ_{mi}^{g} der neu eingefügten Restriktionen. Diese besagen, wie hoch die Grenzkosten einer Einheit des Grenzwerts sind. Um diesen Preis auf die Umweltwirkungen umrechnen zu können, muß der Schattenpreis durch die optimale Einsatzmenge des zugehörigen Produktionsfaktors dividiert werden:

$$\tau_{mi}^S = \frac{\tau_{mi}^g}{r_i}$$

mit: τ_{mi}^S Schattenpreis des Grenzwerts der Umweltwirkungsart *m* bezogen auf den Produktionsfaktor *i*

Die Verrechnungspreise der Umweltwirkungen ergeben sich dann als Summe aller zu einer Umweltwirkungsart gehörenden Schattenpreise:

$$\tau_m^S = \sum_{i=1}^{I} \tau_{mi}^S$$

Anschließend können die bewerteten Umweltwirkungen wie bisher an die Produktionsfaktoren, Prozesse und Produkte weiterverrechnet werden.

2. Grenzwerte bezogen auf die Ausbringungsmenge

Bei auf die Ausbringungsmenge bezogenen Grenzwerten wird die maximal zulässige Emissionsmenge einer Umweltwirkung ins Verhältnis zur betrieblichen Leistungsabgabe gesetzt. Dem angegebenen Optimierungsproblem wird dann folgende Restriktion hinzugefügt:

(3.15d) $\quad \dfrac{u_m}{x} \leq \overline{g}_{mx}$

mit: $\overline{g}_{mx}$ Grenzwert der Umweltwirkung *m* bezogen auf die Ausbringungsmenge des Produkts

Dieser Fall ist bei gegebenem $\overline{x}$ äquivalent zur Mengenbeschränkung einer Umweltwirkungsart, die bereits in Abschnitt 3.3.2.1 beschrieben wurde, da gilt:

$$\frac{u_m}{\overline{x}} \leq \overline{g}_{mx} \quad \Rightarrow \quad u_m \leq \overline{g}_{mx} \cdot \overline{x} = \overline{u}_m$$

Es ist daher lediglich interessant, den Fall einer variablen Ausbringungsmenge näher zu untersuchen. Da das Ziel der Kostenminimierung zu einer Ausbringungsmenge von Null führen würde, ist hier die Gewinnmaximierung als Zielsetzung sinnvoll. Man erhält in dem Fall folgende Lagrange-Funktion:

$$L = \overline{p} \cdot x - \sum_{i=1}^{I} r_i \cdot q_i - \sum_{m=1}^{M} \left(\sum_{i=1}^{I} b_{mi} \cdot r_i + F_m(r_1,\ldots,r_I) + d_m \cdot x \right) \cdot \tau_m - \lambda \cdot (\overline{x} - F(r_1,\ldots,r_I)) +$$

$$\sum_{m=1}^{M} \tau_{mx} \cdot \left(\overline{g}_{mx} - \frac{\sum_{i=1}^{I} b_{mi} \cdot r_i + F_m(r_1,\ldots,r_I) + x \cdot d_m}{x} \right)$$

mit: τ_{mx} Schattenpreis des Grenzwerts der Umweltwirkungsart m bezogen auf das Produkt

Der Aufbau dieser Funktion ist weitgehend identisch mit der Situation bei den faktorbezogenen Grenzwerten. Auch hier erhält man bei einem restriktiven Grenzwert einen positiven Schattenpreis der eingefügten Restriktion. Der wesentliche Unterschied liegt darin, daß hier für eine Umweltwirkungsart nur ein einziger Grenzwert existiert. Der Preis τ_m einer Umweltwirkungsart m läßt sich dann wie folgt berechnen:

$$\tau_m = \frac{\tau_{mx}}{x}$$

Bei einer Kombination von produkt- und faktorbezogenen Grenzwerten müssen die einzelnen Verrechnungspreise bei sonst gleicher Vorgehensweise addiert werden.

3. Grenzwerte bezogen auf den Deckungsbeitrag

Bei auf den Deckungsbeitrag bezogenen Grenzwerten wird die Menge einer Umweltwirkung begrenzt, die pro Einheit des erzielten Deckungsbeitrags anfällt. Durch die Formulierung einer solchen Kennzahl können ökonomische Ziele mit Umweltzielen kombiniert werden:

(3.15e) $\quad \dfrac{u_m}{DB} \leq \overline{g}_{mDB} \quad \Leftrightarrow \quad \dfrac{DB}{u_m} \geq \dfrac{1}{\overline{g}_{mDB}} = \overline{\tau}_m$

mit: $\overline{g}_{mDB}$ Grenzwert der Umweltwirkung m bezogen auf den Deckungsbeitrag

DB Deckungsbeitrag

$\overline{\tau}_m$ Deckungsbeitrag, der im Durchschnitt mindestens je Einheit der Umweltwirkungsart m erbracht werden muß

In diesem Fall kann der Durchschnittspreis einer Umweltwirkung, ohne daß dies über die Kuhn-Tucker-Bedingungen hergeleitet werden muß, direkt aus der Umformung der Bedingung (3.15e) ermittelt werden. Wenn die Umweltproduktionsfunktion sowie die Produktionsfunktion eine gleich hohe Steigung der Skalenerträge aufweisen, läßt dies zugleich auch einen Schluß auf den anzusetzenden Verrechnungspreis einer Umweltwirkung zu, der dann aufgrund der vorliegenden linearen Expansionspfade[23] gleich dem Durchschnittspreis sein muß:

$$\tau_m^S = \overline{\tau}_m \quad \text{für alle } m$$

Bei Umweltproduktionsfunktionen mit höherer Steigung der Skalenerträge als bei der Produktionsfunktion kann dagegen davon ausgegangen werden, daß die Umweltwirkung je produzierter Einheit zunimmt. In diesem Fall liegt die Menge der Umweltwirkungen anfangs unterhalb der kritischen Grenze, während ab einem bestimmten Punkt diese kritische Grenze überschritten wird. Dies ist auch zulässig, solange der kritische

---

[23] Vgl. Kistner (1993a), S. 29f.

3.3 Integration von Umweltwirkungen in die neoklassische Produktions- und Kostentheorie

Wert im Durchschnitt eingehalten wird. Für den mit Hilfe der Kuhn-Tucker-Bedingungen zu ermittelnden Preis einer Umweltwirkung gilt dann:

$$\tau_m^S \leq \bar{\tau}_m \quad \text{für alle } m$$

Bei Umweltproduktionsfunktionen mit geringerer Steigung der Skalenerträge als die zugehörige Produktionsfunktion nehmen die Umweltwirkungen je Produkteinheit mit steigender Ausbringungsmenge ab. Die hier betrachtete Restriktion entspricht dann der Vorgabe einer Mindestproduktion, bei der erstmals die obige Relation von Deckungsbeitrag und Umweltwirkungen eingehalten wird. Sollte diese Relation aufgrund zu geringer oder negativer Deckungsbeiträge nicht möglich sein, so wäre auch eine Ausbringungsmenge von Null zulässig. In diesem Fall würde das Paradoxon auftreten, daß eine bestimmte Mindestmenge einer Umweltwirkung vorgegeben werden muß, da die mindestens angestrebte Relation von Deckungsbeitrag und Umweltwirkungen sonst nicht erreicht werden kann. Dies erscheint einerseits paradox, weil eine Mindestmenge für auftretende (negative) Umweltwirkungen gefordert wird. Andererseits darf ein Produkt, das produziert wird, nur ein Höchstmaß an Umweltwirkungen verursachen. Diese Situation ist vergleichbar mit Produktionen, die nur dann durchgeführt werden, wenn die damit einhergehenden Rüstkosten vollständig abgedeckt werden können, was erst ab einer bestimmten Produktionsmenge der Fall ist. Diese Konstellation erschwert die Bewertung der Umweltwirkungen, da hier nicht mehr länger ein lineares Bewertungsschema zugrunde gelegt werden kann. Vielmehr liegt der mit einer Umweltwirkung erzielbare Deckungsbeitrag über $\bar{\tau}_m$, solange die kritische Ausbringungsmenge noch nicht erreicht ist. Danach stellt die obige Restriktion keine Beschränkung des Entscheidungsraumes mehr dar, der weitere Ausstoß der Umweltwirkung kann somit mit dem Preis Null bewertet werden.

Die Bewertung kann durch die Setzung von umweltbezogenen Rüstkosten erfolgen, sobald die Ausbringungsmenge größer als Null ist. Der Rüstkostensatz ergibt sich durch die Multiplikation des Deckungsbeitrags des Produkts mit der Ausbringungsmenge, bei der die festgelegte Kennzahl erstmals eingehalten wird. Der variable Preis der Umweltwirkung beträgt in diesem Fall Null. Das hier dargestellte Vorgehen ermöglicht es, auch Rüstvorgänge auf einfache Weise in die Betrachtung einzubeziehen, ohne daß für diesen Zweck eine explizite Modellierung eine Rüstvorgangs erforderlich ist.

$$\tau_m^R = DB(x_m^k) \qquad \text{mit: } DB(x_m^k) = \int_0^{x_m^k} DB(x)\, dx$$

mit: τ_m^R Rüstkosten der Umweltwirkungsart m

$DB(x)$ gesamter Deckungsbeitrag der Ausbringungsmenge x

x_m^k Ausbringungsmenge, bei der die geforderte Relation des mengenmäßigen Anfalls der Umweltwirkungsart m und dem Deckungsbeitrag des Produkts erstmals überschritten wird

4. Kennzahlen zur relativen Begrenzung des Umweltschadens

Eine weitere Möglichkeit, Umweltwirkungen zu verringern, liegt in der Begrenzung des Umweltschadens bezogen auf einzelne Größen des betrieblichen Leistungsprozesses. Auch hier wird also mit Kennzahlen gearbeitet, wobei analog zu den obigen drei Möglichkeiten vorgegangen werden kann:

a) Bezogen auf betriebliche Produktionsfaktoren:

(3.15f) $$\frac{S(u_1,\ldots,u_m)}{r_i} \leq \overline{S}_i$$

mit: $\overline{S}_i$ maximal zulässiger Umweltschaden je eingesetzter Einheit des Produktionsfaktors i

b) Bezogen auf die Ausbringungsmenge:

(3.15g) $$\frac{S(u_1,\ldots,u_m)}{x} \leq \overline{S}_x$$

mit: $\overline{S}_x$ Maximal zulässiger Umweltschaden je Produkteinheit

Formal kann bei den Restriktionen (3.15f) und (3.15g) genau wie bei den ersten beiden Fällen, in denen die Restriktionen (3.15c) und (3.15d) betrachtet wurden, vorgegangen werden. Das Vorgehen entspricht also der Ermittlung der Verrechnungspreise bei Mengenkennzahlen. Man erhält jeweils τ_i bzw. τ_x als Schattenpreise der Restriktionskonstanten. Um den Preis einer Schadenseinheit zu erhalten, müssen diese Schattenpreise durch die optimale Einsatzmenge des betreffenden Produktionsfaktors bzw. durch die Ausbringungsmenge dividiert werden. Die optimale Menge der Umweltwirkungen kann jeweils in die einzelnen disaggregierten Schadensfunktionen eingesetzt werden. Der Grenzschaden multipliziert mit dem Preis einer Schadenseinheit ergibt wiederum den Preis einer Einheit einer Umweltwirkungsart. Dieser Preis kann wie oben in die Verrechnungspreise für Faktoren, Prozesse und Produkte einfließen. Im Unterschied zu den obigen Fällen ist es aber möglich, daß Umweltwirkungen durch andere substituiert werden können, wenn der dadurch auftretende Grenzschaden in Relation zu der damit erzielbaren bewerteten Grenzproduktivität geringer ist.

c) Bei Grenzwerten bezogen auf den Deckungsbeitrag:

(3.15h) $$\frac{S(u_1,\ldots,u_m)}{DB} \leq \overline{S}_{DB} \quad \Leftrightarrow \quad \frac{DB}{S(u_1,\ldots,u_m)} \geq \frac{1}{\overline{S}_{DB}} = \tau(\overline{S}_{DB})$$

mit: $\overline{S}_{DB}$ Maximal zulässiger Umweltschaden je Einheit erzielter Deckungsbeitrag

$\tau(\overline{S}_{DB})$ Durchschnittlicher Deckungsbeitrag, der mindestens je Umweltschadenseinheit erbracht werden muß

Die Vorgehensweise ist hier analog zum obigen Fall 3, in dem die Restriktion (3.15e) betrachtet wurde. Man erhält also Preise je Schadenseinheit, die je nach dem

Verlauf der Produktionsfunktion, der Umweltproduktionsfunktionen und der Schadensfunktionen unterhalb oder oberhalb des Durchschnittspreises liegen können. Auch hier tritt das oben beschriebene Paradoxon auf, wenn die Skalenerträge der Umweltproduktionsfunktionen eine größere Steigung als die Produktionsfunktion haben.

3.3.3 Umweltschutz als Oberziel

Betriebliche Umweltschutzziele werden nur in Ausnahmefällen den Status eines Oberziels haben. Dies wäre beispielsweise bei einem Unternehmen der Fall, das bei einem gegebenen Mindestgewinn (Satisfizierungsziel) seine Umweltwirkungen minimieren will. Solche Zielsetzungen werden allenfalls von politisch motivierten Unternehmern verfolgt, die ihr Unternehmen zugleich als Plattform für die Verwirklichung ihrer politischen Ideale betrachten. Trotzdem wird im folgenden der Umweltschutz als Oberziel modelltheoretisch analysiert, da sich dadurch weitere wichtige Erkenntnisse für die kostenrechnerische Bewertung der betrieblichen Umweltwirkungen ableiten lassen.

Beim Umweltschutz als alleinigem Oberziel muß die Zielsetzung hinsichtlich seiner Ausprägung konkretisiert werden. Hierbei kommen die Minimierung einzelner oder mehrerer mit konstanten Faktoren g_m gewichteter Umweltwirkungen bzw. des Gesamtschadens aller Umweltwirkungen in Betracht:

(3.32a) $\quad u_m \quad \Rightarrow \min!$

(3.32b) $\quad \sum_{m=1}^{M} g_m \cdot u_m \quad \Rightarrow \min!$

(3.32c) $\quad S(u_1,...,u_m) = \sum_{m=1}^{M} S_m(u_m) \Rightarrow \min!$

Während die erste Zielsetzung auf die Minimierung einer einzigen Umweltwirkungsart beschränkt ist, können mit Hilfe der Gewichtungsfaktoren mehrere Umweltwirkungsarten gleichzeitig erfaßt werden. In diesem Sinn können die Gewichtungsfaktoren g_m in (3.32b) auch als lineare Schadensfunktionen interpretiert werden. Während bei der ersten Zielfunktion eine Umweltwirkungsart den Gewichtungsfaktor Eins erhält und alle anderen mit Null gewichtet werden, können bei der zweiten Zielfunktion beliebige konstante Gewichtungsfaktoren eingesetzt werden. Bei der Minimierung des gesamten Umweltschadens erfolgt die Gewichtung durch Umweltschadensfunktionen, die daher auch als nicht-lineare Gewichtungsfunktionen interpretierbar sind. Der Aufbau der letzten Zielfunktion kann somit als Verallgemeinerung der ersten beiden Zielfunktionen angesehen werden.

Da Umweltschutz als alleiniges Oberziel ohne weitere Unterziele (Satisfizierungsbedingungen) dazu führt, daß das Unternehmen die Umweltwirkungen völlig eliminiert, müssen neben dem Umweltschutzziel weitere Zielsetzungen berücksichtigt werden.[24] Hierbei können nicht-monetäre Zielsetzungen, wie die Erstellung einer Mindestproduktionsmenge, und monetäre Zielsetzungen, wie ein gegebener Mindestgewinn, herangezogen werden. Während mit Hilfe von nicht-monetären Nebenbedingungen lediglich Aussagen über relative Kostenhöhen getroffen werden können, die mit Hilfe von gegebenen pagatorischen Kosten in Verrechnungspreise umrechenbar sind, wird es durch monetäre Nebenbedingungen direkt ermöglicht, die gesuchten umweltbezogenen Verrechnungspreise zu bestimmen. Weitere Möglichkeiten bestehen in einer Kombination von Umweltschutzzielen und anderen Zielen, indem man umweltbezogene Kennzahlen in die Zielfunktion einsetzt. Im folgenden werden die hier aufgezählten Möglichkeiten systematisch analysiert.

3.3.3.1 Nicht-monetäre Nebenbedingungen

Eine Minimierung von Umweltwirkungen bzw. der daraus resultierenden Schäden führt nur dann zu positiven Ausbringungsmengen, wenn diese direkt oder indirekt durch Satisfizierungsbedingungen vorgegeben sind. Eine direkte Vorgabe wäre eine gegebene Mindestproduktionsmenge. Bei einer indirekten Vorgabe führt z.B. ein zu erzielender Mindestgewinn zu einer positiven Ausbringungsmenge. Da in diesem Abschnitt ausschließlich nicht-monetäre Nebenbedingungen betrachtet werden, reicht es aus, sich auf eine vorgegebene Mindestproduktionsmenge zu beschränken:

$$F(r_1, r_2, \ldots, r_I) \geq \bar{x}$$

Der Vollständigkeit halber müssen noch die Bestimmungsgleichungen für den Anfall der mengenmäßigen Umweltwirkungen und die Nichtnegativitätsbedingungen für die Produktionsfaktoren berücksichtigt werden:

$$u_m = \sum_{i=1}^{I} b_{mi} \cdot r_i + F_m(r_1, r_2, \ldots, r_I) + x \cdot d_m \qquad m = 1, \ldots, M$$

$$r_i \geq 0 \qquad i = 1, \ldots, I$$

Wenn die Bestimmungsgleichungen direkt in eine der obigen Zielfunktionen (ZF) eingesetzt werden, dann kann das gegebene Optimierungsproblem wiederum mit Hilfe der Ableitungen der Lagrange-Funktion gelöst werden:

$$L = ZF + \lambda \cdot (\bar{x} - F(r_1, \ldots, r_I))$$

(3.33) $\quad \dfrac{\partial L}{\partial r_i} = \dfrac{\partial ZF}{\partial r_i} - \lambda \cdot \dfrac{\partial F}{\partial r_i} \leq 0 \qquad i = 1, \ldots, I$

(3.34) $\quad r_i \cdot \dfrac{\partial L}{\partial r_i} = 0 \qquad i = 1, \ldots, I$

---

[24] Vgl. Abschnitt 1.2.2.

$$(3.35) \quad \frac{\partial L}{\partial \lambda} = \bar{x} - F(r_1, \ldots, r_I) \leq 0$$

$$(3.36) \quad \lambda \cdot \frac{\partial L}{\partial \lambda} = 0$$

Bedingung (3.33) ist für alle $r_i > 0$ als Gleichung erfüllt. In diesem Fall gilt für den Schattenpreis λ:

$$\lambda = \frac{\partial ZF}{\partial r_i} \cdot \frac{\partial r_i}{\partial F} = \frac{\text{Grenzschaden des Faktors } i}{\text{Grenzproduktivität des Faktors } i}$$

Dieser Preis kann also als Verschlechterung bzw. Verbesserung der Zielfunktion interpretiert werden, wenn eine Ausbringungsmengeneinheit mehr oder weniger produziert wird. Da dieser Preis aber nicht in Geldeinheiten, sondern in Mengeneinheiten von Umweltwirkungen bzw. von Schadenseinheiten bezogen auf die Produktivität gemessen wird, ist er nicht mit anderen Preisen, die in Geldeinheiten gemessen werden, vergleichbar. Zwar liegen hier die relativen Preise je Umweltwirkungsart bzw. Schadenseinheit vor, die zur optimalen Kombination von Produktionsfaktoren und Umweltwirkungen führen; daraus läßt sich aber noch keine Aussage über die absoluten Preise herleiten. Es wird daher ein geeigneter Maßstab benötigt, der angibt, mit wie vielen Geldeinheiten eine Umweltwirkungsart bzw. eine Schadenseinheit zu bewerten ist. Für diesen Zweck bietet sich die Normierung des Schattenpreises λ auf die tatsächlich anfallenden pagatorischen Kosten an. Wenn $(r_1^*, \ldots, r_I^*; u_1^*, \ldots, u_M^*)$ die optimale Kombination von Produktionsfaktoren und Umweltwirkungen zur Erzeugung der Ausbringungsmenge $\bar{x}$ ist, dann erhält man als Preis τ, mit dem eine Zielfunktionseinheit monetär bewertet werden kann:

$$\tau = \lambda \cdot \frac{\bar{x}}{\sum_{i=1}^{I} r_i^* \cdot q_i + \sum_{m=1}^{M} u_m^* \cdot \tau_m}$$

Je nachdem, welche der drei oben genannten Zielsetzungen zugrunde gelegt wird, kann dann mit Hilfe von τ und der folgenden Umrechnungsformel der Preis einer Umweltwirkungsart m berechnet werden:

$$(3.37) \quad \tau_m^S = \begin{cases} \tau & \text{falls } u_m \Rightarrow \min! \\ \tau \cdot g_m & \text{falls } \sum_{m=1}^{M} g_m \cdot u_m \Rightarrow \min! \\ \tau \cdot \frac{\partial ZF}{\partial u_m} = \tau \cdot \frac{\partial S_m}{\partial u_m} & \text{falls } S(u_1, \ldots, u_M) = \sum_{m=1}^{M} S_m(u_m) \Rightarrow \min! \end{cases}$$

Mit Hilfe der Rückrechnung dieser Preise können wie in den vorangegangenen Abschnitten die Verrechnungspreise für die einzelnen Produktionsfaktoren, Prozesse und

Produkte berechnet werden. Allerdings ist hier zu beachten, daß die pagatorischen Kosten der Produktionsfaktoren nicht mehr explizit in die Berechnung einfließen dürfen. Die Verrechnungspreise ergeben sich also ausschließlich aus der Höhe der faktor-, prozeß- und produktbezogenen Umweltwirkungen.

Das hier vorgestellte Vorgehen ermöglicht es, bei verschiedenen Umweltschutzzielen und nicht-monetären Nebenbedingungen umweltbezogene Verrechnungspreise zu ermitteln. Allerdings stellt die Normierung auf die tatsächlich anfallenden pagatorischen Kosten einen Kunstgriff dar, da die ursprünglichen pagatorischen Kosten überhaupt keinen Einfluß auf die optimalen Preisverhältnisse haben. Dies hängt damit zusammen, daß im obigen Optimierungsproblem pagatorische Größen weder in die Zielfunktion noch in die Nebenbedingungen eingehen.

3.3.3.2 Monetäre Nebenbedingungen

In der Praxis wird ein Unternehmen nicht auf die Zielsetzungen Kostenminimierung bzw. Gewinnerzielung verzichten können, um sich am Markt behaupten zu können. Aus diesem Grund wird die Minimierung einzelner oder mehrerer Umweltwirkungen bzw. des Gesamtschadens in der Regel mit monetären Nebenbedingungen verknüpft. Dabei kann es sich z.B. um die Vorgabe einer maximalen Kostenhöhe bei gegebener Mindestproduktionsmenge oder um einen gegebenen Mindestgewinn handeln. Unabhängig davon, welche der in Abschnitt 3.3.3.1 aufgeführten Zielfunktionen gewählt wird, ergibt sich folgendes Optimierungsproblem, wobei nur eine der beiden Nebenbedingungen (3.38a) und (3.38b) einfließt. Die Entscheidung hängt davon ab, ob eine bestimmte Ausbringungsmenge zu maximalen Kosten (3.38a) erzeugt oder ein vorgegebener Mindestgewinn (3.38b) erzielt werden soll:

Zielfunktion:

(3.32)   *Zielfunktion aus 3.3.3.1*

Nebenbedingungen:

(3.38a) $\sum_{i=1}^{I} r_i \cdot q_i + \sum_{m=1}^{M} u_m \cdot \tau_m \leq \overline{K}$ und $F(r_1, r_2, \ldots, r_I) \geq \overline{x}$ oder

(3.38b) $\overline{p} \cdot x - \sum_{i=1}^{I} r_i \cdot q_i - \sum_{m=1}^{M} u_m \cdot \tau_m \geq \overline{G}$

(3.39) $u_m = \sum_{i=1}^{I} r_i \cdot b_{mi} + F_m(r_1, r_2, \ldots, r_I) + x \cdot d_m$ $m = 1, \ldots, M$

(3.40) $r_i \geq 0$ $i = 1, \ldots, I$

mit: $\overline{K}$ maximale zulässige (pagatorische) Kosten zur Erzielung der Ausbringungsmenge $\overline{x}$

  $\overline{G}$ vorgegebener Mindestgewinn

3.3 Integration von Umweltwirkungen in die neoklassische Produktions- und Kostentheorie

Die Gleichung zur Ermittlung der mengenmäßigen Umweltwirkungen kann als Bestimmungsgleichung wiederum direkt in die Zielfunktion eingesetzt werden. Außerdem beziehen sich die folgenden Ausführungen ausschließlich auf den ersten Fall, also auf die Produktion einer vorgegebenen Ausbringungsmenge bei maximal zulässigen Kosten. Wird ein gegebener Mindestgewinn angestrebt, kann analog zu dem nun vorgestellten Lösungsweg vorgegangen werden. Die optimale Kombination von Produktionsfaktoren und Umweltwirkungen läßt sich mit Hilfe der Kuhn-Tucker-Bedingungen interpretieren:

$$L = ZF + \lambda \cdot (\bar{x} - F(r_1,\ldots,r_I)) - \frac{1}{\tau}\left(\bar{K} - \sum_{i=1}^{I} r_i \cdot q_i - \sum_{m=1}^{M}\left(\sum_{i=1}^{I} r_i \cdot b_{mi} + F_m(r_1,\ldots,r_I) + d_m \cdot x\right) \cdot \tau_m\right)$$

(3.41) $\quad \dfrac{\partial L}{\partial r_i} = \dfrac{\partial ZF}{\partial r_i} - \lambda \cdot \dfrac{\partial F}{\partial r_i} + \dfrac{q_i + \sum_{m=1}^{M}\left(b_{mi} + \dfrac{\partial F}{\partial r_i}\right) \cdot \tau_m}{\tau} \leq 0 \qquad i = 1,\ldots,I$

(3.42) $\quad r_i \cdot \dfrac{\partial L}{\partial r_i} = 0 \qquad\qquad\qquad\qquad\qquad\qquad i = 1,\ldots,I$

(3.43) $\quad \dfrac{\partial L}{\partial \lambda} = \bar{x} - F(r_1,\ldots,r_I) \leq 0$

(3.44) $\quad \lambda \cdot \dfrac{\partial L}{\partial \lambda} = 0$

(3.45) $\quad \dfrac{\partial L}{\partial\left(\dfrac{1}{\tau}\right)} = \bar{K} - \sum_{i=1}^{I} r_i \cdot q_i \geq 0$

(3.46) $\quad \dfrac{1}{\tau} \cdot \dfrac{\partial L}{\partial\left(\dfrac{1}{\tau}\right)} = 0$

Der Schattenpreis $1/\tau$ ist als Veränderung des Zielfunktionswerts je Kosteneinheit zu interpretieren. Der Kehrwert dieses Schattenpreises τ gibt also an, wie hoch die Kosten einer Zielfunktionseinheit zu veranschlagen sind, wobei immer vom gegebenen Kostenniveau $\bar{K}$ ausgegangen wird. Falls in der optimalen Lösung des gegebenen Optimierungsproblems $r_i > 0$ gilt, muß aufgrund der Bedingung (3.42) die Bedingung (3.41) genau erfüllt sein. Für τ gilt dann:

(3.47) $\quad \tau = \dfrac{q_i + \sum_{m=1}^{M}\left(b_{mi} + \dfrac{\partial F_m}{\partial r_i}\right) \cdot \tau_m}{\lambda \cdot \dfrac{\partial F}{\partial r_i} - \dfrac{\partial ZF}{\partial r_i}} \qquad \left(\tau = \dfrac{\text{Preis des Gutes } i \text{ zuzüglich pagatorische Kosten der zuzurechnenden Umweltwirkungen}}{\text{Bewertete Grenzproduktivität} - \text{Grenzschaden des Faktors } i}\right)$

Daraus läßt sich ableiten, daß die Einsatzmenge eines Produktionsfaktors solange erhöht wird, bis alle zurechenbaren pagatorischen Kosten inklusive dem Preis des Faktors der bewerteten Grenzproduktivität abzüglich dem Grenzschaden des Faktors entsprechen. Die Bewertung der Grenzproduktivität erfolgt dabei mit dem Schattenpreis λ, der als Veränderung des Zielfunktionswerts bezogen auf eine Veränderung der vorgegebenen Ausbringungsmenge zu interpretieren ist. Mit Hilfe der obigen Gleichung (3.47) läßt sich der Preis einer Zielfunktionseinheit also unmittelbar errechnen, indem man die optimale Einsatzmenge eines Faktors und dessen pagatorischen Preis einsetzt. Die Preise der einzelnen Umweltwirkungsarten erhält man wie im vorhergehenden Abschnitt durch die Multiplikation mit dem in (3.37) angegebenen Umrechnungsfaktor. Die Ermittlung der Verrechnungspreise der Produktionsfaktoren, Prozesse und Produkte erfolgt dann wie üblich.

Die hier dargestellte Ermittlung der Verrechnungspreise zeigt nicht nur, daß eine monetäre Bewertung selbst dann möglich ist, wenn pagatorische Kosten und Erlöse nur in die Nebenbedingungen einfließen. Darüber hinaus wird deutlich, daß die Gleichung (3.47) für alle eingesetzten Produktionsfaktoren gilt. Die Wahl der Einsatzmenge eines Produktionsfaktors hängt somit nicht nur von der Grenzproduktivität des Faktors, sondern auch von dessen Grenzschaden ab. Durch die Optimierung wird sichergestellt, daß alle einem Faktor zurechenbaren pagatorischen Kosten in einem festen Verhältnis zur Differenz zwischen der bewerteten Grenzproduktivität und dem Grenzschaden des Faktors stehen.

3.3.3.3 Kombination von Umweltschutz- und anderen Zielen durch Kennzahlen

Ebenso wie beim Umweltschutz als alleinigem Ziel besteht bei Kennzahlen, die u.a. umweltbezogene Größen enthalten, die Möglichkeit, sowohl nicht-monetäre Kennzahlen als auch Kennzahlen, die monetäre Größen enthalten, zu optimieren:

- Bei den *nicht-monetären Kennzahlen* könnte es sich z.B. um die Minimierung der Umweltwirkungen je Outputeinheit handeln. Eine solche Zielsetzung ist jedoch nur dann operational, wenn die Steigungen der Skalenerträge der Produktionsfunktion und der Umweltproduktionsfunktion nicht gleich sind, da ansonsten jede beliebige Ausbringungsmenge zu einem gleichen Verhältnis von Umweltwirkungen und Outputs führt. Eine höhere Steigung der Skalenerträge der Produktionsfunktion als bei den Umweltproduktionsfunktionen führt zu einer unendlich hohen Ausbringungsmenge, so daß das Umweltziel seine Relevanz verliert. Im umgekehrten Fall wäre die Ausbringungsmenge Null, da die Umweltwirkungen bezogen auf die mengenmäßigen Outputs mit zunehmender Ausbringungsmenge kontinuierlich ansteigen. Setzt man die Schadensfunktion in Bezug zu nicht-monetären Größen, so hängt das Ergebnis vom Verlauf und dem relevanten Abschnitt der Schadensfunktion ab. Da bei der Bildung von Kennzahlen also häufig Randpunkte optimale Lösungen ergeben und eine Kombination von Umweltschutz- und monetären Zielen für die meisten Unternehmen von höherer Relevanz ist, wird auf eine ausführlichere Darstellung von nicht-monetären Kennzahlen verzichtet.

- Die *gemischt-monetären Kennzahlen* zeichnen sich dadurch aus, daß die Umweltschutzziele durch nicht-monetäre Größen erfaßt werden und in Bezug zu wirtschaftlichen Größen, z.B. den Kosten oder dem erzielbaren Gewinn, gesetzt werden. In diesem Sinn hat eine umweltbezogene gemischt-monetäre Kennzahl folgenden Aufbau:

(3.48) $\quad Z = \dfrac{\text{Umweltschutzziel}}{\text{Ökonomische Zielsetzung}} \Rightarrow \min!$

Unabhängig davon, welche Umweltschutzzielsetzung gewählt wird, gelten für das vorliegende Problem unter Beachtung von zusätzlichen Nebenbedingungen im Optimum die Kuhn-Tucker-Bedingungen. In diesem Fall kann allerdings auf die Interpretation der Lagrange-Multiplikatoren als Schattenpreise verzichtet werden. Es reicht aus, die optimalen Faktoreinsatzmengen, die Umweltwirkungen und die Ausbringungsmenge in die Zielfunktion einzusetzen. Als Ergebnis erhält man dann das optimale Verhältnis von Umweltwirkungen bzw. Umweltschäden zur relevanten ökonomischen Bezugsgröße, das angibt, wie hoch die Umweltwirkungen bzw. die Umweltschäden je Geldeinheit höchstens sein dürfen, damit sich die Ausweitung der Produktion lohnt. Der Kehrwert dieses Verhältnisses kann somit je nach Zielfunktion als Verrechnungspreis einer oder mehrerer Umweltwirkungsarten bzw. der daraus resultierenden Umweltschäden herangezogen werden. Die Weiterverrechnung auf Faktoren, Prozesse und Produkte erfolgt dann wieder durch die Gleichungen (3.22) bis (3.24).

3.3.4 Ergebnisse

Mit Hilfe von kostentheoretischen Ansätzen konnte gezeigt werden, daß Umweltwirkungen, die beim Normalbetrieb anfallen, Einfluß auf die Minimalkostenkombination eines Unternehmens haben können. Neben den pagatorischen Kosten der Umweltwirkungen spielen auch betriebliche Knappheiten bei den einzelnen Umweltwirkungsarten eine wichtige Rolle. Für diesen Zweck wurden zunächst Verrechnungspreise für die einzelnen Umweltwirkungsarten ermittelt. Anschließend wurden die bewerteten Umweltwirkungen in die Verrechnungspreise der verursachenden Produktionsfaktoren, Prozesse und Produkte einbezogen.

Darüber hinaus bietet sich die Möglichkeit, die betrieblichen Umweltwirkungen auch bei nicht-wirtschaftlichen Zielen in der Zielfunktion zu berücksichtigen. Letztlich sind die dargestellten Modelle also offen für beliebige betriebliche Zielsetzungen. Selbst bei rein nicht-monetären Zielen kann ein Verrechnungspreissystem ermittelt werden, das eine optimale Steuerung der betrieblichen Umweltwirkungen erlaubt.

Neben der reinen Berücksichtigung von Umweltwirkungen bzw. den daraus resultierenden Schäden in der Zielfunktion bzw. in den Nebenbedingungen sind auch gemischte Problemformulierungen möglich. In diesem Fall kann der Umweltschutz sowohl als Ober- als auch als Unterziel gesehen werden. Ein Beispiel hierfür ist die Minimierung der Umweltschäden als Oberziel, wobei zusätzlich für bestimmte Umweltwirkungsarten eine mengenmäßige Obergrenze einzuhalten ist. Die Lösung eines solchen Optimierungsproblems unterscheidet sich nur geringfügig von der bisherigen Vorgehensweise. Zur Ermittlung der Minimalkostenkombination bzw. der gewinnmaximalen Ausbringungsmenge wird man auch hier auf die Kuhn-Tucker-Bedingungen zurückgreifen. Die Verrechnungspreise der einzelnen Umweltwirkungsarten ergeben sich dann additiv aus den (eventuell umgerechneten) Schattenpreisen der Restriktionen sowie aus den Preisen, die aus der Berücksichtigung der Umweltwirkungen in der Zielfunktion ermittelt werden.

3.4 Weitere Einflußfaktoren der betrieblichen Umweltwirkungen

Im folgenden werden neben den bereits betrachteten betrieblichen Umweltzielen weitere Faktoren erörtert, die die Kosten der Umweltwirkungen bzw. die Kosten des betrieblichen Umweltschutzes betreffen. Dazu zählen insbesondere die Kosten der umweltbezogenen Risiken sowie die Kosten- und Erlöseffekte aufgrund von umweltbezogenen Nachfrageverschiebungen. Am Schluß dieses Abschnitts wird auf den notwendigen Abgleich zwischen der strategischen und der taktisch-operativen Planung eingegangen.

3.4.1 Kosten von umweltbezogenen Risiken

Unter einem Risiko wird hier die Möglichkeit einer negativen Abweichung von einer erwarteten Zielgröße verstanden.[25] *Umweltbezogene Risiken* ergeben sich durch alle möglichen unerwarteten Beeinträchtigungen der betrieblichen Ziele durch Ereignisse, die die betrieblichen Umweltwirkungen bzw. den betrieblichen Umweltschutz betreffen. *Auslöser von umweltbezogenen Risiken* können *innerbetriebliche Ereignisse* sein, die auf Störungen von Transport- und Lagervorgängen, der Produktion, der Sicherheitsvorrichtungen und bzw. oder menschliches Versagen zurückzuführen sind. Primär werden diese Ereignisse durch Abweichungen von den normalen Betriebsabläufen verursacht. Neben den entstehenden materiellen Schäden können Reaktionen der betrieblichen Anspruchsgruppen zu weiteren Erfolgseinbußen führen. Bei *außerbetrieblichen Ereignissen* werden umweltbedeutsame Sachverhalte, z.B. aufgrund von Medienberichten, anders als in der Vergangenheit eingeschätzt. In diesem Fall werden die Störungen also durch eine geänderte Bewertung von Umweltwirkungen durch die Anspruchsgruppen ausgelöst. Aufgrund von negativen Nachfragewirkungen sowie der Verschlechterung des Unternehmensimages können damit u.U. starke Umsatzeinbußen verbunden sein.

---

[25] Vgl. Janzen (1996), S. 71.

Für das betriebliche Risikomanagement[26] und auch für die Erfassung der umweltbezogenen Risiken in der Kostenrechnung ist es erforderlich, die vorhandenen Risiken zunächst zu identifizieren und anschließend zu quantifizieren. Die Erkennung und Handhabung von umweltbezogenen Risiken wird durch Frühwarnsysteme wesentlich erleichtert. Dabei kann wie folgt vorgegangen werden:

1. Identifikation von umweltbezogenen Risiken

Frühwarnsysteme haben die Aufgabe, betriebliche Prozesse auf ihre Störanfälligkeit hin zu untersuchen. Für diesen Zweck ist auch das Mengengerüst der betrieblichen Umweltwirkungen heranzuziehen, das erste Rückschlüsse auf besondere umweltgefährdende Prozesse und Produkte erlaubt. Für die Erkennung der umweltbezogenen Risiken kann also direkt auch auf Daten der umweltbezogenen Kostenrechnung zurückgegriffen werden. Darüber hinaus sollten Frühwarnsysteme auch gravierende marktliche und gesellschaftliche Entwicklungen im Umfeld des Unternehmens wahrnehmen.[27] Anhaltspunkte für die Ermittlung potentieller Risiken von Umweltwirkungen sind Gefahrenpotentiale des Transport- und Lagerwesens sowie der Produktion, die Störfallhäufigkeit in der Vergangenheit, Schwächen der Betriebsorganisation und bei vorhandenen Sicherheitsvorrichtungen, die Wartung der Betriebsmittel und Medienberichte über bisher als harmlos empfundene Inhaltsstoffe von Produkten[28] oder über umweltsensible Produktionsverfahren. Weiter sind Risiken, die aus rechtlichen Rahmenbedingungen hervorgehen, wie die umweltbezogene Produkthaftung, von Bedeutung.

2. Quantifizierung von umweltbezogenen Risiken

Im nächsten Schritt sind alle erkannten Risiken so zu quantifizieren, daß zumindest eine Abschätzung der Eintrittswahrscheinlichkeit und der voraussichtlichen Schadenshöhe möglich ist. Für diesen Zweck können mit Hilfe von verschiedenen Szenarien der Schadensverlauf, die Schadenswahrscheinlichkeiten und die daraus resultierenden Kosten variiert werden. Die Ermittlung der Eintrittswahrscheinlichkeiten und der Schadenshöhe fällt bei häufig auftretenden Störungen, bei denen auf Erfahrungsdaten aus der Vergangenheit zurückgegriffen werden kann, naturgemäß leichter als bei sporadisch auftretenden Störfällen, bei denen eine theoriegestützte Untersuchung der Risiken erforderlich ist. Der Erwartungswert eines Risikos errechnet sich durch die Multiplikation der jeweiligen Eintrittswahrscheinlichkeiten mit der damit verbundenen (monetären) Schadenshöhe.[29]

---

[26] Vgl. Balderjahn / Mennicken (1996), S. 23ff., Ballwieser (1994), S. 143ff., Matten (1996), S. 360ff., und Wagner (1997), S.49 ff.
[27] Vgl. Schulz / Schulz (1994), S. 63ff.
[28] Bei umweltgefährdenden oder toxischen Inhaltsstoffen können Produktrückrufe erhebliche Kosten verursachen; vgl. hierzu Standop (1992), S. 907ff.
[29] Vgl. Helten (1992), S. 95ff.

3. Risikopolitische Maßnahmen

Aufbauend auf der Kenntnis der Risiken und den daraus möglicherweise resultierenden Schäden ist im Rahmen des Risikomanagements zu entscheiden, wie mit den einzelnen Risiken verfahren werden soll. Es stehen folgende Grundoptionen zur Verfügung:[30]

- Im Rahmen der *Risikoprävention* werden risikoreiche Handlungsalternativen vermieden bzw. durch weniger risikobehaftete Alternativen substituiert. Dazu gehört auch die Verringerung eines Risikos durch entsprechende organisatorische und technische Maßnahmen, die entweder die Eintrittswahrscheinlichkeit oder die Schadenshöhe reduzieren.
- Bei der *Risikobegrenzung* werden die durch ein Risiko drohenden Vermögensverluste durch Versicherungen vermindert und kalkulierbar gemacht.
- Beim *Risikoausgleich* werden risikoreiche Handlungsfelder mit risikoarmen Handlungsfeldern im Rahmen eines Geschäftsfeld-Portefeuilles kombiniert.
- Bei der *Risikoabdeckung* werden im Gegensatz zur Versicherung vom Unternehmen selbst finanzielle Reserven gebildet, die beim Eintritt des Risikos zur Abdeckung der Vermögensverluste verwendet werden können.
- Bei der *Risikoüberwälzung* werden risikoreiche Handlungsfelder auf andere Wirtschaftssubjekte verlagert. Dies wäre z.B. der Fall, wenn ein bisher mit risikoreichen Produktionsprozessen eigengefertigtes Zwischenprodukt künftig von einem Lieferanten bezogen wird.

Insgesamt bleibt allerdings festzuhalten, daß sich nicht alle umweltbezogenen Risiken vermeiden, abwälzen oder versichern lassen, so daß jede unternehmerische Tätigkeit immer auch mit Risiken verbunden ist. Es ist jedoch eine der wesentlichen Aufgaben des Risikomanagements, den identifizierten und quantifizierten Risiken durch geeignete Maßnahmen zu begegnen, die sowohl den unternehmerischen Zielsetzungen als auch der Risikopräferenz des Unternehmers gerecht werden.

4. Bewertung der risikopolitischen Maßnahmen

Nach der Wahrnehmung der risikopolitischen Optionen sind die verbliebenen Risiken im letzten Schritt zu bewerten, wobei diese je nach dem Verursacher einer Umweltwirkungsart, einem Produktionsfaktor, einem Produktionsprozeß oder einem Produkt zuzurechnen sind. Bei einer Versicherung von umweltbezogenen Risiken sind die Versicherungsprämien möglichst gerecht auf ihre Verursacher zu verteilen. Bei der Verminderung der nicht versicherten Risiken sind die Erwartungswerte der verbleibenden Risiken ebenfalls den verursachenden Umweltwirkungen, Faktoren, Prozessen und Produkten anzulasten. Bei Risikoaversion sollten vorhandene Risiken nicht nur mit ihrem Erwartungswert bewertet, sondern zusätzlich mit einem der Risikopräferenz entsprechenden Sicherheitszuschlag versehen werden.

---

[30] Vgl. Hammann (1992), S. 132.

Die verrechneten Kosten der Risiken führen zur direkten Erhöhung der Verrechnungspreise der betroffenen Umweltwirkungen, Faktoren, Prozesse und Produkte. Bei Risiken, die einer einzelnen Umweltwirkungsart zugerechnet werden, können diese anschließend mit den üblichen Verrechnungsmechanismen an die Faktoren, Prozesse und Produkte weiterverrechnet werden.

3.4.2 Berücksichtigung der Nachfrage umweltorientierter Kundensegmente

Das Umweltbewußtsein der Bevölkerung in Deutschland hat sich in den achtziger Jahren stetig erhöht und sich in den letzten Jahren auf einem hohen Niveau stabilisiert.[31] Dieser umweltorientierte Wertewandel hat zu einer Veränderung der Nachfrage umweltorientierter Kundensegmente geführt. In diesem Zusammenhang können drei Konsumentengruppen unterschieden werden:[32]

- Für die *nicht umweltorientierten Konsumenten* sind die Umweltwirkungen, die von den Produkten bei ihrer Produktion, ihrer Nutzung und Entsorgung entstehen, ohne Bedeutung und daher auch ohne Einfluß auf die Nachfrage.

- Bei einem *Teil der Konsumenten ist die vorhandene Umweltorientierung nur eingeschränkt nachfragewirksam,* wenn nämlich mit dem Erwerb von weniger umweltschädlichen Produkten kein höherer Preis bei gleicher Produktqualität verbunden ist oder wenn ein höherer Preis durch einen mindestens so hohen Zusatznutzen kompensiert wird. Ein zusätzlicher individueller Nutzen durch die relative Umweltfreundlichkeit eines Produkts kann beispielsweise durch geringere humantoxikologische Wirkungen gegeben sein als bei anderen funktionsgleichen Produkten. Beispiele für Produkte, bei denen Kunden dieses Segments zu einer Veränderung der Marktstruktur beigetragen haben, sind Nahrungsmittel aus ökologischem Anbau oder Holzschutzmittel für den Innenraumbereich. Außerdem berücksichtigt dieses Segment auch die Folgekosten der Kaufentscheidungen, wie Energieverbrauch und Entsorgungskosten.

- Bei den *konsequent umweltorientierten Kundensegmenten* ist dagegen nicht nur der individuelle Nutzen eines Gutes ausschlaggebend, sondern auch der kollektive Nutzen, der durch die Schonung der natürlichen Umwelt erzielt wird. Konsumenten dieses Segments sind bereit, für Güter, die im Rahmen ihrer Produktion, ihrer Nutzung und der anschließenden Entsorgung relativ zu anderen umweltschonend sind, bis zu einer gewissen Grenze auch Mehrkosten oder Qualitätseinbußen in Kauf zu nehmen. Ein Beispiel hierfür ist Altpapier, das sowohl durch eine schlechtere Produktqualität als auch durch einen höheren Preis gegenüber konventionellem Schreibpapier gekennzeichnet ist.

---

[31] Vgl. Kaas (1994), S. 97.
[32] Vgl. Kaas (1992), S. 474ff.

Will man eine für das Unternehmen gültige Nachfragefunktion definieren, so müssen die Nachfragefunktionen der einzelnen Segmente aggregiert werden. Es wird im folgenden davon ausgegangen, daß bezüglich der Umweltwirkungen der Produkte – also deren Umweltstücklisten – zwischen dem Unternehmen und den Kunden keine Informationsunterschiede bestehen.

Die für die Kunden ausschlaggebenden Umweltwirkungen werden immer auf eine Mengeneinheit eines Produkts bezogen. Auf diese Weise kann verhindert werden, daß ein Anstieg der Umweltwirkungen aufgrund einer Verdopplung der Ausbringungsmenge zu Absatzeinbußen führt, obwohl die relativen Umweltwirkungen pro Produkteinheit gleichbleiben oder sogar abnehmen. Bei einer Verrechnung der gesamten Umweltwirkungen auf die Ausbringungsmenge gilt dann für die mengenmäßigen Umweltwirkungen u_m^P der Art m je Produkteinheit:

$$u_m^P = \frac{u_m}{x} \qquad m = 1,\ldots,M$$

Mögliche Differenzen bezüglich der Einschätzungen der Schadwirkungen ergeben sich durch die Werthaltungen der einzelnen Gruppierungen. Entsprechend der obigen Klassifikation der Konsumenten können drei umweltbezogene Nachfragefunktionen skizziert werden:

1. Bei der *ersten Gruppe* hängt die nachgefragte Menge lediglich vom Preis des Gutes ab, während Umweltwirkungen keine Rolle spielen. Es gilt daher:

$$x = D_1(p) \qquad \frac{\partial D_1(p)}{\partial u_m^P} = 0 \qquad m = 1,\ldots,M$$

mit: $D_1(p)$ Nachfragemenge der ersten Gruppe in Abhängigkeit vom Preis p

2. Die *zweite Gruppe* berücksichtigt bei ihren Kaufentscheidungen zusätzlich die humantoxikologischen Wirkungen der Produkte:

$$x = D_2(p, u_1^P, \ldots, u_M^P)$$

$$\left. \begin{array}{l} \dfrac{\partial D_2(p, u_1^P, \ldots, u_M^P)}{\partial u_m^P} = 0, \text{ falls } S_m^h = 0 \\[2mm] \dfrac{\partial D_2(p, u_1^P, \ldots, u_M^P)}{\partial u_m^P} < 0, \text{ falls } S_m^h > 0 \end{array} \right\} \qquad m = 1,\ldots,M$$

mit: S_m^h Humantoxikologische Wirkungen der Umweltwirkungsart m

3. Bei der *dritten Gruppe* sind die gesamten Umweltwirkungen sowie die daraus resultierenden Schäden nachfragewirksam:

$$x = D_3(p, u_1^P, \ldots, u_M^P) \qquad \frac{\partial D_3(p, u_1^P, \ldots, u_M^P)}{\partial u_m^P} < 0$$

3.4 Weitere Einflußfaktoren der betrieblichen Umweltwirkungen

Beträgt der Anteil der einzelnen Gruppen an der gesamten Nachfrage ρ_1, ρ_2 und ρ_3, dann gilt für die aggregierte Nachfragefunktion:

(3.49) $\quad x = D(p, u_1^P, \ldots, u_M^P) = \rho_1 \cdot D_1(p) + \rho_2 \cdot D_2(p, u_1^P, \ldots, u_M^P) + \rho_3 \cdot D_3(p, u_1^P, \ldots, u_M^P)$

mit: $\quad \rho_1 + \rho_2 + \rho_3 = 1 \quad$ und $\quad 0 \leq \rho_1, \rho_2, \rho_3 \leq 1$

Je nach der Bedeutung der einzelnen Kundensegmente wird das rein gewinnmaximierende Unternehmen Umweltwirkungen und -schäden in die Betrachtung einbeziehen. Bildet die erste Gruppe den Hauptteil der Kunden, so sind die betrieblichen Umweltwirkungen unter Absatzgesichtspunkten weniger relevant. Stammt ein Großteil der Kunden aus dem zweiten Segment, wird das Unternehmen versuchen, die humantoxikologischen Wirkungen des Produkts zu vermindern bzw. durch Umweltwirkungen zu substituieren, die von diesem Segment als weniger wichtig erachtet werden. Lediglich das konsequent umweltorientierte Kundensegment trägt dazu bei, daß Umweltwirkungen insgesamt gesenkt werden, wobei auch hier Anstiege bei einzelnen als weniger problematisch erachteten Umweltwirkungsarten möglich sind.

Um die Analyse nicht unnötig zu komplizieren, wird davon ausgegangen, daß die Nachfrager Interdependenzen zwischen verschiedenen Umweltwirkungen nicht berücksichtigen, d.h. die Kreuzableitung der Nachfrage nach verschiedenen Umweltwirkungen g und h Null beträgt:

$$\frac{\partial^2 D(p, u_1^P, \ldots, u_M^P)}{\partial u_g^P \partial u_h^P} = 0 \qquad \text{für } g \neq h$$

Faßt man die gegebenen Funktionen zusammen und berücksichtigt alle pagatorischen Kostengrößen, so erhält man für das gewinnmaximierende Unternehmen das folgende Optimierungsmodell:

Zielfunktion:

(3.50) $\qquad G = x \cdot p - \sum_{i=1}^{I} r_i \cdot q_i - \sum_{m=1}^{M} u_m \cdot \tau_m \Rightarrow \max!$

Nebenbedingungen:

(3.51) $\qquad x = F(r_1, \ldots, r_I)$

(3.49) $\qquad x = D(p, u_1^P, \ldots, u_M^P)$

(3.52) $\qquad u_m = \sum_{i=1}^{I} b_{mi} \cdot r_i + F_m(r_1, \ldots, r_I) + x \cdot d_m \qquad m = 1, \ldots, M$

(3.53) $\qquad u_m^P = \dfrac{u_m}{x} \qquad m = 1, \ldots, M$

(3.54) $\qquad r_i \geq 0 \qquad i = 1, \ldots, I$

Geht man von einer Produktionsfunktion[33] aus, die die Bedingungen (3.54) erfüllt, dann kann die Lösung des obigen Problems mit Hilfe der Lagrange-Methode erfolgen. Außerdem kann die Gleichung

(3.55) $\quad u_m^P = \dfrac{u_m}{x}$ in $x = D(p, u_1^P, \ldots, u_M^P, x)$

eingesetzt werden. Weiter wird davon ausgegangen, daß die modifizierte Preis-Absatzfunktion nach x aufgelöst werden kann:

(3.56) $\quad x = D(p, u_1, \ldots, u_M, x) \Rightarrow x = \tilde{D}(p, u_1, \ldots, u_M)$

Die Lagrange-Funktion lautet wie folgt:

$$L = x \cdot p - \sum_{i=1}^{I} r_i \cdot q_i - \sum_{m=1}^{M} u_m \cdot \tau_m + \lambda \cdot (x - F(r_1, \ldots, r_I)) + \omega \cdot (x - \tilde{D}(p, u_1, \ldots, u_M))$$
$$+ \sum_{m=1}^{M} \tau_m^O \left(u_m - \sum_{i=1}^{I} b_{mi} \cdot r_i - F_m(r_1, \ldots, r_I) - x \cdot d_m \right)$$

Für die Bedingungen erster Ordnung ergibt sich dann:

(3.57) $\quad \dfrac{\partial L}{\partial p} = x - \omega \cdot \dfrac{\partial \tilde{D}}{\partial p} = 0$

(3.58) $\quad \dfrac{\partial L}{\partial x} = p + \lambda + \omega - \sum_{m=1}^{M} \tau_m^O \cdot d_m = 0$

(3.59) $\quad \dfrac{\partial L}{\partial r_i} = -q_i - \lambda \cdot \dfrac{\partial F}{\partial r_i} - \sum_{m=1}^{M} \tau_m^O \cdot \left(b_{mi} + \dfrac{\partial F_m}{\partial r_i} \right) = 0 \qquad i = 1, \ldots, I$

(3.60) $\quad \dfrac{\partial L}{\partial u_m} = -\tau_m + \tau_m^O - \omega \cdot \dfrac{\partial \tilde{D}}{\partial u_m} = 0 \qquad m = 1, \ldots, M$

(3.61) $\quad \dfrac{\partial L}{\partial \lambda} = x - F(r_1, \ldots, r_I) = 0$

(3.62) $\quad \dfrac{\partial L}{\partial \omega} = x - \tilde{D}(p, u_1, \ldots, u_M) = 0$

(3.63) $\quad \dfrac{\partial L}{\partial \tau_m^O} = u_m - \sum_{i=1}^{I} b_{mi} \cdot r_i - F_m(r_1, \ldots, r_I) - x \cdot d_m = 0 \qquad m = 1, \ldots, M$

Der Lagrange-Multiplikator ω ist als der Grenzdeckungsbeitrag des Produkts zu interpretieren, der dem Unternehmen entgeht, wenn eine Einheit des Produkts weniger abgesetzt werden kann.

Als Ergebnis dieses Gleichungssystems erhält man die gewinnmaximale Politik des Unternehmens, die durch

---

[33] Dies gilt z.B. für die Cobb-Douglas-Produktionsfunktion, bei der aufgrund der multiplikativen Verknüpfung der Faktoreinsätze in Verbindung mit nicht-ganzzahligen Produktionselastizitäten nur positive Faktoreinsatzmengen möglich sind.

3.4 Weitere Einflußfaktoren der betrieblichen Umweltwirkungen 133

$$\underline{y}' = (x^*, p^*, r_1^*, \ldots, r_I^*, u_1^*, \ldots, u_M^*) = (x^*, p^*, \underline{r}^{*'}, \underline{u}^{*'})$$

charakterisiert ist.[34]

Aufgrund der Möglichkeit, die Lagrange-Multiplikatoren als Schattenpreise der Restriktionskonstanten zu sehen, lassen sich die obigen Gleichungen, die im Optimum erfüllt sind, wie folgt interpretieren:

- Gleichung (3.57) besagt, daß die Produktionsmenge gleich der Grenznachfrage beim Preis p multipliziert mit dem Schattenpreis der Nachfragefunktion sein muß. Der Schattenpreis gibt an, um wieviel die Menge x sinken würde, wenn der Preis um eine marginale Einheit ansteigt.

- Laut Gleichung (3.58) muß der Preis des Produkts so gewählt werden, daß er der mit ihren jeweiligen Schattenpreisen bewerteten Summe aller produktbezogenen Umweltwirkungen pro Produkteinheit abzüglich der Schattenpreise der Produktionsfunktion und der Absatzfunktion entspricht. Für die Ermittlung des Absatzpreises sind also nunmehr nicht nur die Grenzkosten der Produktion relevant, sondern auch die Umweltwirkungen und die daraus resultierenden Absatzwirkungen.

- Gleichung (3.59) stellt sicher, daß der Preis des Produktionsfaktors i der Summe der mit dem Schattenpreis der Umweltwirkungen bewerteten faktorbezogenen Umweltwirkungen plus der Steigung der prozeßbezogenen Umweltwirkungen hinsichtlich der Faktoreinsatzmenge von i plus der mit ihrem Schattenpreis bewerteten Grenzproduktivität des Faktors i entspricht. Auch hier zeigt sich, daß die alleinige Ausrichtung des Faktoreinsatzes an dem Faktorpreis und der Grenzproduktivität nicht länger Bestand hat, da auch hier die mit den Umweltwirkungen verbundenen Nachfrageverschiebungen in das Kalkül einfließen.

- Mit Hilfe von Gleichung (3.60) lassen sich die Verrechnungspreise der Umweltwirkungen ermitteln. Diese setzen sich aus den pagatorischen Kosten der Umweltwirkungsart m plus dem entgangenen Deckungsbeitrag zusammen, der auf die Verringerung des Absatzes zurückzuführen ist:

$$(3.64) \quad \tau_m^O = \tau_m + \tau_m^S = \tau_m - \omega \cdot \frac{\partial \tilde{D}}{\partial u_m} \qquad \text{mit:} \quad \frac{\partial \tilde{D}}{\partial u_m} \leq 0$$

Der Schattenpreis ergibt sich aus dem Grenzdeckungsbeitrag des Produkts multipliziert mit der Absatzmenge, die bei einer zusätzlichen Einheit der Umweltwirkungsart weniger abgesetzt werden kann.

- Die Gleichungen (3.61) bis (3.63) stellen die Einhaltung der Nebenbedingungen (3.49), (3.51) und (3.52) sicher.

Die von einem Unternehmen ausgehenden Umweltwirkungen haben nicht nur Einfluß auf die anfallenden Kosten bzw. auf die realisierbaren Produktionsmöglichkeiten, falls

---

[34] Hierfür müssen auch die Bedingungen zweiter Ordnung erfüllt sein; vgl. hierzu Chiang (1984), S. 379ff.

eine oder mehrere Umweltwirkungsarten knapp sind, sondern auch auf die erzielbaren Erlöse. Interpretiert man die durch die Umweltwirkungen verursachten geringeren Deckungsbeiträge als entgangenen Gewinn, so können die Umweltwirkungen entsprechend der Gleichung (3.64) mit ihrem Opportunitätskostensatz bewertet werden. Allerdings liegt in diesem Fall keine innerbetriebliche Knappheit vor, sondern eine auf das Verhalten der Anspruchsgruppen zurückzuführende Gewinneinbuße. Durch die realistische Bewertung der Umweltwirkungen werden innerbetriebliche Anreize geschaffen, die entsprechenden Umweltwirkungen, soweit dies ökonomisch sinnvoll ist, zu verringern oder sogar zu vermeiden. Die entgangenen Deckungsbeiträge können dadurch insgesamt minimiert werden.

3.4.3 Dynamische Analysen

Die wettbewerbliche und gesellschaftliche Bedeutung von umweltrelevanten Sachverhalten hat sich in den letzten Jahren stark verändert und wird sich auch in Zukunft, abhängig von der Entwicklung ökologischer Problemdimensionen, weiter wandeln. Die Unternehmen versuchen sich durch eine geeignete Unternehmensstrategie und daraus abgeleitete Umweltziele an die veränderten Rahmenbedingungen anzupassen. Nur durch eine langfristige Anpassung kann es gelingen, die mit dem Umweltschutz und den betrieblichen Umweltwirkungen einhergehenden Chancen und Risiken optimal zu bewältigen. Durch ein mehrstufiges Vorgehen können die aus den strategischen Vorgaben resultierenden konkreten Anforderungen für die taktische und operative Planung abgeleitet werden. Darauf basierend sind die Umweltwirkungen im Rahmen der umweltbezogenen Kostenrechnung entsprechend den kurz- und langfristigen unternehmerischen Zielsetzungen zu steuern:

1. Zunächst sind langfristige, für das Unternehmen *relevante Entwicklungen* zu prognostizieren. Hierfür können neben den in Abschnitt 3.4.1 skizzierten Frühwarnsystemen weitere Indikatoren herangezogen werden. Dabei kann es sich gemäß der Erkenntnisse der Diffusionsforschung[35] beispielsweise um Berichte über Forschungsergebnisse in wissenschaftlichen Fachzeitschriften oder um Meinungsäußerungen von Politikern oder Bürgerinitiativen handeln. Diese können aufzeigen, in welchen Feldern künftige umweltbezogene Risiken und Chancen liegen.

2. Anschließend sollte die bisherige *Unternehmensstrategie* daraufhin überprüft werden, ob das Unternehmen damit angemessen auf die prognostizierten Veränderungen der Rahmenbedingungen reagieren kann. Insbesondere bei den bereits in Abschnitt 1.2.2 angesprochenen defensiven Umweltschutzstrategien besteht die Gefahr, daß wichtige umweltrelevante Entwicklungen nicht aufgegriffen werden. Um die langfristige Wettbewerbsposition zu stärken, sollten daher im Rahmen einer offensiven Strategie auch die Chancen des Umweltschutzes genutzt werden. In Um-

---

[35] Vgl. Krampe (1985) sowie Schulz / Schulz (1994), S. 65ff.

weltberichten und Umwelterklärungen werden als strategische Umweltschutzziele die Minimierung der Umweltbelastungen, der ressourcenschonende Einsatz von Rohstoffen, die Einführung umweltverträglicher Produktionsverfahren und der Vertrieb umweltfreundlicher Produkte am häufigsten genannt.[36]

3. Die Erfolgspotentiale einer offensiven Umweltschutzstrategie können nur dann genutzt werden, wenn aus den strategischen Vorgaben entsprechende *langfristige Ziele* abgeleitet werden. Hierbei kann es sich z.B. um die Eliminierung eines bestimmten Einsatzstoffs oder um die Reduktion der Abfallmenge um einen festgelegten Prozentsatz bis zu einem festgelegten Zeitpunkt handeln. Solche Zielsetzungen werden von den Unternehmen im Rahmen ihrer Umweltberichte bzw. Umwelterklärungen häufig veröffentlicht.

4. Im nächsten Schritt sind *Maßnahmen* zu ergreifen, die die Erreichung der langfristigen Ziele unterstützen. An dieser Stelle sind insbesondere die größeren Entscheidungsspielräume, die bei der langfristigen Planung gegeben sind, von Bedeutung. Während bei der taktisch-operativen Planung von einem gegebenen Produktsortiment und gegebenen Produktionstechnologien ausgegangen werden kann, besteht im Rahmen der langfristigen Planung die Möglichkeit, eine Reihe von Größen zu beeinflussen. Für den betrieblichen Umweltschutz sind insbesondere die Investition in additive und integrierte Umweltschutztechnik und die Entwicklung neuer Produkte mit besseren Umwelteigenschaften zu nennen.[37] Darüber hinaus können auch die Wahl des Standorts, des Distributionssystems sowie die Kapazitätsplanung und die Unternehmensorganisation die Erreichung der betrieblichen Umweltziele beeinflussen.

5. Damit die Maßnahmen entsprechend den langfristigen Zielsetzungen eingesetzt werden, sind *erfüllbare Zwischenziele* festzulegen, die sich auf kürzere Zeiträume, z.B. ein Jahr, beziehen. So kann eine Minderung des Ausstoßes einer bestimmten Umweltwirkungsart um 10 % innerhalb von 10 Jahren z.B. dadurch verwirklicht werden, daß für jedes Jahr eine einprozentige Minderung vorgeschrieben wird. Auf diese Weise können auch langfristige Ziele ohne größere Strukturbrüche erreicht werden.

6. Im letzten Schritt sind die *Umweltwirkungen* so zu *steuern*, daß die Zwischenziele, die häufig in Form von Satisfizierungsbedingungen formuliert sind, eingehalten werden. Für die Ermittlung der theoretischen Gesetzmäßigkeiten können die entsprechenden Ziele in Form von Nebenbedingungen bzw. gegebenenfalls auch in der Zielfunktion in den oben beschriebenen kostentheoretischen Modellen berücksich-

---

[36] Vgl. Steven / Schwarz / Letmathe (1997), S. 75ff.
[37] Vgl. Lange (1978), S. 164ff.

tigt werden. Auf die gleiche Weise sind auch die Umweltziele im Rahmen einer umweltbezogenen Kostenrechnung zu erfassen.

Die in den Zwischenzielen festgelegten, im Zeitablauf sinkenden Obergrenzen für den mengenmäßigen Anfall verschiedener Umweltwirkungsarten wirken sich auf die betrieblichen Knappheiten aus. Es kann angenommen werden, daß eine Verschärfung bereits bindender Umweltziele zu ansteigenden Verrechnungspreisen der Umweltwirkungen führt. Eine Ausnahme wäre lediglich denkbar, wenn Investitionen in additive oder integrierte Umweltschutztechnik dazu beitragen, daß weniger Umweltwirkungen erzeugt werden und die Reduktion der Obergrenze dadurch überkompensiert wird.

In den vorhergehenden Abschnitten wurde davon ausgegangen, daß die betrachteten Umweltziele gegeben waren, ohne daß deren Zustandekommen näher untersucht wurde. Die Ausführungen dieses Abschnitts haben aufgezeigt, daß mit Hilfe eines systematischen Zielbildungsprozesses taktische und operative Planungsanforderungen entwickelt werden können, die mit Hilfe der umweltbezogenen Kostenrechnung umzusetzen sind.

3.5 Anforderungen an eine umweltbezogene Kostenrechnung

Aus der in diesem Kapitel erfolgten produktions- und kostentheoretischen Fundierung[38] zur systematischen Erfassung und Bewertung von betrieblichen Umweltwirkungen ergeben sich eine Reihe von Anforderungen, die auch für die praktische Ausgestaltung einer umweltbezogenen Kostenrechnung relevant sind. Die Kostenrechnung sollte so konzipiert sein, daß der Zusammenhang zwischen den betrieblichen Umweltwirkungen und den daraus resultierenden Kosten möglichst vollständig erfaßt wird. Aufgrund der Lösbarkeitsprobleme der hier vorgestellten Modelle, insbesondere bei einem realistischen Datenumfang, müssen die verwendeten Funktionen so vereinfacht werden, daß die Anwendung von EDV-gestützten Lösungsmethoden mit einem vertretbaren Programmier- und Rechenaufwand möglich ist. Trotzdem können aus den Ausführungen dieses Kapitels einige Mindestanforderungen abgeleitet werden, die auch eine praktische umweltbezogene Kostenrechnung erfüllen sollte:

- Die Entstehung der Umweltwirkungen wurde mit Hilfe von Umweltproduktionsfunktionen modelliert. Auch für eine umweltbezogene Kostenrechnung muß zunächst das Mengengerüst aller relevanten Umweltwirkungen aufgestellt werden.

- Die betrieblichen Umweltwirkungen haben einen wesentlichen Einfluß auf die Höhe der betrieblichen Kosten. Ursachen hierfür sind die rechtlichen Rahmenbedingungen, das Verhalten der Anspruchsgruppen und die betrieblichen Ziele. Die Minimalkostenkombination ist nur erreichbar, wenn diese Einflußfaktoren ausreichend berücksichtigt werden.

---

[38] Die bisher fehlende produktions- und kostentheoretische Fundierung wird von Kloock (1993), S. 181, als ein wesentliches Ausbaudefizit bisheriger Umweltkostenrechnungen angesehen.

3.5 Anforderungen an eine umweltbezogene Kostenrechnung

- Die dargestellten Modelle wurden hinsichtlich der Stellung des Umweltschutzes im Zielsystem und der relevanten Rahmenbedingungen variiert. Ein Konzept für eine umweltbezogene Kostenrechnung sollte so ausgestaltet sein, daß verschiedene Umweltziele und umweltbezogene Restriktionen miteinander kombiniert und auf die konkreten Verhältnisse eines Unternehmens zugeschnitten werden können.

- Die eingesetzten Produktionsfaktoren und die Produktionsprozesse sind nicht ausschließlich anhand ihrer (Grenz-)Produktivität zu beurteilen, sondern auch anhand der von ihnen ausgelösten Umweltwirkungen bzw. der daraus resultierenden Schäden für die natürliche Umwelt.

- Um die Umweltziele und die daraus resultierenden Knappheiten von Umweltwirkungen angemessen berücksichtigen zu können, reicht es nicht aus, die betrieblichen Umweltwirkungen ausschließlich mit ihren pagatorischen Kosten zu bewerten. Vielmehr wird ein umweltbezogenes Verrechnungspreissystem benötigt, damit richtige Steuerungsanreize zur Erreichung strategischer Ziele gesetzt werden können.

- Nicht vermeidbare umweltbezogene Risiken können in der Kostenrechnung mit ihren Erwartungswerten, die sich aus der Schadenswahrscheinlichkeit und der voraussichtlichen Schadenshöhe zusammensetzen, bewertet werden.

- Für die richtige Zurechnung der umweltbezogenen Kosten ist es erforderlich, daß die Umweltwirkungen ihren tatsächlichen Verursachern zugerechnet werden können. Als Zurechnungsobjekte sind die Produktionsfaktoren, die Produktionsprozesse und die Produkte in Betracht zu ziehen.

4. Ansätze zur Erfassung und Bewertung von Umweltwirkungen in einer entscheidungsorientierten Kostenrechnung

Das vorliegende Kapitel beschäftigt sich mit der praktischen Umsetzung der zuvor anhand von theoretischen Modellen gewonnenen Erkenntnisse. Im Vordergrund steht die Entwicklung eines Verrechnungspreissystems für betriebliche Umweltwirkungen, das es ermöglicht, die Umweltwirkungen so zu steuern, daß die Erreichung der betrieblichen Ziele unterstützt wird.

Das Vorgehen dieses Kapitels orientiert sich an den Bausteinen einer umweltbezogenen Kostenrechnung im Unternehmen. Für diesen Zweck werden die Ausführungen der ersten beiden Kapitel inhaltlich konkretisiert. Die Ergebnisse des dritten Kapitels werden, soweit dies sinnvoll ist, berücksichtigt:

- In Abschnitt 4.1 werden die für das Unternehmen relevanten *Ziele und Rahmenbedingungen* erörtert. Hier sind insbesondere die betriebliche Umweltschutzphilosophie, das Umweltprogramm und die Interessen der *Anspruchsgruppen* zu nennen. Weitere Rahmenbedingungen sind durch die Vorgaben des Umweltrechts gegeben.

- Abschnitt 4.2 befaßt sich mit den *informationswirtschaftlichen Voraussetzungen* der Bewertung von Umweltwirkungen. Hierfür ist zunächst das Mengengerüst der betrieblichen Umweltwirkungen zu erfassen. Anschließend sind die entstehenden Umweltwirkungen ihren jeweiligen Verursachern zuzuweisen, wobei insbesondere die zeitlichen Verwerfungen zwischen dem Anfall der Umweltwirkungen und den dadurch induzierten Kosten von Bedeutung sind. Schließlich sind die betrieblichen Umweltwirkungen einer ökologischen Bewertung zu unterziehen, um deren tatsächliche Umweltrelevanz besser abschätzen zu können.

- In Abschnitt 4.3 werden praktische Ansätze zur *Ermittlung der umweltbezogenen Verrechnungspreise* vorgestellt. Es wird zunächst von dem einfachen Fall ausgegangen, daß die Umweltwirkungsarten separat bewertet werden. Anschließend erfolgt die Bestimmung von Verrechnungspreissystemen, die die simultane Bewertung von mehreren Umweltwirkungsarten umfassen. Außerdem werden Möglichkeiten zur Verbesserung des Verrechnungspreissystems innerhalb einer Periode aufgezeigt, die dazu führen sollen, daß die zuvor definierten Ziele der umweltbezogenen Kostenrechnung trotz der Veränderung relevanter Daten erfüllt werden.

- In Abschnitt 4.4 wird aufgezeigt, wie die *bewerteten Umweltwirkungen im Rahmen einer umweltbezogenen Kostenrechnung* zu verrechnen sind, damit sie die erwünschten Steuerungswirkungen auch tatsächlich entfalten können. Für diesen Zweck sind die bewerteten Umweltwirkungen zunächst an die verursachenden Produktionsfaktoren, Prozesse und Produkte weiterzuverrechnen.

- Abschnitt 4.5 enthält *Handlungsempfehlungen* für Unternehmen, die eine umweltbezogene Kostenrechnung einführen oder ausbauen wollen.

4.1 Vorgaben für eine umweltbezogene Kostenrechnung

Wie im dritten Kapitel aufgezeigt, besteht das wesentliche Ziel einer umweltbezogenen Kostenrechnung darin, den Mengenanfall der betrieblichen Umweltwirkungen so zu steuern, daß die betrieblichen Ziele optimal erfüllt werden. Die betrieblichen Ziele sowie weitere Rahmenbedingungen, die die Umweltwirkungen betreffen, wie das Umweltrecht, die Interessen der Anspruchsgruppen und weitere umweltrelevante Verpflichtungen, stellen somit Vorgaben einer umweltbezogenen Kostenrechnung dar und werden in den folgenden Abschnitten eingehend erörtert. Es wird davon ausgegangen, daß das *Gewinnziel das Oberziel* darstellt; dies wird durch verschiedene umweltbezogene Unterziele und Restriktionen teils unterstützt, teils aber auch beeinträchtigt. Insbesondere die rechtlichen Rahmenbedingungen, aber auch die umweltbezogenen Interessen der Anspruchsgruppen vermindern häufig die Zahl der Entscheidungsalternativen eines Unternehmens. Auf der anderen Seite bieten sie aber auch Chancen, sich positiv von der Konkurrenz abzuheben.

4.1.1 Umweltschutzphilosophie, Umweltziele und Umweltprogramm

Die Umweltschutzphilosophie wird häufig in Form eines Umweltschutzleitbilds formuliert und enthält die umweltbezogenen Gesamtziele und Handlungsgrundsätze eines Unternehmens.[1] Da die Umweltschutzphilosophie unabhängig von konkreten Rahmenbedingungen Gültigkeit besitzen soll, sind die enthaltenen Ziele und Grundsätze in der Regel sehr allgemein formuliert und können daher nur die grundsätzliche Richtung der betrieblichen Umweltpolitik aufzeigen. Typische Umweltschutzleitbilder, die in Umweltberichten und Umwelterklärungen von Unternehmen genannt werden, können der Tabelle 4 entnommen werden.

Damit es sich bei der allgemeinen Formulierung der Umweltschutzphilosophie um keine Leerformeln handelt, bedarf es der Konkretisierung und Umsetzung in konkrete Umweltziele und Umweltschutzmaßnahmen, die in einem *Umweltprogramm* zusammengefaßt werden können. Eine solche Vorgehensweise fordert auch die EG-Ökoaudit-Verordnung:

- *Umweltziele* sollten hinsichtlich des Zielobjekts, des Zielausmaßes und des Zielerreichungszeitpunkts definiert sein. Umweltziele müssen z.B. im Rahmen der Einrichtung eines Umweltmanagementsystems nach der EG-Ökoaudit-Verordnung formuliert werden, oder sie resultieren aus Selbstverpflichtungen, die von einem

---

[1] Vgl. Steven / Schwarz / Letmathe (1997), S. 75ff.

Unternehmen oder einem Unternehmensverband eingegangen wurden. Im folgenden wird davon ausgegangen, daß die häufig langfristig formulierten Umweltziele durch erreichbare Zwischenziele operationalisiert werden, die jeweils für eine Betrachtungsperiode bindend sind. Dieses Vorgehen ermöglicht eine sinnvolle Abstimmung zwischen der strategischen und der taktisch-operativen Planung. Bei der Formulierung der Zwischenziele kann unmittelbar an die Ausführungen des Abschnitts 3.4.3 angeknüpft werden. Beispiele für Umweltziele, die aus Umweltberichten und Umwelterklärungen stammen, sind der Tabelle 5 zu entnehmen.

- Bei *Umweltschutzmaßnahmen* kann es sich um geänderte Handlungsanweisungen, um Verfahrensumstellungen und um Investitionen in additive oder integrierte Umweltschutztechnologien handeln. Umweltschutzmaßnahmen dienen der Erreichung eines oder mehrerer Umweltziele. Tabelle 5 enthält auch Beispiele für Umweltschutzmaßnahmen, die die Erreichung bestimmter Umweltziele unterstützen.

Tab. 4: Umweltschutzleitbilder in Umweltberichten (Mehrfachnennungen)[2]

Umweltschutzleitbild		wird genannt	ableitbar
Minimierung der Umweltbelastung	Anzahl in %	178 61,6	20 6,9
Ressourcenschonender Einsatz von Rohstoffen	Anzahl in %	150 51,9	13 4,5
Einführung umweltverträglicher Produktionsverfahren	Anzahl in %	133 46,0	30 10,4
Vertrieb umweltfreundlicher Produkte	Anzahl in %	114 39,4	31 10,7
Einhaltung gesetzlicher Bestimmungen	Anzahl in %	84 29,1	16 5,6
Sustainable Development	Anzahl in %	33 11,4	9 3,1
Kreislaufwirtschaft	Anzahl in %	36 12,5	38 13,1
Substitution / Vermeidung umweltschädigender Stoffe	Anzahl in %	28 9,7	22 7,6

Die in Tabelle 5 angegebenen Umweltziele stellen Unterziele des Gewinnziels dar und sind in umweltbezogenen Entscheidungsmodellen als Restriktionen in Form von Satisfizierungszielen zu formulieren. Da die Berücksichtigung von Umweltzielen, wie im dritten Kapitel eingehend erörtert, zu einer anderen Minimalkostenkombination als die reine Gewinnmaximierung führt, hat sie direkten Einfluß auf die Höhe der umweltbezogenen Verrechnungspreise.

---

[2] Tabelle 4 basiert auf den Ergebnissen einer Datenbank, mit deren Hilfe Umweltberichte eingehend analysiert worden sind. Die Tabelle ist aus Steven / Schwarz / Letmathe (1997), S. 76, entnommen; es handelt sich allerdings um aktualisierte Daten von insgesamt 289 Umweltberichten und Umwelterklärungen.

Tab. 5: Beispiele für Umweltziele und Umweltschutzmaßnahmen

Ziel	Maßnahme
Verringerung der Abluftbelastung um X im Zeitraum Y durch den betrieblichen Leistungsprozeß	• Einrichtung von Abluftreinigungs-/ Filteranlagen • Umstellung des Fuhrparks auf Fahrzeuge mit geringerem Durchschnittsverbrauch • Reduzierung der Transportprozesse z.B. durch Umwelt-Logistik-Konzepte • Ersatz herkömmlicher Energieträger durch alternative Energie • Umstellung der Raumheizung auf Fernwärme • Einsatz neuer Technologien
Verringerung der Abwasserbelastung um X im Zeitraum Y durch den betrieblichen Leistungsprozeß	• Neuerrichtung einer biologischen Abwasserreinigungsanlage • Trennkanalisation • Geschlossene Wasserkühlkreisläufe • Sanierung/Neubau der Rohrleitungssysteme • Veränderung von Produktionsprozessen • Substitution von Trinkwasser durch Brauchwasser
Verringerung des Abfallaufkommens um X im Zeitraum Y im betrieblichen Leistungsprozeß	• Einrichtung und Optimierung von Abfalltrenn- und -vermeidungsprogrammen • Vereinbarungen zur Rücknahme von Transportverpackungen • Berücksichtigung von Entsorgungskriterien bei Neuaufnahme von Materialien • Verstärkte oder ausschließliche Verwendung von Mehrwegsystemen • Einrichtung von Recyclingverfahren
Reduzierung der Einsatzmengen von Inputfaktoren um X im Zeitraum Y	• Energieeinsparung durch Wärmerückgewinnungsmaßnahmen • Ersatz veralteter Energieverbraucher durch neue Technologien • Erstellung von Energieanalysen durch externe Experten • Wärmedämmungsmaßnahmen • Automatische Beleuchtungssteuerung, Energiesparlampen • Substitution von kritischen Reinigungsmaterialien • Reduzierung von Roh- und Hilfsstoffen durch neue Verfahren • Einbau wassersparender Toiletten • Senkung des Papierverbrauchs durch EDV-Einsatz • Einrichtung eines Lieferanten-Öko-Checks

Quelle: Steven / Schwarz / Letmathe (1997), S. 81

Umweltschutzmaßnahmen können dazu beitragen, daß die Umweltziele auch ohne weitergehende Beschränkungen des Entscheidungsfeldes der Unternehmen eingehalten werden. Dadurch verringert sich nicht nur die Knappheit der Umweltwirkungen, sondern auch deren Verrechnungspreise. Umweltwirkungen haben also einen indirekten Einfluß auf das umweltbezogene Verrechnungspreissystem. Während restriktive Umweltziele das Entscheidungsfeld beschränken, erhöhen Umweltschutzmaßnahmen die Anzahl der zulässigen Entscheidungsalternativen, indem vorher unzulässige Produktionsmöglichkeiten wieder rechtmäßig durchführbar sind. Außerdem können integrierte Umweltschutzmaßnahmen die Zahl der verfügbaren Produktionsalternativen um zusätzliche, bisher nicht realisierbare Möglichkeiten erweitern. Bei einer geringeren Knappheit der Umweltwirkungen sinken die Verrechnungspreise der Umweltwirkungen und damit auch die Vorteilhaftigkeit zusätzlicher Umweltschutzmaßnahmen. Da mit den Maßnahmen z.T. umfangreiche Investitionen verbunden sind, kann deren Vorteilhaftigkeit mit den gängigen Investitionsrechenverfahren, z.B. der Kapitalwertmethode, berechnet werden.[3] Als Einzahlungen sind die eingesparten Auszahlungen der geringeren Umweltwirkungen oder die zusätzlichen Einzahlungen aufgrund der umfangreicheren Produktionsmöglichkeiten anzusetzen.

4.1.2 Berücksichtigung der rechtlichen Rahmenbedingungen

Das Umweltrecht regelt die zulässigen Umweltbeeinträchtigungen. Es enthält somit die umweltbezogenen Mindestanforderungen, die ein Unternehmen in jedem Fall erfüllen muß. Je nach der Ausgestaltung der einzelnen umweltrechtlichen Normen können damit unterschiedliche Auswirkungen für die Unternehmen verbunden sein:

- Viele Regelungen führen zu einer direkten Beschränkung des Entscheidungsfeldes, indem durch das Verbot bestimmter Stoffe, durch Grenzwerte oder mengenmäßige Beschränkungen verschiedene Produktionsalternativen nicht mehr zulässig sind. Grenzwerte sind dabei häufig definiert als maximal zulässiger Stoffstrom je Zeiteinheit, in der eine Produktionsanlage genutzt wird.

- Das Umwelthaftungsrecht[4] sowie weitere Normen der Luftreinhaltung, des Gewässerschutzes, des Abfallrechts, des Lärmschutzes und des Strahlenschutzes erfordern die Einhaltung bestimmter Sorgfaltspflichten, die den Umweltschutz betreffen. Die dafür zu berufenden Betriebsbeauftragten für den Umweltschutz, die Integration und Delegation von Verantwortlichkeiten für den Umweltschutz innerhalb der Betriebsorganisation sowie die Durchführung eines systematischen Umweltmanagements verursachen Kosten, die zumindest teilweise auf umweltrechtliche Regelungen zurückzuführen sind. Dazu zählen die Kosten der Überwachung und der Dokumentation der betrieblichen Umweltwirkungen.

- Direkte Auswirkungen auf die Kosten eines Unternehmens haben fiskalische Regelungen, z.B. die im Abwasserrecht festgelegten Abwasserabgaben. Auch Abfallgebühren, die je nach Art des Abfalls differieren, führen unmittelbar zu Kosten für die Unternehmen.

- Dort, wo es aus wirtschaftlicher Sicht sinnvoll erscheint, werden die Unternehmen versuchen, den Einschränkungen durch geeignete integrierte oder additive Umwelt-

---

[3] Vgl. Lange / Ukena (1996), S. 67ff., Letmathe (1993), S. 793ff., Letmathe / Steven (1995), S. 120ff., Rückle (1989), S. 51ff., sowie Ukena (1997), S. 18ff., zur investitionsrechnerischen Beurteilung von Umweltschutzmaßnahmen.
[4] Vgl. Assmann (1990), S. 23ff., Endres (1989), S. 411ff., Grasser (1992), S. 153ff., und Wagner (1997), S. 162ff.

schutzmaßnahmen zu begegnen. Die dadurch entstehenden Kosten sind den verursachenden Produktionsfaktoren, Prozessen und Produkten zuzurechnen.

Die durch das Umweltrecht gegebenen Regelungen sind in den Entscheidungsmodellen zu berücksichtigen. Bei mengenmäßigen Beschränkungen sind sie in Form von Restriktionen zu implementieren, bei Regelungen, die unmittelbar zu Zahlungen führen, können sie in der Zielfunktion berücksichtigt werden.

4.1.3 Berücksichtigung der Interessen der Anspruchsgruppen

Die Ausprägungen verschiedener betrieblicher Erfolgsgrößen hängen neben der internen Kostenstruktur im wesentlichen von der Interaktion des Unternehmens mit seinen Anspruchsgruppen ab.[5] Im folgenden wird aufgezeigt, welche Anspruchsgruppen für das Unternehmen relevant sind und wie deren Interessen in der umweltbezogenen Kostenrechnung berücksichtigt werden können. Um sich aber nicht ausschließlich auf Vermutungen verlassen zu müssen, erscheint es sinnvoll, zunächst die *Bedeutung der einzelnen Anspruchsgruppen* für das Unternehmen im Rahmen von empirischen Erhebungen zu analysieren.

Dafür wird auf die bereits genannte Untersuchung zur Umweltberichterstattung zurückgegriffen, in der die aktuellen Umweltberichte von 289 Unternehmen systematisch auf die genannten Adressaten hin untersucht wurden. Außerdem wurde in einer Befragung von 77 berichterstattenden Unternehmen ermittelt, bei welchen Anspruchsgruppen die höchsten Nutzenpotentiale zu erwarten sind.[6] Die Ergebnisse der beiden Erhebungen sind der Tabelle 6 zu entnehmen.

Für die meisten Unternehmen haben allgemeine Imageverbesserungen, die Differenzierung von der Konkurrenz, die Kunden sowie die Motivation der Mitarbeiter die weitaus höchste Bedeutung. Auch die Verbesserung des Verhältnisses zu den Behörden und zu den Anrainern haben eine überdurchschnittlich hohe Bedeutung. Während das Verhältnis zu den Behörden[7] von der Einhaltung der rechtlichen Rahmenbedingungen (vgl. Abschnitt 4.1.2) abhängt, wird das Verhältnis zu den Anrainern wesentlich durch die Kommunikationspolitik des Unternehmens, z.B. im Rahmen der Umweltberichterstattung, beeinflußt. Viele Unternehmen planen darüber hinaus, verstärkt Druck auf ihre Lieferanten bezüglich der Umweltverträglichkeit der eingekauften Stoffe auszuüben, um durch weniger gefährliche Inhaltsstoffe das Ausmaß der Umweltwirkungen zu verringern. Weitere Anspruchsgruppen, wie Umweltgruppen, Banken,

---

[5] Das in der Literatur häufig auch als Stakeholder-Modell bezeichnete Anspruchsgruppenkonzept wird u.a. bei Brenken (1987), S. 198ff., Schaltegger / Sturm (1994), S. 8ff., Dyllick / Belz (1995), S. 56ff., und Freimann (1997), S. 366ff., diskutiert.

[6] Vgl. Steven / Schwarz / Letmathe (1997), S. 87 und S. 142ff. Diese Ergebnisse decken sich auch mit den Ausführungen bei Fichter / Loew (1997), S. 43ff.

[7] Ein gutes Verhältnis zu den Behörden kann sich z.B. positiv auf die Dauer von Genehmigungsverfahren auswirken; vgl. hierzu Kümmerle (1993), S. 29ff., und Deis (1993), S. 1ff.

Versicherungen und Anteilseigner, haben dagegen nur eine geringe Bedeutung. Insgesamt zeigt sich, daß die einzelnen Anspruchsgruppen von sehr unterschiedlicher Bedeutung für den Unternehmenserfolg sind. Im Rahmen einer umweltbezogenen Kostenrechnung sind nur die für das Unternehmen tatsächlich relevanten Interessen der Anspruchsgruppen zu berücksichtigen. Auf diese Interessen wird im folgenden kurz eingegangen:

Tab. 6: Bedeutung verschiedener Anspruchsgruppen

Anspruchsgruppe	Anspruchsgruppe wird in Umweltbericht oder Umwelterklärung genannt Anteil in Prozent	Bedeutung wird von Unternehmen als hoch oder sehr hoch eingeschätzt Anteil in Prozent
Öffentlichkeit / Imageeffekte	65,1 %	90,1 %
Mitarbeiter	47,1 %	84,5 %
Kunden / Verbraucherorganisationen / Differenzierung von der Konkurrenz	45,0 %	73,2 %
Behörden	39,4 %	50,7 %
Lieferanten*	28,7 %	76,1 %
Anrainer	18,3 %	52,1 %
Versicherungen	1,0 %	15,5 %
Anteilseigner	1,0 %	22,5 %
Banken	0,0%	14,9 %

* Zu den Lieferanten wurde gefragt, ob die Unternehmen in Zukunft ein stärkeres Engagement für den Umweltschutz fordern wollen.

1. Öffentlichkeit / Unternehmensimage

Die Öffentlichkeit beurteilt ein Unternehmen nach seinem Unternehmensimage, welches zum einen von den Handlungen und Produktionsweisen des Unternehmens, also von realen Tatbeständen, und zum anderen von der Darstellung umweltbezogener Handlungen durch das Unternehmen und durch die Medien abhängig ist.[8] Auch wenn es einem Unternehmen kurzfristig gelingt, umweltschädigende Handlungen durch eine geschickte Kommunikation mit den Anspruchsgruppen zu kompensieren, so bleiben langfristig die tatsächlich von ihm ausgehenden Umweltschäden der wichtigste Indikator für das umweltbezogene Unternehmensimage. Aus diesem Grund sollte ein Unternehmen seine Umweltwirkungen hinsichtlich der davon ausgehenden ökologischen Schäden bewerten und versuchen, diese Schäden durch geeignete Maßnahmen zu ver-

---

[8] Vgl. Schulz / Schulz (1993), S. 129ff.

mindern. Die Begrenzung der Umweltschäden kann dann als eine weitere Restriktion in umweltbezogene Entscheidungsmodelle einfließen. Auf Möglichkeiten der ökologischen Wirkungsanalyse bzw. der ökologischen Bewertung von Umweltwirkungen wird in Abschnitt 4.2.4 eingegangen.

2. Mitarbeiter

Die Interessen der Mitarbeiter sind häufig insbesondere auf die Umweltwirkungsarten ausgerichtet, die sich bei der Fertigung der betrieblichen Produkte als gesundheitsschädlich erweisen können. Da das geltende Arbeits- und Umweltrecht hier recht enge Grenzen setzt, wird die Interessenhaltung der Mitarbeiter im folgenden nur implizit bei den Umweltzielen und den rechtlichen Rahmenbedingungen berücksichtigt. Bei einem nachweisbaren Zusammenhang zwischen der Entstehung bestimmter Umweltwirkungen und den Fehlzeiten wäre es allerdings sinnvoll, den Umweltwirkungen ihre Folgekosten, z.B. aufgrund von höheren Fehlzeiten, direkt zuzurechnen.

3. Differenzierung von der Konkurrenz / Kunden

Die Kunden eines Unternehmens stellen in der Tabelle 6 die drittwichtigste Anspruchsgruppe dar. Die Kunden haben die Möglichkeit, den Unternehmenserfolg durch ihr Nachfrageverhalten stark zu beeinflussen.[9] Insgesamt kann von einem nachhaltig hohen Umweltbewußtsein der Bevölkerung und damit auch der Kunden ausgegangen werden. Dies zeigen auch die alljährlichen Untersuchungen der Gesellschaft für Konsumforschung.[10] Insbesondere Umweltwirkungsarten, die den Benutzer oder Verbraucher der Produkte direkt betreffen, sind von hoher Relevanz. Diskrepanzen zwischen Umweltbewußtsein und Kaufverhalten bestehen dort, wo entstehende Umweltbelastungen die Interessen der Kunden nicht unmittelbar berühren. Es kann daher davon ausgegangen werden, daß die einem Produkt zurechenbaren Umweltwirkungen immer dann besonders nachfragewirksam sind, wenn mit der Nutzung des Produkts hohe Folgekosten, z.B. aufgrund eines hohen Energieverbrauchs, oder mögliche gesundheitliche Beeinträchtigungen verbunden sind. Umweltorientierte Kundensegmente, die auch Umweltwirkungen berücksichtigen, bei denen keine negativen Folgen für die eigene Person gegeben sind, spielen aufgrund der großen Diskrepanz zwischen Umweltbewußtsein und Kaufverhalten keine große Rolle.[11]

Aus diesen Gründen werden umweltorientierte Nachfragewirkungen von den Unternehmen in der Regel nur berücksichtigt, wenn mit einzelnen Umweltwirkungsarten Nutzeneinbußen für die Kunden verbunden sein können. Für betriebliche Entscheidungsmodelle bietet es sich daher an, wie in Abschnitt 3.4.2 vorgeschlagen, mit Nachfragefunktionen zu arbeiten, die in erster Linie humantoxische Umweltwirkungen enthalten bzw. mit denen wirtschaftliche Konsequenzen für den Nutzer verbunden sind.

---

[9] Vgl. Günther (1994), S. 53ff., sowie Kaas (1994), S. 93ff.
[10] Vgl. GfK Panel Services (1995).
[11] Vgl. Wimmer (1993), S. 44ff., Wimmer (1995), S. 28ff., sowie Hüser (1993), S. 267ff.

4.2 Informationswirtschaftliche Voraussetzungen einer umweltbezogenen Kostenrechnung

4. Behörden und Anrainer

Die Behörden und Anrainer haben in erster Linie ein Interesse daran, daß sich die Unternehmen an die rechtlichen Umweltschutzbestimmungen halten. Bei den Anrainern liegt der Schwerpunkt bei der Störfallprävention, um zu verhindern, daß gesundheitsschädliche Umweltbelastungen die Werksgrenzen überschreiten. Da die rechtlichen Rahmenbedingungen bereits im vorangegangenen Abschnitt thematisiert wurden, wird an dieser Stelle nicht erneut darauf eingegangen.

5. Lieferanten

Die Lieferanten haben in der Regel kaum unmittelbares Interesse an den Umweltwirkungen, die von dem belieferten Unternehmen ausgehen. Vielmehr üben die belieferten Unternehmen zunehmend Druck auf die Lieferanten aus, um so die Umwelteigenschaften der bezogenen Produktionsfaktoren zu verbessern.[12] Hierfür können zum einen die Umweltziele des Unternehmens und zum anderen die Interessen der bereits angesprochenen Anspruchsgruppen ausschlaggebend sein. Dafür bedarf es aber keiner expliziten Berücksichtigung der Beziehungen eines Unternehmens zu seinen Lieferanten. Auch die Umweltwirkungen der gelieferten Produktionsfaktoren werden ohnehin im Mengengerüst der betrieblichen Umweltwirkungen erfaßt.

Im folgenden wird davon ausgegangen, daß das Unternehmensimage von den tatsächlichen Umweltschäden abhängt, die im Rahmen einer ökologischen Bewertung ermittelt werden können. Die umweltbezogenen Nachfragewirkungen werden durch umweltbezogene Nachfragefunktionen berücksichtigt. Die Behörden, die Anrainer und die Mitarbeiter werden nicht explizit in die Modellformulierung aufgenommen. Allerdings wird angenommen, daß deren Interessen dann weitgehend befriedigt sind, wenn das Unternehmen die Vorgaben des Umweltrechts erfüllt.

4.2 Informationswirtschaftliche Voraussetzungen einer umweltbezogenen Kostenrechnung

4.2.1 Erfassung des Mengengerüsts

Das Mengengerüst der in ein Unternehmen ein- und ausgehenden Inputs bzw. Outputs bildet die Basis für deren spätere Bewertung im Rahmen des Rechnungswesens. Außerdem wird das Mengengerüst für weitere Planungszwecke benötigt, z.B. bei der Durchführung der Produktionsplanung.[13] Sollen die Umweltbezüge des betrieblichen Handelns verstärkt berücksichtigt werden, so sind auch die Umweltwirkungen bei der Aufstellung des Mengengerüsts zu dokumentieren. Es ist zudem davon auszugehen, daß zahlreiche mengenmäßige Umweltwirkungen schon deshalb erfaßt werden, weil

---

[12] Vgl. auch Wicke / Haasis / Schafhausen / Schulz (1992), S. 143ff.
[13] Ansätze zur umweltorientierten Produktionsplanung finden sich bei Ventzke (1994), Steven (1995c), S. 229ff., und Letmathe (1996), S. 443ff.

mit ihnen pagatorische Kosten verbunden sind, sie also sowieso im betrieblichen Rechnungswesen verbucht werden. Darüber hinaus sollten aber auch die Umweltwirkungsarten einbezogen werden, für die keine pagatorischen Kosten anfallen, wie dies z.B. für eine Reihe von Schadstoffen der Fall ist. Oft werden umweltgefährdende Stoffe ohnehin in anderen Planungsbereichen aufgeführt, wenn für Emissionen z.B. rechtlich bindende Grenzwerte oder Dokumentationspflichten vorgegeben sind.

Die Erfassung der betrieblichen Umweltwirkungen hat möglichst systematisch zu erfolgen. Für kostenrechnerische Zwecke ist es sinnvoll, die bei der Leistungserstellung voraussichtlich anfallenden Umweltwirkungen für Planungsrechnungen und die tatsächlich angefallenen Umweltwirkungen für Soll/Ist-Vergleiche zu ermitteln. Zusätzlich sollten auch die der betrieblichen Produktion vor- und nachgelagerten Umweltwirkungen registriert werden.[14] Allerdings ist eine vollständige Dokumentation aller Umweltwirkungen weder theoretisch möglich noch auch aus betrieblichen Gründen sinnvoll. Die Grenze liegt dort, wo der Erfassungsaufwand höher ist als der Nutzen der prognostizierten Verbesserungen der Planungsergebnisse.

Das gesamte Mengengerüst der betrieblichen Inputs und Outputs bildet dann die Basis für deren pagatorische Bewertung, für die Bildung von Verrechnungspreisen im Rahmen einer umweltbezogenen Kostenrechnung und gegebenenfalls für die ökologische Bewertung der betrieblichen Umweltwirkungen im Rahmen der Umweltberichterstattung. Außerdem werden die mengenmäßigen Inputs und Outputs von vielen Unternehmen in ihren Umweltberichten und Umwelterklärungen nach der EG-Ökoaudit-Verordnung ausgewiesen. Die Bedeutung des Mengengerüsts nimmt also durch eine umweltbezogene Betrachtungsweise zu.

Im traditionellen Rechnungswesen werden die mengenmäßigen Inputs und Outputs demgegenüber schon zu einem recht frühen Zeitpunkt, häufig bei der Erfassung der Eingangsrechnung mit ihren pagatorischen Preisen, bewertet und in Konten verbucht. Dabei handelt es sich um Konten, in denen vollkommen unterschiedliche Inputs und Outputs aggregiert werden. So werden Entsorgungskosten häufig unabhängig von der Abfallart und dem jeweiligen Verursacher nur in einem einzigen Konto zusammengefaßt. Aufgrund dieser Vorgehensweise entfällt die Möglichkeit, von einer bestimmten Kostenart auf den mengenmäßigen Anfall bestimmter Umweltwirkungsarten zu schließen und die daraus resultierenden Kosten dem tatsächlichen Verursacher zuzurechnen.

Auf der anderen Seite werden in anderen Planungsabteilungen, z.B. in der Lagerbestandsverwaltung, in der Arbeitsvorbereitung oder von den Umweltschutzbeauftragten, eine Reihe von separaten Nebenrechnungen geführt, in denen mengenmäßige Inputs und Outputs registriert werden. Würden dagegen alle mengenmäßigen Inputs und Outputs im Rechnungswesen erfaßt, so könnte zum einen der Aufwand für diese separaten Nebenrechnungen entfallen. Zum anderen wäre es jederzeit möglich, die einzelnen

---

[14] Vgl. Abschnitt 2.2.2 sowie Schwarz / Steven / Letmathe (1997), S. 477ff.

4.2 Informationswirtschaftliche Voraussetzungen einer umweltbezogenen Kostenrechnung 149

Inputs und Outputs gemäß den Anforderungen der Finanzbuchhaltung, einer umweltbezogenen Kostenrechnung und im Rahmen der Umweltberichterstattung mit unterschiedlichen Wertansätzen zu bewerten.

Durch die systematische Erfassung der mengenmäßigen Umweltwirkungen könnte also das betriebliche Rechnungswesen zu einem wichtigen Datenlieferanten bezüglich umweltrelevanter Sachverhalte werden. Dabei ist darauf zu achten, daß die einzelnen Planungsbereiche und das Rechnungswesen sinnvoll aufeinander abgestimmt werden. Dies dient nicht nur der Verbesserung der Planungsabläufe und der daraus resultierenden Entscheidungen, sondern auch der Vermeidung von Datenredundanzen und Doppelarbeiten.

Im folgenden werden einige potentielle Informationsquellen für die Erfassung der mengenmäßigen Umweltwirkungen und deren Bedeutung erörtert. Hier wird wieder auf Ergebnisse der Befragung von Unternehmen zurückgegriffen, die in der Vergangenheit bereits Umweltberichte erstellt haben. Außerdem werden jeweils Vorschläge unterbreitet, wie die einzelnen Bereiche sinnvoll aufeinander abzustimmen sind (vgl. auch Abbildung 29):

- *Betriebsbeauftragte für Umweltschutz* sind nach den einschlägigen rechtlichen Vorschriften von den Unternehmen zu bestellen.[15] Die verschiedenen Betriebsbeauftragten, z.B. für den Immissionsschutz, für Gewässerschutz, für Abfall und für Störfälle, haben die Aufgabe, die Einhaltung des Umweltrechts zu überwachen. Im Rahmen dieser Tätigkeit sind die Betriebsbeauftragten verpflichtet, Mängel und Schwachstellen aufzuzeigen sowie Jahresberichte zu erstellen. Die dafür notwendige Erfassung und Dokumentation von Umweltwirkungen bildet für viele Unternehmen die wichtigste Datenbasis für die in den Umweltberichten ausgewiesenen Stoff- und Energieströme. Da es aber nicht zu den Aufgaben der Beauftragten gehört, Umweltwirkungen systematisch zu dokumentieren, sondern lediglich die Einhaltung gesetzlicher Vorschriften zu gewährleisten, finden sich häufig nur Dokumentationen über solche Umweltwirkungen, an deren Entstehung Rechtsfolgen geknüpft sind. Außerdem können die dokumentierten Umweltwirkungen häufig nicht den Prozessen, in denen sie entstanden sind, zugeordnet werden.

- *Technische Messungen* bilden laut Aussage von Experten in berichterstattenden Unternehmen die zweitwichtigste Datenbasis für die Erfassung betrieblicher Umweltwirkungen (vgl. Abbildung 29). Sie werden bei den Umweltwirkungsarten durchgeführt, bei denen rechtliche Vorgaben dies erfordern oder die aus wirtschaftlichen oder sonstigen Gründen als so wichtig angesehen werden, daß der damit verbundene Aufwand gerechtfertigt ist.

---

[15] Vgl. Dirks (1996), S. 1021ff.

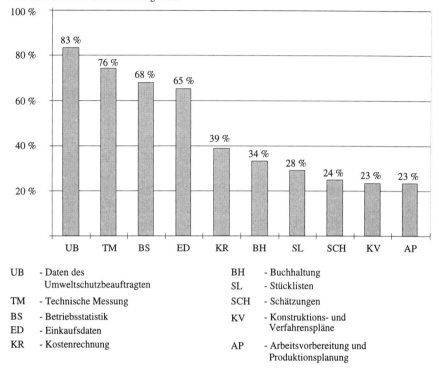

Anteil der Unternehmen, für die die folgenden Datenquellen zur Erfassung von Stoff- und Energieströmen eine hohe oder sehr hohe Bedeutung haben

UB	- Daten des Umweltschutzbeauftragten	BH	- Buchhaltung
TM	- Technische Messung	SL	- Stücklisten
BS	- Betriebsstatistik	SCH	- Schätzungen
ED	- Einkaufsdaten	KV	- Konstruktions- und Verfahrenspläne
KR	- Kostenrechnung	AP	- Arbeitsvorbereitung und Produktionsplanung

Abb. 29: Bedeutung verschiedener Datenlieferanten für die Erfassung der mengenmäßigen Stoff- und Energieströme

- In der *Betriebsstatistik* wird intern oder extern angefallenes Zahlenmaterial erhoben, analysiert und mit Hilfe statistischer Methoden ausgewertet. Soweit Daten über die betrieblichen Umweltwirkungen existieren, können diese auch zur Erfassung der Stoff- und Energieströme herangezogen werden.
- Die *Materialwirtschaft* stellt Daten über die betrieblichen Inputs zur Verfügung. So ist aus Rechnungen über Roh-, Hilfs- und Betriebsstoffe zu ersehen, welche Stoffe in welcher Menge eingekauft worden sind. Die erfaßten Lagerabgänge geben Auskunft über Stoff- und Energieverbräuche. Auf der Outputseite können Abfallmengen, differenziert nach Entsorgern und Abfallarten, ebenfalls über die entsprechenden Rechnungen erfaßt werden. Weitere Informationen liefern die Materialstammdaten sowie die bei bestimmten Stoffen von den Lieferanten zur Verfügung zu stellenden Sicherheitsdatenblätter.

- Daten aus dem *Rechnungswesen* spielen eine vergleichsweise geringe Rolle. So werden Informationen aus der *Kostenrechnung* und der *Buchhaltung* jeweils nur von gut einem Drittel der Unternehmen zur Erfassung der mengenmäßigen Umweltwirkungen herangezogen. Dies ist ein deutliches Indiz dafür, daß Umweltwirkungen im traditionellen Rechnungswesen nur unzureichend erfaßt werden.

- *Stücklisten* enthalten die zur Produktion eines Produkts oder zur Durchführung eines Produktionsprozesses notwendigen Einzelteile und Baugruppen.[16] Häufig werden lediglich diejenigen Stoffe erfaßt, die im Rahmen der Materialwirtschaft und der Produktionsplanung disponiert werden müssen. Aus diesem Grund enthalten Stücklisten nur selten outputseitige Umweltwirkungen oder die Energie, die zur Produktion eines Produkts aufzuwenden ist. Allerdings hat sich gerade die Bedeutung der Umweltwirkungen aufgrund der gestiegenen umweltrechtlichen Anforderungen und aufgrund der Kosten der Umweltwirkungen, z.B. bei der Entsorgung, stark erhöht. Aus diesem Grund bietet sich eine Erweiterung konventioneller Stücklisten um bisher nicht erfaßte Stoff- und Energiearten an. Darüber hinaus besteht sogar die Möglichkeit, auch vor- und nachgelagerte Umweltwirkungen zu berücksichtigen.[17] Durch eine solche Erweiterung stehen relevante Umweltdaten nicht nur den in erster Linie mengenorientierten Planungsbereichen, z.B. der Materialbedarfsplanung, zur Verfügung, sondern können auch zur Aufstellung von Planwerten in der Kostenrechnung herangezogen werden. Dafür ist allerdings eine entsprechende Abstimmung zwischen dem Rechnungswesen und der Arbeitsvorbereitung, in der die Stücklisten verwaltet werden, notwendig.

- *Schätzungen* werden in den Gebieten vorgenommen, in denen keine genauen Daten existieren und eine technische Messung oder sonstige Verfahren der Datenerhebung nicht möglich sind bzw. als zu aufwendig angesehen werden.

- *Konstruktions- und Verfahrenspläne* beschränken sich häufig auf die technische Durchführung von Produktionsprozessen, z.B. auf die äußeren Abmessungen, die Oberflächenbeschaffenheit, die Stoffeigenschaften und auf die Bearbeitungsschritte eines Werkstücks. Konstruktions- und Verfahrenspläne eignen sich auch zur Ableitung der entsprechenden Stücklisten. Sie enthalten allerdings meistens keine expliziten Informationen über die Umweltwirkungen der eingesetzten Stoffe oder Verfahren. Diesem Vorgehen soll z.B. im Rahmen der EG-Ökoaudit-Verordnung dadurch entgegengewirkt werden, daß neue Produkte und Verfahren schon im voraus auf die damit einhergehenden Umweltwirkungen zu prüfen sind.[18] Außerdem wer-

---

[16] Bei einer Veränderung von Stücklisten ergeben sich somit Auswirkungen für den gesamten betrieblichen Wertschöpfungsprozeß. Die damit verbundenen Kostensenkungspotentiale werden bei Herstatt (1996), S. 71ff., diskutiert.
[17] Vgl. Abschnitt 2.2.2 sowie Steven / Letmathe (1996), S. 165ff.
[18] Vgl. hierzu die guten Managementpraktiken im Anhang I D 2. der EG-Ökoaudit-Verordnung.

den von den Unternehmen zunehmend auch umweltbezogene Verfahrensanweisungen formuliert und in Umweltschutzhandbüchern dokumentiert.

- Die *Arbeitsvorbereitung und die Produktionsplanung* spielen nur eine sehr geringe Rolle, da Umweltwirkungen hier in der Regel kaum berücksichtigt werden und umweltbezogene Daten folglich nicht verfügbar sind.

Für die Zwecke einer umweltbezogenen Kostenrechnung ist die beschriebene verteilte und in der Regel recht unsystematische Erfassung der mengenmäßigen Umweltwirkungen nur wenig geeignet. Es bedarf vielmehr einer systematischen EDV-gestützten Erfassung und Dokumentation der Umweltwirkungen, wobei unnötige Datenredundanzen zu vermeiden sind. Ein Konzept zur Abstimmung der Informationsgrundlagen muß neben den kostenrechnerischen Erfordernissen auch die Anforderungen anderer Bereiche einbeziehen, z.B. die im Rahmen des Umweltrechts anfallende Dokumentation von bestimmten Umweltwirkungsarten sowie die Lieferung von Daten für die Umweltberichterstattung und die Erfüllung der Vorgaben der EG-Ökoaudit-Verordnung. Bei einem solchen Konzept ist das Rechnungswesen neben der Aufstellung der bereits beschriebenen Umweltstücklisten in den Mittelpunkt zu stellen:

Während Umweltstücklisten Auskunft über die planmäßigen Umweltwirkungen geben, hat das *Rechnungswesen* die Aufgabe, die tatsächlich angefallenen Umweltwirkungen möglichst genau zu dokumentieren. Bei den Inputs kann unmittelbar auf die Lagerabgangsdaten sowie auf Verbrauchsmessungen, z.B. beim Energie- und Wasserverbrauch, zurückgegriffen werden. Auf der Outputseite sind feste Rückstände entsprechend ihrer Art und Menge sowie ihres Entsorgungswegs zu erfassen. Zudem ist die Abwasserbelastung, die häufig aufgrund rechtlicher Vorgaben ohnehin erfaßt werden muß, zu dokumentieren. Bei gasförmigen Emissionen kann entweder auf technische Messungen oder auf Berechnungen zurückgegriffen werden. Eine Berechnung könnte z.B. an tatsächliche Inputmengen sowie weitere Prozeßparameter wie Temperatur, Dauer eines Vorgangs und Intensität anknüpfen. Nur wenn die Ist-Daten, also die tatsächlichen Stoff- und Energieströme, hinreichend genau erfaßt werden, können im Rahmen einer umweltbezogenen Kostenrechnung Soll/Ist-Vergleiche zwischen den gemäß den Umweltstücklisten erwarteten und den tatsächlichen Umweltverbräuchen durchgeführt werden.

Die systematische Erfassung sollte nicht nur zu einer höheren Transparenz der anfallenden Umweltwirkungen beitragen, sondern auch Bereiche, die für Umweltbelange verantwortlich sind, entlasten. Dies gilt z.B. für die Dokumentationspflichten der Umweltschutzbeauftragten, die ihre Informationen unmittelbar vom umweltbezogenen Rechnungswesen beziehen können und nicht mehr wie zuvor selbst erheben müssen. Außerdem gibt das verbesserte Informationsniveau Auskunft darüber, ob bestehende Umweltgesetze erfüllt werden bzw. ob entsprechende Anpassungsmaßnahmen notwendig sind. Insgesamt erhöht sich dadurch die Rechtssicherheit für das Unternehmen.

4.2.2 Verursachungsgerechte Zurechnung von Umweltwirkungen

Die Erfassung der mengenmäßigen Umweltwirkungen ist eine notwendige Voraussetzung für eine umweltbezogene Kostenrechnung; sie reicht aber nicht aus, um die Umweltwirkungen entsprechend den betrieblichen Zielen sowie den rechtlichen und sonstigen Rahmenbedingungen zu steuern und um eine ausreichende Grundlage für betriebliche Entscheidungszwecke zu schaffen. Hierfür müssen die Umweltwirkungen zusätzlich ihren tatsächlichen Verursachern zugerechnet werden. Dadurch lassen sich Soll/Ist-Abweichungen zwischen den planmäßigen und den tatsächlichen Umweltwirkungen laufend erfassen und analysieren.

Die Sollwerte basieren dabei auf dem geplanten Produktionsprogramm einer bestimmten Teilperiode. Die in dieser Teilperiode benötigten Produktionsfaktoren, Prozesse und Produkte werden entsprechend ihrer Menge bzw. Häufigkeit mit den entsprechenden Umweltstücklisten multipliziert. Die Ist-Werte ergeben sich aus der laufenden Erfassung der Umweltwirkungen. Wie bereits im vorangegangenen Abschnitt erörtert, sind für diesen Zweck Lagerabgangsdaten, Verbrauchsmengen und Meßdaten zu erheben, wobei die Ist-Werte nicht nur aggregiert zu erfassen, sondern der jeweiligen Kostenstelle, in der sie anfallen, zuzuordnen sind.

Mengenmäßige Verbrauchsabweichungen sind in der Regel auf eine oder mehrere der folgenden Ursachen zurückzuführen:[19]

- *Verfahrensabweichungen* liegen vor, wenn zur Erzielung eines bestimmten Leistungsergebnisses andere Produktionsprozesse genutzt werden als ursprünglich geplant. Dies führt aufgrund unterschiedlicher prozeßbezogener Umweltstücklisten zu anderen mengenmäßigen Umweltwirkungen.

- Bei einer Änderung des ursprünglichen Produktionsprogramms, z.B. aufgrund von nachträglichen Änderungen bei Kundenaufträgen, resultieren die Abweichungen der geplanten Umweltwirkungen aus *Programmabweichungen*.

- *Qualitätsabweichungen* ergeben sich aus Abweichungen der eingesetzten Fertigungsmaterialien von ihrer Sollqualität. Dadurch können sich z.B. Mehrverbräuche bei anderen Inputs, eine höhere Ausschußrate sowie höhere Emissionen ergeben.

- Bei einer Störung oder einer zeitweiligen ungeplanten Unterbrechung des Produktionsflusses resultieren die Mengenabweichungen aus *Produktionsstörungen*. Diese sind häufig auf eine unsachgemäße Bedienung, auf eine unzureichende Wartung und Instandhaltung oder auf technische Mängel der Betriebsmittel zurückzuführen. Je nach der Art der Störung können unter Umständen Umweltwirkungen in sehr großen Mengen freigesetzt werden.

---

[19] Vgl. Ewert / Wagenhofer (1995), S. 340ff., sowie Hummel / Männel (1983), S. 138.

- Mengenabweichungen aufgrund von *Unwirtschaftlichkeiten* beziehen sich auf den unachtsamen Umgang mit Materialien und können wie die Qualitätsabweichungen zu höheren Einsatzraten sowie zu einer Erhöhung der Ausschußraten und der Emissionen beitragen.

- Schließlich können Mengenabweichungen auch auf einer *fehlerhaften oder veralteten Dokumentation der Umweltstücklisten* beruhen. In diesem Fall sind die Umweltstücklisten entsprechend zu korrigieren.

Die Konzentration auf die Mengenabweichungen hat den Vorteil, daß Mengen- und Preisabweichungen nicht miteinander vermischt werden, wie das bei der Betrachtung von Kostenabweichungen der Fall ist. Außerdem kann im Vergleich zur traditionellen Analyse von Verbrauchsabweichungen viel genauer differenziert werden, welche Input- oder Outputarten betroffen sind, da verschiedene bewertete Materialarten nicht in einzelnen Konten gesammelt werden.

Die verursachungsgerechte Zurechnung der Umweltwirkungen verbessert somit neben deren Steuerung und Kontrolle auch die Möglichkeiten des betrieblichen Planungsabgleichs. Dadurch werden letztlich auch die klassischen Aufgaben der Kostenrechnung, z.B. die Wirtschaftlichkeitskontrolle, unterstützt.

4.2.3 Berücksichtigung von zeitlichen Verwerfungen

Ein weiteres Problem der realistischen Bewertung von Umweltwirkungen liegt darin begründet, daß die Entstehung einer Umweltwirkung und die daraus resultierenden Kosten zeitlich auseinanderfallen können. Dies gilt z.B. für Altlasten.[20] Während die Umweltwirkungen, die eine Altlast verursachen, oft schon Jahre zurückliegen, fallen die Kosten erst an, wenn ein Unternehmen den verunreinigten Boden – häufig auf behördliche Anweisung hin – saniert. Die zeitlichen Verwerfungen zwischen Umweltwirkungen und deren Kosten können wie folgt eingeteilt werden (vgl. Tabelle 7):

- Bei *vergangenheitsbezogenen Kosten von Umweltwirkungen* entstehen Kosten für Umweltwirkungen, die in der Vergangenheit verursacht worden sind. Sie dürfen nicht der aktuellen Abrechnungsperiode zugerechnet werden, da dies zu überhöhten Kosten der aktuellen Periode und damit zu einer falschen Kalkulationsgrundlage führen würde.

- *Gegenwartsbezogene Kosten der Umweltwirkungen* fallen in der gleichen Periode an, in der auch die entsprechende Umweltwirkung entsteht. Sie sind aus kostenrechnerischer Sicht unproblematisch. Allerdings ist zu gewährleisten, daß die Umweltwirkungen wie oben beschrieben vollständig erfaßt, verursachungsgerecht zugeordnet und anschließend mit dem richtigen Kostensatz bewertet werden.

---

[20] Vgl. zu den Kosten der Altlastensanierung Wagner / Fichtner (1989), S. 35ff.

Tab. 7: Stoßrichtungen einer umweltbezogenen Kostenrechnung

Kosten von Umweltwirkungen	vergangenheitsbezogen	gegenwartsbezogen	zukunftsbezogen
Ziele	• kostengünstige Beseitigung von vorhandenen Fehlentwicklungen	• Vermeidung von Fehlentwicklungen • Kostenminimierung • Einhaltung rechtlicher Normen	• Umsetzung der (umweltorientierten) Unternehmensstrategie • langfristige Wettbewerbssicherung • langfristige Steuerung der Umweltverbräuche
kostenrechnerisches Instrumentarium	• verursachungsgerechte Zurechnung und richtige Periodisierung (Informationen über künftige Entwicklungen und Maßnahmen)	• vollständige Erfassung der Umweltwirkungen • verursachungsgerechte Zurechnung von Umweltwirkungen • richtige Bewertung der Umweltwirkungen	• Steuerung mit Verrechnungspreisen • Abgleich von strategischen und taktisch-operativen Planungsvorgaben • Rückstellungen für spätere Kosten von heutigen Umweltwirkungen
Mengengerüst	Ermittlung der Ursachen von Fehlentwicklungen, um künftig überhöhte Umweltwirkungen zu vermeiden	Zuordnung von Stoff- und Energieströmen zu Faktoren, Prozessen und Produkten und Steuerung der aktuellen Umweltwirkungen	langfristige Steuerung von Stoff- und Energieströmen
Beispiele	Beseitigung von bereits eingetretenen Umweltschäden: • Altlasten • Umweltschutzimage	• Betrieb von Umweltschutzanlagen • Vermeidung bzw. Verwertung von aktuellen Umweltwirkungen • Prozeß- und Faktorsubstitution	• Umweltvorsorge • Umweltschutz zur langfristigen Zukunftssicherung • integrierter Umweltschutz • Umweltschutz-Know-how • Rücknahmeverpflichtungen • Marktentwicklungen

- *Zukunftsbezogene Kosten* von heutigen Umweltwirkungen fallen erst in späteren Perioden an. Daher sind für Umweltwirkungsarten, bei denen Folgekosten erwartet werden, z.B. bei Rücknahmeverpflichtungen, in der Entstehungsperiode der Umweltwirkungen Rückstellungen in der richtigen Höhe zu bilden. Bei der Bewertung der heute anfallenden Umweltwirkungen sind diese Rückstellungen mit deren zukünftigen (diskontierten) Kostensätzen zu berücksichtigen, da nur so eine realistische Kalkulationsgrundlage geschaffen werden kann. Hierunter fallen auch die Kosten, die notwendig sind, um einen Abgleich zwischen der taktisch-operativen und der strategischen Planung vornehmen zu können.[21] In der traditionellen Kostenrechnung werden strategische Vorgaben der Unternehmensführung in der Regel nicht berücksichtigt. Dies führt zu einem Widerspruch zwischen kurz- und langfristiger Planung, wenn die aktuelle Planung auch Einfluß auf die strategischen Grundoptionen eines Unternehmens hat. Ein Beispiel ist das unter kurzfristigen Kostengesichtspunkten sinnvolle Inkaufnehmen von Umweltwirkungen, die langfristig das Unternehmensimage negativ beeinträchtigen. Aus diesem Grund sollten Umweltwirkungen, die für die Einhaltung der Unternehmensstrategie wichtig sind, langfristig höher bewertet werden, um so tatsächliche Knappheit richtig widerzuspiegeln.

Insgesamt stellt die Berücksichtigung der zeitlichen Dimension neben der Erfassung und verursachungsgerechten Zurechnung von Umweltwirkungen eine weitere wichtige informationswirtschaftliche Anforderung an eine umweltbezogene Kostenrechnung dar.

4.2.4 Konzept zur ökologischen Bewertung

Die Durchführung von ökologischen Wirkungsanalysen bzw. die ökologische Bewertung der betrieblichen Umweltwirkungen kann dazu beitragen, daß das Unternehmen die Interessen der Anspruchsgruppen besser antizipieren und außerdem betriebliche Ziele in höherem Maße erreichen kann. Dahinter verbirgt sich die Annahme, daß die Umweltschäden, die von einer Umweltwirkungsart verursacht werden, ein guter Indikator für die gesellschaftliche Relevanz dieser Umweltwirkungsart sind. Diese Annahme erscheint insofern realistisch, als von einem Unternehmen häufig nur schwer abzuschätzen ist, welche Umweltproblematik in nächster Zeit im Mittelpunkt des öffentlichen Interesses stehen wird. Als Vorhersagemaßstab können die von einem Stoff tatsächlich ausgehenden Umweltschäden angesehen werden.

Da bisher noch kein standardisiertes Bewertungsverfahren existiert und auch in Zukunft nicht erwartet werden kann[22], sind die Unternehmen gezwungen, eigene ökologische Bewertungen vorzunehmen bzw. eines oder mehrere der in Abschnitt 2.3.2 beschriebenen Bewertungsverfahren für ihre Zwecke zu modifizieren.

Im folgenden werden Möglichkeiten einer pragmatisch orientierten ökologischen Bewertung von Umweltwirkungen vorgestellt, wie sie in ähnlicher Form auch für die Umweltberichterstattung vorgeschlagen werden.[23] Um eine hinreichende sachliche

---

21 Vgl. hierzu auch die Abschnitte 1.2.1 und 3.4.3.
22 Dies hängt zum einen mit dem mangelnden Konsens bei den mit der Bewertung befaßten politischen Gremien und zum anderen mit den Anforderungen, die an ein allgemeingültiges Bewertungsverfahren zu stellen sind, zusammen.
23 Vgl. Steven / Schwarz / Letmathe (1997), S. 201ff.

4.2 Informationswirtschaftliche Voraussetzungen einer umweltbezogenen Kostenrechnung 157

Fundierung der Bewertung zu gewährleisten, sollte nach dem in Abbildung 30 dargestellten Schema vorgegangen werden.

Zunächst ist festzulegen, welche *Ziele* mit der Bewertung verfolgt werden sollen. Außerdem ist der betrachtete Bilanzraum abzugrenzen, der bestimmt, inwiefern und in welchem Ausmaß auch vor- und nachgelagerte Umweltwirkungen eines Stoffs berücksichtigt werden. In der *Sachbilanz* sind, wie bereits in den vorhergehenden Abschnitten beschrieben, die anfallenden Mengen der einzelnen Umweltwirkungsarten zu erfassen. Im nächsten Schritt sind die *ökologischen Wirkungen* der betrachteten Stoffe und Energien zu analysieren. Da dies von Unternehmen nicht selbst geleistet werden kann, sind hierfür verschiedene interne und externe Informationsquellen heranzuziehen. Damit die Umweltschäden unterschiedlicher Stoffe und Energien, die in verschiedenen Umweltbereichen auftreten können, vergleichbar sind, müssen die Umweltwirkungen in der abschließenden Bewertung gewichtet und aggregiert werden. Hierbei sind gesellschaftliche Zielvorstellungen, insbesondere die Forderung nach einem Sustainable Development, zu berücksichtigen.

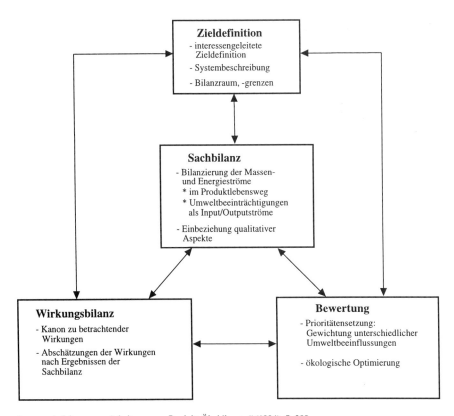

In enger Anlehnung an: Arbeitsgruppe „Produkt-Ökobilanzen" (1994), S. 209

Abb. 30: Erfassung und Bewertung betrieblicher Umweltwirkungen

Da ein Bewertungsverfahren, das diese Anforderungen in zufriedenstellendem Maß erfüllt, nicht verfügbar ist, bleibt für die Unternehmen nur die Möglichkeit, eine pragmatische Abschätzung ihrer Umweltwirkungen vorzunehmen. Dafür sind zunächst Informationen über die Auswirkungen der einzelnen Stoffe und Energien auf die natürliche Umwelt einzuholen. Die Bedeutung verschiedener Informationsquellen für die Bewertung betrieblicher Umweltwirkungen wird in Abbildung 31 dargestellt. Die Ergebnisse basieren wiederum auf der Befragung der 77 Unternehmen, die bereits einen oder mehrere Umweltberichte erstellt haben:

- *Betriebsinternes Expertenwissen* kann genutzt werden, wenn Fachleute verschiedener Disziplinen, insbesondere Chemiker und Biologen, ihr Wissen in den Bewertungsprozeß einbringen. Außerdem können diejenigen Mitarbeiter, die mit Umweltschutzfragen betraut sind, wie die Betriebsbeauftragten für Umweltschutz, ihre Erfahrungen und bereits im Unternehmen vorhandene Unterlagen zur Verfügung stellen. Dazu zählen z.B. das betriebliche Umweltschutzhandbuch und die Sicherheitsdatenblätter für im Unternehmen eingesetzte Stoffe.

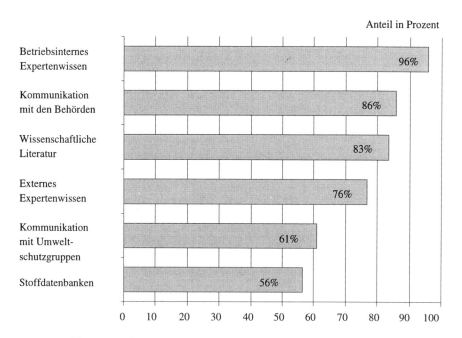

Abb. 31: Quellen zur Bewertung der betrieblichen Umweltwirkungen (Mehrfachnennungen)

- Die *Behörden*, insbesondere das Umweltbundesamt sowie die für die Überwachung der rechtlichen Bestimmungen zuständigen kommunalen Umweltämter und Gewerbeaufsichtsämter, verfügen über eine Reihe von umweltrelevanten Informationen, die sie z.T. auch den Unternehmen zur Verfügung stellen. Beispielsweise sind die

Gewerbeaufsichtsämter per Dienstanweisung verpflichtet, die Unternehmen in Umweltfragen zu beraten.

- *Wissenschaftliche Literatur*, insbesondere einschlägige Nachschlagewerke, z.B. das Beilstein Handbook for Organic Chemistry, enthalten zahlreiche Informationen über das Verhalten eines Stoffs in der Umwelt sowie über einschlägige Testverfahren. Darüber hinaus gibt es speziell auf den Umweltschutz ausgerichtete Stoffsammlungen und Umweltlexika.[24] Auch für das Vorgehen bei der Bewertung selbst liefert die Literatur wichtige Hinweise.[25] Da die ökologische Bewertung von Umweltwirkungen ein sehr wissenschaftsnaher Bereich ist, wird die wissenschaftliche Literatur vergleichsweise oft von Unternehmen herangezogen (vgl. Abbildung 31).

- Reichen die verfügbaren Informationen nicht aus, so kann zusätzlich *externes Expertenwissen* herangezogen werden. Potentielle Ansprechpartner sind z.B. universitäre Forschungseinrichtungen oder Unternehmensberatungen. Externes Expertenwissen hat allerdings oft den Nachteil, daß es mit hohen Kosten und zusätzlichem Abstimmungsaufwand verbunden ist. Es wird daher auch von den Unternehmen in geringerem Maße genutzt als die drei vorangegangenen Informationsquellen.

- *Umweltschutzgruppen und -verbände*, die das Ziel verfolgen, die natürliche Umwelt insgesamt oder einzelne Teilbereiche, z.B. bedrohte Tier- und Pflanzenarten, zu schützen, gehören ebenfalls zu den potentiellen Lieferanten von bewertungsrelevanten Informationen.

- *Stoffdatenbanken* liefern systematische Informationen über einzelne Stoffe und ihr Umweltverhalten. Die einzelnen Substanzen sind zumeist unter ihrer CAS-Nummer[26] registriert, die sich international durchgesetzt hat. Allein bei STREIT sind über 80 Datenbanken aufgezählt und charakterisiert.[27] In Deutschland zählt das beim Umweltbundesamt geführte Umweltplanungs- und Informationssystem (UMPLIS), das mehrere Datenbanken enthält, zu den wichtigsten umweltrelevanten Informationssammlungen. Insgesamt werden Stoffdatenbanken allerdings recht wenig genutzt, was sicherlich zum einen mit der noch nicht ausreichenden Vernetzung vieler Unternehmen zusammenhängt, zum anderen aber auf die oft erheblichen Benutzergebühren zurückzuführen ist.

Aus betrieblicher Sicht sollte das anzuwendende Bewertungsverfahren so konzipiert sein, daß es sachlich gut fundierte Aussagen über die tatsächlichen Umweltschäden eines Unternehmens erlaubt. Weiter sollte die Bewertung mit einem vertretbaren Aufwand durchgeführt werden können. In diesem Rahmen werden für jede relevante Umweltwirkungsart ein oder mehrere Indikatoren benötigt, die die von einem Stoff ausge-

---

[24] Vgl. z.B. Bahadir / Parlar / Spiteller (1995), Koch (1995), Rippen (1987ff.) und Streit (1994).
[25] Vgl. z.B. Heijungs (1992a), Hallay / Pfriem (1992), S. 70ff., Schaltegger / Sturm (1994), S. 47ff., Schmidt-Bleek (1994) und Steven / Schwarz / Letmathe (1997), S. 201ff.
[26] CAS steht für den Chemical Abstract Service der Vereinigten Staaten.
[27] Vgl. Streit (1992), S. 892ff.

henden Umweltschäden repräsentieren. Ein einziger Indikator, der z.B. in Schadpunkten gemessen wird, hat den Vorteil, daß Umweltschäden verschiedener Umweltwirkungsarten miteinander vergleichbar sind und außerdem aggregiert werden können. Demgegenüber steht der Nachteil, daß unterschiedliche Umweltschäden, z.B. lokale und globale Umweltschäden, miteinander vermischt werden, was aber nur bei einer sinnvollen Gewichtung unterschiedlicher Umweltschadensbereiche möglich ist. Für eine umweltbezogene Kostenrechnung wird man sich aus Aufwandsgründen auf ungefähre Abschätzungen beschränken, da weniger die wissenschaftliche Exaktheit der Ergebnisse angestrebt wird, sondern vielmehr eine sinnvolle Informationsgrundlage für interne Entscheidungen geschaffen werden soll.

Im folgenden wird der Ablauf eines pragmatisch orientierten Bewertungsverfahrens kurz skizziert, wie es auch für die Umweltberichterstattung vorgeschlagen wird:[28]

1. Auswahl der zu bewertenden Stoffe und Stoffgemische

Zunächst sind die für eine Bewertung in Frage kommenden Stoffe und Stoffgemische, z.B. Lösemittel, auszuwählen, welche einer ökologischen Bewertung unterzogen werden sollen. Um den Aufwand gering zu halten, können zuerst die Stoffe und Stoffgemische bewertet werden, bei denen im Rahmen einer Vorabschätzung die höchsten Umweltschäden erwartet werden. Dabei kann es sich um Stoffe handeln, die in großen Mengen anfallen, oder um Substanzen, bei denen auch kleine Mengen vergleichsweise hohe Umweltschäden verursachen. Sukzessive können später auch Stoffe berücksichtigt werden, die ein geringeres Umweltgefährdungspotential aufweisen.

2. Ermittlung der stofflichen Eigenschaften und des Umweltverhaltens

Im zweiten Schritt sind Informationen zu den stofflichen Eigenschaften und dem Umweltverhalten der zu bewertenden Stoffe und Stoffgemische einzuholen. Für diesen Zweck ist eine sinnvolle Auswahl unter den oben beschriebenen Informationsquellen zu treffen. Auch hier kann der Aufwand dadurch verringert werden, daß zunächst nicht alle Informationsquellen herangezogen werden. Insbesondere ist darauf zu achten, die eingeholten Informationen auf die Bewertungskriterien abzustimmen. Später kann die Informationsbasis sukzessive ergänzt werden, indem z.B. von den Lieferanten Informationen über die stoffliche Zusammensetzung einer Substanz eingeholt werden. Außerdem ist es möglich, auch die vor- und nachgelagerten Umweltwirkungen eines Stoffs oder Stoffgemischs zu berücksichtigen. Dies wäre z.B. durch Transferfunktionen[29] möglich, die angeben, welche Stoff- und Energieströme den extern bezogenen Einsatzfaktoren bzw. der Nutzung und der Entsorgung der Produkte zuzurechnen sind.

---

[28] Bei dem hier vorgeschlagenen Vorgehen handelt es sich um eine Mischung des pragmatisch orientierten Bewertungsverfahrens bei Steven / Schwarz / Letmathe (1997), S. 211ff., und dem Bewertungsverfahren des Centrums voor Milieukunde der Universität Leiden; vgl. hierzu Heijungs (1992a) und (1992b).

[29] Liedtke (1997) wie auch Schmidt-Bleek (1994), S. 19, sprechen in diesem Zusammenhang von ökologischen Rucksäcken.

3. Festlegung und Gewichtung von Bewertungskriterien

Im dritten Schritt sind Kriterien zu definieren, mit deren Hilfe die einzelnen Stoffe und Stoffgemische bewertet werden. Außerdem ist festzulegen, wie die verschiedenen Kriterien untereinander zu gewichten sind. Auch hierfür können die oben beschriebenen Informationsquellen, insbesondere die wissenschaftliche Literatur, genutzt werden. Letztlich handelt es sich bei der Auswahl der Kriterien und deren Gewichtung jedoch um subjektive Einschätzungen, die die realen Problembereiche und deren gesellschaftliche Relevanz möglichst exakt widerspiegeln sollten. Ein Beispiel für einen Kriterienkatalog bildet das ökologische Bewertungsverfahren des Centrums voor Milieukunde der Universität Leiden (CML-Konzept).[30] Die Ausprägungen der einzelnen Kriterien werden anhand von Referenzfunktionen gemessen. Einige ausgewählte Kriterien und die zugehörigen Referenzfunktionen sind in der Tabelle 8 zusammengestellt. Um die Schadpunkte eines Stoffs bzw. Stoffgemischs zu ermitteln, sind die hier angegebenen Zielkategorien entsprechend ihrer Bedeutung zu gewichten. Da es sich um eine Gewichtung für interne Zwecke handelt, besteht die Möglichkeit, die Interessen der Anspruchsgruppen des Unternehmens zu berücksichtigen, indem z.B. die Humantoxizität höher gewichtet wird als die Ökotoxizität.

4. Ermittlung der Schadpunkte

Im letzten Schritt sind die Ausprägungen jedes Kriteriums mit dem entsprechenden Gewichtungsfaktor zu multiplizieren und alle gewichteten Kriterienausprägungen anschließend zu addieren. Dadurch erhält man für jeden betrachteten Stoff bzw. für jedes definierte Stoffgemisch die Schadpunkte, die je Mengeneinheit anfallen. Die Höhe der Schadpunkte spiegelt den von einem Stoff ausgehenden Umweltschaden wider, der dann bei der späteren monetären Bewertung der Umweltwirkungen im Rahmen einer umweltbezogenen Kostenrechnung berücksichtigt werden kann.

Die hier vorgenommene Anlehnung an das CML-Konzept dient in erster Linie zur Verdeutlichung der Vorgehensweise; bei der Bestimmung der Bewertungskriterien und deren Gewichtung ist das Unternehmen an kein fest vorgeschriebenes Verfahren gebunden. Das CML-Konzept hat jedoch den Vorteil, daß zur Messung der einzelnen Kriterienausprägungen neben dem Mengengerüst nur relativ wenig weitere Daten erhoben werden müssen. Außerdem gilt das CML-Verfahren als wissenschaftlich gut fundiert. An seiner Konzeption haben mehrere Institute und ca. 75 Wissenschaftler aus mehreren Ländern mitgewirkt.[31] Wenn die Kriterien des CML-Verfahrens übernommen werden, bleibt für das Unternehmen noch die Aufgabe, die einzelnen Kriterien entsprechend ihrer Bedeutung zu gewichten.

---

30 Vgl. Heijungs (1992a) und (1992b).
31 Vgl. Schaltegger / Sturm (1994), S. 107.

Wenn in der Umweltberichterstattung schon ein ökologisches Bewertungsverfahren angewendet wird, liegt es natürlich nahe, auf dieses auch für interne Zwecke zurückzugreifen. Es ist allerdings zu prüfen, ob das verwendete Verfahren auch den internen Anforderungen einer umweltbezogenen Kostenrechnung genügen kann. Gegebenenfalls sind entsprechende Anpassungen vorzunehmen, indem z.B. bisherige Kriterien wegfallen oder zusätzliche berücksichtigt werden. Auch die Gewichtung der Kriterien ist auf die Unternehmensspezifika abzustimmen. So können z.B. diejenigen umweltbezogenen Problemfelder stärker gewichtet werden, mit denen das Unternehmen von seiten der Öffentlichkeit besonders konfrontiert wird.

Tab. 8: Ausgewählte Referenzfunktionen des CML-Konzepts

Zielkategorie	Referenzfunktion	Bemerkungen
Nutzungsgrad von abiotischen Ressourcen	$\dfrac{\text{Ressourcenverbrauch (kg)}}{\text{Reserven (kg)}}$	Betrachtet werden nur Ressourcen, deren Vorkommen voraussichtlich weniger als 100 Jahre ausreichen.
Verbrauch von biotischen Ressourcen	$\dfrac{\text{Reproduktionsrate} \times \text{Verbrauch}}{(\text{aktueller Ressourcenbestand})^2}$	
Verstärkung des Treibhauseffekts	GWP eines Stoffs × Verbrauch des Stoffs Referenzsubstanz: CO_2	GWP steht für Global Warming Potential. CO_2: Kohlendioxid
Abbau der Ozonschicht	ODP eines Stoffs × Verbrauch des Stoffs Referenzsubstanz: CFC_{-11}	ODP steht für Ozone Depletion Potential. CFC_{-11}: Fluorchlorkohlenwasserstoff-11d
Humantoxizität	HCA × Emission in Luft + HCW × Emission in Wasser + HCS × Emission in Boden	HCA, HCW und HCS stehen für Human Toxicological Classification Factor for Air, Water and Soil.
Ökotoxizität	Aquatische Ökosysteme: ECA × Emission in Wasser Terrestrische Ökosysteme: ECT × Emission in Boden	ECA und ECT stehen für Ecotoxical Classification Factor for Aquatic and Terrestrial Ecosystems.
Photochemischer Smog	POCP eines Stoffs × Emission in die Luft Referenzsubstanz: Ethylen	POCP steht für Photochemical Ozone Creation Potential.
Verstärkung der Übersäuerung der Böden	AP eines Stoffs × Emission in die Luft Referenzsubstanz: SO_2	AP steht für Acidification Potential. SO_2: Schwefeldioxid
Verstärkung der Überdüngung der Böden	NP eines Stoffs × Emission in die Luft Referenzsubstanz: PO_4^{3-}	NP steht für Nutrification Potential. PO_4^{3-}: Phosphat

In enger Anlehnung an: Steven / Schwarz / Letmathe (1997), S. 228

Mit Hilfe der Informationen über das umweltbezogene Mengengerüst, über die Interessen der Anspruchsgruppen, über die rechtlichen Rahmenbedingungen, über die Umweltschäden und über die zeitlichen Verwerfungen können Umweltwirkungen und Umweltschutzleistungen im Rahmen einer umweltbezogenen Kostenrechnung bewertet werden. Die im Abschnitt 4.2 dargestellten informationswirtschaftlichen Anforderungen bilden daher die Basis für die im folgenden dargestellten Methoden zur Aufstellung eines umweltbezogenen Verrechnungspreissystems.

4.3 Praktische Ermittlung von umweltbezogenen Verrechnungspreisen

Verrechnungspreise sollen zum einen die mit den betrieblichen Umweltwirkungen und Umweltschutzleistungen einhergehenden Kosten korrekt widerspiegeln und zum anderen dazu beitragen, den Anfall der Umweltwirkungen so zu steuern, daß die Erreichung der betrieblichen Ziele unterstützt wird.[32] Letztlich dient dieses Vorgehen dem Zweck, die klassischen Aufgaben einer Kostenrechnung, wie die Kontrolle und Steuerung der Kosten und die Lieferung von Informationen zur Entscheidungsvorbereitung, an umweltbezogene Rahmenbedingungen anzupassen. Dabei wird davon ausgegangen, daß es sich um ein Unternehmen mit einer oder mehreren voneinander unabhängigen Unternehmenssparten handelt, für die lediglich die Vorgaben der Unternehmenszentrale bindend sind. Nach der Erörterung der wichtigsten Funktionen von Verrechnungspreissystemen werden zunächst Umweltschutzleistungen bewertet. Anschließend werden Verrechnungspreise für anfallende Umweltwirkungen gebildet, wobei die Ergebnisse der eher theoretisch gehaltenen Ausführungen aus dem dritten Kapitel wichtige Impulse liefern. Schließlich wird ein Konzept vorgestellt, wie das hergeleitete Verrechnungspreissystem sukzessiv verbessert und an Änderungen der Ausgangsparameter angepaßt werden kann.

4.3.1 Koordination der betrieblichen Umweltwirkungen

In den folgenden Abschnitten werden Möglichkeiten zur Steuerung von betrieblichen Umweltwirkungen aufgezeigt, die die Erreichung betrieblicher Ziele fördern sollen. Ein wichtiges Instrument zur Koordination von Umweltwirkungen stellen Verrechnungspreise dar, mit deren Hilfe die mengenmäßigen Umweltwirkungen in den einzelnen Unternehmenssparten beeinflußt werden können.

---

[32] Vgl. Günther (1995), S. 32f.

4.3.1.1 Funktionen von umweltbezogenen Verrechnungspreisen

Umweltbezogene Verrechnungspreise weisen den betrieblichen Umweltwirkungen die durch sie verursachten Kosten zu.[33] Ähnlich wie Verrechnungspreise für innerbetriebliche Leistungen dienen sie als ein wichtiges Instrument[34] zur Koordination und Steuerung der anfallenden Umweltwirkungen und zur Messung des Betriebserfolgs:[35]

- Die *Koordinationsfunktion* soll dazu beitragen, daß Umweltwirkungen nur dort verursacht werden, wo es aufgrund der Ziele des gesamten Unternehmens sinnvoll ist. Insbesondere bei einer begrenzten Verfügbarkeit einzelner oder mehrerer Umweltwirkungsarten ist deren Mengenanfall so zu steuern, daß der Gesamtdeckungsbeitrag des Unternehmens maximiert wird.[36]

- Die *Erfolgsermittlungsfunktion* dient dazu, den Verursachern der Umweltwirkungen die mit ihnen verbundenen Kosten anzulasten, um so möglichst genau die Kosten einer Kostenstelle und den Betriebserfolg einer Unternehmenssparte bzw. des Gesamtunternehmens bestimmen zu können.

Für die Ermittlung der Verrechnungspreise kann auf einen der folgenden Ansätze zurückgegriffen werden:[37]

1. *Marktorientierte Verrechnungspreise* können dann angesetzt werden, wenn die entsprechende Umweltwirkung oder Umweltschutzleistung am Markt gehandelt wird und für das Unternehmen auch zugänglich ist.[38] In diesem Fall besteht die Möglichkeit, den Gewinn bzw. Verlust der leistungserbringenden Kostenstelle zu messen. Sie kann praktisch wie ein eigenständiges Profit Center behandelt werden.

2. *Kostenorientierte Verrechnungspreise* basieren auf den tatsächlichen Kosten einer Kostenstelle plus eines eventuell festzulegenden Gewinnzuschlags. Die anzusetzenden Kosten können auf der Basis von Vollkosten, Grenzkosten oder Opportunitätskosten ermittelt werden. Bezogen auf die Kosten der Umweltschutzleistungen und die Kosten der Umweltwirkungen kann wie folgt vorgegangen werden:

    - Bei Verrechnungspreisen auf der Basis von Vollkosten werden nicht nur die variablen Kosten der *Umweltschutzleistungen*, sondern auch die fixen Kosten be-

---

[33] Vgl. zu den Möglichkeiten und Grenzen der Nutzung von Verrechnungspreisen für die Unternehmenssteuerung u.a. Albach (1974), S. 216ff., Böhm / Wille (1974), Drumm (1972), S. 253ff., Eccles (1985), Frese (1995a), S. 942ff., Frese / Glaser (1980), S. 109ff., Laux (1995), S. 503ff., Neus (1997), S. 38ff., Schmalenbach (1909), S. 165ff., sowie Wagenhofer (1992), S. 637ff.

[34] Weitere Instrumente, die hier aufgrund der Beschränkung dieser Arbeit auf kostenrechnerische Gesichtspunkte nicht weiter diskutiert werden sollen, sind beispielsweise die Schulung und Motivation der Mitarbeiter, organisatorische Maßnahmen sowie die Schaffung entsprechender Anreizsysteme; vgl. hierzu Frese (1995b), S. 35ff., Laux / Liermann (1993), S. 3ff., sowie bezogen auf den betrieblichen Umweltschutz Adams (1993), S. 74ff., Antes (1996), S. 227ff., Matzel / Sekul (1995), S. 6ff., und Winter (1993), S. 98ff.

[35] Vgl. Ewert / Wagenhofer (1995), S. 509ff.

[36] Pfaff (1995), S. 119ff., und Wagenhofer (1995), S. 81ff., betonen insbesondere die Verhaltenssteuerung als Aufgabe der Koordinationsfunktion.

[37] Vgl. Ewert / Wagenhofer (1995), S. 516ff.

[38] Bei Umweltwirkungen wäre dies im Rahmen einer Zertifikatslösung denkbar; vgl. hierzu Bonus (1984). Umweltschutzleistungen werden z.B. im Bereich der Entsorgung oder der Abwasserreinigung angeboten.

rücksichtigt, also insbesondere die auf die Nutzungsdauer verteilten Anschaffungskosten einer Umweltschutzinvestition. Dahinter steht die Überlegung, daß langfristig auch die fixen Kosten einer Umweltschutzanlage gedeckt sein müssen. Bei einem Verrechnungspreis auf der Basis von Grenzkosten ergibt sich der Verrechnungspreis ausschließlich aus den variablen Kosten einer Umweltschutzleistung. Bei der Wahl des tatsächlichen Verrechnungspreises für Umweltschutzleistungen ist zu berücksichtigen, daß die variablen Kosten in Relation zu den fixen Kosten sehr gering sind. So fallen für den Betrieb eines Abluftfilters oder einer Abwasserreinigungsanlage im Vergleich zu deren Anschaffungskosten nur sehr niedrige laufende Kosten an. Wird die Kapazität einer bestimmten Umweltschutzanlage voll ausgeschöpft und besteht noch weitere Nachfrage nach der entsprechenden Umweltschutzleistung, so können die Opportunitätskosten, die die Knappheit der entsprechenden Umweltschutzleistung widerspiegeln, als Verrechnungspreis angesetzt werden. Die Opportunitätskosten errechnen sich aus dem entgangenen Deckungsbeitrag des besten Auftrags, der aufgrund der Knappheit einer Umweltschutzleistung nicht durchgeführt werden kann.

- Bei knappen *Umweltwirkungen* handelt es sich hingegen nicht um Leistungen einer einzigen Kostenstelle, sondern um in verschiedenen Kostenstellen erzeugte unerwünschte Umweltbelastungen, die durch betriebliche Ziele oder rechtliche Rahmenbedingungen mengenmäßig begrenzt sind. Der Mengenanfall einer Umweltwirkungsart ergibt sich erst, wenn ein Grobplan aufgestellt wird, aus dem die voraussichtlich anfallenden Umweltwirkungen hervorgehen. Ist eine Umweltwirkungsart knapp, so wird sie ähnlich wie bei den Modellen im dritten Kapitel mit einem positiven Knappheitspreis (Opportunitätskosten) bewertet, der über die pagatorischen Kosten der Umweltwirkungsart hinausgeht. Da beim Ansatz von Opportunitätskosten die Erfolgsermittlungs- und die Koordinationsfunktion nicht immer erfüllt ist, wird diese Problematik unten noch eingehend erörtert.

3. *Verrechnungspreise als Verhandlungsergebnisse* basieren auf Verhandlungen zwischen der liefernden und empfangenden Stelle einer Leistung.[39] Dieser Ansatz ist für Umweltschutzleistungen eher ungeeignet, da die Abnahme von Umweltschutzleistungen, z.B. das Filtern der Abluft einer Produktionsanlage, oft aus rechtlichen Gründen vorgeschrieben ist. Dadurch würde es aber zu einer willkürlichen Aufteilung des Gewinns zwischen der liefernden und der empfangenden Stelle kommen, ohne daß eine sinnvolle Kostenverteilung zwischen den Stellen gewährleistet wird.[40] Etwas anders stellt sich die Situation bei Umweltwirkungen dar, da Verhandlungen der Sparten mit der Unternehmenszentrale anstelle des Ansatzes von Opportunitätskosten dazu beitragen können, daß sowohl der Koordinations- als auch der Erfolgsermittlungsfunktion von Verrechnungspreisen entsprochen wird.

---

[39] Vgl. Neus (1997), S. 44.
[40] Vgl. Ewert / Wagenhofer (1995), S. 537ff.

4.3.1.2 Koordinationsmechanismen

Während die Koordinationsfunktion dazu beiträgt, den betrieblichen Erfolg zu maximieren, dient die Erfolgsermittlungsfunktion der Messung des tatsächlich erzielten Erfolgs. Die beiden Funktionen können in Widerspruch zueinander stehen, wenn aufgrund von knappen Umweltwirkungen bzw. Umweltschutzleistungen die wirtschaftlich sinnvollen Produktionsmöglichkeiten nicht in vollem Umfang realisiert werden können. Zur optimalen Allokation der knappen Umweltwirkungen sind diese dann mit ihrem Grenzdeckungsbeitrag, also mit ihren Opportunitätskosten, zu bewerten. Dadurch wird erreicht, daß die zur Verfügung stehende Menge einer Umweltschutzleistung bzw. einer Wirkungsart nur für diejenigen Faktoren, Prozesse und Produkte genutzt wird, deren Deckungsbeitrag oberhalb der Opportunitätskosten liegt. Durch dieses Vorgehen wird zwar die Koordinationsfunktion optimal erfüllt, es genügt aber nicht der Erfolgsermittlungsfunktion, da durch die Opportunitätskosten insgesamt höhere Kosten ausgewiesen werden, als tatsächlich angefallen sind. Umgekehrt führt die Nichtberücksichtigung der Opportunitätskosten zu einer Fehlallokation der Umweltwirkungen bzw. der Umweltschutzleistungen. Zur Lösung dieses Problems kann auf einen der folgenden Lösungsansätze zurückgegriffen werden:

1. Einbeziehung von Opportunitätskosten

a) Berücksichtigung von Opportunitätskosten ohne Abzug von Fixkosten

Die Bewertung von knappen Umweltwirkungen mit ihrem Grenzdeckungsbeitrag ohne einen Abzug von Fixkosten scheidet aus, da dadurch zwar wie oben beschrieben das Koordinationsziel, nicht aber die Erfolgsermittlungsfunktion erfüllt wird.

b) Berücksichtigung von Opportunitätskosten mit Abzug von Fixkosten

Die einzige Möglichkeit, sowohl die Koordinations- als auch die Erfolgsermittlungsfunktion in vollem Umfang zu gewährleisten, besteht darin, die Opportunitätskosten in ihrer vollen Höhe anzusetzen und gleichzeitig die verrechneten Kosten, die über die tatsächlichen Kosten hinausgehen, von den leistungsunabhängigen Fixkosten eines Unternehmens zu subtrahieren.[41] Die verringerten leistungsunabhängigen Kosten führen dann zu geringeren Zuschlagssätzen für die einzelnen Kostenstellen, Kostenträger und Unternehmenssparten. Durch dieses Vorgehen verändert sich der ermittelte Gesamterfolg eines Unternehmens nicht. Da die Opportunitätskosten in ihrer vollen Höhe verrechnet werden, wird auch die Koordinationsfunktion optimal erfüllt. Lediglich die Spartengewinne verändern sich. So verringert sich der Spartengewinn, wenn überdurchschnittlich viele knappe Umweltwirkungen benötigt werden, während im umgekehrten Fall sogar ein höherer Spartengewinn erzielt werden kann. Diese Verschiebungen zugunsten von Sparten, die weniger knappe Umweltwirkungen verursachen, läßt sich auf die Steuerungswirkung der Opportunitätskosten zurückführen und ist aus Sicht des gesamten Unternehmens durchaus

---

[41] Vgl. Laux (1995), S. 520ff.

erwünscht. Sind die gesamten verrechneten Opportunitätskosten höher als die leistungsunabhängigen Fixkosten, erhält man negative Fixkosten, die dann in Form einer Gutschrift an Kostenstellen, Kostenträger und Sparten zu verrechnen sind. Da die volle Berücksichtigung der Opportunitätskosten und deren Subtraktion von den leistungsunabhängigen Fixkosten sowohl die Erfolgsermittlungs- als auch die Koordinationsfunktion von Verrechnungspreisen am besten erfüllt, ist dieser Vorgehensweise der Vorzug gegenüber 1a) einzuräumen.

2. Kontingentierung der Umweltwirkungen

Neben der kostenorientierten Steuerung können die Umweltwirkungen den einzelnen Unternehmenssparten auch direkt zugewiesen werden, indem jede Unternehmenssparte eine festgelegtes Kontingent an Umweltwirkungen erhält, die im Laufe der folgenden Periode verursacht werden darf. Die Summe aller Kontingente einer Umweltwirkungsart sollte gerade der gesamten zur Verfügung stehenden Menge der Wirkungsart entsprechen. Durch die Kontingentierung kann zwar die Erreichung des umweltbezogenen Mengenziels gewährleistet werden, die Erfüllung der wirtschaftlichen Ziele hängt jedoch entscheidend von der Allokation der Umweltwirkungen auf die einzelnen Sparten ab. Die Ausgangsallokation kann auf der Basis der verursachten Umweltwirkungen in vergangenen Perioden oder mit Hilfe einer Grobplanung für die Folgeperiode ermittelt werden. Dabei ist die zukunftsorientierte Grobplanung vorzuziehen, da eine vergangenheitsorientierte Planung zum einen das Festhalten an einem eventuell ungünstigen Status Quo fördert und zum anderen für die Unternehmenssparten keine Anreize liefert, ihre Umweltwirkungen zu verringern. Sie würden für geringere Umweltwirkungen in der aktuellen Periode sogar noch bestraft, da sich dies negativ auf die Zuteilung der Folgeperiode auswirkt. Aber auch eine Grobplanung gewährleistet noch keine optimale Allokation der knappen Umweltwirkungen. Da die Unternehmenssparten ein Interesse daran haben, möglichst hohe Zuteilungen zu erhalten, werden sie ihren Bedarf eher überhöht darstellen.[42] Dieses Vorgehen führt insbesondere bei vorhandenen Informationsasymmetrien zwischen der Unternehmenszentrale und den Sparten zu einer suboptimalen Allokation der Umweltwirkungen.[43] Darüber hinaus kann eine zukunftsorientierte Grobplanung nur die zum Zeitpunkt der Planung realistischen Bedarfe der einzelnen Unternehmenssparten abschätzen, die konjunkturelle Entwicklung sowie andere exogene Einflüsse können aber zu einer Veränderung der tatsächlichen Bedarfe führen. Im folgenden werden verschiedene Ausgestaltungsmöglichkeiten einer Mengensteuerung beschrieben, durch die die Ausgangsallokation der Umweltwirkungen an die tatsächlichen Bedarfe angepaßt werden soll:[44]

---

[42] Vgl. zur Bedarfsmißrepräsentation von Sparten gegenüber der Unternehmenszentrale bei Informationsasymmetrie Krahnen (1994), S. 189ff., sowie Laux (1995), S. 516ff.
[43] Vgl. Ewert / Wagenhofer (1995), S. 542ff.
[44] Eine Mengensteuerung von Umweltwirkungen wird auch auf volkswirtschaftlicher Ebene im Rahmen von Zertifikatslösungen diskutiert; vgl. hierzu Bonus (1984) und Weimann (1995), S. 226ff. Dort stellt sich ebenfalls die Frage einer optimalen Ausgangsallokation.

a) Rückgabe von überschüssigen Umweltwirkungen an die Zentrale

Falls einzelne Unternehmenssparten die ihnen zugewiesenen Umweltwirkungen nicht benötigen, sollten sie in jedem Fall die Möglichkeit erhalten, die überschüssigen Mengen an die Unternehmenszentrale zurückzugeben. Um einen Anreiz für die Rückgabe zu schaffen, sind der entsprechenden Sparte die Kosten der Umweltwirkungen gutzuschreiben. Die Kostensätze werden bei einer Mengensteuerung auf der Basis der durch eine Umweltwirkungsart tatsächlich verursachten (pagatorischen) Kosten bestimmt. Die Unternehmenszentrale hat in diesem Fall die Möglichkeit, die zurückgegebenen Umweltwirkungen anderen Unternehmenssparten zuzuteilen.

Trotz der Möglichkeit der Rückgabe von Umweltwirkungen wird durch dieses Vorgehen die Koordinationsfunktion nicht erfüllt, da eine Unternehmenssparte eine Umweltwirkungsart nur dann zurückgeben wird, wenn der Grenzdeckungsbeitrag unter dem (pagatorischen) Kostensatz der Umweltwirkungsart liegt. Bei Knappheit könnte aber in anderen Unternehmenssparten mit der gleichen Umweltwirkungsart ein höherer Grenzdeckungsbeitrag erzielt werden, der mindestens den tatsächlichen Knappheitskosten entspricht, also weit höher ist als die pagatorischen Kosten der betreffenden Umweltwirkungsart. Die Suboptimalität dieses Verfahrens erhöht sich somit mit der Abweichung der Ausgangsallokation von der optimalen Allokation, also sollten insbesondere bei unsicheren Plandaten andere Methoden der intraperiodischen Allokation der Umweltwirkungen in Betracht gezogen werden.

b) Verkauf von überschüssigen Umweltwirkungen an andere Kostenstellen

Um den Nachteil der mangelhaften Koordination der zugeteilten, aber nicht in vollem Umfang benötigten Umweltwirkungen zu vermeiden, könnten die überschüssigen Umweltwirkungen statt an die Zentrale auch an andere Unternehmenssparten verkauft werden.[45] Der Preis müßte in diesem Fall zwischen den einzelnen Unternehmenssparten frei ausgehandelt werden. Dies würde dazu führen, daß eine Unternehmenssparte eine Umweltwirkung nur dann verursacht, wenn der damit erzielbare Grenzdeckungsbeitrag höher ist als der erzielbare Erlös beim Verkauf an eine andere Unternehmenssparte. Umgekehrt würde eine Unternehmenssparte Umweltwirkungen kaufen, wenn der erzielbare Grenzdeckungsbeitrag höher ist als der Preis der entsprechenden Umweltwirkungsart. Im Idealfall spiegelt der Preis der gehandelten Umweltwirkung also genau die intraperiodischen Opportunitätskosten wider und führt damit zu einer optimalen innerbetrieblichen Steuerung der Umweltwirkungen. Dieses Vorgehen ermöglicht somit die Korrektur einer aufgrund von unsicheren Plandaten suboptimalen Ausgangsallokation der Umweltwirkungen. Der Verkauf von überschüssigen Umweltwirkungen an andere Unternehmenssparten

---

[45] Ein solches System wurde bezogen auf knappe Kapazitäten bereits 1956 von Hirshleifer, S. 174, vorgeschlagen. Kühling / Thorlümke (1997), S. 13ff., greifen diesen Gedanken auf und regen die Einrichtung von Kapazitätsbörsen an, bei denen sich der Preis einer Kapazitätseinheit aus dem Angebot und der Nachfrage von unterschiedlichen Sparten ergibt.

kann allerdings nur funktionieren, wenn zwischen der Unternehmenszentrale und den einzelnen Unternehmenssparten keine oder nur geringfügige Informationsasymmetrien bestehen. Falls dies doch der Fall ist, wird jede Unternehmenssparte unabhängig von den tatsächlichen Produktionsmöglichkeiten versuchen, soviel Umweltwirkungen wie möglich zugeteilt zu bekommen, um sie anschließend zu einem höheren Preis an andere Unternehmenssparten zu verkaufen. Ein weiterer Nachteil dieses Vorgehens ist durch die Transaktionskosten gegeben, die durch die Preis- und Mengenverhandlungen über die Umweltwirkungen entstehen.

3. Versteigerung der Umweltwirkungen

Das Problem einer optimalen Ausgangsallokation stellt sich nicht, wenn die knappen Umweltwirkungen durch die Unternehmenssparten in einer Versteigerung erworben werden können.[46] Bei einer solchen Versteigerung bestimmt jede Unternehmenssparte selbst, wieviel sie für eine bestimmte Menge einer Umweltwirkungsart bezahlen möchte. Der tatsächliche Preis ergibt sich durch den Punkt auf der kumulierten Nachfragefunktion aller Unternehmenssparten, bei dem genau die festgelegte Menge an Umweltwirkungen abgesetzt wird, ohne daß eine Unternehmenssparte bereit ist, einen höheren Preis für weitere Mengeneinheiten dieser Umweltwirkungsart zu bezahlen. Der Gleichgewichtspreis wird im Idealfall der optimalen Höhe der Opportunitätskosten entsprechen, so daß die Koordinationsfunktion erfüllt ist. Des weiteren sollte wie bei der Mengensteuerung die Möglichkeit gegeben sein, zuviel ersteigerte Umweltwirkungen an andere Unternehmenssparten zu verkaufen. Im Gegensatz zur reinen Mengensteuerung oder zur zentralen Ermittlung der Opportunitätskosten hat die Versteigerung der Umweltwirkungen den Vorteil, daß vorhandene Informationsasymmetrien zwischen der Zentrale und den Unternehmenssparten keinen Einfluß auf die einer Sparte zugeteilte Menge bzw. auf den Gleichgewichtspreis haben, da es sich für keine Sparte lohnen würde, mehr als den Grenzdeckungsbeitrag für eine Umweltwirkungsart zu bezahlen. Die überhöhten Erlöse der Zentrale für die Umweltwirkungen können, ähnlich wie beim Ansatz von Opportunitätskosten, von den zu verrechnenden leistungsunabhängigen Fixkosten abgezogen werden. Allerdings kann auch hier die Höhe der Transaktionskosten für die Durchführung der Versteigerung gegen dieses Verfahren sprechen. Schließlich darf es sich für verschiedene Unternehmenssparten nicht lohnen, aufgrund strategischen Kalküls zuviel oder zuwenig von einer Umweltwirkungsart zu kaufen, um einer anderen Unternehmenssparte zu schaden. Dies könnte insbesondere dann von Bedeutung sein, wenn zwischen verschiedenen Sparten ein ausgeprägtes Konkurrenzverhältnis besteht oder einzelne Sparten miteinander kooperieren.[47]

---

46 Einen Überblick über das Thema Versteigerungen gibt der Aufsatz von McAfee / McMillan (1987), S. 699ff.
47 Gegen solche Defekte sind Versteigerungen insbesondere bei wenigen Teilnehmern anfällig; vgl. McAfee / McMillan (1987), S. 729.

4.3.1.3 Wahl des optimalen Koordinationsmechanismus

Die Entscheidung, welcher Verrechnungspreisansatz gewählt wird und wie die Opportunitätskosten knapper Umweltwirkungen berücksichtigt werden, hängt zum einen von der Unternehmensorganisation und zum anderen von der Knappheit sowie von der marktlichen Verfügbarkeit einer Umweltwirkung bzw. einer Umweltschutzleistung ab.

Bei nicht knappen Umweltwirkungen bzw. Umweltschutzleistungen wird man in der Regel auf einen kostenorientierten Verrechnungspreis zurückgreifen, wobei den betreffenden Umweltwirkungsarten bzw. Umweltschutzleistungen alle von ihnen direkt oder indirekt verursachten Kostengrößen zuzurechnen sind.

Falls eine Umweltschutzleistung am Markt gehandelt wird, so sollte der Marktpreis angesetzt werden, wenn die Leistung an andere Sparten weitergegeben wird. Falls es der verkaufenden Sparte gelingt, die Leistung mit geringeren Kosten als dem Marktpreis zu produzieren, so erhöht sich damit der Betriebserfolg der Sparte. Es besteht also ein Anreiz, auch die Produktion von Umweltschutzleistungen möglichst wirtschaftlich auszugestalten, da dadurch für die produzierende Sparte zusätzliche Erfolgspotentiale gegeben sind. Bei Leistungen innerhalb einer Sparte sollte allerdings auf marktorientierte Verrechnungspreise verzichtet werden, da diese die Erfolgsermittlungsfunktion nicht erfüllen, wenn die Kosten der Leistungserstellung und der Marktpreis voneinander abweichen. Produziert die Sparte die entsprechende Umweltschutzleistung z.B. zu geringeren Kosten, so würde ein marktorientierter Verrechnungspreis dazu führen, daß für die Umweltschutzleistung zu hohe Kosten ausgewiesen werden, sich die vergleichsweise günstige Leistungserstellung also überhaupt nicht positiv auf den Unternehmenserfolg auswirkt. Aus diesem Grund ist ein marktorientierter einem kostenorientierten Verrechnungspreis nur dann vorzuziehen, wenn eine Umweltschutzleistung von einer Unternehmenssparte an eine andere geliefert wird.

Bei knappen Umweltwirkungen hat eine Mengensteuerung den Vorteil, daß die Einhaltung des Mengenziels genau erfüllt werden kann. Bei mehreren Unternehmenssparten stellt sich allerdings das Problem einer optimalen Ausgangsallokation. Außerdem ist jede Unternehmenssparte bei einer Mengensteuerung gezwungen, die zugeteilte Menge an Umweltwirkungen nicht zu überschreiten, sie also in Form von Restriktionen explizit in der eigenen Planung zu berücksichtigen. Dadurch entsteht ein insgesamt höherer Planungsaufwand als bei einer Steuerung durch Opportunitätskosten, bei der sich die Unternehmenssparten nur nach wirtschaftlichen Gesichtspunkten ausrichten müssen. Insgesamt ist eine Mengensteuerung in erster Linie für kleinere Unternehmen geeignet, die nicht in einzelne Sparten untergliedert sind. Bei Unternehmen mit mehreren Sparten lohnt sich eine Mengensteuerung nur, wenn die Ausgangsallokation die tatsächlichen Bedarfe realistisch widerspiegelt und außerdem Mechanismen geschaffen werden, die ein wirtschaftlich sinnvolles Abweichen von der Ausgangsallokation ermöglichen, indem z.B. Umweltwirkungen an andere Unternehmenssparten verkauft werden dürfen.

4.3 Praktische Ermittlung von umweltbezogenen Verrechnungspreisen 171

Eine Versteigerung der Umweltwirkungen setzt voraus, daß mehrere Unternehmenssparten existieren, die um knappe Umweltwirkungen konkurrieren. Sie sollte immer dann erfolgen, wenn es für die Unternehmenszentrale nicht möglich ist, aufgrund ungenauer Plandaten oder vorhandener Informationsasymmetrien eine realistische Grobplanung vorzunehmen. Allerdings bringt die Versteigerung der Umweltwirkungen insbesondere für die einzelnen Unternehmenssparten einen hohen Aufwand der Vorausplanung mit sich, damit die einzelnen Umweltwirkungsarten auch tatsächlich bedarfsgerecht ersteigert werden können. Ein weiteres Problem stellen Konkurrenzbeziehungen zwischen einzelnen Unternehmenssparten dar, die dazu führen, daß Unternehmenssparten Umweltwirkungen nicht allein aufgrund tatsächlicher Bedarfe ersteigern, sondern auch, um den konkurrierenden Sparten damit zu schaden.

Tab. 9: Bewertung der Umweltwirkungen bzw. Umweltschutzleistungen in Abhängigkeit von deren Knappheit und der Unternehmensorganisation

	Eine Unternehmenssparte	Mehrere unabhängige Unternehmenssparten (Profit Center Organisation)
Umweltwirkungsart bzw. Umweltschutzleistung ist knapp	• Mengensteuerung • Bewertung mit direkt und gegebenenfalls mit indirekt zurechenbaren Kosten ohne Opportunitätskosten	Entscheidung hängt vom Kostenrechnungssystem, den Planungsmethoden und den auftretenden Transaktionskosten ab: • Opportunitätskosten unter Abzug von leistungsunabhängigen Fixkosten • zentrale Mengensteuerung • Versteigerung von Umweltwirkungen
Umweltwirkungsart bzw. Umweltschutzleistung ist nicht knapp und wird nicht am Markt gehandelt	• Bewertung mit direkt und gegebenenfalls mit indirekt zurechenbaren Kosten	• Bewertung mit direkt und gegebenenfalls mit indirekt zurechenbaren Kosten
Umweltwirkungsart bzw. Umweltschutzleistung ist nicht knapp und wird am Markt gehandelt	• Bewertung mit direkt und gegebenenfalls mit indirekt zurechenbaren Kosten	• Marktpreis bei Lieferung der Leistung an andere Sparten • Bewertung mit direkt und gegebenenfalls mit indirekt zurechenbaren Kosten bei spartenintemer Nutzung

Beim Ansatz von Opportunitätskosten ist der Aufwand für die einzelnen Sparten relativ gering, da sie ohnehin die Kosten der Faktoren und der Leistungen der Kostenstellen in ihrer Planung berücksichtigen. In diesem Fall muß die Unternehmenszentrale aber möglichst realistische Opportunitätskosten ermitteln, d.h. es ist auch hier eine möglichst genaue Vorausplanung der mengenmäßigen Umweltwirkungen erforderlich, da Planabweichungen in der Regel zu einer Veränderung der Knappheiten und damit auch der Opportunitätskosten führen. Ähnlich wie bei der Ermittlung der Ausgangsallokation der Umweltwirkungen bei einer Mengensteuerung können sich hier unsichere Plandaten sowie vorhandene Informationsasymmetrien nachteilig auswirken.

Die Entscheidung für einen der beschriebenen Steuerungsansätze hängt also in erster Linie von der spezifischen Ausgangssituation des Unternehmens ab. Bei einer Unternehmenssparte können die Umweltwirkungen und Umweltschutzleistungen immer mit ihren direkt oder indirekt zurechenbaren Kosten bewertet werden. Lediglich bei knappen Umweltwirkungen bzw. Umweltschutzleistungen ist auch eine Mengensteuerung in Betracht zu ziehen. Bei mehreren Unternehmenssparten ist derjenige Ansatz auszuwählen, der unter Berücksichtigung der Transaktionskosten und des Planungsaufwands eine optimale Allokation der Umweltwirkungen bzw. Umweltschutzleistungen gewährleistet. Die Ausführungen dieses Abschnitts werden durch die in der Tabelle 9 angegebenen Entscheidungsregeln zur Bewertung von Umweltwirkungen zusammengefaßt.

4.3.2 Verrechnungspreise für Umweltschutzleistungen

Die Kosten des betrieblichen Umweltschutzes sind den Umweltschutzleistungen zuzuordnen, die zur Vermeidung bzw. Verringerung der Umweltwirkungen beitragen. Allerdings werden hier nur die Leistungen von additiven Umweltschutzanlagen bewertet, da bei integrierten Techniken ohnehin alle Kosten, also auch die Kosten der Umweltschutzleistungen, der vorrangigen Leistung zugerechnet werden. Sie sind daher kostenrechnerisch genauso zu behandeln wie andere Produktionsanlagen. Dadurch kann man sich zugleich die willkürliche Kostenabgrenzung zwischen der nebenrangigen Umweltschutzleistung und dem vorrangigen Leistungsergebnis ersparen.

Dieselbe Argumentation gilt auch für diejenigen additiven Umweltschutzeinrichtungen, deren Leistungen nur einem einzigen Produktionsprozeß zufließen. Auch hier können die Kosten der additiven Technik direkt der Leistung des Produktionsprozesses zugerechnet werden. Allerdings ist bei der additiven Technik die Abgrenzung der Kosten für die Umweltschutzanlage und den Produktionsprozeß wesentlich einfacher, da beide zumindest technisch unabhängig voneinander in Betrieb genommen werden können (vgl. Abbildung 32).

Die Wahl des richtigen Verrechnungspreisansatzes für additive Umweltschutzleistungen hängt entsprechend den Ausführungen in Abschnitt 4.3.1 von der marktlichen Verfügbarkeit, dem angewendeten Kostenrechnungssystem und der internen Knappheit der Umweltschutzleistung ab. Wenn die Leistung auch über den Markt erworben werden kann, sollte der Marktpreisansatz dann gewählt werden, wenn die entsprechende

Umweltschutzleistung an eine andere Unternehmenssparte geliefert wird. In diesem Fall konkurriert die liefernde Unternehmenssparte also mit externen Anbietern der gleichen Leistung. Die empfangende Sparte wird die entsprechende Umweltschutzleistung nur dann in Anspruch nehmen, wenn ihr Preis nicht den Marktpreis übersteigt.

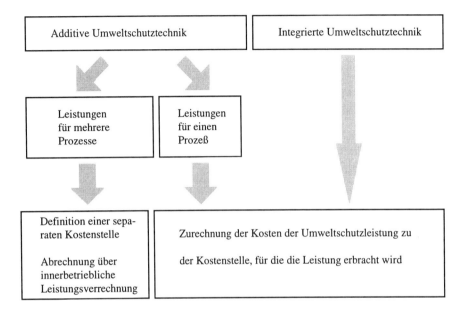

Abb. 32: Verrechnung und Bewertung von betrieblichen Umweltschutzleistungen

Wird die Umweltschutzleistung nicht am Markt gehandelt bzw. wird die Umweltschutzleistung innerhalb einer Sparte genutzt, ist ein kostenorientierter Verrechnungspreis zu wählen. Hierbei ist zu beachten, daß Umweltschutzleistungen häufig nur niedrige variable Kosten haben, denen aber vergleichsweise hohe Anschaffungskosten für die entsprechenden Umweltschutztechnik gegenüberstehen. Dies trifft z.B. auf einen Schadstoffilter zu. Führt ein Unternehmen eine Teil- bzw. Vollkostenrechnung durch, so sollte auch der Verrechnungspreis auf der Basis der Teil- bzw. Vollkosten ermittelt werden, wenn keine interne Knappheit der entsprechenden Umweltschutzleistung vorliegt. Ist die Umweltschutzkostenstelle nicht in der Lage, die gesamte Nachfrage aller empfangenden Stellen zu befriedigen, dann sind in jedem Fall die Opportunitätskosten anzusetzen. Nur dadurch kann gewährleistet werden, daß die Umweltschutzleistung den Kostenstellen zufließt, die damit den höchsten Deckungsbeitrag bzw. Gewinn erzielen.

Zur Ermittlung von kostenorientierten Verrechnungspreisen ist es notwendig, die Leistung einer Umweltschutzkostenstelle genau zu messen und dieser anschließend die Kosten zuzuordnen, die für das Erbringen der entsprechenden Leistung entstanden sind. Für die Kalkulation der Leistung einer Umweltschutzkostenstelle kann das folgende Vorgehen zugrunde gelegt werden:

1. Zunächst sind die *Leistungen der Umweltschutzkostenstellen* so zu differenzieren, daß eine gerechte Verrechnung der Leistungen an die empfangenden Kostenstellen bzw. auf einzelne Umweltwirkungsarten ermöglicht wird. So kann beispielsweise eine Abwasserreinigungsanlage mit einem vorgegebenen Schlüssel pauschal abgerechnet werden. Eine differenziertere Abrechnung könnte neben den tatsächlichen Abwassermengen in Kubikmetern auch die unterschiedlichen Schadstofffrachten des Abwassers berücksichtigen. Bei einer Recyclinganlage sollten neben der zeitlichen Inanspruchnahme der Anlage auch die unterschiedlichen Kosten der eingebrachten Materialien erfaßt werden.

2. Für die Verrechnung der Kosten sind *Leistungen der Umweltschutzkostenstellen* zu messen sowie die zugrunde liegende *Leistungsverflechtung* mit anderen Kostenstellen zu erfassen.

3. Die *variablen Kosten der Leistungserstellung* setzen sich aus den Material-, Energie- und Lohnkosten der Umweltschutzkostenstellen zusammen. Des weiteren können den Leistungen leistungsabhängige Abschreibungen und Instandhaltungskosten zugerechnet werden. Die unterschiedlichen variablen Kostensätze sind entsprechend den unter 1. definierten Leistungsarten, z.B. nach unterschiedlichen Schadstofffrachten, zu differenzieren.

4. Die *fixen Kosten der Leistungserstellung* enthalten unter anderem die leistungsunabhängigen Abschreibungen, Versicherungen und kalkulatorischen Zinsen. Sie fließen nur bei einer Vollkostenrechnung in die Verrechnungssätze der Umweltschutzkostenstellen ein.[48]

5. Im letzten Schritt sind die primären Kosten der betrachteten Umweltschutzkostenstelle zu addieren, um anschließend die *Verrechnungspreise für die abgegebenen Umweltschutzleistungen* entsprechend der ermittelten Leistungsverflechtung berechnen zu können. Dafür sind die gängigen Verfahren der innerbetrieblichen Leistungsverrechnung in Betracht zu ziehen. Bei der üblichen gegenseitigen Leistungsverflechtung von Kostenstellen sollte das Gleichungsverfahren herangezogen werden, da dann sowohl das Anbau- als auch das Stufenleiterverfahren fehlerhafte Ergebnisse liefern.[49] Eine korrekte Verrechnung der sekundären Kosten ist jedoch nur möglich, wenn auch die Leistungsverflechtungen zwischen den Kostenstellen eindeutig meßbar sind. Dies stößt aber bei solchen Kostenstellen auf Probleme, deren Leistungen für mehrere Kostenstellen gemeinsam erbracht oder bei denen der Aufwand der Leistungsmessung als zu hoch angesehen wird. Dies trifft z.B. auf allgemeine Verwaltungsleistungen oder auf die Planung und Überwachung der Umwelt-

---

[48] Vgl. Zimmermann (1996), S. 125ff.
[49] Vgl. z.B. Kistner / Steven (1997), S. 92ff.

schutzleistungen durch die Umweltschutzbeauftragten zu. Daher werden diese Gemeinkosten häufig mit Hilfe von mehr oder weniger begründeten Schlüsselungen auf die Kostenträger verrechnet. Dieser recht unbefriedigenden Vorgehensweise kann durch Prozeßkostenrechnungen entgegengewirkt werden.[50] Dort wird versucht, verschiedene Tätigkeiten, z.b. eines Umweltschutzbeauftragten, in Aktivitäten einzuteilen und zu bewerten. Anschließend werden die bewerteten Aktivitäten ihren jeweiligen Kostentreibern, z.B. einer bestimmten Umweltwirkungsart oder einer Umweltschutzleistung, zugerechnet.[51]

Das hier beschriebene Vorgehen zur kostenrechnerischen Bewertung von Umweltschutzleistungen trägt nicht nur zu einer korrekten Verrechnung der Umweltschutzleistungen im Rahmen der Kostenstellenrechnung bei, sondern kann auch für die Bewertung einzelner Umweltwirkungsarten genutzt werden, wenn diese z.B. aufgrund gesetzlicher Vorschriften einer bestimmten Behandlung zu unterziehen sind. In diesem Fall können die damit einhergehenden Kosten direkt an die verursachenden Umweltwirkungsarten weitergegeben werden.

4.3.3 Verrechnungspreise einzelner Umweltwirkungsarten

Traditionelle Kostenrechnungen bilden die Kosten der entstandenen Umweltwirkungen häufig nur unzureichend ab. Sie erfassen in der Regel nur Umweltwirkungen, mit denen direkt zurechenbare pagatorische Kosten verbunden sind. Dieses Vorgehen führt dazu, daß die Kosten der Umweltwirkungen in traditionellen Kostenrechnungen systematisch unterschätzt und bei betrieblichen Entscheidungen nicht in ausreichendem Maße berücksichtigt werden. So werden häufig Kosten, die durch die interne Handhabung von unerwünschten Kuppelprodukten entstehen, nicht berücksichtigt. Außerdem werden die Kosten der Umweltwirkungen in der Regel nicht ihren Verursachern zugerechnet, sondern als Gemeinkosten pauschal verteilt. Dadurch induzieren traditionelle Kostrechnungen kaum Anreize, die Kosten der Umweltwirkungen wirksam zu reduzieren.

Die richtige Ermittlung und Verrechnung der umweltbezogenen Kosten führt nicht dazu, daß Kosten erfaßt werden, die bisher nicht in der Kostenrechnung verbucht wurden; die vorhandenen Kosten werden lediglich sinnvoller den tatsächlichen Verursachern belastet. Dies läßt sich am Beispiel einer CO_2-Abgabe verdeutlichen. Während die Kosten, die durch die Emission von CO_2 entstehen, auch in der traditionellen Kostenrechnung dokumentiert werden, erfolgt in der umweltbezogenen Kostenrechnung zusätzlich eine Weiterverrechnung der Kosten an die fossilen Energieträger, von denen die Höhe des CO_2-Ausstoßes proportional abhängt. Diese werden wie Anschaffungs-

---

[50] Vgl. auch Abschnitt 1.4.3.
[51] Es ist allerdings zu beachten, daß dies nur im Rahmen einer Vollkostenrechnung sinnvoll ist; vgl. hierzu nochmals Abschnitt 1.4.3.

nebenkosten behandelt und erhöhen somit die Verrechnungspreise der einzelnen Brennstoffarten. Dadurch besteht schon beim Einkauf der Brennstoffe ein Anreiz, die späteren Kosten aufgrund der CO_2-Abgabe zu berücksichtigen und diese, soweit dies durch sinnvolle Substitution möglich ist, zu reduzieren. Durch ein solches Vorgehen werden nicht nur umweltbezogene Kosten eingespart, sondern auch der CO_2-Ausstoß reduziert. Um Doppelverrechnungen zu vermeiden, sind in dem Konto, in dem die Kosten der Abgaben verbucht werden, die Höhe der den fossilen Brennstoffen zugerechneten Abgaben gegenzubuchen.

Im folgenden wird auf Möglichkeiten einer systematischen monetären Bewertung von betrieblichen Umweltwirkungen eingegangen. Im Mittelpunkt stehen dabei die unternehmerische Entscheidungssituation und die Erfüllung der betrieblichen Ziele. Externe Kosten fließen bei einem gewinnmaximierenden Unternehmen nur dann in die Bewertung ein, wenn die verursachten externen Effekte Einfluß auf das Verhalten der Anspruchsgruppen haben, z.B. weil das Unternehmensimage dadurch beeinträchtigt wird. Bei Unternehmen, die abweichend vom reinen Ziel der Gewinnmaximierung aufgrund einer entsprechenden ethischen Grundhaltung zusätzlich weitere Umweltziele verfolgen, ist auch der Ansatz von ökologischen Kosten denkbar, die auf der Verursachung externer Effekte beruhen.

Für die Bewertung der Umweltwirkungen können die nachstehenden Kostenkomponenten von Bedeutung sein:

- *Direkte pagatorische Kosten* für Umweltwirkungen fallen sowohl auf der Input- als auch auf der Outputseite an.[52] Auf der Inputseite sind sie durch die Beschaffungspreise der Einsatzfaktoren gegeben. Sie werden in der Regel auch von traditionellen Kostenrechnungssystemen mit hinreichender Genauigkeit erfaßt. Auf der Outputseite können für Umweltwirkungen Entsorgungsgebühren oder Abgaben anfallen. Häufig stellt sich hier das Problem, daß die Kosten von outputseitigen Umweltwirkungen zwar in aggregierter Form ermittelt werden; eine verursachungsgerechte Weiterverrechnung auf einzelne Umweltwirkungsarten erfolgt jedoch häufig nicht.

- *Behandlungskosten in Umweltschutzkostenstellen* entstehen bei Umweltwirkungen, die im Unternehmen einer weiteren Bearbeitung bedürfen, bevor sie das Unternehmen entweder verlassen oder in dem gleichen oder in einem anderen Produktionsprozeß eingesetzt werden. Beispiele sind die Reinigung von Abwässern oder die Aufbereitung und Wiederverwendung von Produktionsresten, wie Kunststoffresten, die geshreddert und anschließend erneut in der Produktion eingesetzt werden. Bei der Ermittlung der Höhe der Behandlungskosten kann auf die Verrechnungspreise der entsprechenden Kostenstellen zurückgegriffen werden. Handelt es sich bei der Behandlung einer Umweltwirkungsart um die Leistung einer Umweltschutzkostenstelle, kann wie in Abschnitt 4.3.1 beschrieben vorgegangen werden.

---

[52] Die pagatorischen Kosten der Umweltwirkungen könnten in Zukunft insbesondere durch eine ökologische Umgestaltung des Steuersystems an Bedeutung gewinnen; vgl. hierzu Kuhn (1990), S. 733ff.

- *Logistikkosten* fallen für die Sortierung, Lagerung und für den innerbetrieblichen Transport von Umweltwirkungen an. Auch diese Kosten sind den verursachenden Umweltwirkungen direkt zuzurechnen. Ein Beispiel hierfür ist die Verwendung von vorgeschriebenen Lagerbehältern für eine bestimmte Umweltwirkungsart.

- *Kosten aufgrund von Rücknahmeverpflichtungen von Produkten sowie aufgrund des Rückbaus von Produktionsanlagen* fallen in der Regel erst in einer späteren Periode an. Trotzdem sollten diese Kosten schon im voraus abgeschätzt werden, damit für die jeweilige Entstehungsperiode entsprechende Rückstellungen gebildet werden können.[53]

- *Kosten von Umweltrisiken* stellen aus Sicht des Unternehmens finanzielle Risiken dar, die bezüglich ihrer Höhe oder ihres Eintritts ungewiß sind. Beispiele sind Umwelthaftungsrisiken oder das Eintreten von Störfällen, bei denen außerplanmäßige Umweltwirkungen auftreten. Für eine Kostenabschätzung der Umweltrisiken ist der Erwartungswert der daraus resultierenden Kosten zu ermitteln.[54] Dafür sollte jedes Umweltrisiko bezüglich seiner Eintrittswahrscheinlichkeit und der Kosten, die bei Eintritt des Risikos voraussichtlich anfallen, abgeschätzt werden. Der Erwartungswert eines Umweltrisikos ergibt sich dann aus der Multiplikation der Eintrittswahrscheinlichkeit mit den voraussichtlichen Kosten. Bei der Ermittlung der Kostenhöhe sollten neben den reinen pagatorischen Kosten des Störfalls bzw. des Haftungsfalls auch die indirekten Kosten berücksichtigt werden, die z.B. durch Absatzeinbußen aufgrund von Imageverschlechterungen verursacht werden können. Die Kosten eines Umweltrisikos können einer einzelnen Umweltwirkungsart aber nur dann zugerechnet werden, wenn das Risiko ausschließlich von dieser Umweltwirkung verursacht wird. Handelt es sich um ein prozeßbezogenes Risiko, so sind die erwarteten Kosten der Kostenstelle zuzuschreiben, die den entsprechenden Prozeß durchführt.

- *Kosten in indirekten Bereichen* fallen in der Verwaltung, im Einkauf, im Vertrieb und insbesondere für die Umweltschutzbeauftragten an.[55] Sie lassen sich zum Teil einzelnen Umweltwirkungsarten zurechnen und können ähnlich wie bei der Ermittlung der sekundären Kosten der Umweltschutzkostenstellen mit Hilfe von Prozeßkostenrechnungen ermittelt werden. Für diesen Zweck ist zu prüfen, bei welchen betrieblichen Aktivitäten einzelne Umweltwirkungsarten als Kostentreiber anzusehen sind. So sind z.B. für hausmüllähnliche Abfälle nicht nur die Entsorgungskosten und die Logistikkosten für die Sammlung, den Transport und die Lagerung des Abfalls zu bezahlen, sondern darüber hinaus fallen Kosten für die Auswahl und die Überwachung des Entsorgers sowie für das Ausfüllen und Archivieren des Entsorgungsnachweises an. Bei dieser Vorgehensweise ist darauf zu achten, daß die auf

---

[53] Vgl. Hecht / Werbeck (1995), S. 49ff.
[54] Vgl. hierzu Abschnitt 3.4.1.
[55] Dazu zählen auch die Kosten, die für die Überwachung der Umweltwirkungen anfallen; vgl. hierzu de Boo (1993), S. 47ff.

diese Weise verrechneten Kosten der indirekten Bereiche nicht noch einmal als Gemeinkosten den Kostenträgern zugeschlagen werden.

- Weitere Kosten ergeben sich durch *Verhaltensänderungen der Anspruchsgruppen* bezogen auf die vom Unternehmen ausgehenden Umweltwirkungen. Bei den dabei anfallenden Kosten bzw. bei den nicht realisierten Deckungsbeiträgen aufgrund einer geringeren Nachfrage handelt es sich um weiche Kostenfaktoren, die nicht exakt quantifiziert werden können. Trotzdem erscheint es immer noch besser, eine grobe Abschätzung vorzunehmen, als diese für das Unternehmen u.U. sehr erfolgsrelevanten Faktoren überhaupt nicht zu berücksichtigen.[56]

- Bei der Anwendung eines ökologischen Bewertungsverfahrens können *ökologische Kosten* auch anhand der von einer Umweltwirkungsart ausgehenden Umweltschäden geschätzt werden. Als Schlüsselgröße sind dann die ökologischen Schadpunkte einer Umweltwirkungsart heranzuziehen. Anschließend werden die Umweltschäden einer Umweltwirkungsart monetarisiert, z.B. indem für jeden Schadpunkt ein bestimmter Kostensatz auf den Verrechnungspreis aufgeschlagen wird. Ein solches Vorgehen ist für ein gewinnmaximierendes Unternehmen unter der Annahme sinnvoll, daß die Umweltschäden das Unternehmensimage beeinflussen.[57] Durch die Berücksichtigung von ökologischen Kosten wird für die betreffende Umweltwirkungsart eine „künstliche" Knappheit suggeriert, die nicht tatsächlich gegeben ist.

- Weitere *Kostenzuschläge für Steuerungszwecke* können die Erreichung betrieblicher Umweltziele unterstützen. Dies wäre z.B. der Fall, wenn für eine bestimmte Umweltwirkungsart im Rahmen der Teilnahme am Gemeinschaftssystem der EG-Ökoaudit-Verordnung eine mengenmäßige Obergrenze festgelegt würde.[58] Liegt der Verrechnungspreis einer Umweltwirkungsart nun aber so niedrig, daß die Überschreitung des Mengenziels aus Sicht der Kostenverantwortlichen lohnt, so kann dieser Tendenz durch einen höheren Verrechnungspreis entgegengewirkt werden. Schwierig ist allerdings die Festlegung eines Verrechnungspreises, der genau zu der gewünschten Menge der betreffenden Umweltwirkungsart führt.[59] Es besteht lediglich die Möglichkeit, im Rahmen einer intraperiodischen Anpassung die Verrechnungspreise sukzessive zu erhöhen, wenn der Mengenanfall über dem angestrebten Mengenziel liegt. Bei einer Unterschreitung könnte der Kostenzuschlag gesenkt werden bzw. bei größeren Unterschreitungen völlig entfallen. Bei der Festlegung der Kostenzuschläge für Steuerungszwecke ist außerdem zu beachten, daß dadurch

---

[56] Vgl. Wagner / Janzen (1991), S. 124.
[57] Vgl. Abschnitt 4.1.3.
[58] Hier wird davon ausgegangen, daß keine Unternehmenssparte die gültigen Obergrenzen oder die zugeteilten Umweltwirkungen bewußt überschreitet. Ansonsten wären von der Unternehmenszentrale Sanktionsmechanismen zu implementieren, die die Einhaltung der Vorgaben gewährleisten. Vgl. hierzu Rückle / Terhart (1986), S. 393ff.
[59] Vgl. Drumm (1972), S. 254.

4.3 Praktische Ermittlung von umweltbezogenen Verrechnungspreisen

die Erfolgsermittlungsfunktion der Kostenrechnung beeinträchtigt werden kann.[60] Durch die Kostenzuschläge für Steuerungszwecke wird der „tatsächlichen" Knappheit einer Umweltwirkungsart Rechnung getragen.

Bildet man die Summe der oben beschriebenen Kostenkomponenten, so erhält man den Verrechnungspreis einer Umweltwirkungsart. Dieses Vorgehen wird in der Abbildung 33 veranschaulicht:

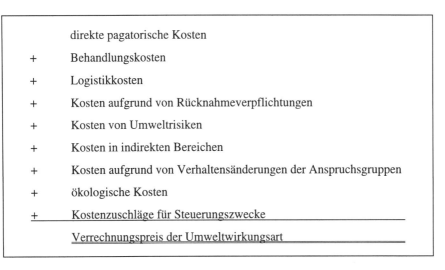

Abb. 33: Ermittlung des Verrechnungspreises einer Umweltwirkungsart

Während es sich bei den ersten fünf Kostenkategorien um Kosten handelt, die auch in traditionellen Kostenrechnungen erfaßt werden, stehen den Kosten aufgrund von Verhaltensänderungen der Anspruchsgruppen, den ökologischen Kosten sowie den Kostenzuschlägen für Steuerungszwecke keine entsprechenden pagatorischen Kosten gegenüber. Entgangene Erlöse sind größtenteils auf Verhaltensänderungen der Anspruchsgruppen zurückzuführen. Bei den ökologischen Kosten und den Kostenzuschlägen für Steuerungszwecke liegen überhaupt keine entsprechenden Größen zugrunde. Insgesamt kann also davon ausgegangen werden, daß der Ansatz der hier beschriebenen Verrechnungspreise zwar zu näherungsweise richtigen relativen Preisverhältnissen, aber insgesamt zu einem überhöhten Kostenausweis führt. Um die daraus resultierende Beeinträchtigung der Erfolgsermittlungsfunktion zu vermindern, besteht die Möglichkeit, die überhöhten Kosten entsprechend den Ausführungen in Abschnitt 4.3.1.2 von den leistungsunabhängigen Kosten abzuziehen.

---

[60] Vgl. dazu auch Abschnitt 4.3.1.

Je nach dem Zweck, für den die Verrechnungspreise herangezogen werden, sind nicht alle Einzelkomponenten relevant. Während für Steuerungs- und Lenkungszwecke alle Bestandteile des Verrechnungspreises zu berücksichtigen sind, kann bei der Ermittlung der Absatzpreise für die Produkte auf die letzten drei Komponenten (Kosten der Verhaltensänderungen der Anspruchsgruppen, ökologische Kosten, Kostenzuschläge für Steuerungszwecke) verzichtet werden. Dies hängt zum einen damit zusammen, daß steuerungsrelevante Größen von der tatsächlichen Knappheit einer Umweltwirkung abhängen und daher sehr stark schwanken können. Zum anderen hängen Kosten der Verhaltensänderungen der Anspruchsgruppen und die Steuerungszuschläge ja gerade von entgangenen Deckungsbeiträgen ab und können daher in der Preiskalkulation überhaupt noch nicht berücksichtigt werden. Weiter lohnt sich eine exakte Ermittlung der einzelnen Kostenkomponenten nur dort, wo der Aufwand zur Ermittlung der Kosten in einem sinnvollen Verhältnis zur daraus resultierenden Verbesserung der Informationsbasis steht. Darüber hinaus hängt die Höhe der einzelnen Kostenkomponenten auch davon ab, welches Kostenrechnungssystem zugrunde gelegt wird, also ob z.B. auf Basis von Teil- oder Vollkosten kalkuliert wird. Aus diesem Grund ist es sinnvoll, die einzelnen Kostenkomponenten jeweils separat zu ermitteln und zu speichern. Dadurch lassen sich die Verrechnungspreise nicht nur einfacher an Datenänderungen anpassen; sie können auch nach dem verfolgten Rechnungszweck differenziert eingesetzt werden.

Der Verrechnungspreis einer Umweltwirkungsart steht dabei nicht von vornherein fest; er stellt vielmehr das Ergebnis einer Voroptimierung dar. Beispielsweise besteht die Möglichkeit, einen in der Produktion entstehenden Abfallstoff zu entsorgen oder ihn vor der Entsorgung zunächst so zu behandeln, daß er in seine weniger schädlichen Bestandteile aufgespalten wird. Dadurch fällt eine geringere Entsorgungsgebühr an, es sinken also die direkt zurechenbaren pagatorischen Kosten. Allerdings steigen dadurch die internen Behandlungs- und Logistikkosten dieses Abfallstoffs. Bei Stoffen, die Altlasten oder Störfälle verursachen können, sind zusätzlich die Kosten aufgrund von Transport- und Lagerrisiken, und bei der Abfallbehandlungsanlage die damit verbundenen Prozeßrisiken zu berücksichtigen. Kosten aufgrund möglicher Verhaltensänderungen der Anspruchsgruppen hängen davon ab, inwieweit sich der betrachtete Abfallstoff in der öffentlichen Diskussion befindet. In diesem Fall könnten die Kosten von solchen Maßnahmen angesetzt werden, die eine Verschlechterung des Unternehmensimages kompensieren sollen. Ökologische Kosten werden nur dann zugerechnet, wenn das Unternehmen darüber hinaus weitere Anreize schaffen will, den entsprechenden Abfallstoff weiter zu vermeiden. Reicht die Kapazität des Entsorgers oder der Abfallbehandlungsanlage nicht aus, um die gesamte Menge des Abfallstoffs aufzunehmen, können Steuerungszuschläge die vorhandene Knappheit realistisch widerspiegeln, was im Idealfall dazu führt, daß der Abfallstoff nur noch in der Menge verursacht wird, in der eine entsprechende Eigen- oder Fremdentsorgung möglich ist. Letztlich wird die Alternative gewählt, die die geringsten Kosten mit sich bringt. Durch die-

4.3 Praktische Ermittlung von umweltbezogenen Verrechnungspreisen

ses Vorgehen wird sichergestellt, daß die Kosten der Umweltwirkungen und damit auch deren Verrechnungspreise möglichst niedrig bleiben.

Das vorangegangene Beispiel, bei dem ein Abfallstoff bezüglich der Alternativen Eigen- oder Fremdentsorgung beurteilt worden ist, enthält alle der oben aufgezählten Kostenkomponenten des in Abbildung 33 dargestellten Schemas. Lediglich die Kosten aufgrund von Rücknahmeverpflichtungen konnten nicht berücksichtigt werden, da diese in der Regel ausschließlich bei Produkten nach Beendigung ihrer Nutzung anfallen. Hier hängt die Höhe der Entsorgungskosten der Altprodukte stark von der Demontierbarkeit der Produkte und von deren Inhaltsstoffen, also von den enthaltenen Umweltwirkungen, ab. Die Ermittlung der Kosten eines Abfallstoffs, bei dem zwischen der Eigen- und Fremdentsorgung entschieden werden soll, sind in der Tabelle 10 noch einmal zusammengefaßt.

Tab. 10: Kosten eines Abfallstoffs bei Eigen- bzw. Fremdentsorgung

Kostenkomponente	Alternative Eigenentsorgung	Alternative Fremdentsorgung
direkte pagatorische Kosten	niedrigere Gebühren für behandelten Abfallstoff bzw. sogar Erlöse für verwendbare Bestandteile	höhere Gebühren
Behandlungskosten	Kosten des Betriebs der Abfallbehandlungsanlage	häufig keine Behandlungskosten
Logistikkosten	Transport und Lagerung des Abfallstoffs	
Kosten von Rücknahmeverpflichtungen	nur bei Produkten relevant	
Kosten von Umweltrisiken	Transport- und Lagerrisiken sowie Prozeßrisiko der Behandlungsanlage	Transport- und Lagerrisiken
Kosten in indirekten Bereichen	Dokumentation und Überwachung, Planung und Steuerung der Abfallbehandlungsanlage	Dokumentation und Überwachung, Auswahl und Überwachung des Entsorgers
Kosten aufgrund von Verhaltensänderungen der Anspruchsgruppen	z.B. Kosten für Maßnahmen zur Kompensation von Imageschäden	
ökologische Kosten	Zuschläge, falls Anreiz zur Vermeidung des Abfallstoffs gegeben werden soll (künstliche Verknappung)	
Kostenzuschläge für Steuerungszwecke	Zuschlag, falls Kapazität der Abfallbehandlungsanlage nicht ausreicht	Zuschlag, falls Entsorger nicht über eine ausreichende Kapazität verfügt

Das dargelegte Vorgehen berücksichtigt zwar die von den Umweltwirkungen ausgehenden Kosten; allerdings werden Interdependenzen zwischen verschiedenen Umweltwirkungsarten nicht berücksichtigt. So kann z.B. die Bewertung einer Umweltwirkungsart mit ihren zurechenbaren Kosten dazu führen, daß von einer anderen Umweltwirkungsart mehr anfällt, die Knappheit dieser Umweltwirkungsart also ansteigt. Um auch Substitutionseffekte und weitere Abhängigkeiten zwischen verschiedenen Umweltwirkungsarten erfassen zu können, ist es notwendig, die Verrechnungspreise von mehreren Umweltwirkungsarten simultan zu bestimmen. Ein solcher Ansatz wird im nächsten Abschnitt vorgestellt. Allerdings sollten auch die hier erörterten Kosteninformationen, die einzelne Umweltwirkungsarten betreffen, entsprechend einbezogen werden.

4.3.4 Simultane Bestimmung eines umweltbezogenen Verrechnungspreissystems

Neben der separaten Bestimmung der Verrechnungspreise für jede einzelne Umweltwirkungsart besteht die Möglichkeit, diese im Rahmen einer vorläufigen Produktionsplanung simultan zu ermitteln. Dies hat den Vorteil, daß auch betriebliche Knappheiten entsprechend den in Abschnitt 4.3.1 beschriebenen Ansätzen berücksichtigt werden können. Während die in Abschnitt 4.3.3 erörterten Kostenzu- und -abschläge für Steuerungszwecke nur auf ungefähren Schätzungen beruhen, können durch simultan bestimmte Verrechnungspreise betriebliche Umweltziele besser erreicht und die Einhaltung rechtlicher Vorschriften sicherer gewährleistet werden. Es ist allerdings erforderlich, ein Entscheidungsmodell aufzustellen, das eine Grobplanung der betrieblichen Umweltverbräuche der Folgeperioden ermöglicht.

4.3.4.1 Konzeptionelle Vorgehensweise

Bei den im folgenden dargestellten Verfahren zur Ermittlung von umweltbezogenen Verrechnungspreissystemen wird davon ausgegangen, daß es sich bei dem betrachteten Unternehmen um ein Mehrproduktunternehmen handelt, das aus einer oder mehreren Unternehmenssparten besteht. Jede Unternehmenssparte stellt eines oder mehrere Produkte her. Ansonsten kann jede Sparte wie ein Profit Center vollkommen eigenständig operieren und ist lediglich durch die Zuteilung von Finanzen und von knappen Ressourcen sowie durch die Vorgabe von Verrechnungspreisen von der Zentrale abhängig. Die Entlohnung der Spartenleiter erfolgt anhand des Betriebserfolgs der betreffenden Sparte, so daß davon ausgegangen werden kann, daß die Maximierung des Deckungsbeitrags als oberste Zielsetzung verfolgt wird.

Das vorliegende Modell versucht, das Verhalten der einzelnen Sparten im Rahmen einer Grobplanung zu antizipieren, bei der der erzielbare Gewinn des Gesamtunternehmens maximiert wird. Als Planungsperiode wird ein ganzes Jahr vorgeschlagen, da dadurch der Planungsaufwand gering gehalten werden kann und außerdem die einzel-

4.3 Praktische Ermittlung von umweltbezogenen Verrechnungspreisen

nen Unternehmenssparten mittelfristig sichere Planungsbedingungen haben.[61] Lediglich bei größeren Abweichungen der bei der Planung zugrunde gelegten Daten ist eine intraperiodische Anpassung des Grobplans vorzunehmen. Möglichkeiten der Plananpassung werden in Abschnitt 4.3.5 erörtert.

Für den Grobplan sind knappe Umweltwirkungen und Umweltschutzleistungen zu ermitteln, um darauf aufbauend Vorgaben für die einzelnen Unternehmenssparten zu spezifizieren, die dazu führen, daß sich die Sparten zielkonform mit dem gesamten Unternehmen verhalten. Dieses Vorgehen ermöglicht es, die vorgestellten Verfahren sowohl für eine Steuerung der Umweltwirkungen mit Hilfe von Verrechnungspreisen, die auch die Opportunitätskosten enthalten, als auch für eine Mengensteuerung zur Ermittlung der Ausgangsallokation der Umweltwirkungen heranzuziehen.

Bei der durchgeführten Grobplanung handelt es sich um ein hierarchisches Planungsmodell, bei dem ex ante die voraussichtlich in der Folgeperiode anfallenden Umweltwirkungen bestimmt werden. Dabei versucht die Unternehmenszentrale zu ermitteln, welche Umweltwirkungen in den einzelnen Unternehmenssparten für die Durchführung der zur Verfügung stehenden Produktionsprozesse voraussichtlich anfallen. Da die Unternehmenszentrale aber in der Regel nicht über die gleichen Informationen verfügt wie die einzelnen Unternehmenssparten, muß es sich notwendigerweise um eine Grobplanung handeln. Außerdem wäre es aufgrund methodischer Probleme in den meisten Fällen auch gar nicht möglich, ein lösbares Totalmodell aufzustellen, welches die Detailinformationen aller Unternehmenssparten in vollem Umfang berücksichtigen kann. Obwohl die Unternehmenssparten formal eigenständig über ihre Produktionspläne bestimmen können, handelt es sich um ein hierarchisches Planungsmodell, da die Unternehmenszentrale aufgrund der Ergebnisse der Grobplanung Vorgaben für die Unternehmenssparten festlegen kann, z.B. in Form von Verrechnungspreisen oder von Mengenzuteilungen für einzelne Umweltwirkungsarten. Dadurch erhält die Unternehmenszentrale die Möglichkeit, Anreize für die einzelnen Unternehmenssparten zu setzen, sich im Sinne der Zielsetzungen des Gesamtunternehmens zu verhalten.

Neben der Eingrenzung der zu erfassenden Informationen stellen die Reduktion der zugrunde liegenden Komplexität sowie die Wahl einer geeigneten Lösungsmethode weitere wichtige Voraussetzungen für die Aufstellung eines lösbaren hierarchischen Planungsmodells dar. Bezüglich der dafür notwendigen Datenbasis wird auf die in Abschnitt 4.2 formulierten informationswirtschaftlichen Anforderungen einer umweltbezogenen Kostenrechnung zurückgegriffen. Es wird insbesondere davon ausgegangen, daß im Unternehmen ausreichende Informationen über

- die umweltbezogenen Ziele,
- die rechtlichen Rahmenbedingungen,

---

[61] Kilger (1993), S. 203f., schlägt als Planperiode für die Festlegung von Verrechnungspreisen ebenfalls ein Jahr vor, da dadurch die dispositiven Aufgaben der Kostenrechnung am besten erfüllt werden können.

- die Interessen der Anspruchsgruppen,
- die in Abschnitt 4.3.3 beschriebenen Kosten von Umweltwirkungen inklusive der darin enthaltenen zeitlichen Verwerfungen zwischen dem Anfall einer Umweltwirkung und der Kostenentstehung,
- umweltbezogene Stücklisten,
- die verursachungsgerechte Zurechnung der Umweltwirkungen und
- die Schadkoeffizienten der einzelnen Umweltwirkungsarten

vorhanden sind.

Für die Modellformulierung wird realistischerweise von einem gewinnmaximierenden Unternehmen ausgegangen, wobei die Produktionsmöglichkeiten sowie die zu beachtenden Beschränkungen dieser Produktionsmöglichkeiten wie in den Modellen des dritten Kapitels als Nebenbedingungen einfließen. Allerdings wurden im dritten Kapitel nicht-lineare und für praktische Anwendungen nur schwer lösbare Modelle vorgestellt. Aus diesem Grund sind die dort dargestellten Modelle so zu modifizieren, daß sie mit Standardmethoden, die auf Computern implementiert werden können, in annehmbarer Rechenzeit lösbar sind. Für diesen Zweck kommen in erster Linie die Methoden der Linearen Programmierung in Frage. Dafür müssen allerdings sowohl die Zielfunktion als auch die zugehörigen Restriktionen in linearer Form vorliegen.

Zur Linearisierung der im dritten Kapitel betrachteten Funktionen kann wie folgt vorgegangen werden:

- Die Zielfunktion der *Gewinnmaximierung* liegt ohnehin in linearer Form vor, wenn von gegebenen Preisen der betrieblichen Produkte ausgegangen werden kann. Neben den eingesetzten Produktionsfaktoren werden auch die Umweltwirkungen mit ihren zurechenbaren pagatorischen Kostensätzen entsprechend dem Vorgehen in Abschnitt 4.3.3 bewertet.

- Statt einer neoklassischen Produktionsfunktion und der zugehörigen Umweltproduktionsfunktionen können die *Produktionsmöglichkeiten* auch durch unterschiedliche Aktivitäten, die jeweils einen Produktionsprozeß charakterisieren, abgebildet werden.[62] Bei der linearen Aktivitätsanalyse wird von einer endlichen Zahl von verfügbaren Produktionsprozessen ausgegangen. Betrachtet man den Grenzfall unendlich vieler Produktionsprozesse, die sich annähernd gleichmäßig über das Substitutionsgebiet verteilen, so stimmen die Ergebnisse der linearen Aktivitätsanalyse approximativ mit denen der Neoklassik überein.[63] Die Betrachtung einer endlichen Anzahl von Produktionsprozessen entspricht der im Unternehmen üblichen Vorgehensweise, wenn bei der Planung auf die Stücklistenauflösung zurückgegriffen wird. Eine Umweltstückliste stellt somit nichts weiter als eine (aggregierte) lineare Aktivität zur Herstellung eines Produkts dar, wobei neben den Verbräuchen der

---

[62] Vgl. zur linearen Aktivitätsanalyse Koopmans (1951) und (1957) sowie Kistner (1993a), S. 54ff.
[63] Vgl. Kistner (1993a), S. 111f.

Produktionsfaktoren zusätzlich auch die anfallenden Mengen der verschiedenen Umweltwirkungsarten einbezogen werden. Eine Umweltstückliste kann sich aus mehreren einzelnen Aktivitäten, die mit einer bestimmten vorgegebenen Häufigkeit durchzuführen sind, zusammensetzen. Bei einer Stückliste, die mehrere Aktivitäten enthält, sind nur die Inputs und Outputs der gesamten Stückliste festzuhalten. Daten über Zwischenprodukte oder Umweltwirkungen, die einer Weiterverarbeitung oder Behandlung unterzogen werden, sind für die Zwecke einer umweltbezogenen Kostenrechnung nicht erforderlich.

- Die *Umweltschadensfunktionen* können durch lineare Schadkoeffizienten ersetzt werden, die den Schaden angeben, der von einer Mengeneinheit einer bestimmten Umweltwirkungsart verursacht wird. Durch dieses Vorgehen wird von lokalen Umweltschäden weitgehend abstrahiert, während globale Umweltschäden recht gut erfaßt werden.[64] Auf die Ermittlung der ökologischen Bewertungskoeffizienten für verschiedene Umweltwirkungsarten wurde bereits in Abschnitt 4.2.4 ausführlich eingegangen. Es wird davon ausgegangen, daß die von einem Unternehmen insgesamt verursachten Umweltschäden Auswirkungen auf das Image des Unternehmens haben.

- *Rechtliche Rahmenbedingungen* sowie mengenmäßige Obergrenzen für einzelne Umweltwirkungsarten liegen häufig ohnehin in linearer Form vor und müssen in ihrer bisherigen Formulierung nicht modifiziert werden.

- Die Nachfrage der Kunden wird durch eine *umweltbezogene Absatzfunktion* spezifiziert, in die neben dem Preis auch verschiedene Umweltwirkungsarten einfließen. Die umweltbezogene Absatzfunktion kann sich wie in Abschnitt 3.4.2 auch additiv aus den Nachfragen verschiedener Kundensegmente zusammensetzen. Bezüglich des Verlaufs der Absatzfunktion wird lediglich gefordert, daß die partielle Ableitung nach einer Umweltwirkungsart an keiner Stelle positiv ist. Ansonsten sind jegliche, auch nicht-lineare Verläufe erlaubt.

- Da es sich um eine Grobplanung handelt, können *Ganzzahligkeitsbedingungen* für die Ausbringungsmengen der Produkte sowie für die Produktionsprozesse und die Produktionsfaktoren vernachlässigt werden.

Je nach dem Flexibilitätsgrad der betrieblichen Produktion können die Produkte immer auf die gleiche Weise oder mit wechselnden Produktionsprozessen hergestellt werden. Im ersten Fall wird jedem Produkt nur eine einzige umweltbezogene Stückliste zugewiesen, d.h. mit der Entscheidung für die Herstellung des Produkts sind auch die damit einhergehenden Umweltwirkungen determiniert. Eine kurzfristige Verringerung der Umweltwirkungen kann dann nur durch die Veränderung des Produktionsplans erzielt werden, indem relativ umweltschonende Produkte die stärker umweltbelastenden Pro-

---

[64] Dieses Vorgehen ist immer dann gerechtfertigt, wenn davon ausgegangen werden kann, daß der Schadkoeffizient eine hinreichend genaue Approximation des tatsächlichen Grenzschadens darstellt; vgl. hierzu auch Abschnitt 2.3.3.

dukte substituieren. Stehen für die Produktion eines Produkts dagegen unterschiedliche Produktionsprozesse sowie die Möglichkeiten der Faktorsubstitution zur Verfügung, so kann ein Produkt auf der Basis von unterschiedlichen umweltbezogenen Stücklisten hergestellt werden. Dadurch können die Umweltwirkungen neben der Produktsubstitution auch durch die Prozeß- und Faktorsubstitution beeinflußt werden. In den folgenden beiden Abschnitten werden zwei Modelle aufgestellt, wobei zunächst der einfachere Fall einer produktbezogenen Umweltstückliste und anschließend der schwierigere, aber auch realistischere Fall mehrerer produktbezogener Umweltstücklisten für das gleiche Produkt betrachtet werden.

4.3.4.2 Verrechnungspreise bei einer Produktstückliste

Zur mathematischen Formulierung eines vorläufigen Produktionsprogramms kann unmittelbar auf die Notation der Umweltstücklisten im zweiten Kapitel und der kostentheoretischen Modelle im dritten Kapitel zurückgegriffen werden. Dabei stellt die Betrachtung nur einer einzigen umweltbezogenen Produktstückliste zugleich das Grundmodell für weitergehende Betrachtungen dar:

1. Gewinnmaximierende Zielfunktion

Der erzielte Gewinn errechnet sich durch die produzierten Ausbringungsmengen x_j der Produkte $j = 1,...,J$ bewertet mit den Absatzpreisen $\bar{p}_j$ abzüglich der Kosten der eingesetzten Produktionsfaktormengen r_i ($i = 1,...,n$) und der mengenmäßigen Umweltwirkungsarten u_m ($m = 1,...,M$) multipliziert mit ihren jeweiligen Faktorpreisen q_i bzw. den zugehörigen Kostensätzen τ_m. Darüber hinaus werden die leistungsunabhängigen Fixkosten K_F, die keinen Einfluß auf das Entscheidungsverhalten haben, subtrahiert:

$$(4.1) \quad G = \sum_{j=1}^{J} \bar{p}_j \cdot x_j - \sum_{i=1}^{I} q_i \cdot r_i - \sum_{m=1}^{M} \tau_m \cdot u_m - K_F \quad \Rightarrow \max!$$

Die Kostensätze der Umweltwirkungen setzen sich aus den in Abschnitt 4.3.3 beschriebenen direkten pagatorischen Kosten der Umweltwirkungen, den Behandlungskosten, den Logistikkosten, den Kosten von Umweltrisiken sowie je nach Kostenrechnungssystem auch aus den Kosten der indirekten Bereiche zusammen. Die Kosten aufgrund von Verhaltensänderungen der Anspruchsgruppen, die ökologischen Kosten und eventuelle Kostenzuschläge für Steuerungszwecke werden dagegen erst mit Hilfe des hier vorgestellten Verfahrens errechnet.

2. Bestimmungsgleichung für die gesamten Umweltwirkungen

Die Höhe der Umweltwirkungen ergibt sich, wie in Abschnitt 2.2.2 erörtert, durch die Faktoreinsatzmengen r_i, die Anzahl der durchgeführten Produktionsprozesse y_l und die Ausbringungsmengen x_j multipliziert mit den auf eine Mengeneinheit bezogenen zugehörigen faktorbezogenen, prozeßbezogenen und produktbezogenen Umweltwirkungen b_{mi}, c_{ml} und d_{m_j}:

(4.2) $\quad u_m = \sum_{i=1}^{I} b_{mi} \cdot r_i + \sum_{l=1}^{L} c_{ml} \cdot y_l + \sum_{j=1}^{J} d_{mj} \cdot x_j \qquad m = 1,\ldots,M$

3. Bestimmungsgleichung der benötigten Produktionsprozesse

Die Anzahl der durchzuführenden Produktionsprozesse y_l errechnet sich durch die Summe aller Ausbringungsmengen x_j multipliziert mit deren jeweiligen Prozeßkoeffizienten a_{jl}^{TP}, die angeben, wie häufig der Produktionsprozeß l durchgeführt werden muß, um eine Einheit des Produkts j zu erhalten:

(4.3) $\quad y_l = \sum_{j=1}^{J} a_{jl}^{TP} \cdot x_j \qquad l = 1,\ldots,L$

4. Bestimmungsgleichung der benötigten Produktionsfaktoren

Die Menge der eingesetzten Produktionsfaktoren setzt sich aus den Bedarfskoeffizienten a_{il}^{FT}, die den Bedarf des Faktors i bei einmaliger Durchführung des Produktionsprozesses l angeben, multipliziert mit der Häufigkeit der Durchführung der Prozesse $l = 1,\ldots,L$ zusammen:

(4.4) $\quad r_i = \sum_{l=1}^{L} a_{il}^{FT} \cdot y_l \qquad i = 1,\ldots,I$

5. Bestimmungsgleichung für die Umweltwirkungen je Mengeneinheit des Produkts j

Die in eine Mengeneinheit eines Produkts j eingehende Menge u_{mj}^{P} der Umweltwirkungsart m errechnet sich additiv aus den produktbezogenen, prozeßbezogenen und faktorbezogenen Umweltwirkungen:

(4.5) $\quad u_{mj}^{P} = d_{mj} + \sum_{l=1}^{L} a_{jl}^{TP} \cdot c_{ml} + \sum_{i=1}^{I} a_{ij}^{FP} \cdot b_{mi} \qquad m=1,\ldots,M,\ j=1,\ldots,J$

a_{ij}^{FP} steht für die Einsatzmenge des Faktors i, die notwendig ist, um eine Einheit des Produkts j herzustellen.

6. Bestimmung der Absatzobergrenzen der Produkte in Abhängigkeit von den anfallenden Umweltwirkungen je Mengeneinheit des Produkts j

Wie bereits erläutert, hängt die absetzbare Menge der einzelnen Produkte neben dem Preis auch von den Umweltwirkungen eines Produkts ab. Als relevanter Maßstab können hier die in (4.5) bestimmten Umweltwirkungen je Mengeneinheit dienen. Da für jedes Produkt nur eine Stückliste existiert, sind dadurch auch die einer Mengeneinheit eines Produkts zurechenbaren Umweltwirkungen festgelegt, so daß für jedes Produkt j eine Absatzobergrenze $\bar{x}_j$ berechnet werden kann, die unabhängig von dem geplanten bzw. realisierten Produktionsplan gilt:

(4.6) $\quad x_j \leq D_j(\bar{p}_j, u_{1j}^P, \ldots, u_{Mj}^P) = \bar{x}_j \qquad\qquad j = 1, \ldots, J$

7. Festlegung einer Obergrenze für die anfallenden Umweltschäden

Die von einem Unternehmen ausgehenden Umweltschäden sind ein Indikator für die Umweltrelevanz des betrieblichen Handelns. Langfristig können diese Schäden Einfluß auf das Unternehmensimage haben. Er erscheint daher sinnvoll, die insgesamt anfallenden Umweltschäden auf eine bestimmte Höhe $\bar{S}$ zu begrenzen. Hier wird jede Umweltwirkungsart mit dem konstanten Schadenskoeffizienten s_m bewertet. Dieser Koeffizient kann aufgrund einer fundierten ökologischen Bewertung bestimmt werden oder lediglich auf einer groben Einschätzung der Öffentlichkeitswirksamkeit einzelner Umweltwirkungsarten basieren. Der Gesamtschaden S ergibt sich durch die Summe aller bewerteten Umweltwirkungen:

(4.7) $\quad S = \sum_{m=1}^{M} s_m \cdot u_m \leq \bar{S}$

8. Festlegung der maximal zulässigen Menge der einzelnen Umweltwirkungsarten

Entsprechend den freiwilligen Zielen, z.B. im Rahmen der EG-Ökoaudit-Verordnung, aufgrund von Selbstverpflichtungen oder aufgrund von rechtlichen Rahmenbedingungen sind für einige Umweltwirkungsarten Obergrenzen $\bar{u}_m$ einzuhalten, die die maximale Verfügbarkeit der Umweltwirkung m angeben:

(4.8) $\quad u_m \leq \bar{u}_m \qquad\qquad m = 1, \ldots, M$

9. Festlegung der maximal verfügbaren Mengen der Produktionsfaktoren

Auch für die Produktionsfaktoren können Verfügbarkeitsgrenzen $\bar{r}_i$ gelten, die z.B. von der Kapazität der Betriebsmittel abhängen. In diesem Fall wird die Inanspruchnahme eines Betriebsmittels in Zeiteinheiten gemessen. Die Grenze $\bar{r}_i$ gibt dann die maximal verfügbare Kapazität des Betriebsmittels in Zeiteinheiten an. Hierbei kann es sich auch um die maximale Kapazität einer Umweltschutzanlage handeln. Dadurch wird zugleich die maximale Menge der entsprechenden Umweltschutzleistung festgelegt:

(4.9) $\quad r_i \leq \bar{r}_i \qquad\qquad i = 1, \ldots, I$

10. Nichtnegativitätsbedingungen für Ausbringungsmengen der Produkte

Schließlich ist zu gewährleisten, daß nur nicht-negative Ausbringungsmengen der Produkte möglich sind. Durch die Nichtnegativitätsbedingungen wird aufgrund der umweltbezogenen Stücklisten automatisch auch die Nichtnegativität der eingesetzten Produktionsfaktoren, der durchgeführten Produktionsprozesse und der anfallenden Umweltwirkungen sichergestellt.

(4.10) $x_j \geq 0$ $j = 1,\ldots,J$

Die Lösung des Modells kann mit Hilfe der Simplex-Methode erfolgen. Die optimale Lösung liefert Aussagen über die gewinnmaximalen Produktionsmengen, die dafür durchzuführenden Produktionsprozesse, die benötigten Mengen der Produktionsfaktoren und die anfallenden Umweltwirkungen. Außerdem lassen sich aus dem Schlußtableau der maximal erzielbare Gewinn und die Schattenpreise der restriktiven Umweltwirkungen, Umweltschäden und Einsatzfaktoren ablesen.

Aufgrund des Preistheorems der Linearen Programmierung[65] ergibt sich für eine ≤-Restriktion genau dann ein positiver Schattenpreis, wenn die betreffende Restriktionskonstante voll ausgeschöpft wird und keine Degeneration vorliegt. In diesem Fall gibt der Schattenpreis an, um wieviel Einheiten sich der Zielfunktionswert verbessert bzw. verschlechtert, wenn die betreffende Restriktion um eine infinitesimal kleine Einheit gelockert oder verschärft wird. Der Schattenpreis kann somit als Knappheitspreis oder auch als Opportunitätskostensatz angesehen werden.

Die optimale Lösung des obigen Modells leistet daher Hilfestellungen für die in Abschnitt 4.3.1 beschriebenen Ansätze zur Steuerung der betrieblichen Umweltwirkungen:

- Die Daten der optimalen Lösung können unmittelbar für eine *Mengensteuerung* herangezogen werden. Geht man davon aus, daß jeder Kostenstelle ein oder mehrere Produktionsprozesse zugeordnet sind und daß eine Unternehmenssparte über mehrere Kostenstellen verfügt, dann kann man aus der Lösung des obigen Linearen Programms unmittelbar eine optimale Ausgangsallokation der einzelnen Umweltwirkungsarten bzw. Umweltschutzleistungen berechnen. Diese ergibt sich durch die Zahl der durchgeführten Prozesse multipliziert mit den faktor- und prozeßbezogenen Umweltwirkungen plus der produktbezogenen Umweltwirkungen der erzeugten Ausbringungsmengen.

- Bei einer *Steuerung mit Hilfe von Opportunitätskostensätzen* können für die Ermittlung der Knappheitspreise die Schattenpreise der verschiedenen Restriktionen herangezogen werden. Der Knappheitspreis der betrieblichen Umweltwirkungen ergibt sich aus dem Kostensatz τ_m plus dem mit dem Schadenskoeffizienten s_m multiplizierten Schattenpreis w_7 der Restriktion (4.7) plus dem Schattenpreis w_{m8} der Restriktion (4.8). Der Schattenpreis der Restriktion 6 braucht dagegen nicht berücksichtigt zu werden, da die Umweltwirkungen bezogen auf das einzelne Produkt ohnehin deterministisch sind und daher auch keine Koordinationswirkungen haben. Der Opportunitätskostensatz τ_m^O der Umweltwirkungsart m ergibt sich somit durch folgende Gleichung:

---

[65] Vgl. Kistner (1993b), S. 40ff.

(4.11) $\tau_m^O = \tau_m + s_m \cdot w_7 + w_{m8}$ $\qquad m = 1,\ldots,M$

Falls durch die Kapazitätsgrenze $\bar{r}_i$ die maximale Menge einer Umweltschutzanlage definiert ist, so errechnet sich der Opportunitätskostensatz q_i^O durch den Schattenpreis w_{i9} der Restriktion (4.9) plus den pagatorischen Kosten q_i der Umweltschutzanlage. Steht die erbrachte Umweltschutzleistung in einem proportionalem Verhältnis zur Nutzung der Kapazität der Anlage, so läßt sich dadurch gleichzeitig der Opportunitätskostensatz der Umweltschutzleistung bestimmen:

(4.12) $\qquad q_i^O = q_i + w_{i9}$ $\qquad i = 1,\ldots,I$

Vereinfachend wird davon ausgegangen, daß in q_i bereits alle in Abschnitt 4.3.2 erörterten Kosten enthalten sind. Ein solcher Opportunitätskostensatz ist nur notwendig, wenn die Umweltschutzleistung von einer zentralen Umweltschutzkostenstelle erbracht wird oder von einer Kostenstelle bezogen wird, die einer anderen Unternehmenssparte angehört als die, von der die entsprechende Umweltschutzleistung erbracht wird. Werden Umweltschutzleistungen dagegen sparteninternen erzeugt und verbraucht, bleibt es der Sparte selbst vorbehalten, ob sie die Nutzung einer Umweltschutzleistung durch eine Mengensteuerung oder mit Hilfe von Opportunitätskosten koordiniert.

Da die hier errechneten Opportunitätskostensätze zu einem überhöhten Kostenausweis führen und daher nicht der Erfolgsermittlungsfunktion gerecht werden, sind die leistungsunabhängigen Fixkosten K_F, wie in Abschnitt 4.3.1.2 ausführlich erörtert, mit den überhöhten Kosten zu saldieren. Die um die überhöhten Opportunitätskosten verminderten leistungsunabhängigen Fixkosten K_F^O lassen sich dann durch folgende Gleichung errechnen:

(4.13) $\qquad K_F^O = K_F - \sum_{m=1}^{M}(\tau_m^O - \tau_m) \cdot u_m - \sum_{i=1}^{I}(q_i^O - q_i) \cdot r_i$

- Auch für die *Versteigerung von knappen Umweltwirkungen* an die Unternehmenssparten liefert die optimale Lösung des obigen linearen Programms nützliche Informationen. Zum einen wird durch die Grobplanung ermittelt, welche Umweltwirkungsarten voraussichtlich knapp sind, also versteigert werden müssen. Zum anderen können durch die Berechnung der Opportunitätskostensätze die voraussichtlichen Versteigerungserlöse der Unternehmenszentrale prognostiziert werden.

Mit Hilfe des hier spezifizierten Linearen Programms besteht auch die Möglichkeit, im Rahmen von *Sensitivitätsanalysen* aufzuzeigen, ab wann eine Variation der Ausgangsdaten zu einer Veränderung der Struktur der optimalen Lösung führt.[66] Mit Hilfe einer Parametrisierung von Ausgangsdaten kann ermittelt werden, welche Auswirkungen größere Datenänderungen auf die Struktur der optimalen Lösung, den erreichbaren

---

66 Vgl. Kistner (1993b), S. 49ff.

4.3 Praktische Ermittlung von umweltbezogenen Verrechnungspreisen

Zielfunktionswert und die Schattenpreise der einzelnen Restriktionen haben. Insbesondere beim Ansatz von Opportunitätskosten können Planabweichungen zu sprunghaften Änderungen der Schattenpreise und damit auch der Kostensätze für die einzelnen Umweltwirkungsarten führen. Mit Hilfe der *Parametrischen Linearen Programmierung*[67] kann analysiert werden, innerhalb welcher Intervalle die Opportunitätskosten stabil sind und wann sie sich sprunghaft ändern. Dadurch wird es dem Unternehmen ermöglicht, angemessen auf Datenänderungen zu reagieren.

Das hier vorgestellte Grundmodell kann um zahlreiche weitere Aspekte, die aus Gründen der Übersichtlichkeit vernachlässigt worden sind, erweitert werden. Einige davon werden im folgenden kurz erörtert:

- Durch die Vergabe von Periodenindizes für die mengenmäßigen Umweltwirkungen, die Faktor- und Ausbringungsmengen sowie der dazugehörigen Preise und Restriktionen kann das betrachtete Ein-Periodenproblem in ein Mehr-Periodenproblem umgewandelt werden. Die *dynamische Betrachtung* des vorliegenden Planungsproblems ermöglicht es beispielsweise, Umweltziele im Laufe der Zeit zu verschärfen oder die Knappheit von Umweltwirkungen zu verringern, indem in weniger umweltbelastende Produktionsprozesse investiert wird.

- Entsprechend der Formulierung der Umweltstücklisten in Abschnitt 2.2.2 können auch die *vor- und nachgelagerten Umweltwirkungen der Faktoren, Prozesse und Produkte* berücksichtigt werden. Auf diese Weise kann die Umweltrelevanz der betrieblichen Handlungen noch umfassender beurteilt werden. Ein solches Vorgehen bietet sich an, wenn z.B. die Umweltwirkungen der bezogenen Produktionsfaktoren oder der Produkte insgesamt gesenkt werden sollen. Insbesondere bei den Produkten können sich geringe Folgeverbräuche sowie eine problemlose Entsorgung der Produkte günstig auf die Wettbewerbsposition auswirken.

- Die Beschränkung der Produktionsmöglichkeiten durch das Umweltrecht kann genauer spezifiziert werden. So können geltende *Emissionsgrenzwerte* nicht nur als mengenmäßige Obergrenzen einzelner Umweltwirkungsarten, sondern auch als Konzentrationsgrenzwerte, wie dies z.B. in der TA-Luft der Fall ist, formuliert werden. Bei Konzentrationsgrenzwerten wird die maximale Menge einer Umweltwirkungsart auf die Laufzeit einer Maschine oder einer Produktionsanlage bezogen. Hierfür ist es erforderlich, neben den Faktorverbräuchen und den Umweltwirkungen auch die Durchführungszeiten der Produktionsprozesse zu berücksichtigen und diese in Beziehung zu den anfallenden Umweltwirkungen zu setzen.[68]

- Ähnlich wie in den Ausführungen des Abschnitts 3.3.2.3 können weitere *Umweltziele auf der Basis von Kennzahlen* formuliert werden. Die Kennzahlen und deren Minimal- bzw. Maximalausprägung sind als zusätzliche Nebenbedingungen des

---

[67] Vgl. zur Parametrischen Linearen Programmierung Dinkelbach (1969).
[68] Vgl. Letmathe / Steven (1995), S. 120ff.

Grundmodells zu erfassen. Wenn man die Kennzahlen aus Abschnitt 3.3.2.3 zugrunde legt, würden sich beispielsweise folgende zusätzliche Nebenbedingungen ergeben, wobei die linke Seite immer die ursprüngliche Ausprägung angibt und die rechte Seite die linearisierte Form der entsprechenden Kennzahl:

a) Bei denjenigen Produktionsfaktoren bzw. Produkten, für die Grenzwerte $\overline{g}_{mi}$ bzw. $\overline{g}_{mj}$ gelten, liegen die Bedingungen bereits in linearer Form vor. Sie können wie folgt umgeschrieben werden:

$$\frac{u_m}{r_i} \leq \overline{g}_{mi} \quad \Leftrightarrow \quad u_m - \overline{g}_{mi} \cdot r_i \leq 0$$

$$\frac{u_m}{x_j} \leq \overline{g}_{mj} \quad \Leftrightarrow \quad u_m - \overline{g}_{mi} \cdot x_j \leq 0$$

mit: $\overline{g}_{mi}, \overline{g}_{mj}$ Grenzwert der Umweltwirkungsart m bezogen auf den Produktionsfaktor i bzw. auf das Produkt j

b) Bei der Begrenzung der Umweltschäden bezogen auf einen Produktionsfaktor i bzw. bezogen auf ein Produkt j wird die allgemeine nicht-lineare Schadensfunktion durch lineare Schadkoeffizienten ersetzt:

$$\text{Aus } \frac{S(u_1,\ldots,u_m)}{r_i} \leq \overline{S}_i \quad \text{wird} \quad \sum_{m=1}^{M} s_m \cdot u_m - \overline{S}_i \cdot r_i \leq 0$$

$$\text{Aus } \frac{S(u_1,\ldots,u_m)}{x_j} \leq \overline{S}_j \quad \text{wird} \quad \sum_{m=1}^{M} s_m \cdot u_m - \overline{S}_j \cdot x_j \leq 0$$

mit: $\overline{S}_i, \overline{S}_j$ maximal zulässiger Umweltschaden je Mengeneinheit des Produktionsfaktors i bzw. des Produkts j

c) Die Menge einer Umweltwirkungsart bezogen auf den damit erzielbaren Deckungsbeitrag des Produkts j liegt bereits in linearer Form vor:

$$\frac{u_m}{DB_j} \leq \overline{g}_{mDB_j}$$

mit: $\overline{g}_{mDB_j}$ Grenzwert der Umweltwirkungsart m bezogen auf den Deckungsbeitrag des Produkts j

- Zusätzlich zu den hier schwerpunktmäßig betrachteten Umweltwirkungen können auch *Umweltschutzleistungen*, z.B. Techniken zur Wiederaufbereitung von unerwünschten Outputs, explizit in die Analyse einbezogen werden. Hierfür müßten Prozesse definiert werden, die die einer Umweltschutzleistung zurechenbaren Inputs und Outputs enthalten. Allerdings ist dieses Vorgehen in der Regel nicht erforderlich, da Umweltschutzleistungen meistens von einer einzigen Kostenstelle erbracht werden. Sie können daher ohne weitergehende Modifikationen wie üblich in der Kostenstellenrechnung verrechnet werden.

- Eine explizite *Einbeziehung von Umweltrisiken* kann durch die Umwandlung des Modells in einen Chance-Constrained-Programming-Ansatz vorgenommen werden. Der Anfall der Umweltwirkungen wird dann nicht länger als deterministisch angesehen, sondern die mengenmäßigen Umweltwirkungen bewegen sich bei gegebener Varianz um ihren bekannten Mittelwert.[69]

- Darüber hinaus können *weitere relevante Rahmenbedingungen*, wie Mindestproduktionsmengen, Lagerhaltung, Rüstprozesse, gesetzliche Rücknahmeverpflichtungen sowie die Wartung und Instandhaltung der Betriebsmittel das vorgestellte Grundmodell ergänzen.

4.3.4.3 Verrechnungspreise bei mehreren Produktstücklisten

Häufig besteht auch die Möglichkeit, die betrieblichen Produkte auf unterschiedliche Weise zu produzieren, z.B. indem die eingesetzten Produktionsprozesse oder die Beschaffenheit der Produktionsfaktoren variiert werden. In diesem Fall stehen zur Produktion eines Produkts j mehrere Stücklisten $s_j = 1, \ldots, S_j$ zur Verfügung, die zu unterschiedlichen Faktorverbräuchen und Umweltwirkungen führen. Bei mehreren Produktstücklisten können Umweltwirkungen durch Prozeß- und Faktorsubstitution beeinflußt werden, ohne daß die Ausbringungsmengen der Produkte davon unmittelbar betroffen sind. Auf diese Weise ergibt sich auch die Möglichkeit, die einem Produkt zurechenbaren Umweltwirkungen zu variieren. Je nach der zugrunde liegenden Nachfragefunktion können damit Auswirkungen auf die Absatzmenge des betreffenden Produkts verbunden sein. Durch die Berücksichtigung mehrerer Stücklisten muß das durch (4.1) bis (4.10) spezifizierte Programm allerdings so modifiziert werden, daß dadurch die Linearität verloren geht.

Wenn z_{js_j} den Anteil der Stückliste s_j an der Gesamtproduktion des Produkts j darstellt, dann ist das obige Modell wie folgt umzuformen:

1. Die Gewinnfunktion und die Bestimmungsgleichungen für die Menge der Umweltwirkungen sowie für die benötigten Produktionsfaktoren können unverändert bleiben:

$$(4.1) \quad G = \sum_{j=1}^{J} \overline{p}_j \cdot x_j - \sum_{i=1}^{I} q_i \cdot r_i - \sum_{m=1}^{M} \tau_m \cdot u_m - K_F \quad \Rightarrow \max!$$

$$(4.2) \quad u_m = \sum_{i=1}^{I} b_{mi} \cdot r_i + \sum_{l=1}^{L} c_{ml} \cdot y_l + \sum_{j=1}^{J} d_{mj} \cdot x_j \qquad m = 1, \ldots, M$$

$$(4.4) \quad r_i = \sum_{l=1}^{L} a_{il}^{FT} \cdot y_l \qquad i = 1, \ldots, I$$

---

[69] Vgl. Kistner / Steven (1991), S. 1307ff.

2. Da die Anzahl der durchgeführten Produktionsprozesse nicht mehr allein von den Ausbringungsmengen der Produkte abhängt, sondern auch von den zugrunde liegenden Stücklisten und deren Anteilen an der Gesamtmenge der Produkte, ist die Bestimmungsgleichung für die Anzahl der durchzuführenden Produktionsprozesse wie folgt an die geänderten Ausgangsbedingungen anzupassen:

(4.3*) $\quad y_l = \sum_{j=1}^{J} \sum_{s_j=1}^{S_j} a_{jls_j}^{TP} \cdot x_j \cdot z_{js_j}$ $\qquad l = 1,\ldots,L$

mit: $a_{jls_j}^{TP}$ Häufigkeit, mit der Produktionsprozeß l durchzuführen ist, wenn eine Mengeneinheit des Produkts j mit der Stückliste s_j hergestellt wird

3. Bei den umweltbezogenen Produktstücklisten sind zunächst die Mengen $u_{mjs_j}^{P}$ der Umweltwirkungen $m = 1,\ldots,M$ zu erfassen, die anfallen, wenn eine Mengeneinheit des Produkts j mit Hilfe der Stückliste s_j produziert wird:

(4.5*) $\quad u_{mjs_j}^{P} = d_{mj} + \sum_{l=1}^{L} a_{jls_j}^{TP} \cdot c_{ml} + \sum_{l=1}^{L} \sum_{i=1}^{I} a_{jls_j}^{TP} \cdot a_{il}^{FT} \cdot b_{mi}$ $\qquad$ für alle m, j, s_j

Die durchschnittlichen Umweltwirkungen u_{mj}^{P} je Mengeneinheit des Produkts j ergeben sich durch die Umweltwirkungen der Stücklisten multipliziert mit deren jeweiligen Anteilen an der Gesamtproduktion des Produkts:

(4.14) $\quad u_{mj}^{P} = \sum_{s_j=1}^{S_j} u_{mjs_j}^{P} \cdot z_{js_j}$ $\qquad m = 1,\ldots,M,\ j = 1,\ldots,J$

4. Obwohl sich die Bestimmung der Absatzobergrenze formal nicht ändert, ergibt sich durch die Abhängigkeit der produktbezogenen Umweltwirkungen u_{mj}^{P} von den Anteilen der Stücklisten keine feste Absatzobergrenze mehr:

(4.6*) $\quad x_j \leq D_j(\overline{p}_j, u_{1j}^{P},\ldots,u_{Mj}^{P})$ $\qquad j = 1,\ldots,J$

5. Die Anteile aller Stücklisten, mit deren Hilfe das Produkt j produziert wird, muß in der Summe gleich 1 sein:

(4.15) $\quad \sum_{s_j=1}^{S_j} z_{js_j} = 1$ $\qquad j = 1,\ldots,J$

6. Bei den Obergrenzen für die einzelnen Umweltwirkungsarten, die Produktionsfaktoren und die Summe aller Umweltschäden treten keine Änderungen gegenüber dem Grundmodell ein:

(4.7) $\quad \sum_{m=1}^{M} s_m \cdot u_m \leq \overline{S}$

4.3 Praktische Ermittlung von umweltbezogenen Verrechnungspreisen

(4.8) $\quad u_m \leq \bar{u}_m \quad\quad\quad\quad\quad\quad\quad\quad\quad\quad\quad\quad m = 1,\ldots,M$

(4.9) $\quad r_i \leq \bar{r}_i \quad\quad\quad\quad\quad\quad\quad\quad\quad\quad\quad\quad\ \ i = 1,\ldots,I$

7. Zusätzlich zu den Nichtnegativitätsbedingungen für die Ausbringungsmengen der einzelnen Produkte muß auch die Nichtnegativität der Anteile der einzelnen Stücklisten gewährleistet werden. Es gilt daher:

(4.16) $\quad z_{s_j} \geq 0 \quad\quad\quad\quad\quad\quad\quad\quad\quad\quad\ j = 1,\ldots,J,\ s_j = 1,\ldots,S_j$

(4.10) $\quad x_j \geq 0 \quad\quad\quad\quad\quad\quad\quad\quad\quad\quad\ \ j = 1,\ldots,J$

Obwohl das hier aufgestellte Modell dem Grundmodell formal recht ähnlich ist, kann es aufgrund der Nichtlinearitäten in der Bestimmungsgleichung für die Häufigkeit der durchzuführenden Produktionsprozesse (4.3*) sowie der nicht-linearen Absatzfunktion (4.6*) nicht mehr mit den Methoden der Linearen Programmierung gelöst werden. Eine Möglichkeit besteht natürlich darin, das obige Programm mit einem anderen Lösungsverfahren zu bearbeiten. Da das in diesem Kapitel vorgestellte Vorgehen bewußt auf praktische Anforderungen ausgerichtet ist, wird das erweiterte Modell statt dessen so modifiziert, daß ein Wechsel der Lösungsmethode vermieden werden kann. Es wird wie folgt vorgegangen:

Zunächst sind alle Aktivitäten, die zu einer umweltbezogenen Produktstückliste gehören, zu einer Aktivität zusammenzufassen und auf eine Ausbringungsmenge des Zielprodukts in Höhe von 1 zu normieren. Anschließend können die Deckungsbeiträge d_{js_j} der einzelnen Stücklisten s_j wie folgt berechnet werden:

(4.17) $\quad d_{js_j} = \bar{p}_j - \sum_{i=1}^{I} a^F_{ijs_j} \cdot q_i - \sum_{m=1}^{M} u^P_{mjs_j} \cdot \tau_m \quad\quad\quad j = 1,\ldots,J,\ s_j = 1,\ldots,S_j$

mit: $a^F_{ijs_j}$ Verbrauch des Produktionsfaktors i pro produzierter Mengeneinheit des Produkts j, das mit Hilfe der Stückliste s_j hergestellt wird

Wenn x_{js_j} die Menge des Produkts j angibt, die mit Hilfe der Stückliste s_j produziert wird, führt das zu folgenden Änderungen des obigen Modells:

1. Der erzielte Gewinn wird jetzt ausschließlich durch die Summe der Deckungsbeiträge aller Stücklisten abzüglich der leistungsunabhängigen Fixkosten gemessen:

(4.1*) $\quad G = \sum_{j=1}^{J} \sum_{s_j=1}^{S_j} d_{js_j} \cdot x_{js_j} - K_F \quad \Rightarrow \max!$

2. Die gesamte Menge der einzelnen Umweltwirkungsarten ergibt sich aus den Koeffizienten, die die Menge der Umweltwirkungsart m bei einmaliger Durchführung der Stückliste s_j angeben, multipliziert mit x_{js_j} und summiert über alle Stücklisten und Produkte.

$$(4.2^{**}) \quad u_m = \sum_{j=1}^{J} \sum_{s_j=1}^{S_j} u^P_{mjs_j} \cdot x_{js_j} \qquad m = 1,\ldots,M$$

3. Die Ausbringungsmenge des Produkts j ergibt sich durch die Häufigkeit, mit denen die einzelnen Stücklisten $s_j = 1,\ldots,S_j$ eingesetzt werden:

$$(4.18) \quad x_j = \sum_{s_j}^{S_j} x_{js_j} \qquad j = 1,\ldots,J$$

4. Die durchschnittliche Belastung des Produkts j mit der Umweltwirkungsart m errechnet sich durch die Gesamtbelastung aller Stücklisten, die das Produkt j produzieren, dividiert durch die gesamte Ausbringungsmenge des Produkts:

$$(4.14^*) \quad u^P_{mj} = \frac{\sum_{s_j=1}^{S_j} u^P_{mjs_j} \cdot x_{js_j}}{x_j} \qquad m = 1,\ldots,M,\; j = 1,\ldots,J$$

5. Bei der Berechnung der mengenmäßigen Umweltwirkungen der Stücklisten, bei der Bestimmung der Absatzobergrenzen für die Produkte sowie bei der mengenmäßigen Beschränkung der Umweltwirkungen und der Umweltschäden ergeben sich keine Änderungen:

$$(4.5^*) \quad u^P_{mjs_j} = d_{mj} + \sum_{l=1}^{L} a^{TP}_{jls_j} \cdot c_{ml} + \sum_{l=1}^{L} \sum_{i=1}^{I} a^{TP}_{jls_j} \cdot a^{FT}_{il} \cdot b_{mi} \qquad \text{für alle } m, j, s_j$$

$$(4.6^*) \quad x_j \leq D_j(\overline{p}_j, u^P_{1j},\ldots,u^P_{Mj}) \qquad j = 1,\ldots,J$$

$$(4.7) \quad \sum_{m=1}^{M} s_m \cdot u_m \leq \overline{S}$$

$$(4.8) \quad u_m \leq \overline{u}_m \qquad m = 1,\ldots,M$$

6. Die Beschränkung der verfügbaren Mengen der Produktionsfaktoren wird durch die Summe aller Produktionskoeffizienten über alle Stücklisten und alle Produkte multipliziert mit der Häufigkeit ihrer Nutzung erfaßt:

$$(4.9^*) \quad \sum_{j=1}^{J} \sum_{s_j=1}^{S_j} a^F_{ijs_j} \cdot x_{js_j} \leq \overline{r}_i \qquad i = 1,\ldots,I$$

7. Die nach den einzelnen Stücklisten produzierten Ausbringungsmengen dürfen keine negativen Werte annehmen:

$$(4.19) \quad x_{js_j} \geq 0 \qquad j = 1,\ldots,J,\; s_j = 1,\ldots,S_j$$

4.3 Praktische Ermittlung von umweltbezogenen Verrechnungspreisen

Mit Hilfe der Modifizierung konnte zwar die Nichtlinearität der Bedingung (4.3*) eliminiert werden, allerdings findet sich eine neue Nichtlinearität in Nebenbedingung (4.14*), die auch für die Nebenbedingung (4.6*) relevant ist. Um das Modell lösbar zu halten, bietet sich ein heuristisches Verfahren an. Das Vorgehen der im folgenden vorgestellten Heuristik ist dem Programmablaufplan in Abbildung 34 zu entnehmen. Zunächst werden die Bedingungen (4.14*) und (4.6*) durch folgende neue Bedingung ersetzt:

(4.20) $\quad x_j \leq a_j \qquad\qquad\qquad\qquad\qquad\qquad j = 1,\ldots,J$

a_j steht für die maximale Absatzmenge des Produktes j, die erzielt wird, wenn die Mengen aller relevanten Umweltwirkungsarten gleich Null gesetzt werden. Dann gilt:

$$a_j = D_j(\overline{p}_j, u^P_{1j}=0,\ldots,u^P_{Mj}=0) = D_j(\overline{p})$$

Dies führt zwar dazu, daß die umweltbezogenen Nachfragewirkungen zunächst nicht berücksichtigt werden, dafür handelt es sich wieder um ein Lineares Programm, das mit den Standardmethoden der Linearen Programmierung lösbar ist.

Anschließend werden die ermittelten optimalen Produktionsmengen und Umweltwirkungen in folgende Gleichung eingesetzt:

(4.21) $\quad \Delta a_{js_j} = x_j - D_j(\overline{p}_j, u^P_{1js_j},\ldots,u^P_{Mjs_j}) \qquad\qquad j=1,\ldots,J,\ s_j = 1,\ldots,S_j$

Δa_{js_j} steht für die Verringerung der Absatzobergrenze des Produkts j, wenn die gesamte Ausbringungsmenge x_j mit der Stückliste s_j produziert wird. Dabei können drei verschiedene Konstellationen eintreten:

- Die ermittelte optimale Absatzmenge x_j entspricht gerade der Absatzobergrenze a_j, bei der noch keine Umweltwirkungen berücksichtigt sind. Dann gilt:

$$\Delta a_{js_j} = a_j - D_j(\overline{p}_j, u^P_{1js_j},\ldots,u^P_{Mjs_j}) \qquad\qquad j=1,\ldots,J,\ s_j = 1,\ldots,S_j$$

- Die Absatzmenge x_j ist zwar kleiner als die Absatzobergrenze a_j, aber Δa_{js_j} nimmt einen positiven Wert an. In diesem Fall geht die Abweichung von der Absatzobergrenze nur zum Teil zu Lasten der umweltbezogenen Absatzwirkungen, der Rest ist auf innerbetriebliche Knappheiten zurückzuführen.

- Wenn Δa_{js_j} einen negativen Wert annimmt, haben die umweltbezogenen Absatzwirkungen keinen Einfluß auf die Absatzmenge, da die innerbetrieblichen Knappheiten ohnehin keine Ausschöpfung der Absatzmöglichkeiten zulassen. Tritt dieser Fall ein, bedarf es keiner weiteren Modifikationen.

198 4. Erfassung und Bewertung der Umweltwirkungen

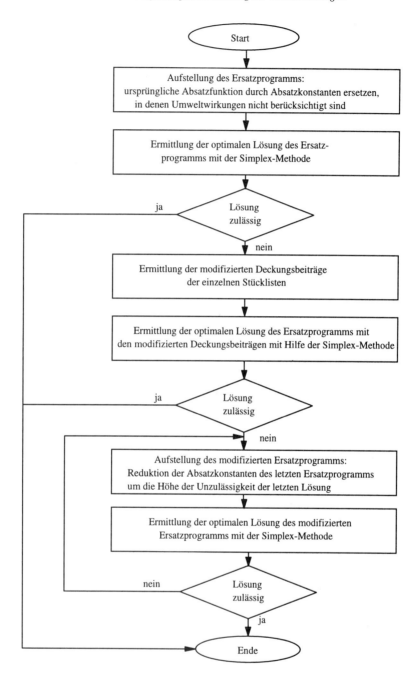

Abb. 34: Programmablaufplan zur Ermittlung von Verrechnungspreisen bei mehreren Stücklisten

4.3 Praktische Ermittlung von umweltbezogenen Verrechnungspreisen

Bei den ersten beiden Fällen können mit Hilfe der umweltbezogenen Absatzverringerungen modifizierte Deckungsbeiträge für die einzelnen Stücklisten berechnet werden, die sich aus dem durch die Umweltwirkungen verlorenen Deckungsbeitrag dividiert durch die optimale Menge x_j des vereinfachten Ausgangsmodells zusammensetzen:

$$(4.22) \quad \tilde{d}_{js_j} = \frac{d_{js_j} \cdot (x_j - \Delta a_{js_j})}{x_j} \qquad j=1,\ldots,J,\ s_j=1,\ldots,S_j$$

Die modifizierten Deckungsbeiträge $\tilde{d}_{js_j}$ sind dann statt der ursprünglichen pagatorischen Deckungsbeiträge in die Zielfunktion (4.1) des vereinfachten Ausgangsmodells einzusetzen. Die optimale Lösung des daraus resultierenden modifizierten Linearen Programms kann anschließend in die ursprünglichen umweltbezogenen Absatzfunktionen eingefügt werden. Wenn die optimale Lösung den ursprünglichen Absatzfunktionen des Ausgangsmodells genügt, kann diese unmittelbar für die Bestimmung der Opportunitätskostensätze bzw. als Ausgangsallokation für eine Mengensteuerung herangezogen werden. Genügt die Lösung allerdings nicht den Absatzfunktionen, kann durch folgendes Vorgehen eine zufriedenstellende zulässige Lösung ermittelt werden:

1. Bei allen Absatzmengen, die nicht die ursprünglichen umweltbezogenen Absatzfunktionen

$$(4.23) \quad x_j \leq D_j(\overline{p}_j, u^P_{1j}, \ldots, u^P_{Mj}) \qquad j=1,\ldots,J$$

erfüllen, ist die Höhe der Abweichung Δa_j vom zulässigen Bereich zu ermitteln:

$$(4.24) \quad \Delta a_j = x_j - D_j(\overline{p}_j, u^P_{1j}, \ldots, u^P_{Mj}) \qquad j=1,\ldots,J$$

2. Danach sind alle Abweichungen Δa_j in die Absatzfunktionen (4.6**) der zugehörigen Produkte des vereinfachten Ausgangsmodells einzusetzen:

$$(4.25) \quad x_j \leq a_j - \Delta a_j \qquad j=1,\ldots,J$$

3. Im dritten Schritt wird die optimale Lösung des daraus resultierenden Linearen Programms ermittelt.

4. Anschließend ist die aktuelle Lösung wiederum in die umweltbezogenen Absatzfunktionen einzusetzen. Falls die Lösung den Nebenbedingungen des ursprünglichen Grundmodells genügt, bildet sie zugleich die Ausgangslösung für die Steuerung der Umweltwirkungen. Erfüllt sie die Bedingungen des Ausgangsmodells hingegen nicht, muß das aktuelle Lineare Programm entsprechend dem Vorgehen der Schritte 1. - 4. erneut modifiziert werden. Dieser Vorgang ist solange zu wiederholen, bis eine zulässige Ausgangslösung erreicht wird.

Bei der Bewertung der Umweltwirkungen wird genauso vorgegangen wie beim Grundmodell mit nur einer Stückliste, d.h. die umweltbezogenen Absatzwirkungen fließen nicht in die Verrechnungspreise der einzelnen Umweltwirkungsarten ein. Wie auch im Grundmodell werden also lediglich die Schattenpreise der Restriktionen zur

Bewertung herangezogen, die die Umweltwirkungen beschränken. Dieses Vorgehen ist sinnvoll, da die Sparten ohnehin selbst für die Überwachung ihres Absatzes verantwortlich sind und daher keine übergeordnete Steuerung durch die Unternehmenszentrale notwendig ist. Da es sich bei der hier dargestellten Ermittlung der Verrechnungspreise für die Umweltwirkungen um ein heuristisches Verfahren handelt, ist es besonders wichtig, innerhalb der Periode zu analysieren, inwiefern intraperiodische Anpassungen des Verrechnungspreissystems geboten sind.

Die beschriebenen Modifikationen des Grundmodells bei mehreren umweltbezogenen Umweltstücklisten ermöglichen es, eine zufriedenstellende und zulässige Ausgangslösung zu generieren, ohne daß schwierig zu programmierende Lösungsmethoden angewendet werden müssen. Es reicht vielmehr aus, auf die Standardmethoden der Linearen Programmierung zurückzugreifen und das vereinfachte Grundmodell in wenigen Iterationen so zu modifizieren, daß der Unternehmenszentrale die für die Steuerung der Umweltwirkungen notwendigen Informationen bereitgestellt werden. Darüber hinaus können auch beim erweiterten Grundmodell problemlos die in Abschnitt 4.3.4.2 genannten Erweiterungen vorgenommen werden.

4.3.5 Intraperiodische Anpassung des Verrechnungspreissystems

Bei der in den vorangegangenen Abschnitten vorgestellten Ermittlung umweltbezogener Verrechnungspreissysteme wurde davon ausgegangen, daß die für die kostenrechnerische Bewertung notwendigen Informationen einmal zu Beginn der Periode erhoben werden und darauf aufbauend die für die gesamte Periode gültigen Verrechnungspreise der Umweltwirkungen bestimmt werden. Dieses Vorgehen setzt voraus, daß die erhobenen Informationen tatsächlich für die gesamte Periode Gültigkeit haben, also insbesondere, daß die zugrunde liegenden Prognosen, z.B. bezüglich des Absatzes der Produkte, eintreffen. Neben der Unsicherheit bei den ex ante zugrunde gelegten Daten können die bereits angesprochenen Informationsasymmetrien zwischen der Unternehmenszentrale und den einzelnen Unternehmenssparten dazu führen, daß die ursprüngliche Planung im Laufe der Periode zu revidieren ist.[70]

Bei einer *Kopplung ohne Abstimmung* werden die im Rahmen der Grobplanung der Umweltwirkungen ermittelten Mengenzuteilungen bzw. die Höhe der Opportunitätskostensätze im Laufe der Periode nicht mehr verändert. Dieses Vorgehen kann bei fehlerhaften Ausgangsdaten oder bei einer abweichenden Entwicklung des Geschäftsverlaufs dazu führen, daß sich die einzelnen Unternehmenssparten suboptimal verhalten. Dies ist z.B. der Fall, wenn die ursprünglich angenommene Knappheit einer Umweltwirkungsart nicht eintritt und die Unternehmenssparten trotzdem mit einem überhöhten Opportunitätskostensatz planen. Dadurch würden vorhandene Produktions-

---

[70] Eine intraperiodische Anpassung der Verrechnungspreise wurde bereits von Drumm (1972), S. 267, vorgeschlagen.

möglichkeiten, die den erzielten Gesamtdeckungsbeitrag erhöhen, unter Umständen nicht realisiert. Aus diesem Grund sollte eine Kopplung ohne Abstimmung, bei der Vorgaben der Unternehmenszentrale während der Periode als fix angesehen werden, nur dann angewendet werden, wenn Datenunsicherheiten und Informationsasymmetrien nur eine untergeordnete Bedeutung haben. Ansonsten ist es notwendig, einen geeigneten Abstimmungsmechanismus zwischen der Zentrale und den Unternehmenssparten zu implementieren.

Dafür ist zunächst festzulegen, wann die einzelnen Sparten der Unternehmenszentrale ihre aktuellen Plan- und Vollzugsdaten zur Verfügung stellen sollen:[71]

- Bei einer *periodischen Abstimmung* werden aktuelle Daten der Unternehmenssparten in regelmäßigen Zeitabständen an die Unternehmenszentrale weitergeleitet, die dann auf die geänderte Datensituation reagieren kann.

- Bei einer *fallweisen Abstimmung* erfolgt eine Rückkopplung zwischen den Unternehmenssparten und der Unternehmenszentrale nur dann, wenn die Abweichung der Daten von den ursprünglichen Plandaten eine bestimmte Höhe erreicht, die Änderungen der Vorgaben erforderlich macht. Für diesen Zweck muß im voraus festgelegt werden, welche Situationen eine Anpassung der ursprünglichen Planung erfordern. Im ungünstigen Fall können sich geringfügige Planabweichungen einzelner Sparten kumulieren, so daß eine zulässige Allokation der Umweltwirkungen nicht mehr erreicht werden kann und trotzdem für keine Sparte die Situation eintritt, eine Rückkopplung vornehmen zu müssen.

Im nächsten Schritt ist zu erörtern, wann eine Änderung der ursprünglichen Vorgaben vorzunehmen ist. Auch hier kann eine periodische oder eine fallweise Anpassung der Vorgaben an die aktuelle Datenbasis erfolgen:

- Eine *periodische Anpassung* der Vorgaben selbst an geringfügige Datenänderungen führt häufig auch zu geringfügigen Änderungen von Opportunitätskostensätzen und Mengenzuteilungen. Die periodische Anpassung ist für die einzelnen Unternehmenssparten mit einem sehr hohen Aufwand verbunden, da sie ihre Planung bei jeder Änderung entsprechend umstellen müssen. Außerdem wird dadurch der Vergleich mit Kostendaten aus vorangegangenen Perioden erschwert.

- Bei einer *fallweisen Anpassung* an Datenänderungen werden die Vorgaben hingegen nur dann modifiziert, wenn eine Beibehaltung der bisherigen Vorgaben zu deutlich spürbaren Suboptimalitäten führen würde. Die seltenere fallweise Anpassung bringt für die einzelnen Sparten einen geringeren Planungsaufwand mit sich und ist daher einer periodischen Anpassung der Vorgaben vorzuziehen.

---

[71] Vgl. Steven (1994c), S. 180ff.

Insgesamt erscheint eine periodische Weiterleitung der aktuellen Daten an die Unternehmenszentrale in Kombination mit einer fallweisen Änderung der Vorgaben als sinnvolle Möglichkeit der gegenseitigen Abstimmung zwischen der Unternehmenszentrale und den einzelnen Unternehmenssparten. Schließlich bleibt noch festzulegen, in welchem Turnus die Sparten ihre Daten weitergeben und in welchen Fällen eine Änderung der Vorgaben erforderlich wird:

- Bei der Grobplanung erscheint eine Vorausplanung für ein ganzes Geschäftsjahr sinnvoll, zumal die meisten Umweltziele in Umwelterklärungen nach der EG-Ökoaudit-Verordnung auch als Jahresziele definiert sind. Für die Lieferung aktueller Daten der Sparten an die Unternehmenszentrale wird der Kalendermonat vorgeschlagen. Bei einem Turnus von einem Monat besteht die Möglichkeit, die Vorgaben relativ zeitnah an die geänderten Rahmenbedingungen anzupassen. Ein noch schnellerer Rhythmus würde dagegen den Aufwand der Datenerhebung und -auswertung nicht mehr rechtfertigen.

- Eine Anpassung der Vorgaben der Unternehmenssparten sollte immer dann vorgenommen werden, wenn absehbar ist, daß mit Hilfe der jetzigen Vorgaben die Umweltrestriktionen bzw. -ziele nicht erfüllt werden. Bei zu hohen Umweltwirkungen können sich Unzulässigkeiten ergeben, die z.B. dazu führen, daß das relevante Umweltrecht nicht eingehalten wird. Es bedarf somit einer Erhöhung der Opportunitätskostensätze bei einer Preissteuerung bzw. einer Verminderung der Mengenzuteilungen bei einer Mengensteuerung. Bei einer Unterschreitung der vorgegebenen Umweltwirkungen aufgrund zu restriktiver Vorgaben besteht die Möglichkeit, den Unternehmenserfolg durch eine Lockerung der Vorgaben insgesamt zu erhöhen. In diesem Fall sind die knappheitsbedingten Preise τ_m^O der einzelnen Umweltwirkungsarten zu senken. Um eine möglichst präzise Anpassung der Vorgaben zu erreichen, sollte das gesamte umweltbezogene Planungsmodell mit den geänderten Parametern neu berechnet werden.

4.4 Verrechnung der bewerteten Umweltwirkungen in der Kostenarten-, Kostenstellen- und Kostenträgerrechnung

Die bisherigen Ausführungen dieses Kapitels haben sich auf die Bewertung der Umweltwirkungen und Umweltschutzleistungen konzentriert, ohne daß diese ihren tatsächlichen Verursachern zugerechnet wurden. Typischerweise werden in den gängigen Kostenrechnungssystemen aber nicht Umweltwirkungen, sondern der bewertete Verbrauch der Produktionsfaktoren in der Kostenartenrechnung, die Kosten verschiedener abgegrenzter Bereiche der Produktion und der Verwaltung in der Kostenstellenrechnung und die Kosten der Produkte in der Kostenträgerrechnung ermittelt. Um an bestehende Kostenrechnungssysteme anknüpfen zu können, müssen die bewerteten Umweltwirkungen nun den verursachenden Kostenarten, Kostenstellen und Kostenträgern zugerechnet werden:[72]

1. Bei den faktorbezogenen Umweltwirkungen ist deren Entstehung auf den Verbrauch eines bestimmten Produktionsfaktors zurückzuführen. Die Kosten der faktorbezogenen Umweltwirkungen sind daher direkt dem verursachenden Produktionsfaktor zuzurechnen. Sie können praktisch wie Anschaffungsnebenkosten behandelt werden und führen zu einem modifizierten *Verrechnungspreis* $\tilde{q}_i$ *des Produktionsfaktors i*, der sich durch folgende Gleichung ermitteln läßt:

$$(4.26) \quad \tilde{q}_i = q_i + \sum_{m=1}^{M} b_{mi} \cdot \tau_m \qquad i = 1, \ldots, I$$

2. Bei den *Verrechnungspreisen für die einzelnen Produktionsprozesse* sind neben den faktorbezogenen Umweltwirkungen der benötigten Produktionsfaktoren auch die prozeßbezogenen Umweltwirkungen zu berücksichtigen. Der Verrechnungspreis $\tilde{e}_l$ des Prozesses l ergibt sich aus den bewerteten prozeßbezogenen Umweltwirkungen plus den mit den modifizierten Verrechnungspreisen bewerteten Produktionsfaktoren, die zur Durchführung des Prozesses notwendig sind:

$$(4.27) \quad \tilde{e}_l = e_l + \sum_{m=1}^{M} \left(c_{ml} + \sum_{i=1}^{I} b_{mi} \cdot a_{il}^{FT} \right) \cdot \tau_m$$

$$= \sum_{m=1}^{M} c_{ml} \cdot \tau_m + \sum_{i=1}^{I} a_{il}^{FT} \cdot \tilde{q}_i \qquad l = 1, \ldots, L$$

3. Die *variablen Stückkostensätze* $\tilde{k}_j$ *der Kostenträger* ergeben sich durch die einem Produkt zuzurechnenden, mit ihren Einstandspreisen bewerteten Produktionsfaktoren zuzüglich der bewerteten faktor-, prozeß- und produktbezogenen Umweltwirkungen:

$$(4.28) \quad \tilde{k}_j = k_j + \sum_{m=1}^{M} \left(d_{mj} + \sum_{l=1}^{L} a_{jl}^{TP} \cdot c_{l1} + \sum_{i=1}^{I} a_{ij}^{FP} \cdot b_{mi} \right) \cdot \tau_m \qquad j = 1, \ldots, J$$

Bei mehreren Stücklisten sind entsprechend ihrer jeweiligen Zusammensetzung mehrere Kostensätze für denselben Kostenträger möglich.

Werden die Umweltwirkungen auf der Basis von Opportunitätskostensätzen gesteuert, so ist der Preis τ_m der Umweltwirkungsart m in allen drei Fällen durch τ_m^O zu ersetzen.

Die modifizierten Kosten der Produktionsfaktoren, Prozesse und Produkte können anschließend wie in der traditionellen Kostenrechnung berücksichtigt werden. Dabei sollte die entsprechende Kostenzuordnung immer so früh wie möglich erfolgen, um

---

[72] Vgl. hierzu auch Abschnitt 3.1.2.

den Verursacher umweltbezogener Kosten mit seinen tatsächlichen Kosten zu belasten. Also sind die Kosten der faktorbezogenen Umweltwirkungen schon in der Kostenartenrechnung zu berücksichtigen, die prozeßbezogenen Umweltwirkungen führen zu einer Erhöhung der Kostensätze der Produktionsprozesse im Rahmen der Kostenstellenrechnung, und die produktbezogenen Umweltwirkungen werden in der Kostenträgerrechnung erfaßt. Die Kosten der faktorbezogenen und der prozeßbezogenen Umweltwirkungen werden, wie auch in der traditionellen Kostenrechnung üblich, an die Kostenträger weiterverrechnet.

Da die Umweltwirkungen erst nach ihrer monetären Bewertung einem Produktionsfaktor, einem Produktionsprozeß oder einem Produkt zugerechnet werden können, ist es erforderlich, parallel zur Kostenarten-, Kostenstellen- und Kostenträgerrechnung eine entsprechende Mengenrechnung durchzuführen, mit deren Hilfe sowohl die planmäßigen als auch die tatsächlich anfallenden Umweltwirkungen erfaßt werden können.

Die dadurch verfügbaren Mengendaten ermöglichen nicht nur eine differenzierte Analyse bei Verbrauchsabweichungen[73]; sie können auch als Plandaten z.B. für die Arbeitsvorbereitung oder das Controlling verwendet werden:

- Als *Planungsgrundlage* können die Umweltstücklisten der Produktionsfaktoren, der Produktionsprozesse und der Produkte herangezogen werden. Multipliziert man die Stücklisten mit den entsprechenden Faktorverbräuchen, den durchgeführten Produktionsprozessen und den Ausbringungsmengen der Produkte, so erhält man den planmäßigen Mengenanfall der einzelnen Umweltwirkungsarten.

- Die *tatsächlichen Mengen der einzelnen Umweltwirkungsarten* sind z.B. mit Hilfe von Verbrauchswerten oder technischen Messungen zu ermitteln.[74]

Die Ist-Werte können den Soll-Werten, die mittels der Umweltstücklisten generiert wurden, gegenübergestellt werden. Abweichungen zwischen den Soll- und Ist-Werten können wichtige Hinweise auf minderwertige Qualitäten bei den eingesetzten Produktionsfaktoren oder auf Suboptimalitäten bei der Durchführung der Produktionsprozesse liefern. Darüber hinaus ist es denkbar, daß weitere Schwachstellen wie Leckagen im Lagerbereich, Maschinendefekte oder Störfallpotentiale entdeckt werden. Auf der anderen Seite können Soll/Ist-Abweichungen aber auch aus fehlerhaften Umweltstücklisten resultieren, die dann den tatsächlichen betrieblichen Gegebenheiten anzupassen sind. Insgesamt führen Soll/Ist-Vergleiche auf der Basis verbrauchter Faktoreinsatzmengen und der angefallenen Umweltwirkungen zur Behebung von Schwachstellen der Produktion bzw. zu einer Verbesserung der künftigen Planungsgrundlagen. Das beschriebene Vorgehen zur Erfassung, Verrechnung und Bewertung im Rahmen der Kostenrechnung wird durch Abbildung 35 veranschaulicht.

---

[73] Vgl. Abschnitt 4.2.2.
[74] Vgl. hierzu auch Abschnitt 4.2.1.

4.4 Verrechnung der bewerteten Umweltwirkungen

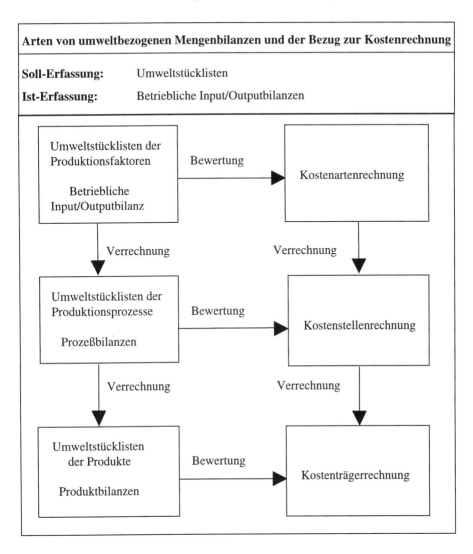

Abb. 35: Verrechnungssystematik für betriebliche Umweltwirkungen

Bei Umweltwirkungen oder Umweltschutzleistungen, die nicht eindeutig einem Faktor, einem Prozeß oder einem Produkt zurechenbar sind, müssen die Kosten wie in der traditionellen Kostenrechnung mit sinnvollen Schlüsseln verteilt werden. Sie bilden somit umweltbezogene Gemeinkosten. Durch das beschriebene Verfahren der Zuordnung und Bewertung der Umweltwirkungen ist jedoch gewährleistet, daß weitgehend alle unechten umweltbezogenen Gemeinkosten verursachungsgerecht verrechnet werden, zumindest soweit dies aus kostenrechnerischer Sicht als sinnvoll erscheint.

Enthalten die Kostensätze der Umweltwirkungen oder der Umweltschutzleistungen auch Bestandteile, die mit Hilfe der Prozeßkostenrechnung ermittelt wurden, so ist dieses Vorgehen nur bei einer Vollkostenbetrachtung sinnvoll, da die in den Prozeßkostensätzen enthaltenen Fixkosten sonst in die Teilkosten der Kostenstellen oder Kostenträger einfließen würden. Außerdem müssen die in den Prozeßkostensätzen enthaltenen Gemeinkosten von den über entsprechende Schlüssel zu verteilenden Gemeinkosten getrennt erfaßt bzw. saldiert werden, da sonst die Gefahr von Doppelverrechnungen besteht.[75]

Bei einem Verzicht auf prozeßkostenrechnerische Elemente können die Kostensätze der einzelnen Wirkungsarten auch auf der Basis von Teilkosten ermittelt werden. Auf diese Weise können die umweltbezogenen Kosten der betrachteten Umweltwirkungen und Umweltschutzleistungen, die bisher als unechte Gemeinkosten verrechnet wurden, künftig auch in einer Teilkostenrechnung sinnvoll zugeordnet werden. Mit dem hier beschriebenen Vorgehen ist somit keine Vorgabe eines bestimmten Kostenrechnungssystems verbunden.

4.5 Handlungsempfehlungen zur Einführung einer umweltbezogenen Kostenrechnung

In den vorangegangen Ausführungen wurden verschiedene Ansätze vorgestellt, die eine systematische Integration von betrieblichen Umweltwirkungen in die Kostenrechnung erlauben. Nach der Erörterung der Vorgaben und Ziele einer umweltbezogenen Kostenrechnung wurde auf die zu erfüllenden informationswirtschaftlichen Voraussetzungen eingegangen, wobei insbesondere die Erfassung und die verursachungsgerechte Zurechnung der Umweltwirkungen gewährleistet sein müssen. Anschließend standen Ansätze der Bewertung der Umweltwirkungen und deren Verrechnung in der Kostenarten-, Kostenstellen- und Kostenträgerrechnung im Mittelpunkt der Betrachtungen.

Im folgenden werden aus den erzielten Ergebnissen Handlungsempfehlungen für Unternehmen abgeleitet, die die Einführung oder den Ausbau ihrer Kostenrechnung zu einer umweltbezogenen Kostenrechnung planen. Je nach der Entwicklungsstufe der bereits eingeführten Kostenrechnung sollte folgendes Vorgehen gewählt werden:

1. Die *Umweltschutzleistungen* sind prinzipiell genauso zu behandeln wie die Leistungen nicht umweltbezogener Kostenstellen. Dabei ist die auf sinnvolle Differenzierung des Leistungsspektrums einer Umweltschutzanlage besonderer Wert zu legen. Die Kosten der tatsächlich erbrachten Leistungen sind im Rahmen der innerbetrieblichen Leistungsverrechnung verursachungsgemäß weiterzuverrechnen.

---

[75] Vgl. Bundesumweltministerium / Umweltbundesamt (1996), S. 77f.

2. Im ersten Schritt ist das *Mengengerüst* der Umweltwirkungen zu erfassen. Hierfür sind zunächst tatsächlich anfallende Umweltwirkungen mit Hilfe von bereits vorhandenen Daten sowie mit Messungen und Schätzungen zu ermitteln. Langfristig sollten die im Unternehmen vorhandenen Stücklisten systematisch um die Umweltwirkungen der Produkte und Prozesse erweitert werden. Dieses Vorgehen eröffnet die Möglichkeit, die anfallenden Umweltwirkungen schon im voraus in unterschiedlichen Planungsbereichen des Unternehmens zu berücksichtigen. Außerdem unterstützen Umweltstücklisten die verursachungsgerechte Zuordnung der anfallenden Umweltwirkungen an Produktionsfaktoren, Prozesse und Produkte. Schließlich ermöglichen Umweltstücklisten Soll/Ist-Vergleiche und damit die Analyse von betrieblichen Schwachstellen und die Vermeidung von Prozeßineffizienzen.

3. Weitere Verbesserungen der *informationswirtschaftlichen Voraussetzungen* für eine umweltbezogene Kostenrechnung können durch die Berücksichtigung von zeitlichen Verwerfungen zwischen der Verursachung und der Kostenentstehung bei betrieblichen Umweltwirkungen, durch die ökologische Bewertung der Umweltwirkungen sowie durch eine Nutzung von bereits vorhandenen umweltbezogenen Informationen im Unternehmen erzielt werden.

4. Eine erste *Bewertung* wird vorgenommen, indem den *einzelnen Umweltwirkungsarten* die direkt von ihnen verursachten Kosten zugerechnet werden. Dazu zählen Gebühren und Abgaben, die für eine Umweltwirkungsart zu zahlen sind, aber auch die Kosten für die Sammlung, die Sortierung, den innerbetrieblichen Transport, die Lagerung und die Behandlung der Umweltwirkungen.

5. Im nächsten Bewertungsschritt sollten auch die *indirekten Kosten der Umweltwirkungen* geschätzt werden. Dabei kann es sich um Kosten der Überwachung und Planung der Umweltwirkungen, z.B. durch die Betriebsbeauftragten für Umweltschutz, handeln. Weitere indirekte Kosten können aufgrund von knappen Umweltwirkungen entstehen, die die Produktionsmöglichkeiten des Betriebs einschränken. Darüber hinaus können hier auch Kosten erfaßt werden, die auf das Verhalten der Anspruchsgruppen zurückgehen, wie die Kosten einer Imageverschlechterung aufgrund überhöhter Umweltwirkungen. Durch dieses Vorgehen wird zum einen die Koordinationsfunktion unterstützt, zum anderen werden häufig nach willkürlichen Schlüsselungen verteilte Gemeinkosten verringert.

6. Bei einer *simultanen Bestimmung des Verrechnungspreissystems* mehrerer Umweltwirkungsarten können die vorhandenen Knappheiten einzelner Umweltwirkungsarten besser geschätzt und die tatsächlichen Bedarfe der Unternehmenssparten im Rahmen einer vorläufigen Grobplanung ermittelt werden. Dadurch wird eine Bewertung ermöglicht, die zu einer gewinnmaximalen Steuerung der Umweltwirkungen beiträgt. Die Erfolgsermittlungsfunktion wird durch die Subtraktion der überhöhten Kosten der Umweltwirkungen von den allgemeinen leistungsunabhängigen Kosten sichergestellt.

7. Unabhängig davon, in welcher Form die Bewertung der Umweltwirkungen vorgenommen wird, sind die *Kosten* der Umweltwirkungen im letzten Schritt ihren *Verursachern zuzurechnen*. Nur dadurch können die Erfolgspotentiale einer umweltbezogenen Kostenrechnung in vollem Umfang ausgeschöpft werden.

Insgesamt kann eine umweltbezogene Kostenrechnung dazu beitragen, daß die klassischen Aufgaben einer Kostenrechnung, wie die Koordinationsfunktion und die Erfolgsermittlungsfunktion, durch die explizite Einbeziehung der betrieblichen Umweltwirkungen und der Umweltschutzleistungen besser erfüllt werden. Die konkrete Ausgestaltung einer umweltbezogenen Kostenrechnung hängt wesentlich von der Größe, der Organisation des Unternehmens und dem Umweltgefährdungspotential der Produktion und der Produkte ab. So werden kleinere Unternehmen eher dazu neigen, die relevanten Umweltwirkungen wie in Abschnitt 4.3.3 einzeln zu bewerten, während größere Unternehmen mit einer Spartenorganisation die in Abschnitt 4.3.4 dargestellten Simultanplanungsansätze bevorzugen.

5. Zusammenfassung und Ausblick

In der vorliegenden Arbeit wurden Möglichkeiten der Integration von betrieblichen Umweltwirkungen in die Kostenrechnung aufgezeigt. Insbesondere vor dem Hintergrund der gestiegenen Bedeutung des betrieblichen Umweltschutzes in den letzten Jahren sowie der Tendenz, Entscheidungen über anfallende Umweltwirkungen und durchzuführende Umweltschutzmaßnahmen verstärkt vom technischen in den kaufmännischen Bereich zu verlagern, erscheint eine explizite Erfassung von Umweltwirkungen in der Kostenrechnung geboten. Diese Entwicklung wird noch verstärkt durch die EG-Ökoaudit-Verordnung, nach der jedes am Gemeinschaftssystem der Verordnung teilnehmende Unternehmen ein eigenständiges Umweltmanagementsystem implementieren muß.

Eine umweltbezogene Kostenrechnung liefert - im Gegensatz zur extern ausgerichteten Umweltberichterstattung - Informationen über die einer Umweltwirkungsart zuzurechnenden Kosten und über den Verursacher der Umweltwirkung. Bei Knappheit bestimmter Umweltwirkungsarten, z.B. aufgrund von Selbstverpflichtungen oder aufgrund von rechtlichen Regelungen, besteht darüber hinaus die Notwendigkeit, die Umweltwirkungen so auf die unterschiedlichen Unternehmenssparten zu verteilen, daß der Gesamterfolg des Unternehmens maximiert wird. Insgesamt unterstützt eine umweltbezogene Kostenrechnung also die klassischen Funktionen einer realistischen internen Bewertung der betrieblichen Inputs und Outputs (Erfolgsermittlungsfunktion) sowie der optimalen Steuerung von knappen Ressourcen (Koordinationsfunktion). Um den Aufwand, den eine umweltbezogene Kostenrechnung mit sich bringt, möglichst gering zu halten, bietet es sich an, die bestehende Kostenrechnung lediglich zu erweitern und kein völlig neues Kostenrechnungssystem zu konzipieren. Außerdem können Doppelarbeiten und Datenredundanzen durch eine gute Abstimmung einer umweltbezogenen Kostenrechnung mit der Finanzbuchhaltung und der Umweltberichterstattung vermieden werden.

Für diesen Zweck wurden im zweiten Kapitel zunächst verschiedene Ansatzpunkte und Erfolgspotentiale einer umweltbezogenen Kostenrechnung aufgezeigt, um anschließend ausführlich die Erfassung und den Aufbau des Mengengerüsts zu erörtern. Die vorgestellten Ansätze zur ökologischen Bewertung haben die Bedeutung betrieblicher Umweltwirkungen für die natürliche Umwelt verdeutlicht.

Im dritten Kapitel wurde anhand von kostentheoretischen Modellen aufgezeigt, wie Umweltwirkungen berücksichtigt werden können und welchen Einfluß sie auf betriebliche Erfolgsgrößen haben. Es zeigte sich, daß aus der Volkswirtschaft stammende monetäre Bewertungsansätze für die Unternehmenspraxis eher ungeeignet sind. Eine umweltbezogene Kostenrechnung erfordert vielmehr maßgeschneiderte Bewertungen, die neben den betrieblichen Produktionsmöglichkeiten auch die Interessen der Anspruchsgruppen und die spezifischen Zielsetzungen der Unternehmen berücksichtigen. Mit Hilfe der kostentheoretischen Modelle konnten eine Reihe von Anforderungen und Gesetzmäßigkeiten herausgearbeitet werden, die im Rahmen einer anwendungsorientierten umweltbezogenen Kostenrechnung zu beachten sind. Allerdings dürften die formulierten Optimierungsmodelle in der Praxis kaum anwendbar sein, da sie in der Regel nicht die für eine Lösung mit Standardmethoden notwendigen Konvexitäts- bzw. Linearitätseigenschaften aufweisen.

Im vierten Kapitel wurde, ausgehend von den Unternehmenszielen, dem geltenden Umweltrecht sowie weiteren umweltrelevanten Rahmenbedingungen, dargestellt, wie eine umweltbezogene Kostenrechnung in die Praxis umgesetzt werden kann. Für diesen Zweck müssen zunächst einige informationswirtschaftliche Anforderungen erfüllt werden, die insbesondere auf das Mengengerüst und die verursachungsgerechte Zuordnung der Umweltwirkungen abzielen. Anschließend ist die umweltbezogene Kostenrechnung dergestalt an die betrieblichen Gegebenheiten anzupassen, daß sowohl die damit verbundenen Zielsetzungen erreicht als auch der Durchführungsaufwand gering gehalten werden können. Vor diesem Hintergrund wurden verschiedene Ansätze vorgestellt, die die Bewertung in kleinen und mittelständischen Unternehmen mit nur einer Unternehmenssparte oder bei größeren Unternehmen mit mehreren Unternehmenssparten ermöglichen. Darauf aufbauend wurde ein Ansatz entwickelt, der die Ermittlung von umweltbezogenen Verrechnungspreisen auch dann erlaubt, wenn die Produkte mit unterschiedlichen Produktstücklisten hergestellt werden können. Dadurch können Substitutionsmöglichkeiten zwischen verschiedenen Umweltwirkungsarten ebenfalls im Rahmen umweltbezogenen Kostenrechnung berücksichtigt werden. Nach der Ermittlung der Verrechnungspreise sind die bewerteten Umweltwirkungen ihren Verursachern zuzurechnen.

Im folgenden werden die wichtigsten Ergebnisse dieser Arbeit noch einmal zusammengefaßt:

- Durch ein *differenziertes Mengengerüst* können die anfallenden Kosten jederzeit auf die ihnen zugrunde liegenden Verbräuche von Inputs bzw. die anfallenden Outputs zurückgerechnet werden. Damit lassen sich z.B. Kostenabweichungen viel einfacher auf ihre Ursachen zurückführen als in der traditionellen Kostenrechnung. Darüber hinaus können weitere Analyseinstrumente, z.B. umweltbezogene Kennzahlensysteme, zur Steuerung und Überwachung der Produktionsfaktoren, Prozesse und Umweltwirkungen eingesetzt werden. Auf diese Weise läßt sich der Informationsgehalt der Kostenrechnung wesentlich erhöhen.

- Die Erfassung der mengenmäßigen Umweltwirkungen ermöglicht es, die *Einhaltung der rechtlichen Rahmenbedingungen und der Umweltziele* laufend zu überwachen. Durch dieses Vorgehen kann auf die anderweitige Dokumentation der Umweltwirkungen verzichtet werden. Dies führt zu einer funktionellen Entlastung der für die Überwachung zuständigen Personen, z.B. der betrieblichen Umweltschutzbeauftragten.

- *Betrieblichen Knappheiten* ist mit modernen Koordinationsmechanismen zu begegnen. In diesem Zusammenhang wurden in der vorliegenden Arbeit der Ansatz von Opportunitätskosten, die Kontingentierung der Umweltwirkungen sowie die unternehmensinterne Versteigerung diskutiert. Der Ansatz von Opportunitätskosten führt zu einem insgesamt überhöhten Kostenausweis, der allerdings korrigiert werden kann, wenn die Differenz der verrechneten und der tatsächlichen Kosten mit den ansonsten pauschal verrechneten leistungsunabhängigen betrieblichen Kosten saldiert wird. Dadurch läßt sich zumindest ein Teil der leistungsunabhängigen Kosten sinnvoll verteilen, indem er zur Steuerung von Umweltwirkungen Verwendung findet. Dieses Vorgehen kann auch auf nicht umweltbezogene Knappheiten ausgeweitet werden. Damit wird die Kostenrechnung sowohl der Koordinations- als auch der Erfolgsermittlungsfunktion gerecht.

- Die *verursachungsgerechte Verrechnung der umweltbezogenen Kosten* zu Faktoren (Kostenarten), Prozessen (Kostenstellen) und Produkten (Kostenträgern) führt dazu, daß das bisherige Kostenrechnungssystem beibehalten werden kann. Um die Kosten der Umweltwirkungen zu berücksichtigen, sind lediglich modifizierte Kostensätze für die Produktionsfaktoren, Prozesse und Produkte zu bilden.

- Die Ermittlung der Kosten der Umweltwirkungen sowie die Zurechnung der Kosten zu einzelnen Aktivitäten (Prozessen) führt zu einer *stärkeren Prozeßorientierung* der Kostenrechnung, die in den letzten Jahren zunehmend auch bei nicht umweltbezogenen Bereichen der Kostenrechnung diskutiert wird. Durch die verursachungsgerechte Verrechnung der umweltbezogenen Kosten können auch solche unechten Gemeinkosten abgebaut werden, die sonst über ungenaue Schlüsselungen an die Kostenstellen und Kostenträger verteilt werden müßten.

- Die *Leistungen von Umweltschutzkostenstellen*, die vorwiegend oder ausschließlich Umweltschutzleistungen erbringen, werden genauer erfaßt und außerdem unmittelbar den verursachenden Kostenstellen zugerechnet.

- Die vorausschauende Erfassung der Umweltwirkungen durch die Umweltstücklisten ermöglicht es, auch *zeitliche Verwerfungen* zwischen dem Anfall einer Umweltwirkungsart und den daraus resultierenden Kosten zu erfassen. Durch die periodenrichtige Zurechnung der Kosten können z.B. gesetzliche Rücknahmeverpflichtungen und Umweltrisiken von vornherein in die Kalkulation einbezogen und gegebenenfalls entsprechende Gegenmaßnahmen ergriffen werden. Ein solches Vorgehen empfiehlt sich auch bei nicht umweltbezogenen Unternehmensrisiken und sonstigen zeitlichen Verwerfungen zwischen der Verursachung und Entstehung von Kosten.

- Ein *Verrechnungspreissystem für Umweltwirkungen und Umweltschutzleistungen* stellt ein wichtiges Instrument zur umweltbezogenen Koordination betrieblicher Abläufe dar. Das Umweltmanagement kann dadurch zwar unterstützt, aber nicht ersetzt werden. Der kostenbewußte Umgang mit betrieblichen Umweltwirkungen sollte außerdem auch durch organisatorische Maßnahmen, durch die Schulung und Motivation von Mitarbeitern sowie durch sinnvolle Anreizmechanismen, z.B. ein umweltbezogenes Vorschlagswesen, gefördert werden. Erst wenn diese Instrumente sinnvoll miteinander kombiniert werden, lassen sich die Vorteile einer umweltbezogenen Kostenrechnung in vollem Umfang ausschöpfen.

Aufgrund der Verlagerung der umweltbezogenen Planung vom technischen zum kaufmännischen Bereich erfolgt eine zunehmende Erfassung von Umweltwirkungen in betrieblichen Wirtschaftlichkeitsrechnungen. Der Bedarf der Praxis für die Konzeption umweltbezogener Kostenrechnungen wird daher weiter steigen. Aufgrund der Aktualität von umweltbezogenen Kostenrechnungen und der anhaltenden Umweltproblematik ist zu erwarten, daß die Forschung auf diesem Gebiet weiter intensiviert wird. Wesentliche Ansatzpunkte für die weitere Entwicklung sind durch eine Integration der Daten, die die umweltbezogene Kostenrechnung zur Verfügung stellt, auch in andere Planungsbereiche, wie die Produktions- und Absatzplanung, gegeben. Außerdem kann das dargestellte Konzept einer umweltbezogenen Kostenrechnung durch die Integration weiterer umweltrelevanter Sachverhalte noch differenziert werden. Impulse für die weitere Entwicklung können auch von der praktischen Umsetzung der umweltbezogenen Kostenrechnung ausgehen.

Symbolverzeichnis

a_j	Absatzobergrenze des Produkts j
a_{ik}	benötigte Menge des Einsatzfaktors i, wenn das Produkt mit dem Produktionsverfahren k hergestellt wird
$a^F_{ijs_j}$	Verbrauch des Produktionsfaktors i, wenn eine Ausbringungsmengeneinheit des Produkts j mit der Stückliste s_j produziert wird
a^{FT}_{il}	benötigte Einsatzmenge von Produktionsfaktor i pro Durchführung des Produktionsprozesses l
a^{FP}_{ij}	benötigte Einsatzmenge von Produktionsfaktor i zur Herstellung einer Mengeneinheit des Produkts j
$a^{TP}_{jls_j}$	Häufigkeit, mit der Produktionsprozeß l durchzuführen ist, wenn eine Mengeneinheit des Produkts j mit der Stückliste s_j hergestellt wird
AP	Acidification Potential
α	Anteil der externen Kosten, die je nach Bedeutung des Umweltschutzziels in die Kostensätze der Umweltwirkungen einfließen ($\alpha \in [0,1]$)
α_m	Höhe der lokalen Umweltwirkungsart m, bei der die mittlere denkbare Schadenshöhe erreicht wird
b_{mi}	Umfang der faktorbezogenen Umweltwirkung m pro eingesetzter Einheit von Faktor i (Inputkoeffizient)
b^n_{mi}	nachgelagerte faktorbezogene Umweltwirkung der Art m je Einheit von i
b^v_{mi}	vorgelagerte faktorbezogene Umweltwirkung der Art m je Einheit von i
β_m	Streckungsmaß der Umweltwirkungsart m
c_{ml}	Umfang der prozeßbezogenen Umweltwirkung m pro Durchführung des Produktionsprozesses l (Prozeßkoeffizient)
c^n_{ml}	nachgelagerte prozeßbezogene Umweltwirkung der Art m je Einheit des Prozesses l
CAS	Chemical Abstract Service
CFC_{-11}	Fluorchlorkohlenwasserstoff-11d
CO_2	Kohlendioxid
d_{js_j}	Deckungsbeitrag des Produkts j, wenn es mit Stückliste s_j produziert wird

$\tilde{d}_{js_j}$ modifizierter Deckungsbeitrag des Produkts j, wenn es mit Stückliste s_j produziert wird

d_{mj} Umfang der produktbezogenen Umweltwirkung m pro erzeugter Einheit des Produkts j (Outputkoeffizient)

d_{mj}^n nachgelagerte produktbezogene Umweltwirkung der Art m je Einheit des Produkts j

D aggregierte Nachfragefunktion

$\tilde{D}$ modifizierte aggregierte Nachfragefunktion

D_1, D_2, D_3 Nachfragefunktionen des ersten, zweiten und dritten Kundensegments

D_j Nachfragefunktion des Produkts j

DB Deckungsbeitrag

DB_j^P Deckungsbeitrag des Produkts j

DB_l^T Deckungsbeitrag des Produktionsprozesses l

$DB(x)$ gesamter Deckungsbeitrag der Ausbringungsmenge x

δ_m Schadenskoeffizient pro Mengeneinheit der globalen Umweltwirkung m

Δa_j Abweichung der produzierten von der absetzbaren Ausbringungsmenge

Δa_{js_j} Verringerung der Absatzobergrenze des Produkts j, wenn die gesamte Ausbringungsmenge x_j mit der Stückliste s_j produziert wird

e Laufindex für das gewählte Entsorgungsverfahren $e = 1, \ldots, E$

e_l Kostensatz des Produktionsprozesses l

$\tilde{e}_l$ um umweltbezogene Kosten modifizierter Kostensatz des Produktionsprozesses l

$E(\tilde{\tau}_m^{W_e})$ Erwartungswert der unsicheren Zahlungen, wenn das Entsorgungsverfahren e gewählt wird

ECA Ecotoxical Classification Factor for Aquatic Ecosystems

ECT Ecotoxical Classification Factor for Terrestrial Ecosystems

F Produktionsfunktion

F_m Umweltproduktionsfunktion der Wirkungsart m

g Laufindex für die Unternehmen $g = 1, \ldots, G$

g_m konstanter Faktor zur Gewichtung von Umweltwirkungen

$\overline{g}_{mDB}$ Grenzwert der Umweltwirkung m bezogen auf den Deckungsbeitrag

Symbolverzeichnis 215

$\overline{g}_{mDB_j}$	Grenzwert der Umweltwirkungsart m bezogen auf den Deckungsbeitrag des Produkts j
$\overline{g}_{mi}$	Grenzwert der Umweltwirkung m bezogen auf den Produktionsfaktor i
$\overline{g}_{mj}$	Grenzwert der Umweltwirkung m bezogen auf die Ausbringungsmenge des Produkts j
$\overline{g}_{mx}$	Grenzwert der Umweltwirkung m bezogen auf die Ausbringungsmenge des Produkts
G	Gewinn als Differenz zwischen Erlösen und Kosten
$\overline{G}$	vorgegebener Mindestgewinn
$GG(u)$	Grenzgewinn in Abhängigkeit von der Menge der Umweltwirkung
GN	Grenznutzen
GS	Grenzschaden
GWP	Global Warming Potential
γ_m	Schadenskoeffizient der lokalen Umweltwirkung m pro Mengeneinheit
HCA	Human Toxilogical Classification Factor for Air
HCS	Human Toxilogical Classification Factor for Soil
HCW	Human Toxilogical Classification Factor for Water
i	Laufindex für die Einsatzfaktoren mit $i = 1,...,I$
j	Laufindex für die Produkte mit $j = 1,...,J$
k_j	Stückkosten des Produkts j
$\tilde{k}_j$	um umweltbezogene Kosten modifizierte Stückkosten des Produkts j
kg	Kilogramm
K	Höhe der Kosten
$\overline{K}$	maximale zulässige (pagatorische) Kosten zur Erzielung der Ausbringungsmenge $\overline{x}$
K_F	leistungsunabhängige Fixkosten
K_F^O	verminderte leistungsunabhängige Fixkosten
l	Laufindex für die Produktionsprozesse mit $l = 1,...,L$
L	Lagrange-Funktion
λ	Lagrange-Multiplikator, Grenzkosten des Produkts
m	Laufindex für die Umweltwirkungsarten mit $m = 1,...,M$
max	Maximum-Operator
min	Minimum-Operator

NP   Nutrification Potential

ODP   Ozone Depletion Potential.

ω Lagrange-Multiplikator, zu interpretieren als Grenzdeckungsbeitrag des Produkts

p Produktpreis

$\bar{p}$ vorgegebener Produktpreis

p_j Preis des Produkts j

$\bar{p}_j$ vorgegebener Preis des Produkts j

PO_4^{3-} Phosphat

POCP   Photochemical Ozone Creation Potential.

π Faktor, um den die Faktoreinsatzmengen proportional erhöht oder vermindert werden

q_i Faktorpreis des Faktors i

$\tilde{q}_i$ modifizierter Verrechnungspreis des Faktors i, wenn den Produktionsfaktoren alle Kosten der faktorbezogenen Umweltwirkungen zugerechnet werden

$\hat{q}_i$ modifizierter Verrechnungspreis des Faktors i, wenn den Produktionsfaktoren alle umweltbezogenen Kosten zugerechnet werden

q_i^O Opportunitätskostensatz des Faktors i

r_i eingesetzte Mengen des Faktors i

$\bar{r}_i$ maximal verfügbare Menge bzw. Kapazität des Produktionsfaktors i

r_{it} Einsatzmenge von Faktor i in Periode t

ρ_1, ρ_2, ρ_3 Anteil des ersten, zweiten bzw. dritten Kundensegments an der aggregierten Nachfragefunktion

s_j Laufindex für die Stücklisten, die zur Herstellung des Produkts j zur Verfügung stehen mit $s_j = 1, \ldots, S_j$

s_m konstanter Schadenskoeffizient der Umweltwirkungsart m

S Höhe des Umweltschadens

$\bar{S}$ Obergrenze für die Schadwirkungen, die von allen Umweltwirkungen verursacht werden

$S(\tilde{\tau}_m^{W_e})$ Sicherheitszu- oder -abschlag, wenn das Entsorgungsverfahren e gewählt wird

$\bar{S}_i$ maximal zulässiger Umweltschaden je eingesetzter Einheit des Produktionsfaktors i

$\bar{S}_j$ maximal zulässiger Umweltschaden je Mengeneinheit des Produkts j

Symbolverzeichnis

S_m	Höhe des Umweltschadens der Umweltwirkungsart m
$\overline{S}_m$	als Obergrenze für die Schadwirkungen, die von Umweltwirkungen der Art m verursacht werden
S_m^e	Schaden der Umweltwirkungsart m in Abhängigkeit vom Entsorgungsverfahren e
S_m^g	globaler Umweltschaden der Umweltwirkungsart m
S_m^h	Humantoxikologische Wirkungen der Umweltwirkungsart m
S_m^l	lokaler Umweltschaden der Umweltwirkungsart m
$\overline{S}_{DB}$	maximal zulässiger Umweltschaden je Einheit erzielter Deckungsbeitrag
$\overline{S}_x$	maximal zulässiger Umweltschaden je Produkteinheit
SO_2	Schwefeldioxid
t	Laufindex für die Perioden mit $t = 1,\ldots,T$
τ	Abgabenhöhe
$\tau(\overline{S}_{DB})$	durchschnittlicher Deckungsbeitrag, der mindestens je Umweltschadenseinheit erbracht werden muß
τ^S	Lagrange-Multiplikator, der als Schattenpreis für die entstehenden Umweltschäden zu interpretieren ist
τ_i	Schattenpreis des Umweltschadens bezogen auf den Produktionsfaktor i
τ_m	pagatorische Kosten der Umweltwirkungsart m
$\overline{\tau}_m$	Deckungsbeitrag, der im Durchschnitt mindestens je Einheit der Umweltwirkung m erbracht werden muß
τ_m^A	sonstige Kosten der Umweltwirkungsart m
τ_m^e	Kosten der Entsorgung einer Mengeneinheit der Umweltwirkungsart m durch das Entsorgungsverfahren e
τ_m^G	Kostensatz je Einheit der Umweltwirkung m bei reiner Gewinnmaximierung und ausschließlicher Berücksichtigung von sicheren Kostengrößen
τ_m^{GW}	Kostensatz je Einheit der Umweltwirkung m bei reiner Gewinnmaximierung und Berücksichtigung von unsicheren Kostengrößen
τ_m^O	Verrechnungspreis der Umweltwirkungsart m
τ_m^R	Rüstkosten der Umweltwirkungsart m
τ_m^S	Schattenpreis der Umweltwirkungsart m

τ_m^{UG} Kostensatz je Einheit der Umweltwirkung m bei einer Kombination des Umweltschutz- und des Gewinnziels und bei Berücksichtigung unsicherer Kostengrößen

$\tau_m^{W_e}$ Erwartungswert der unsicheren Zahlungen plus eines eventuellen Sicherheitszu- oder -abschlags, wenn das Entsorgungsverfahren e gewählt wird

τ_{mi}^g Grenzkosten einer Einheit des Grenzwerts

τ_{mi}^S Schattenpreis des Grenzwerts der Umweltwirkungsart m bezogen auf den Produktionsfaktor i

τ_{mx} Schattenpreis des Grenzwerts der Umweltwirkungsart m bezogen auf das Produkt

τ_x Schattenpreis des Umweltschadens bezogen auf das Produkt

u mengenmäßige Umweltwirkung

u^o Menge der Umweltwirkung, bei der der maximale Grenzschaden erreicht wird

u_g mengenmäßige Umweltwirkungen des Unternehmens g

u_m mengenmäßige Umweltwirkung der Art m

$\overline{u}_m$ maximal zulässige Menge der Umweltwirkungsart m

u_m^d direkte mengenmäßige Umweltwirkung der Art m

u_m^P Mengenmäßige Umweltwirkungen der Umweltwirkungsart m je Produkteinheit

u_m^r relativer Mengenausstoß der Umweltwirkungsart m bezogen auf den Grenzwert der Umweltwirkungsart

u_{mi}^F mengenmäßige Umweltwirkung der Wirkungsart m pro Mengeneinheit des Produktionsfaktors i

u_{mj}^P mengenmäßige Umweltwirkung der Wirkungsart m pro Mengeneinheit des Produkts j

$u_{mjs_j}^P$ mengenmäßige Umweltwirkung der Art m, die anfällt, wenn eine Mengeneinheit des Produkts j mit Hilfe der Stückliste s_j produziert wird

u_{mk}^P anfallende Menge der Umweltwirkung m je Mengeneinheit des Produkts bei Fertigung mit dem Produktionsverfahren k

u_{ml}^T mengenmäßige Umweltwirkung der Wirkungsart m pro Durchführung des Produktionsprozesses l

u_{mt} Umfang der gesamten Umweltwirkung m in Periode t

Symbolverzeichnis

u_{mt}^d	direkte mengenmäßige Umweltwirkung der Art m in Periode t
u_{mt}^n	nachgelagerte mengenmäßige Umweltwirkung der Art m in Periode t
u_{mt}^v	vorgelagerte mengenmäßige Umweltwirkung der Art m in Periode t
w_7	Schattenpreis, der als entgangener Gewinn je Einheit einer Umweltschadenseinheit zu interpretieren ist
w_{i9}	Schattenpreis, der als entgangener Gewinn des Produktionsfaktors i zu interpretieren ist
w_{m8}	Schattenpreis, der als entgangener Gewinn einer Einheit der Umweltwirkungsart m zu interpretieren ist
x	Ausbringungsmenge im Einproduktfall
$\bar{x}$	vorgegebene Ausbringungsmenge im Einproduktfall
x_j	Ausbringungsmenge des Produkts j
x_{js_j}	Menge des Produkts j, die mit Hilfe der Stückliste s_j produziert wird
x_{jt}	Ausbringungsmenge von Produkt j in Periode t
x_m^k	kritische Ausbringungsmenge, bei der die geforderte Relation der Menge der Umweltwirkungsart m und dem Deckungsbeitrag des Produkts erreicht wird
$\underline{y'}$	gewinnmaximale Kombination der Faktoreinsatzmengen, der mengenmäßigen Umweltwirkungen und der Ausbringungsmenge
y_l	Durchführungshäufigkeit des Produktionsprozesses l
y_{lt}	Durchführungshäufigkeit des Produktionsprozesses l in Periode t
$z_{s_j j}$	Anteil der Stückliste s_j an der Herstellung des Produkts j
$z(S_m)$	Funktion zur Monetarisierung des externen Umweltschadens der Umweltwirkungsart m
ZF	Zielfunktion

Literaturverzeichnis

Adam, D.: Entscheidungsorientierte Kostenbewertung, Gabler, Wiesbaden 1970

Adams, H.W.: Die Organisation des Umweltschutzes, in: Zeitschrift Führung und Organisation 62 (1993), S. 74 - 84

Albach, H.: Innerbetriebliche Lenkpreise als Instrument dezentraler Unternehmensführung, in: Zeitschrift für betriebswirtschaftliche Forschung 26 (1974), S. 216 - 242

Albach, H. (Hrsg.): Betriebliches Umweltmanagement 1993 (ZfB-Ergänzungsheft 2/93), Gabler, Wiesbaden 1993

Albach, H.: Werte und Unternehmensziele im Wandel der Zeit, Gabler, Wiesbaden 1994

Albach, H. / Dyckhoff, H. (Hrsg.): Betriebliches Umweltmanagement 1996 (ZfB-Ergänzungsheft 2/96), Gabler, Wiesbaden 1996

Antes, R.: Präventiver Umweltschutz und seine Organisation in Unternehmen, Gabler, Wiesbaden 1996

Antes, R. / Prätorius, G. / Steger, U.: Umweltschutz und Transportmittelwahl, in: Die Betriebswirtschaft 52 (1992), S. 735 - 759

Arbeitsgruppe „Produkt-Ökobilanzen": Grundsätze produktbezogener Ökobilanzen, in: DIN-Mitteilungen und elektronorm 73, 1994, S. 208 - 212

Assmann, H.-D.: Privatrechtliche Tatbestände der Umwelthaftung in ökonomischer Analyse, in: Wagner, G.-R. (Hrsg.): Unternehmung und ökologische Umwelt, Vahlen, München 1990, S. 201 – 219

Bachem, A.: Komplexitätstheorie im Operations Research, in: Zeitschrift für Betriebswirtschaftslehre 50 (1980), S. 812-844

Bahadir, M. / Parlar, H. / Spiteller, M.: Springer Umweltlexikon, Springer, Berlin / Heidelberg / New York 1995

Balderjahn, I. / Mennicken, C.: Das Management ökologischer Risiken und Krisen: Verhaltenswissenschaftliche Grundlagen, in: Albach, H. / Dyckhoff, H. (Hrsg.), Betriebliches Umweltmanagement 1996 (ZfB-Ergänzungsheft 2/96), Gabler, Wiesbaden 1996, S. 23 - 49

Ballwieser, W.: Die Berücksichtigung von Umweltlasten und Umweltrisiken im Rechnungswesen, in: Schmalenbach-Gesellschaft (Hrsg.): Unternehmensführung und externe Rahmenbedingungen, Schäffer-Poeschel, Stuttgart 1994, S. 143 – 160

Bamberg, G. / Baur, F.: Statistik, Oldenbourg, München / Wien, 9. Aufl. 1996

Bamberg, G. / Coenenberg, G.: Betriebswirtschaftliche Entscheidungslehre, Vahlen, München, 9. Aufl. 1996

Bank, M.: Basiswissen Umwelttechnik, Vogel, Würzburg, 2. Aufl. 1994

Baron, W.: Technikfolgenabschätzung, Westdeutscher Verlag, Opladen 1995

Baumann, S. / Schiwek, H.: Zur begrifflichen Erfassung und Behandlung umweltschutzorientierter Aspekte in der Betriebswirtschaftslehre, in: Albach, H. / Dyckhoff, H. (Hrsg.), Betriebliches Umweltmanagement 1996 (ZfB-Ergänzungsheft 2/96), Gabler, Wiesbaden 1996, S. 3 - 22

Beckenbach, F. (Hrsg.): Die Ökologische Herausforderung für die ökonomische Theorie, Metropolis, Marburg 1991

Behrendt, S.: Entsorgungsgerechte Produktgestaltung, in: Hellenbrandt, S. / Rubik, F. (Hrsg.): Produkt und Umwelt, Metropolis, Marburg 1994, S. 103 - 116

Bellmann, K.: Ökologische Rechnungslegung, in: Kaluza, B. (Hrsg.): Unternehmung und Umwelt, S+W Steuer- und Wirtschaftsverlag, Hamburg, 2. Aufl. 1997, S. 147 - 168

Birnbacher, D. (Hrsg.): Ökologie und Ethik, Reclam, Stuttgart 1986

Bogaschewsky, R.: Natürliche Umwelt und Produktion, Gabler, Wiesbaden 1995

Böhm, H.-W. / Wille, F.: Deckungsbeitragsrechnung, Grenzpreisrechnung und Optimierung, Verlag Moderne Industrie, München, 5. Aufl. 1974

Böhm, M. / Halfmann, M.: Kennzahlen und Kennzahlensysteme für ein ökologieorientiertes Controlling, in: Umweltwirtschaftsforum 2 (1994), Heft 8, S. 9 - 14

Bonus, H.: Marktwirtschaftliche Konzepte im Umweltschutz, Ulmer Verlag, Stuttgart 1984

Boo, A.J. de: Costs of integrated environmental control, in: Statistical Journal of the United Nations 10 (1993), Economic Commission for Europe, S. 47 - 64

Braunschweig, A. / Müller-Wenk, R.: Ökobilanzen für Unternehmen, Haupt, Stuttgart 1993

Brenken, D.: Strategische Unternehmensführung und Ökologie, J. Eul, Bergisch Gladbach / Köln 1987

Bruns, K.: Analyse und Beurteilung von Entsorgungslogistiksystemen, Deutscher Universitätsverlag, Wiesbaden 1997

Buchholz, R.A.: Principles of Environmental Management, Prentice Hall, Englewood Cliffs 1993

BUND / Misereor (Hrsg.): Zukunftsfähiges Deutschland. Ein Beitrag zu einer global nachhaltigen Entwicklung, Birkhäuser, Basel / Boston / Berlin 1996

Bundesumweltministerium / Umweltbundesamt (Hrsg.): Handbuch Umweltkostenrechnung, Vahlen, München 1996

Bundesumweltministerium / Umweltbundesamt (Hrsg.): Leitfaden betriebliche Umweltkennzahlen, Bonn / Berlin 1997

Bundesverband der Deutschen Industrie: Anleitung zur Bestimmung der Betriebskosten für den Umweltschutz in der Industrie, Köln 1979

Burschel, C. / Fischer, H. / Wucherer, C.: Umweltkostenmanagement, in: Umweltwirtschaftsforum 3 (1995), Heft 4, S. 62 - 65

Chiang, A.C.: Fundamental Methods of Mathematical Economics, McGraw-Hill, New York, 3rd ed. 1984

Chiang, A.C.: Elements of Dynamic Optimization, McGraw-Hill, New York 1992

Coenenberg, A.G.: Auswirkungen ökologischer Aspekte auf betriebswirtschaftliche Entscheidungen und Entscheidungsinstrumente, in: Schmalenbach-Gesellschaft (Hrsg.): Unternehmensführung und externe Rahmenbedingungen, Schäffer-Poeschel, Stuttgart 1994, S. 33 – 58

Coenenberg, A.G. / Baum, H.-G. / Günther, E. / Wittmann, R.: Unternehmenspolitik und Umweltschutz, in: Zeitschrift für betriebswirtschaftliche Forschung 46 (1994), S. 81 - 99

Cooper, R.: Activity-Based Costing, in: Männel, W. (Hrsg.): Handbuch Kostenrechnung, Gabler, Wiesbaden 1992, S. 360 - 383

Cooper, R. / Kaplan, R.S.: How Cost Accounting Distorts Product Costs, in: Management Accounting 69 (1988), Heft 4, S. 20 - 27

Cooper, R. / Kaplan, R.S.: The Design of Cost Management Systems, Prentice Hall, Englewood Cliffs 1991

Corsten, H. / Reiss, M.: Recycling in PPS-Systemen, in: Die Betriebswirtschaft 51 (1991), S. 615 - 627

Corsten, H. / Rieger, H.: Das Entropiegesetz - Begriff und Anwendung aus betriebswirtschaftlicher Perspektive, in: Das Wirtschaftsstudium 23 (1994), S. 218 - 227

Deis, S.M.: Die Dauer von Genehmigungsverfahren für Industrieanlagen in Deutschland, in: Albach, H. (Hrsg.): Betriebliches Umweltmanagement 1993 (ZfB-Ergänzungsheft 2/93), Gabler, Wiesbaden 1993, S. 1 - 28

Deutsche Umweltstiftung (Hrsg.): Adreßbuch Umweltschutz, Bauverlag, Wiesbaden / Berlin, 4. Aufl. 1996

Dinkelbach, W.: Sensitivitätsanalysen und Parametrische Programmierung, Springer, Berlin / Heidelberg / New York 1969

Dinkelbach, W.: Umweltpolitische Instrumente in der betrieblichen Planung, Diskussionsbeiträge, Fachbereich Wirtschaftswissenschaft, Universität des Saarlandes, Saarbrücken 1996

Dinkelbach, W. / Piro, A.: Entsorgung und Recycling in der betriebswirtschaftlichen Produktions- und Kostentheorie: Leontief-Technologien, in: Das Wirtschaftsstudium 18 (1989), S. 361 - 375 und 399 - 405

Dinkelbach, W. / Piro, A.: Entsorgung und Recycling in der betriebswirtschaftlichen Produktions- und Kostentheorie: Gutenberg-Technologien, in: Das Wirtschaftsstudium 19 (1990), S. 640 - 645 und 700 -705

Dinkelbach, W. / Rosenberg, O.: Erfolgs- und umweltorientierte Produktionstheorie, Springer, Berlin / Heidelberg / New York, 2. Aufl. 1997

Dirks, G.: Die Umweltschutzbeauftragten im Betrieb, in: Der Betrieb 49 (1996), S. 1021 - 1027

Drumm, H.-J.: Theorie und Praxis der Lenkung durch Preise, in: Zeitschrift für betriebswirtschaftliche Forschung 24 (1972), S. 253 - 267

Dyckhoff, H.: Betriebliche Produktion, Springer, Berlin / Heidelberg / New York, 2. Aufl. 1994

Dyckhoff, H. / Rüdiger, C. / Souren, R.: Produktionstheoretisch integrierter Umweltschutz, in: Umweltwirtschaftsforum 2 (1994), Heft 8, S. 15 - 20

Dyllick, T. / Belz, F.: Anspruchsgruppen im Öko-Marketing, in: Umweltwirtschaftsforum 3 (1995), Heft 1, S. 56 - 61

Eccles, R.G.: The Transfer Pricing Problem, Lexington Books, Lexington / Toronto 1985

Endres, A: Umwelthaftung, in: Wirtschaftswissenschaftliches Studium 18 (1989), S. 411 - 412

Ewert, R. / Wagenhofer, A.: Interne Unternehmensrechnung, Springer, Berlin / Heidelberg / New York, 2. Aufl. 1995

Faber, M. / Niemes, H. / Stephan, G.: Entropie, Umweltschutz und Rohstoffverbrauch, Springer, Berlin / Heidelberg / New York / Tokio 1983

Faber, M. / Stephan, G. / Michaelis, P.: Umdenken in der Abfallwirtschaft, Springer, Berlin / Heidelberg / New York / Tokio 1988

Feichtinger, G. / Hartl, R.F.: Optimale Kontrolle ökonomischer Prozesse, Walter de Gruyter, Berlin / New York 1986

Feig, J.: Höherer Nutzen und längeres Leben. Neue Produktkonzepte für eine kreislauforientierte Wirtschaft, in: iomanagement 66 (1997), S. 38 - 43

Fettel, J.: Ein Beitrag zur Diskussion über den Kostenbegriff, in: Zeitschrift für Betriebswirtschaft 29 (1959), S. 567 - 569

Fichter, K. / Loew, T.: Wissenschaftlicher Endbericht zum Forschungsprojekt „Wettbewerbsvorteile durch Umweltberichterstattung", Berlin 1997

Fichter, K. / Loew, T. / Seidel, E.: Betriebliche Umweltkostenrechnung, Springer, Berlin / Heidelberg / New York 1997

Figge, K. / Klahn, J. / Koch, J.: Chemische Stoffe in Ökosystemen, G. Fischer, Stuttgart 1985

Fischer, H.: Umweltkostenrechnung, in: Bundesumweltministerium / Umweltbundesamt (Hrsg.): Handbuch Umweltcontrolling, Vahlen, München 1995, S. 439 - 457

Fischer, R.: Prozeßorientierte Umweltschutz-Kostenrechnung, in: FET & WW (Hrsg.): Wirtschaft, Wissenschaft und Umwelt, Band 2, VDI-Verlag, Düsseldorf 1997, S. 44 - 64

Fleischmann, E. / Paudtke, H.: Rechnungswesen: Kosten des Umweltschutzes, in: Heigl, A. / Schäfer, K. / Vogl, J. (Hrsg.): Handbuch des Umweltschutzes, Landsberg am Lech 1977, Abschnitt 7, S. 1 – 23

Forth, W. / Huschler, D. / Rummel, W. / Starke, K.: Allgemeine und spezielle Pharmakologie und Toxikologie, BI Wissenschaftsverlag, Mannheim, 6. Aufl. 1992

Franz, K.-P.: Die Prozeßkostenrechnung, in: Wirtschaftswissenschaftliches Studium 21 (1992), S. 605 - 610

Freidank, C.-C.: Kostenrechnung, Oldenbourg, München, 6. Aufl. 1997

Freimann, J.: Instrumente sozial-ökologischer Folgenabschätzung im Betrieb, Gabler, Wiesbaden 1989

Freimann, J.: Betriebliche Umweltpolitik, Paul Haupt, Bern / Stuttgart / Wien 1997

Frese, E.: Profit Center und Verrechnungspreise, in: Zeitschrift für betriebswirtschaftliche Forschung 47 (1995a), S. 942 - 954

Frese, E.: Grundlagen der Organisation, Gabler, Wiesbaden, 6. Aufl. 1995b

Frese, E. / Glaser, H.: Verrechnungspreise in Spartenorganisationen, in: Die Betriebswirtschaft 40 (1980), S. 109 - 123

Frese, E. / Kloock, J.: Internes Rechnungswesen und Organisation aus der Sicht des Umweltschutzes, in: Betriebswirtschaftliche Forschung und Praxis 41 (1989), S. 1 – 29

GfK Panel Services: Entwicklung des Umweltbewußtseins in D-West und D-Ost, Nürnberg 1995

Glaser, H.: Prozeßkostenrechnung - Darstellung und Kritik, in: Zeitschrift für betriebswirtschaftliche Forschung 44 (1992), S. 275 - 288

Grasser, V.: Umwelthaftungsrecht in seiner Konsequenz für die Unternehmensführung, in: Betriebswirtschaftliche Forschung und Praxis 44 (1992), S. 153 - 165

Gray, R.: Accounting for the Environment, Paul Chapman Publishing, London 1993

Grossman, S. / Hart, O.: An Analysis of the Principal Agent Problem, in: Econometrica 51 (1983), S. 7 - 45

Günther, E.: Ökologieorientiertes Controlling, Vahlen, München 1994

Günther, E.: Ökologieorientierte Bereichssteuerung, in: Umweltwirtschaftsforum 3 (1995), Heft 3, S. 30 - 34

Günther, K.: Möglichkeiten des umweltbewußten, kostengünstigen Einkaufs aus der Sicht der Betriebe, in: Pieroth, E. / Wicke, L. (Hrsg.): Chancen der Betriebe durch Umweltschutz, Haufe, Freiburg i.Br. 1988, S. 121 - 129

Gutenberg, E.: Grundlagen der Betriebswirtschaftslehre, Bd. 1, Die Produktion, Springer, Berlin, 24. Aufl. 1983

Haasis, H.-D.: Umweltschutzkosten in der betrieblichen Vollkostenrechnung, Wirtschaftswissenschaftliches Studium 21 (1992), S. 118 - 122

Haasis, H.-D.: Planung und Steuerung emissionsarm zu betreibender industrieller Produktionssysteme, Physica, Heidelberg 1994

Hallay, H. / Pfriem, R.: Öko-Controlling, Campus, Frankfurt a.M. / New York 1992

Hammann, P.: Die öffentliche Akzeptanz innovativer Umweltschutztechnik als Problem der unternehmerischen Risikopolitik, in: Wagner, G.R. (Hrsg.): Ökonomische Risiken und Umweltschutz, Vahlen, München 1992, S. 129 - 142

Hampicke, U.: Neoklassik und Zeitpräferenz: der Diskontierungsnebel, in: Beckenbach, F. (Hrsg.): Die ökologische Herausforderung für die ökonomische Theorie, Metropolis, Marburg 1991, S. 127 - 150

Hampicke, U. / Tampe, K. / Kiemstedt, H. / Horlitz, T.: Kosten und Wertschätzung des Arten- und Biotopschutzes, Berichte 3/91 des Umweltbundesamtes, Erich Schmidt, Berlin 1991

Hauhs, M. / Lange, H.: Ökologie und Komplexität, in: Forum für Interdisziplinäre Forschung 16 (1996), S. 45 - 64

Hecht, D. / Werbeck, N.: Rücknahmeverpflichtungen als Instrument der Abfallwirtschaft - eine ökonomische Analyse am Beispiel des Dualen Systems Deutschland, in: Zeitschrift für Umweltpolitik und Umweltrecht 18 (1995), S. 49 - 79

Heigl, A.: Ertragsteuerliche Anreize für Investitionen in den Umweltschutz, in: Betriebswirtschaftliche Forschung und Praxis 41 (1989), S. 66 - 81

Heigl, A.: Umweltschutz, in: Chmielewicz, K. / Schweitzer, M: (Hrsg.): Handwörterbuch des Rechnungswesens, Schäffer-Poeschel, Stuttgart, 3. Aufl. 1993, Sp. 1960 - 1969

Heijungs, R.: Environmental Life Cycle Assessment of Products, Guide, Leiden, Centrum voor Milieukunde 1992a

Heijungs, R.: Environmental Life Cycle Assessment of Products, Backgrounds, Leiden, Centrum voor Milieukunde 1992b

Heinen, E.: Betriebswirtschaftliche Kostenlehre, Gabler, Wiesbaden, 6. Aufl. 1985

Heinen, E.: Industriebetriebslehre, Gabler, Wiesbaden, 9. Aufl. 1991

Heinen, E. / Picot, A.: Können in betriebswirtschaftlichen Kostenauffassungen soziale Kosten berücksichtigt werden?, in: Betriebswirtschaftliche Forschung und Praxis 26 (1974), S. 345 - 366

Heinz, I. / Klaaßen-Mielke, R.: Krankheitskosten durch Luftverschmutzung, Physica, Heidelberg 1990

Helten, E.: Bewertung von Versicherung und anderen risikopolitischen Maßnahmen zur Meidung, Minderung, Überwälzung oder Finanzierung betrieblicher Umweltschäden, in: Wagner, G.R. (Hrsg.): Ökonomische Risiken und Umweltschutz, Vahlen, München 1992, S. 85 - 99

Herstatt, C.: Stücklisten - wenig beachtete Einsparpotentiale, in: iomanagement-Zeitschrift 65 (1996), S. 71 - 74

Hirshleifer, J.: On the Economics of Transfer Pricing, in: The Journal of Business 29 (1956), S. 172 - 184

Hofmeister, S.: Stoff- und Energiebilanzen, Schriftenreihe des Fachbereiches Landschaftsentwicklung der TU Berlin, Berlin 1989

Hoitsch, H.-J.: Kosten- und Erlösrechnung, Springer, Berlin / Heidelberg / New York, 2. Aufl. 1997

Hoitsch, H.-J. / Kals, J.: Zur Abgrenzung und Ausgestaltung des umweltorientierten Controlling, in: Journal für Betriebswirtschaft 43 (1993), S. 73 - 91

Holler, S. / Schäfers, C. / Sonnenberg, J.: Umweltanalytik und Ökotoxikologie, Springer, Berlin / Heidelberg 1996

Holm-Müller, K. / Hansen, H. / Klockmann, M. / Luther, P.: Die Nachfrage nach Umweltqualität in der Bundesrepublik Deutschland, Berichte 4/91 des Umweltbundesamtes, Erich Schmidt, Berlin 1991

Horst, R. / Tuy, H. Global Optimization, Springer, Berlin /Heidelberg / New York, 2nd ed. 1989

Horváth, P.: Controlling, Vahlen, München, 6. Aufl. 1996

Horváth, P. / Mayer, R.: Konzeption und Entwicklungen der Prozeßkostenrechnung, in: Männel, W. (Hrsg.): Prozeßkostenrechnung, Gabler, Wiesbaden 1995, S. 59 - 86

Houghton, J.T.: Globale Erwärmung, Springer, Berlin / Heidelberg / New York 1997

Hübler, K.-H. / Schablitzki, G.: Volkswirtschaftliche Verluste durch Bodenbelastung in der Bundesrepublik Deutschland, Berichte 9/91 des Umweltbundesamtes, Erich Schmidt, Berlin 1991

Hummel, S. / Männel, W.: Kostenrechnung 2, Gabler, Wiesbaden, 3. Aufl. 1983

Hummel, S. / Männel, W.: Kostenrechnung 1, Gabler, Wiesbaden, 4. Aufl. 1986

Hutchinson, A. / Hutchinson, F.: Environmental Business Mangement, McGraw-Hill, London / New York / St. Louis 1997

Hüser, A.: Institutionelle Regelungen und Marketinginstrumente zur Überwindung von Kaufbarrieren auf ökologischen Märkten, in: Zeitschrift für Betriebswirtschaft 63 (1993), S. 267 - 287

Inderfurth, K.: Simple Optimal Replenishment and Disposal Policies for a Product Recovery System with Leadtimes, Preprint Nr. 7, Otto-von-Guericke Universität Magdeburg 1996

Isecke, B. / Weltshev, M. / Heinz, I.: Volkswirtschaftliche Verluste durch umweltverschmutzungsbedingte Materialschäden in der Bundesrepublik Deutschland, Texte 36/91 des Umweltbundesamtes, Berlin 1991

Janzen, H.: Ökologisches Controlling im Dienste von Umwelt- und Risikomanagement, Schäffer-Poeschel, Stuttgart 1996

Jensen, M.C. / Meckling, W.H.: Theory of the Firm: Managerial Behavior, Agency Costs and Ownership Structure, in: Journal of Financial Economics 3 (1976), S. 305 - 360

Jewitt, I.: Justifying the First-Order-Approach to Principal Agent Problems, in: Econometrica 56 (1988), S. 1177 - 1190

Jonas, H.: Das Prinzip Verantwortung, Suhrkamp, Frankfurt a.M. 1984

Kaas, K.-P.: Marktinformation: Screening und Signaling unter Partnern und Rivalen, in: Zeitschrift für Betriebswirtschaft 61 (1991), S. 357 – 370

Kaas, K.-P.: Marketing für umweltfreundliche Produkte, in: Die Betriebswirtschaft 52 (1992), S. 473 - 487

Kaas, K.-P.: Informationsprobleme auf Märkten für umweltfreundliche Produkte, in: Wagner, G. R. : Betriebswirtschaft und Umweltschutz, Schäffer-Poeschel, Stuttgart 1993, S. 29 - 43

Kaas, K.-P.: Marketing im Spannungsfeld zwischen umweltorientiertem Wertewandel und Konsumentenverhalten, in: Schmalenbach-Gesellschaft (Hrsg.): Unternehmensführung und externe Rahmenbedingungen, Schäffer-Poeschel, Stuttgart 1994, S. 93 – 112

Kals, J.: Umweltorientiertes Produktions-Controlling, Gabler, Wiesbaden 1993

Katalyse (Hrsg.): Das Umweltlexikon, Kiepenheuer & Witsch, Köln 1993

Keilus, M.: Produktions- und kostentheoretische Grundlagen einer Umweltplankostenrechnung, J. Eul, Bergisch Gladbach 1993

Keller, A. / Lück, M.: Der Einstieg ins Öko-Audit für mittelständische Betriebe, Springer, Berlin / Heidelberg / New York 1996

Kilger, W.: Einführung in die Kostenrechnung, Gabler, Wiesbaden, 3. Aufl. 1987

Kilger, W.: Flexible Plankostenrechnung und Deckungsbeitragsrechnung, Gabler, Wiesbaden, 10. Aufl. 1993

Kistner, K.-P.: Zur Erfassung von Umwelteinflüssen der Produktion in der linearen Aktivitätsanalyse, in: Wirtschaftswissenschaftliches Studium 12 (1983), S. 389 - 395

Kistner, K.-P.: Umweltschutz in der betrieblichen Produktionsplanung, in: Betriebswirtschaftliche Forschung und Praxis 41 (1989), S. 30 - 50

Kistner, K.-P.: Produktionstheorie, Physica, Heidelberg, 2. Aufl. 1993a

Kistner, K.-P.: Optimierungsmethoden, Physica, Heidelberg, 2. Aufl. 1993b

Kistner, K.-P. / Steven, M.: Management ökologischer Risiken in der Produktionsplanung, Zeitschrift für Betriebswirtschaft 61 (1991), S. 1307 - 1336

Kistner, K.-P. / Steven, M.: Produktionsplanung, Physica, Heidelberg, 2. Aufl. 1993

Kistner, K.-P. / Steven, M.: Betriebswirtschaftslehre im Grundstudium, Band 1: Produktion, Absatz, Finanzierung, Physica, Heidelberg, 2. Aufl. 1996

Kistner, K.-P. / Steven, M.: Betriebswirtschaftslehre im Grundstudium, Band 2: Buchführung, Kostenrechnung, Bilanzen, Physica, Heidelberg 1997

Klaus, J.: Umweltökonomische Berichterstattung, Band 5 der Schriftenreihe Spektrum Bundesstatistik, Metzler-Poeschel, Stuttgart 1994

Klockow, S. / Matthes, U.: Umweltbedingte Folgekosten im Bereich Freizeit und Erholung, Texte 4/91 des Umweltbundesamtes, Erich Schmidt, Berlin 1991

Kloock, J.: Umweltkostenrechnung, in: Scheer, A.-W. (Hrsg.): Rechnungswesen und EDV, Physica, Heidelberg 1990a, 129 - 156

Kloock, J.: Umweltschutz in der betrieblichen Abwasserwirtschaft, in: Das Wirtschaftsstudium 19 (1990b), S. 107 - 113

Kloock, J.: Kostenrechnung mit integrierter Umweltschutzpolitik als Umweltkostenrechnung, in: Männel, W. (Hrsg.): Handbuch Kostenrechnung, Gabler, Wiesbaden 1992, S. 929 – 940

Kloock, J: Neuere Entwicklungen betrieblicher Umweltkostenrechnungen, in: Wagner, G.-R. (Hrsg.): Betriebswirtschaft und Umweltschutz, Schäffer-Poeschel, Stuttgart 1993, S. 179 - 206

Kloock, J. / Sieben, G. / Schildbach, T.: Kosten- und Leistungsrechnung, Mohr, Tübingen, 7. Aufl. 1993

Koch, H.: Zur Diskussion über den Kostenbegriff, in: Zeitschrift für Handelswissenschaftliche Forschung 10 (1958), S. 355 - 399

Koch, R.: Umweltchemikalien, VCH-Verlagsgesellschaft, Weinheim, 3. Aufl. 1995

Koopmans, T.C. (Hrsg.): Activity Analysis of Production and Allocation, Yale University Press, New Haven / London 1951

Koopmans, T.C.: Three Essays on the State of Economic Science, McGraw Hill, New York 1957

Kosiol, E.: Kostenrechnung, Gabler, Wiesbaden 1964

Krahnen, J.P.: Kostenschlüsselung und Investitionsentscheidung, in: Zeitschrift für Betriebswirtschaft 64 (1994), S. 189 - 202

Krampe, G.: Ein Früherkennungssystem auf der Basis von Diffusionsfunktionen als Element des strategischen Marketing, in: Raffée, H. / Wiedemann, K.-P. (Hrsg.): Strategisches Marketing, Poeschel, Stuttgart 1985

Kreikebaum, H. / Türck, R.: Ein Ansatz zur Bewertung der ökologischen Wirkungen von Produkten, in: Albach, H. (Hrsg.): Betriebliches Umweltmanagement 1993 (ZfB-Ergänzungsheft 2/93), Gabler, Wiesbaden 1993, S. 119 - 138

Kreps, D.M.: Mikroökonomische Theorie, Verlag Moderne Industrie, Landsberg am Lech 1994

Kuhn, K.: Ökologische Umgestaltung des Steuersystems in den neunziger Jahren, in: Zeitschrift für betriebswirtschaftliche Forschung 42 (1990), S. 733 - 750

Kühling, M. / Thorlümke, K.: Die Kapazitätsbörse als Instrument einer kooperativen Fertigungssteuerung, in: Industriemanagement 13 (1997), Heft 4, S. 13 - 17

Kümmerle, W.: Duration of Approval Procedures for Factories in Japan, in: Albach, H. (Hrsg.): Betriebliches Umweltmanagement 1993 (ZfB-Ergänzungsheft 2/93), Gabler, Wiesbaden 1993, S. 29 – 60

Küpper, H.-U.: Theoretische Grundlagen der Kostenrechnung, in: Männel, W. (Hrsg.): Handbuch Kostenrechnung, Gabler, Wiesbaden 1992, S. 37 - 53

Kuschinsky, G.: Kurzes Lehrbuch der Pharmakologie und Toxikologie, Thieme, Stuttgart, 13. Aufl. 1993

Landesanstalt für Umweltschutz Baden-Württemberg: Umweltmanagement in der metallverarbeitenden Industrie, Karlsruhe 1994

Lange, C.: Umweltschutz und Unternehmensplanung, Gabler, Wiesbaden 1978

Lange, C.: Notwendigkeit und Konzeption des betrieblichen Umweltschutz-Controlling, in: FET & WW (Hrsg.): Wirtschaft, Wissenschaft und Umwelt, Band 2, VDI-Verlag, Düsseldorf 1997, S. 1 - 17

Lange, C. / Ukena, H.: Integrierte Investitionsplanung und -kontrolle im Rahmen eines betrieblichen Umweltschutz-Controllingsystems, in: Zeitschrift für angewandte Umweltforschung 9 (1996), S. 67 - 85

Laßmann, G.: Die Produktionsfunktion und ihre Bedeutung für die betriebswirtschaftliche Kostentheorie, Westdeutscher Verlag, Köln / Opladen 1958

Laux, H.: Grundlagen der Organisation, Springer, Berlin / Heidelberg / New York 1979

Laux, H.: Entscheidungstheorie, Springer, Berlin / Heidelberg / New York 1982

Laux, H.: Erfolgssteuerung und Organisation 1, Springer, Berlin / Heidelberg / New York 1995

Laux, H. / Liermann, F.: Grundlagen der Organisation, Springer, Berlin / Heidelberg / New York, 3. Aufl. 1993

Letmathe, P.: Erfolgspotentiale durch eine ganzheitliche Planung betrieblicher Umweltschutzinvestitionen, in: Handbuch „Umwelt und Energie", Haufe, Freiburg i.Br., Heft 5 und 6, 1993, Gruppe 12, S. 793 - 842

Letmathe, P.: Betriebliche Umweltkostenrechnung zur Sicherung und Verbesserung der betrieblichen Gewinnsituation, in: Handbuch „Umwelt und Energie", Haufe, Freiburg i.Br., Heft 2, 1994, Gruppe 12, S. 1 - 19

Letmathe, P.: Umweltschutz und Produktionsplanung in: Handbuch „Umwelt und Energie", Haufe, Freiburg i.Br., Heft 5, 1996, Gruppe 12, S. 443 - 468

Letmathe, P.: Die kostentheoretische Bewertung von betrieblichen Umweltwirkungen, in: Zimmermann, U. / Derigs, U. / Gaul, W. / Möhring, R.H. / Schuster, K.-P. (Hrsg.): Operations Research Proceedings 1996, Springer, Berlin / Heidelberg / New York 1997, S. 403 - 408

Letmathe, P. / Steven, M.: Die Berücksichtigung von Maßnahmen der staatlichen Umweltpolitik bei betrieblichen Investitionsentscheidungen, in: Wirtschaftswissenschaftliches Studium 24 (1995), S. 120 - 123 und S. 167 - 172

Liedtke, C.: Ökologische Rucksäcke von Produkten, in: Umweltwirtschaftsforum 5 (1997), Heft 1, S. 68 - 76

Liedtke, C. / Orbach, T. / Rohn, H.: Betriebliche Kosten- und Massenrechnung, Wuppertal-Institut, Wuppertal 1997

Löbel, J. / Schörghuber, W.: EU-Umweltaudits, Springer, Berlin / Heidelberg / New York 1997

Matten, D.: Das Management ökologischer Risiken als Konzeption einer nachhaltigen Entwicklung, in: Studenteninitiative Wirtschaft & Umwelt (Hrsg.): Im Namen der Zukunft. Politische Wege zur Nachhaltigkeit, Münster 1994

Matten, D.: Environment Risk Management in Commercial Enterprises, in: The Geneva Papers on Risk and Insurance 21 (1996), S. 360 - 382

Matzel, M. / Sekul, S.: Integration des Umweltschutzes in die Profit-Center-Organisation, in: Umweltwirtschaftsforum 3 (1995), Heft 3, S. 6 - 11

Mayer-Tasch, P. C. (Hrsg.): Natur denken, Band 1: Von der Antike bis zur Renaissance, Fischer, Frankfurt a.M. 1991a

Mayer-Tasch, P. C. (Hrsg.): Natur denken, Band 2: Vom Beginn der Neuzeit bis zur Gegenwart, Fischer, Frankfurt a.M. 1991b

McAfee, R.P. / McMillan, J.: Auctions and Bidding, in: Journal of Economic Literature 25 (1987), S. 699 - 738

Meadows, D. H. / Meadows, D. L. / Randers, J.: Die neuen Grenzen des Wachstums, Deutsche Verlags-Anstalt, Stuttgart 1992

Meffert, H. / Kirchgeorg, M.: Marktorientiertes Umweltmanagement, Poeschel, Stuttgart, 2. Aufl. 1993

Meuser, T.: Umweltschutz und Unternehmensführung, Deutscher Universitätsverlag, Wiesbaden, 2. Auflage 1995

Moriarty, F.: Ecotoxicology - The Study of Pollutants in Ecosystems, Academic Press, San Diego, 2nd ed. 1988

Müller, A.: Umweltorientiertes betriebliches Rechnungswesen, Oldenbourg, München, 2. Aufl. 1995

Müller-Fürstenberger, G.: Kuppelproduktion, Physica, Heidelberg 1995

Müller-Wenk, R.: Die ökologische Buchhaltung, Campus, Frankfurt a.M. 1978

Neumann-Szyszka, J.: Kostenrechnung und umweltorientiertes Controlling, Deutscher Universitätsverlag, Wiesbaden 1994

Neus, W.: Verrechnungspreise - Rekonstruktion des Marktes innerhalb der Unternehmung?, in: Die Betriebswirtschaft 57 (1997), S. 38 - 47

Nisbet, E.G.: Globale Umweltveränderungen, Spektrum Akademischer Verlag, Heidelberg / Berlin / Oxford 1994

Oenning, A.: Theorie betrieblicher Kuppelproduktion, Physica, Heidelberg 1997

Parlar, H. / Angerhöfer, D.: Chemische Ökotoxikologie, Springer, Berlin 1991

Peemöller, V. / Keller, B. / Schöpf, C.: Ansätze zur Entwicklung von Umweltkennzahlensystemen, in: Umweltwirtschaftsforum 4 (1996), Heft 2, S. 4 - 13

Pfaff, D.: Der Wert der Kosteninformation für die Verhaltenssteuerung von Unternehmen, in: Schildbach, T. / Wagner, F.W. (Hrsg.): Unternehmensrechnung als Instrument der internen Steuerung, ZfbF-Sonderheft Nr. 34, Verlagsgruppe Handelsblatt, Düsseldorf / Frankfurt 1995, S. 119 - 156

Pfeifer, R.: Umweltverträglich Verpacken - derzeitige Möglichkeiten und Entscheidungshilfen, Handbuch „Umwelt und Energie", Haufe, Freiburg i.Br., Heft 4, 1994, Gruppe 12, S. 927 - 978

Pieroth, E. / Wicke, L.: Chancen der Betriebe durch Umweltschutz, Haufe, Freiburg i.Br. 1988

Piro, A.: Betriebswirtschaftliche Umweltkostenrechnung, Physica, Heidelberg 1994

Plinke, W.: Industrielle Kostenrechnung, Springer, Berlin / Heidelberg / New York, 4. Aufl. 1997

Preißler, P.R.: Controlling, Oldenbourg, München, 6. Aufl. 1995

Pressmar, D.: Stücklisten und Rezepturen, in: Kern, W. / Schröder, H.-H. / Weber, J. (Hrsg.): Handwörterbuch zur Produktionswirtschaft, Schäffer-Poeschel, Stuttgart, 2. Aufl. 1996, Sp. 1923 - 1930

Projektgruppe Ökologische Wirtschaft: Produktlinienanalyse, Kölner Volksblatt Verlag, Köln 1987

Rasmussen, T. / Makies, A. / Ohde, J.: Umweltverschmutzungs- und andere anthropogenbedingte Einkommensverluste der Fischereiwirtschaft in der Bundesrepublik Deutschland, Texte 37/91 des Umweltbundesamtes, Berlin 1991

Reckenfelderbäumer, M.: Entwicklungsstand und Perspektiven der Prozeßkostenrechnung, Gabler, Wiesbaden 1994

Reichmann, T.: Controlling mit Kennzahlen und Managementberichten, Vahlen, München, 5. Aufl. 1997

Rentz, O.: Techno-Ökonomie betrieblicher Emissionsminderungsmaßnahmen, Erich Schmidt, Berlin 1979

Riebel, P.: Die Kuppelproduktion, Westdeutscher Verlag, Köln / Opladen 1955

Riebel, P.: Zur Programmplanung bei Kuppelprodukten, in: Zeitschrift für betriebswirtschaftliche Forschung 23 (1971), S. 733 - 755

Riebel, P.: Einzelkosten- und Deckungsbeitragsrechnung, Gabler, Wiesbaden, 7. Aufl. 1994

Ringeisen, P.: Möglichkeiten und Grenzen der Berücksichtigung ökologischer Gesichtspunkte bei der Produktgestaltung, Bd. 1, Peter Lang, Frankfurt a.M. 1988a

Ringeisen, P.: Möglichkeiten und Grenzen der Berücksichtigung ökologischer Gesichtspunkte bei der Produktgestaltung, Bd. 2, Peter Lang, Frankfurt a.M. 1988b

Rippen, G.: Handbuch Umweltchemikalien. Stoffdaten, Prüfverfahren, Vorschriften, Ecomed, Landsberg am Lech 1987ff.

Rogerson, W.: The First-Order Approach to Principal-Agent Problems, Econometrica 53 (1985), S. 1357 - 1368

Roscher, W.: Grundlagen der Nationalökonomie, Cotta´sche Buchhandlung, Stuttgart / Berlin 1918

Roth, U.: Umweltkostenrechnung, Deutscher Universitätsverlag, Wiesbaden 1992

Rubik, F. / Teichert, V.: Ökologische Produktpolitik, Schäffer-Poeschel, Stuttgart 1997

Rückle, D.: Investitionskalküle für Umweltschutzinvestitionen, in: Betriebswirtschaftliche Forschung und Praxis 41 (1989), S. 51 - 65

Rückle, D. / Terhart, K.: Die Befolgung von Umweltschutzauflagen als betriebswirtschaftliches Entscheidungsproblem, in: Zeitschrift für betriebswirtschaftliche Forschung 38 (1986), S. 393 - 424

Schaltegger, S. / Sturm, A.: Ökologische Entscheidungen in Unternehmen, Haupt, Bern / Stuttgart / Wien, 2. Aufl. 1994

Schluchter, W. / Elger, U. / Hönigsberger, H.: Die psychosozialen Kosten der Umweltverschmutzung, Texte 24/91 des Umweltbundesamtes, Berlin 1991

Schmalenbach, E: Über Verrechnungspreise, in: Zeitschrift für handelswissenschaftliche Forschung 3 (1909), S. 165 - 185

Schmalenbach, E.: Kostenrechnung und Preispolitik, Westdeutscher Verlag, Köln, 8. Aufl. 1963

Schmid, U.: Verbesserung der Ressourcenproduktivität, in: iomanagement 66 (1997), S. 32 - 37

Schmidt, J.G.: Die Discounted Cash-flow-Methode - nur eine kleine Abwandlung der Ertragswertmethode?, in: Zeitschrift für betriebswirtschaftliche Forschung 47 (1995), S. 1088 - 1118

Schmidt, R. / Terberger, E.: Grundzüge der Investitions- und Finanzierungstheorie, Gabler, Wiesbaden, 3. Aufl. 1996

Schmidt-Bleek, F.: Wieviel Umwelt braucht der Mensch? MIPS - das Maß für ökologisches Wirtschaften, Birkhäuser, Berlin 1994

Schmitz, S. / Oels, H.-J. / Tiedemann, A: Ökobilanz für Getränkeverpackungen, Umweltbundesamt, Berlin 1995

Schneeweiß, C.: Kostenbegriffe aus entscheidungstheoretischer Sicht, in: Zeitschrift für betriebswirtschaftliche Forschung 45 (1993), S. 1025 - 1039

Schneeweiß, C.: Elemente einer Theorie hierarchischer Planung, in: OR Spektrum 16 (1994), 161 - 168

Schnitzer, H.: Grundlagen der Stoff- und Energiebilanzierung, Vieweg, Braunschweig 1991

Schreiner, M.: Ökologische Herausforderungen an die Kosten- und Leistungsrechnung, in: Freimann, J. (Hrsg.): Ökologische Herausforderung der Betriebswirtschaftslehre, Gabler, Wiesbaden 1990, S. 197 - 214

Schreiner, M.: Auswirkungen einer umweltorientierten Unternehmensführung auf die Kosten- und Leistungsrechnung, in: Männel, W. (Hrsg.): Handbuch Kostenrechnung, Gabler, Wiesbaden 1992, S. 941 - 956

Schreiner, M.: Umweltmanagement in 22 Lektionen, Gabler, Wiesbaden, 4. Aufl. 1996

Schubert, R.: Lehrbuch der Ökologie, G. Fischer, Jena, 3. Aufl. 1991

Schulz, E. / Schulz, W.: Umweltcontrolling in der Praxis, Vahlen, München 1993

Schulz, E. / Schulz, W.: Ökomanagement, dtv, München 1994

Schulz, W.: Der monetäre Wert besserer Luft, Haupt, Frankfurt am Main 1985

Schwarz, E.J.: Unternehmensnetzwerke im Recycling-Bereich, Deutscher Universitätsverlag, Wiesbaden 1994

Schwarz, E.J. / Steven, M. / Letmathe, P.: Methoden der Umweltberichterstattung, in: Zeitschrift für Betriebswirtschaft 67 (1997), S. 471 - 498

Schweitzer, M.: Prozeßorientierte Kostenrechnung, in: Wirtschaftswissenschaftliches Studium, Heft 12, Dezember 1992, S. 618 - 622

Schweitzer, M. / Küpper, H.-U.: Systeme der Kostenrechnung, Vahlen, München, 6. Aufl. 1995

Seidel, E. / Pott, P. (Hrsg.): Ökologieorientierte Forschung in der Betriebswirtschaftslehre, Verlag Wissenschaft & Praxis, Ludwigsburg 1993

Seifert, E. K. / Pfriem, R. (Hrsg.): Wirtschaftsethik und ökologische Wirtschaftsforschung, Haupt, Stuttgart 1989

Seiffert, H.: Einführung in die Wissenschaftstheorie 3, Beck, München, 2. Aufl. 1992

Seischab, H.: Demontage des Gewinns durch unzulässige Ausweitung des Kostenbegriffs, in: Zeitschrift für Betriebswirtschaft 22 (1952), S. 19 - 28

Simonis, U. E. (Hrsg.): Ökonomie und Ökologie, C. F. Müller Juristischer Verlag, Karlsruhe 1980

Souren, R.: Theorie betrieblicher Reduktion, Physica, Heidelberg 1996

Spengler, T.: Industrielle Demontage- und Recyclingkonzepte, Erich Schmidt, Berlin 1994

Spengler, T. / Rentz, O. / Odoj, B.: Umweltkostencontrolling mit SAP R/3 - eine Fallstudie -, in: Kostenrechnungspraxis 41 (1997), S. 75 - 80

Stackelberg, H. von.: Grundlagen einer reinen Kostentheorie, Springer, Wien 1932

Stahel, W.: Langlebigkeit und Mehrfachnutzung - Wege zu einer höheren Ressourcen-Effizienz, in: Hellenbrandt, S. / Rubik, F. (Hrsg.): Produkt und Umwelt, Metropolis, Marburg 1994, S. 189 - 209

Stahlmann, V.: Umweltorientierte Materialwirtschaft, Gabler, Wiesbaden 1988

Stahlmann, V.: Ökologisierung der Unternehmenspolitik durch eine umweltorientierte Materialwirtschaft, in: Heigl, A. / Schäfer, K. / Vogl, J. (Hrsg.): Handbuch des Umweltschutzes, Landsberg am Lech, 3. Auflage 1992, Abschnitt III 3.3.1, S. 3 – 15

Stahlmann, V.: Zur Bewertung von ökologischen Wirkungen, in: Umweltwirtschaftsforum 2 (1994), Heft 7, S. 7 -17

Standop, D.: Kosten von Produktrückrufen, in: Männel, W. (Hrsg.): Handbuch Kostenrechnung, Gabler, Wiesbaden 1992, S. 907 - 916

Steger, U.: Umweltorientiertes Management des gesamten Produktlebenszyklus, in: Schmalenbach-Gesellschaft (Hrsg.): Unternehmensführung und externe Rahmenbedingungen, Schäffer-Poeschel, Stuttgart 1994, S. 61 – 92

Stender-Mohemius, K.C.: Divergenzen zwischen Umweltbewußtsein und Kaufverhalten, in: Umweltwirtschaftsforum 3 (1995), Heft 1, S. 35 - 43

Steven, M.: Umwelt als Produktionsfaktor?, in: Zeitschrift für Betriebswirtschaft 61 (1991), S. 509 - 523

Steven, M.: Effizienz von betrieblichen Entsorgungsprozessen, in: Betriebswirtschaftliche Forschung und Praxis 44 (1992), S. 119 - 135

Steven, M.: Produktion und Umweltschutz, Gabler, Wiesbaden 1994a

Steven, M.: Die Einbeziehung des Umweltfaktors in die Gutenberg-Produktionsfunktion, in: Zeitschrift für Betriebswirtschaft 64 (1994b), S. 1491 - 1512

Steven, M.: Hierarchische Produktionsplanung, Physica, Heidelberg, 2. Aufl. 1994c

Steven, M.: Umweltgerechte Gestaltung von Just-in-Time, in: Handbuch „Umwelt und Energie", Haufe, Freiburg i.Br., Heft 1, 1994d, Gruppe 12, S. 899 - 925

Steven, M.: Betriebliches Recycling, in: Handbuch „Umwelt und Energie", Haufe, Freiburg i.Br., Heft 5, 1994e, Gruppe 4, S. 259 - 279

Steven, M.: Anforderungen an Betriebliche Umweltinformationssysteme aus Sicht der Produktionswirtschaft, in: Wirtschaftswissenschaftliches Studium 24 (1995a), S. 475 - 478

Steven, M.: Recycling in betriebswirtschaftlicher Sicht, in: Das Wirtschaftsstudium 24 (1995b), S. 689-697

Steven, M.: Umweltorientiertes Produktionsmanagement, in: Handbuch „Umwelt und Energie", Haufe, Freiburg i.Br., Heft 5, 1995c, Gruppe 12, S. 229 - 252

Steven, M.: Recyclingaufgaben in PPS-Systemen, in: Industrie Management 12 (1996), S. 52-55

Steven, M. / Letmathe, P.: Umweltstücklisten als Datengrundlage für umweltorientierte PPS-Systeme, in: Albach, H. / Dyckhoff, H. (Hrsg.), Betriebliches Umweltmanagement 1996 (ZfB-Ergänzungsheft 2/96), Gabler, Wiesbaden 1996, S. 165 - 183

Steven, M. / Schwarz, E.J. / Letmathe, P.: Umweltberichterstattung und Umwelterklärung nach der EG-Ökoaudit-Verordnung, Springer, Berlin / Heidelberg / New York 1997

Stölzle, W.: Ansätze zur Erfassung von Umweltschutzkosten in der betriebswirtschaftlichen Kostenrechnung, in: Zeitschrift für Umweltpolitik und Umweltrecht 13 (1990), S. 379 – 412

Strebel, H.: Umwelt und Betriebswirtschaft, Erich Schmidt, Berlin 1980

Streit, B.: Lexikon Ökotoxikologie, VCH, Weinheim / New York / Basel / Cambridge, 2. Aufl. 1994

Tempelmeier, H.: Material-Logistik, Springer, Berlin / Heidelberg / New York, 3. Aufl. 1995

Troge, A.: Möglichkeiten zur Verbesserung der Gewinnsituation der Betriebe durch integrierten Umweltschutz, in: Pieroth, E. / Wicke, L. (Hrsg.): Chancen der Betriebe durch Umweltschutz, Haufe, Freiburg i.Br. 1988, S. 95 - 120

Türck, R.: Das ökologische Produkt - Erfassung, Bewertung und wettbewerbsstrategische Umsetzung ökologischer Produkte, Verlag Wissenschaft & Praxis, Ludwigsburg / Berlin, 2. Aufl. 1991

Ukena, H.: Umweltschutzorientierte Investitionsplanung und -kontrolle, in: FET & WW (Hrsg.): Wirtschaft, Wissenschaft und Umwelt, Band 2, VDI-Verlag, Düsseldorf 1997, S. 18 - 43

Umweltbundesamt (Hrsg.): Umweltorientierte Unternehmensführung, Möglichkeiten zur Kostensenkung und Erlössteigerung, Berichte 11/91, Erich Schmidt, Berlin 1991

Umweltbundesamt (Hrsg.): Umweltfreundliche Beschaffung, Bauverlag, Wiesbaden, 3. Aufl. 1993

Ventzke, R.: Umweltorientierte Produktionsplanung, Peter Lang, Frankfurt a.M. 1994

Verein Deutscher Ingenieure: VDI-Richtlinie 3800 - Kostenermittlung für Anlagen und Maßnahmen zur Emissionsminderung, Düsseldorf 1979

Vodrazka, K.: Pagatorischer und wertmäßiger Kostenbegriff, in: Männel, W. (Hrsg.): Handbuch Kostenrechnung, Gabler, Wiesbaden 1992, S. 19 - 30

Wagenhofer, A: Verrechnungspreise zur Koordination bei Informationsasymmetrie, in: Spremann, K. / Zur, E. (Hrsg.): Controlling - Grundlagen, Informationssysteme, Anwendungen, Gabler, Wiesbaden 1992, S. 637 - 655

Wagenhofer, A.: Verursachungsgerechte Kostenschlüsselung und die Steuerung dezentraler Preisentscheidungen, in: Schildbach, T. / Wagner, F.W. (Hrsg.): Unternehmensrechnung als Instrument der internen Steuerung, ZfbF-Sonderheft Nr. 34, Verlagsgruppe Handelsblatt, Düsseldorf / Frankfurt 1995, S. 81 - 118

Wagner, G.-R.: „Unternehmensethik" im Lichte der ökologischen Herausforderung, in: Czap, H. (Hrsg.): Unternehmensstrategien im sozio-ökonomischen Wandel, Duncker & Humblot, Berlin 1990, S. 295 - 316

Wagner, G.-R.: Kosten der Umwelterhaltung in ihrer Bedeutung für die Unternehmenspolitik, in: Männel, W. (Hrsg.): Handbuch Kostenrechnung, Gabler, Wiesbaden 1992, S. 917 - 928

Wagner, G. R.: Rechnungswesen und Umwelt, in: Wittmann, W. / Kern, W. / Köhler, R. / Küpper, H.-U. / von Wysocki, K. (Hrsg.): Handwörterbuch der Betriebswirtschaft, Teilband 3, Schäffer-Poeschel, Stuttgart, 5. Aufl. 1993, Sp. 3664 - 3677

Wagner, G.-R.: Betriebswirtschaftliche Umweltökonomie, Lucius & Lucius, Stuttgart 1997

Wagner, G. R. / Fichtner, S.: Kosten und Kostenrisiken der Altlastensanierung, in: Zeitschrift für angewandte Umweltforschung 2 (1989), S. 35 - 44

Wagner, G.-R. / Janzen, H.: Ökologisches Controlling, in: Controlling 3 (1991), S. 120 – 129

Walras, L.: Elements of Pure Economics, George Allen and Unwin, London 1954

Weber, J.: Selektives Rechnungswesen, in: Zeitschrift für Betriebswirtschaft 66 (1996), S. 925 - 946

Weimann, J.: Umweltökonomik, Springer, Berlin / Heidelberg / New York, 3. Aufl. 1995

Weinberger, M. / Thomassen, G. / Willeke, R.: Kosten des Lärms in der Bundesrepublik Deutschland, Berichte 9/91 des Umweltbundesamtes, Erich Schmidt, Berlin 1991

Weizsäcker, E.-U. von: Erdpolitik, Wissenschaftliche Buchgesellschaft, Darmstadt, 3. Aufl. 1993

Wicke, L. / Haasis, H.-D. / Schafhausen, F. / Schulz, W.: Betriebliche Umweltökonomie, Vahlen, München 1992

Wimmer, F.: Empirische Einsichten in das Umweltbewußtsein und Umweltverhalten der Konsumenten, in: Wagner, G. R. (Hrsg.): Betriebswirtschaft und Umweltschutz, Schäffer-Poeschel, Stuttgart 1993, S. 44 - 78

Wimmer, F.: Der Einsatz von Paneldaten zur Analyse des umweltorientierten Kaufverhaltens von Konsumenten, in: Umweltwirtschaftsforum 3 (1995), Heft 1, S. 28 - 34

Winje, D. / Homann, H. / Lühr, H.-P. / Bütow, E.: Der Einfluß der Gewässerverschmutzung auf die Kosten der Wasserversorgung in der Bundesrepublik Deutschland, Berichte 2/91 des Umweltbundesamtes, Erich Schmidt, Berlin 1991

Winter, G.: Das umweltbewußte Unternehmen, Beck, München, 5. Aufl. 1993

Wöhe, G.: Einführung in die Allgemeine Betriebswirtschaftslehre, Vahlen, München, 19. Aufl. 1996

Zabel, H-U.: Entropie und Kreislaufwirtschaft, in: FET & WW (Hrsg.): Wirtschaft, Wissenschaft und Umwelt, VDI - Verlag, Düsseldorf 1997, S. 55 - 97

Zahn, E. / Schmid, U.: Produktionswirtschaft I: Grundlagen und operatives Produktionsmanagement, Lucius & Lucius, Stuttgart 1996

Zelewski, S.: Umweltschutz als Herausforderung an die produktionswirtschaftliche Theoriebildung, in: Zeitschrift für Betriebswirtschaft 63 (1993), S. 323 - 350

Zenk, G. (Hrsg.): Öko-Audits nach der Verordnung der EU, Gabler, Wiesbaden 1995

Zimmermann, G.: Grundzüge der Kostenrechnung, Oldenbourg, München, 6. Aufl. 1996

Zundel, S.: Neue Instrumente der Umweltpolitik: Proaktive Umweltpolitik und Funktionsorientierung, in: Hellenbrandt, S. / Rubik, F. (Hrsg.): Produkt und Umwelt, Metropolis, Marburg 1994, S. 151 - 167

Sachwortverzeichnis

ABC / XYZ-Methode 74f.
Abfall 12, 24, 28, 41f., 143, 180f.
Abfallbehandlung 12, 37, 176, 176f.
Abfallsammlung 57
Abfalltrennung 56f.
Abgaben 14, 88, 91, 94f., 143, 175f.
Abluft 14
Absatz 9, 23, 33, 50, 55f., 129f.
Absatzfunktion, umweltbezogene 130f., 185, 199
Absatzobergrenzen 187f., 194, 196f.
Abschreibungen 174
Abwasser 14, 143
Abwasserreinigung 12, 37, 174
Aggregationsgrad 49
Akkumulationstendenz 70, 80
Aktivität 41, 184f., 211
Allokation von Umweltwirkungen 166f.
Altlastensanierung 12, 154f.
Altpapier 129
Anpassung, intraperiodische 178f., 200f.
Anrainer 144f., 147
Anschaffungsnebenkosten 175f.
Anspruchsgruppen 1, 88, 92, 139f., 144f., 161, 163, 178f., 184, 186
Äquivalenzkoeffizienten 77f.
Arbeitsvorbereitung 150, 152
Ausbringungsmenge, gewinnmaximale 105, 126
Ausschußrate 54, 57

Banken 144f.
Behandlungskosten 176, 179f., 186
Behörden 144f., 158f.
Bereich, güterwirtschaftlicher 49
Beschaffung 9, 23, 50f., 57
Beseitigungskosten 72, 96f.

Bestandsbilanz 60
Bestellhäufigkeit 52
Betriebsbeauftragter für Umweltschutz
 → Umweltschutzbeauftragter
Betriebsstatistik 31, 150
Bewertung, ökologische 31f., 47, 59, 69f., 156f., 178f.
- Aufwand 71
- wissenschaftliche Fundierung 71, 92
- Vollständigkeit 71, 92
Bewertung, pagatorische 97f.
Bewertungskriterien 74f., 160f.
Bewertungsproblematik 69f., 71, 90f.
Bewertungsverfahren, ökologische 71f.
- Anforderungen und Grundsätze 71, 92f.
- Arten 72
- energieflußorientiertes 72, 76f.
- grenzwertorientiertes 72, 78f.
- massenorietiertes 72, 79f.
- monetäre 71f., 87f.
- nicht-monetäre 71f.
- pragmatisch orientiertes 156f.
- qualitative 71f.
- quantitative 71f., 75f.
- stoffflußorientiertes 71, 77f.
- umfassendes 80f.
- volkswirtschaftliche 93f., 209f.
Bodenbelastung 80, 162
Buchhaltung, ökologische 77f.
Budget-Rechnung 38f.
Bundes-Immissionsschutzgesetz 10

CML-Konzept 80f., 161f.
Constraint Qualification 107
Controlling 24f., 68, 204

Datenänderungen 200f.
Datenfluß, betrieblicher 27f., 201f.

Datenkonkurrenz 33f.
Datenlieferanten 149f.
Datenpool, umweltbezogener 30f.
Datenredundanzen 30, 34, 46, 149, 209
Deckungsbeitrag 96, 116f., 133, 182f., 195, 198f.
Demontierbarkeit 56
Discounted Cash Flow-Methode 15
Diffusionsforschung 134
Diskontierungsfaktor 15f.
Dispersionstendenz 70
Distribution 50, 55f.
Dokumentationsfunktion der Kostenrechnung 1, 45
Dokumentationspflichten 143, 148f., 152
Doppelerfassungen 30, 33, 46, 149, 176, 206
Downcycling 58
Duales System 57

Effekte, externe 13f., 38, 46, 91
Effizienzkriterium 68f.
EG-Ökoaudit-Verordnung 12, 16, 88, 92, 140, 148, 151f., 178, 188, 202, 209
Eigenentsorgung 180f.
Einzelkosten 35f.
Emission 10, 47, 57
Emissionskoeffizient 49
Emissionsniveau 82f.
Energie 11, 53f., 76f.
Entropie 76f.
Entscheidungsvorbereitung 1, 24, 163
Entsorgung 41f., 50, 55f.
Entsorgungskosten 88, 91, 98f., 148, 176f., 180f.
Entsorgungsverfahren 98f., 180f.
Erfolgsermittlung 89, 164f., 179, 207f., 209
Erklärungs- und Entscheidungsmodelle 8f.
Ertragsgesetz 102
Expertenwissen 158f.
Fertigungsstücklisten 63

Finanzbuchhaltung 30, 32, 209
Fixkosten, leistungsunabhängige 166f., 207, 211
Fremdentsorgung 180f.
Frühwarnsysteme 127, 134

Ganzzahligkeitsbedingungen 185
Gefahrstoffe 57
Gemeinkosten 35f., 41f., 88, 175
- unechte 205f., 211
Gewichtungsfaktoren 119f., 161f.
Gewinnmaximierung 15f., 46, 92, 96f., 115f., 122, 131, 140, 184, 186, 195
Grenzproduktivität 109, 112, 124, 133, 137
Grenzrate der Substitution 102
Grenzwerte 20, 43, 54, 78f., 114f., 143, 191
Grundpositionen 33f.

Haftungsrecht 42
Haftungsrisiko 20, 98
Halbfertigprodukte 50
Humantoxizität 70, 78, 80, 129f., 144, 161f.

Informationsasymmetrie 167, 171f., 200
Informationsniveau, optimales 27f., 152
Informationsquellen 149f., 157f.
Informationsverarbeitung 27
Inhaltsstoffe, umweltschädigende 50f., 127, 144f.
Input/Output-Bilanz 58, 205
Instandhaltung 53f., 174, 193
Instrumentarium, absatzpolitisches 55
Investitionsrechnung 143
Istkosten 45

Jahresabschluß 31
Just-in-Time-Anlieferung 52

Kalkulation 89, 154, 211
Kapazitätsgrenzen 188, 190

Sachwortverzeichnis 243

Kennzahlen 113f., 124f., 191f.
- umweltbezogene 26

Knappheit 211f.
- kumulative 70, 77
- ökologische 70, 78
- von Umweltwirkungen 12, 40, 44, 109, 125, 137, 142, 165, 170f., 178f., 190
- von Umweltschutzleistungen 164f., 170f., 172f., 190

Knappheitspreise 109, 165

Kombinationswirkungen 84f., 104

Komplexitätstheorie 9

Konkurrenz 144f., 146f.

Kontingentierung 167f., 211

Konstruktions- und Verfahrenspläne 150f.

Kontrollfunktion der Kostenrechnung 1, 22f., 33f., 46

Koordination 25, 163f.

Koordinationsfunktion 23, 25, 164f., 207f., 209

Koordinationsmechanismen 89, 111, 166f.

Kopplung 200f.
- faktorbezogene 103
- feste 104
- lose 103
- produktbezogene 104
- prozeßbezogene 103

Kosten 5f.
- der Umweltwirkungen 13f., 154f.
- des Umweltschutzes → Umweltschutzkosten
- entscheidungsorientierte 7f.
- externe 100f. → externe Effekte
- ökologische 178f., 186
- pagatorische 7, 91, 121f., 148, 175f., 179f., 186
- umweltbezogene 13f., 110f., 137
- wertmäßige 5f., 8, 46

Kostenartenrechnung 37, 40, 45, 202f., 206

Kostenfunktion 8

Kostenminimierung 106f., 122

Kosten-Nutzen-Rechnung, umweltschutzorientierte 38

Kostenrechnung 9f., 32f., 150f.
- ökologieorientierte 38, 43f.

Kostenrechnung, umweltbezogene 22f., 31f., 44f.
- informationswirtschaftliche Voraussetzungen 139, 147f., 182, 206f., 210
- Vorgaben 140f.

Kostenrechnungssystem 36f., 173, 180, 211

Kostensenkungen 24, 89, 96

Kostenstellenrechnung 37, 40, 45, 174f., 192, 202f., 206

Kostentheorie 8f., 101f., 209f.

Kostenträgerrechnung 37, 40, 45, 202f., 206

Kostentreiber 41f., 177

Kostenwirkungen 22f.

Kreislaufwirtschafts- und Abfallgesetz 27f.

Kriteriengewichtung 74, 80

Kuhn-Tucker-Bedingungen 107, 110f., 116, 123, 125

Kumulativknappheit 70, 77

Kundenaufklärung 56

Kundensegment, umweltorientiertes 28, 129f., 185

Kuppelprodukt, unerwünschtes 47f., 56f., 69f., 175

Kuppelproduktion 47f.

Lagervorgänge 50f., 53, 55f., 126

Lagrange-Funktion 108, 112f., 120

Lagrange-Methode 132

Lagrange-Multiplikator 108, 113f., 125, 133f.

Landschaftsverbrauch 70

Lärmbelästigung 70

Lebensdauer der Produkte 55

Leistungsprozeß, betrieblicher 47f.

Leistungsverrechnung, innerbetriebliche 45, 173f.

Lenkungsfunktion 24, 25, 33f.

Lieferanten 144f., 147

Lineare Programmierung 184, 189, 197, 199f.

Logistikkosten 177, 179f., 186

MAK-Werte 78
Marktpreisansatz 72, 93, 97, 164, 170f., 172f.
Massenrechnung 43f.
Materialwirtschaft 150
Medienberichterstattung 126, 145
Mehrwegverpackungen 51, 56
Mehrzielentscheidung 68
Mengenabweichungen 154
Mengengerüst 9, 32
- der Kostenrechnung 32, 91f.
- der Umweltwirkungen 47f., 67f., 147f., 207
Mengensteuerung 167f., 170f., 182, 202
Meßprobleme 61
Messungen, technische 149f.
MIK-Werte 78
Mindestgewinn 122f.
Mindestproduktionsmenge 117, 120
Minimalkostenkombination 105, 110, 113, 126, 136, 141
MIPS-Konzept 43f., 79f.
Mitarbeiter 144f., 147

Nachfragefunktion 130f., 185
Nachfragewirkungen 126, 197
Neoklassik 101f., 184
Nichtlinearitäten 195f.
Normalbetrieb einer Anlage 52f., 125

Oberziel 15f., 19, 119f., 126
Öffentlichkeit 144f.
Ökosystem 10f., 70, 78, 81f.
Ökotoxizität 70, 80
Opportunitätskosten 7, 31f., 108, 111, 134, 165f., 170f., 178f., 183, 189f., 200f., 203, 211
Ordnungsrecht 20
Organisationsstruktur 33f., 53, 170f., 207
Ozonschicht, Verringerung der 11, 80, 162

Parametrische Lineare Programmierung 190f.
Planabweichungen 201
Plankosten 45
Planungsabgleich 17f., 22, 89, 134, 154, 156
Planungsfunktion der Kostenrechnung 1f., 17, 23f., 33f, 44, 46
Planung, rollierende 111
Planungsrechnungen 148, 182f.
Planungsunsicherheit 16
Preisverschiebungen, relative 88
Produktbegriff, funktionsorientierter 68
Preis, wohlfahrtsmaximierender 94
Produktbestandteile 56
Produktbilanz 59, 205
Produktion 9, 22, 52f., 57
Produktions- und Kostentheorie 8f., 101f.
Produktionsfunktion 8f., 49, 102f.
Produktionskoeffizient 49, 187
Produktionsplanung 40, 147, 150, 152, 185f.
Produktionsprogramm 186f.
Produktionsprozeß 11, 187
Produktionsstörung 153
Produktionsverfahren 52f., 68f.
Produktlinienanalyse 73f.
Produktlinienmatrix 73f.
Produktnutzung 56
Produktstückliste 184, 186f., 193f.
Programmablaufplan 197f.
Programmabweichungen 153
Projektrechnung 39f.
Prozeßbilanz 59, 205
Prozesse, dispositive 49
Prozeßgeschwindigkeit 47f., 53f.
Prozeßkoeffizient 64
Prozeßkostenrechnung 41f., 44, 175, 177f., 206

Qualitätsabweichungen 153

Sachwortverzeichnis

Rahmenbedingungen, rechtliche 1, 20, 27f., 46, 88, 98, 140, 143f., 146f., 163, 183, 185, 210f.
Ratenknappheit 70
Rechnungswesen 150f.
- externes 29f.
- internes 29f.
- umweltbezogenes 30f.
Recycling 14, 55f.
Referenzfunktionen 161f.
Reparaturfreundlichkeit 55
Ressourcenentnahme 50f.
Reststoffe 42f., 54, 57f.
Reststoffkosten 42f.
Risiko, 126
- Identifikation 127
- prozeßimmanentes 53
- Quantifizierung 127
- umweltbezogenes 23
- Versicherung 128
Risikomanagement 127f.
Risikopräferenz 8, 99, 129
Rohstoffvorkommen 77, 162
Rücknahmeverpflichtungen 57, 91, 155, 177, 193, 211
Rucksäcke, ökologische 79f.
Rückstellungen 155f.
Rüstkosten 117

Sachbilanz 157
Satisfizierungsziel 20, 46, 106f., 119f.
Schaden, ökologischer 69f., 80f.
Schadensfunktion 71, 80f., 94, 104, 107f., 118f.
Schadenshöhe 53, 107f., 127
-maximale 112f.
Schadensverlauf, 104
- linearer 81f., 119
- logistischer 80f.
Schadenswahrscheinlichkeit 127, 137
Schadschöpfungsrechnung 43f.
Schadstoff 81f.

Schattenpreise 108, 113f., 123, 126, 133, 189
Schwankungen von Umweltwirkungen 62
Selbstregulation 12, 81
Selbstverpflichtung 46, 92, 188, 209
Sensitivitätsanalyse 111, 190
Sicherheitszu- bzw. -abschläge 62, 99, 128
Sicherheitsvorrichtungen 51, 53
Simplex-Methode 189, 198
Simultanplanungsansätze 182f., 208
Skalenerträge 102, 116
Sonderabfall 57
Spartenorganisation 163f., 166f., 170f., 173f., 182f., 200f., 208f.
Stakeholder → Anspruchsgruppen
Stoffdatenbanken 158f.
Stoffgemisch 160f.
Stoff- und Energiebilanz 44, 47, 58f., 67, 85
Stoff- und Energieflußrechnungen 25f.
Stoffkombination 84f.
Störfallrisiko 52f., 91, 147
- Eintrittswahrscheinlichkeit 53
Stromerzeugung 11f., 53, 60
Stückkosten 90f., 203
Stücklisten 150f.
Substanzbilanz 60
Substitution 141, 185f.
- von Einsatzstoffen 52
- von Umweltwirkungen 112, 210
Sustainable Development 1, 141, 157
System, ökologisches 10ff., 70, 78, 81f.

TA-Luft 20, 114, 191
Technikfolgenabschätzung 73f.
Teilkostenrechnung 36f., 173, 206
Theorie der Anpassungsformen 63
Thermodynamik 58, 76
Toxizität 57, 69f., 78
Toxizitätsäquivalente 72, 80
Transaktionskosten 169, 171f.

Transferfunktionen 160
Transformationsprozeß, betrieblicher 47f.
Transportvorgänge 50f. 53, 55f., 126
Treibhauseffekt 11, 80, 83, 88, 162

Umwelt, natürliche 10f., 69, 85
Umweltbelastung 12, 69f.
Umweltbelastungsintensität 79
Umweltberichterstattung 21, 30f., 46, 144, 156, 161, 209
Umweltbewußtsein 129, 146f.
Umwelt-Budget-Rechnung 38f.
Umweltdatenbanken 28, 159
Umweltethik 13
Umweltgefährdungspotential 160, 208
Umwelthaftungsrecht 143
Umweltinformationsniveau 27f.
Umweltkostenrechnung 33f., 35f.
Umweltmanagement 21f., 209, 212
Umweltökonomie, betriebliche 1
Umweltproduktionsfunktion 103, 116f., 124f., 136
Umweltrecht 20, 27f., 46, 140, 143f., 146f., 210f.
Umweltrisiken 23, 126f., 177, 179f., 186, 193, 211
Umweltschaden, 125, 185, 188
- Begrenzung durch Kennzahlen 118f.
- globaler 82f., 104
- lokaler 82f., 104f.
Umweltschutzbeauftragter 22, 143, 148f., 177, 207
Umweltschutzkennzahlen 26, 191f.
Umweltschutzkosten 13f., 35f., 45f., 89f.
Umweltschutzkostenarten 36f., 211
Umweltschutzkostenstellen 36f., 173f., 176f.
Umweltschutzleistung 13f., 164f., 172f., 190, 192, 206
Umweltschutzleitbild 140f.
Umweltschutzmaßnahmen 54, 135, 141f.
Umweltschutzphilosophie 140f.
Umweltschutzprojekte 39f.

Umweltschutzstrategie 16, 134f.
- aktive 20
- passive 20
Umweltschutztechnik
- additive 12f., 54, 136, 143f., 172f.
- integrierte 12f., 136, 143f., 172f.
Umweltschutzverbände 158f.
Umweltschutzziele 18f., 88, 96f., 100f., 119, 134, 140f., 176, 183f.
Umweltstückliste, 60f., 85, 151f., 154, 184f., 204f.
- eines Faktors 63f., 205
- eines Produkts 65f., 205
- eines Prozesses 64f., 205
Umweltwirkungen 11f.
- Begrenzung durch Kennzahlen 113f.
- der Produkte 11
- des Absatzes 55f.
- der Beschaffung 50f.
- der Distribution 55f.
- der Produktion 52f.
- direkte 11, 48
- Entscheidungsrelevanz 48
- faktorbezogene 50f., 60f., 63f., 90, 111, 187, 203f.
- indirekte 11f., 48
- mengenmäßige Begrenzung 106f., 188
- nachgelagerte 11f., 66f., 148, 191
- produktbezogene 55, 61, 65f., 90, 111, 187, 203f.
- prozeßbezogene 52f., 61, 64f., 90, 111, 187, 203f.
- vorgelagerte 11, 50f., 66f., 148, 191
Umweltziele → Umweltschutzziele
Unternehmensführung 35
Unternehmensimage 23, 88, 126, 144f., 147, 185
Unternehmenssparten 163f., 166f., 170f., 173f., 182f., 200f., 209f.

Verbrauchsabweichungen 153, 204
Verbrauchsrate, kritische 77f.
Verfahrensabweichungen 153
Verhaltenssteuerung 1, 46
Vermeidungskosten 72, 93f., 97
Verminderungskosten 72, 93f., 97

Sachwortverzeichnis

Verpackungen 51, 55f.
Verrechnungspreise 18, 25f., 40, 90f., 109f., 129, 136f., 139, 141, 163f., 172f., 182f., 203f.
- als Verhandlungsergebnisse 165f.
- für Umweltschutzleistungen 172f.
- für Umweltwirkungen 175f.
- kostenorientierte 164f., 170f., 172f.
- marktorientierte 164, 170f., 172f.
Verrechnungspreissystem 34, 44, 60f., 137, 139, 142, 163f., 182f., 200f., 207, 212
Verrechnung von umweltbezogenen Kosten 139, 202f.
Versicherungen 128, 144f.
Versteigerung 169f., 171
Verursachungsmechanismen 44, 153
Verwaltung 9, 41, 49, 174f.
Verwerfungen, zeitliche 17, 61, 154f., 163, 184, 207, 211

Verwertungskosten 96
Vollkostenrechnung 36, 42, 173, 206

Wagniskosten, umweltbezogene 42
Wartung der Betriebsmittel 53f., 174, 193
Wasserverschmutzung 81f.
Wertgerüst 9, 32
Wertschöpfungsprozeß 47f., 57, 63
Wettbewerbsfähigkeit 1, 134f., 155
Wiederaufbereitung 56f.
Wirkungsbilanz 157
Wirtschaftlichkeitskontrolle 154
Wohlfahrtsoptimum 94f.

Zielbeziehungen 18f.
Zielbildungsprozeß 134
Ziele, nicht-monetäre 120f., 125

Handbuch Umweltkostenrechnung

Herausgegeben vom Bundesumweltministerium und Umweltbundesamt
1996. X, 254 Seiten. Gebunden DM 36,-
ISBN 3-8006-2110-X

Umweltschutz trägt – richtig gehandhabt – maßgeblich zur Kostensenkung bei. Das gilt bereits heute, aber vor allem für die Zukunft. Voraussetzung dafür ist die Erfassung und Bewertung der Umweltauswirkungen. Ebenso wichtig ist jedoch eine umweltbezogene Kostenrechnung. Nur mit ihrer Hilfe lassen sich Maßnahmen, die der Kostensenkung und dem Umweltschutz gleichzeitig dienen, systematisch aufspüren und realisieren. Indem die bestehende Kostenrechnung um Umweltaspekte ergänzt und weiterentwickelt wird, erhalten die Betriebe ein ideales Instrument zur Steuerung und Kontrolle umweltbezogener Kosten.

Dieses Handbuch beschreibt allgemeinverständlich Aufbau und Nutzen einer umweltbezogenen Kostenrechnung. Zu den vorgestellten Verfahren gehören Kostenstellenrechnung, Prozeßkostenrechnung und Vollkostenkalkulation sowie die organisatorische Verankerung im Unternehmen.

Erfolgsbeispiele aus der Praxis zeigen die konkrete Umsetzung. Zur Veranschaulichung enthält das Handbuch außerdem zahlreiche Tabellen und Grafiken.

Aus dem Inhalt:

• Umweltschutz und Kostensenkung • Erfassung der Stoff- und Energieströme • Verfeinerung der Kostenartenrechnung • Ergänzung der Kostenstellenrechnung • Elemente der Prozeßkostenrechnung • Kalkulation der Produkte • Zukunftsorientierte Bewertung von Umweltschutzmaßnahmen • Organisatorische Verankerung der Umweltkostenrechnung.

Das Buch zeigt auf 80 Seiten auch Beispiele für Kostensenkung durch Umweltschutz aus sieben Unternehmen:

- ABB Calor Emag Schaltanlagen AG
- Berentzen Gruppe AG
- BMW AG
- Mitsubishi Semiconductor Europe GmbH
- Muelhens GmbH
- SULO Eisenwerk Streuber & Lohmann GmbH
- Weidmüller Interface GmbH

Verlag Vahlen · 80791 München

Fachbuch des Jahres 1995 zum Umweltmanagement

Handbuch Umweltcontrolling

Herausgegeben vom Bundesumweltministerium und Umweltbundesamt.
1995. VIII, 663 Seiten. Gebunden DM 54,–
ISBN 3-8006-1929-6

Erstmals hat der „Bundesverband Deutscher Unternehmensberater" Fachbücher ausgewählt nach Aktualität des Themas, Relevanz für die Praxis, Umsetzbarkeit der Handlungsvorschläge und Lesbarkeit. **Im Fachgebiet „Umweltmanagement" empfiehlt der BDU das „Handbuch Umweltcontrolling"** vom Verlag Vahlen. Es deckt alle wichtigen Bereiche ab: • Grundlagen des Umweltcontrolling • Analyse und Bewertung • umweltorientierte Produkte • Umweltschutz in der Produktion • Ableitung von Umweltschutzstrategien • Organisation des betrieblichen Umweltschutzes • Informationssysteme und Öko-Audit. Zahlreiche Tabellen und Checklisten helfen gerade mittelständischen Firmen beim erfolgreichen Aufbau des Umweltcontrolling.

Das Handbuch im Spiegel der Presse:

„... eine ideale Grundlage zur Integration von Umweltanforderungen in den Unternehmensalltag."
(Handelsblatt, 20.3.1995)

„Herausgegeben vom Bundesumweltministerium und dem Umweltbundesamt, weist das firmenneutrale und branchenübergreifende Handbuch Umweltcontrolling vom Vahlen Verlag geballtes Expertenwissen auf: Mehr als vierzig Autoren aus Wissenschaft und Unternehmen sowie der Beratungspraxis steuerten ihre Erfahrung bei ... Wer mit der Lösung seines größten Umweltproblems beginnt, kann sich innerhalb eines Gesamtsystems sozusagen Baustein für Baustein bis hin zur ökologischen Datenerhebung und dem Einrichten eines Umweltcontrolling vorarbeiten. Und wer die ‚Hohe Schule' des Umweltmanagements schon beherrscht, findet Unterstützung bei der Durchführung von Öko-Audits, dem Erarbeiten von Umweltkennzahlen und der Konzeption von Umweltberichten."
(Blick durch die Wirtschaft, 10.2.1995)

„... ein professionell und mit Blick auf die Praxis gemachtes Handbuch, das viel Orientierung in einem schwierigen und zukunftsträchtigen Feld bietet."
(FAZ, 22. 5. 1995)

VERLAG VAHLEN · 80791 München